柄谷行人書評集

読書人

目次

第I部

書評
2005—2017年

2005.4.3

『複雑な世界、単純な法則　ネットワーク科学の最前線』

マーク・ブキャナン

われわれは、たまたま会った人が知人の知人であったりすると、「世間は狭いな」という。英語では「イッツ・ア・スモールワールド！」という。ネットワーク科学は、まさにこのような「スモールワールド」(狭い世間)がどのような構造をもつかを探求するもので、ここ一〇年ほどで急速に発展した。

本書は「人間社会の営みと、一見それとは関係のないように見えるもの(中略)の機能の仕方とのあいだに、多数の予期されなかったつながりが存在する」ことを解明し、単に乱雑に見えるネットワークがどのように発展し、いかなる意味をもつかをわかりやすく示した好著である。

たとえば、各人の「知り合いの知り合いの知り合い――」をたどっていくと、世界中の六〇億の人間に到達するには、どれぐらいの回数が必要か。なんと、六度で足りる。世界中の人々は互いに遠く隔たっているように見えるが、せいぜい「六度の隔たり」しかない。ところが、われわれはそのようなネットワークに気づかないので、時折それを発見して「世間は狭い」と驚くのである。

この場合、親しい知り合いだけを通しているとそうはいかない。知り合いの連鎖によって世界中の人間に到達するためには、親密でないただの知り合いを通したつながりを経由しなければならない。そこから逆にいえるのは、ネットワークにおいて大事なのは、強い絆よりも、ゆるい絆で結ばれた関係だということである。たとえば、噂が急速に広がるのは、こうした「ゆるい絆」を通すことによってである。

ちなみに、インターネットはとてつもない広がりをもっているにもかかわらず、「約四度の隔たり」しかもたない。すなわち、それは「スモールワールド」であるがゆえに、急速な伝達が可能なのである。

さらに興味深いのは、こうした「スモールワールド」の構造が、人間の関係や、人間が作ったインターネットなどのネットワークだけでなく、脳細胞、河川のネットワーク、エコシステム、伝染病といった自然界のネットワークと共通しているということである。いいかえれば、ネットワークの組織化そのものに、人間の作為をこえて働く原理がある。何らかのネットワークがあるかぎり、それはいたるところに見いだされるのである。複雑そうに見えるものの中に意外に単純な構造がある。私が本書を読んで久々にわくわくさせられたのは、そのような認識によってである。

ここから得られた認識がすぐに応用可能かといえば、必ずしもそうではない。ただ、無用で有害な思いこみを取りのぞくことはできる。たとえば、自由な市場経済では富は一部に集中するが結局は全体に拡散する、というような見方が今でも強い。しかし、それはまちがいであり、「金持ちほどますます豊かになる」メカニズムを本書は明らかにしている。また、環境破壊やエイズウイルス感染への対策に関しても非常に示唆的である。

（阪本芳久訳、草思社、2005年3月刊）

2005.4.17

『抗争する人間《ホモ・ポレミクス》』

今村仁司

本書は、社会哲学者として知られた著者の、これまでの仕事を集大成するような力作である。

著者はくりかえしこう語る。共同体や国家には根底に暴力がある。それらの秩序は、ある一人の人間を犠牲にすることによって成りたっているからだ。そのことは、平等が達成されるような未来の理想社会においても変わらない。このような暴力の源泉には、他人の承認を求める人間の欲望がある。それは他人に優越しようとする社会的欲望であり、このために相互的な競争が生じ、そこからは誰か一人を排除することによってしか安定した秩序が形成されないのである。

これは、著者が若い頃から、ルネ・ジラールの欲望論を引いて主張していた理論である。このような認識は、理想主義が強かった時代においては意味があったと私は思う。なぜなら理想主義がうらはらに残酷な社会体制を作り出すケースが各所に見られたからである。

だが、ソ連邦が崩壊し、一切の理念をあざ笑うシニシズムが蔓延したのちに、さらに国家が露骨な暴力性を示している時期に、このような主張は何を意味するのだろうか。

著者は、究極的には、暴力に依拠する制度を廃棄する可能性があると考える。それは「覚醒倫理」、すなわち、「こうした欲望との批判的対決であり、対他欲望を消し去るための闘い」によってもたらされる。しかし、これは宗教的悟達に似ている。歴史の原動力を社会的欲望(仏教でいえば煩悩)に見いだす理論、あるいは、自己意識から出発する理論は、そのような解決（解決不能）しか見いだせないのである。
実際、ジラールは（ある意味でラカンも同様であるが）人間が解決不可能な困難をもつことを執拗に示すとき、暗黙裏にキリスト教という救済装置をもっていた。人間がいかに無力であるかをいえばいうほど、信仰による救済が示唆される。つまり、根本的には保守派の議論なのである。著者の今村氏もそうなのか。あるいはそうではないのか。本書では、その辺がまだ不明瞭である。

（講談社、２００５年３月刊）

2005.5.15

『マルク・ブロックを読む』

二宮宏之

本書はフランスの歴史家、マルク・ブロックについての評伝である。ブロックは、フェーヴルとともに「社会経済史年報」(一九二九年)を刊行しはじめた。そのためアナール(年報)学派と呼ばれるのだが、この学派の特質は、歴史を長期的な持続の相において見る視点をもたらしたことにある。本書は内容の密度が濃いものだが、講演の草稿にもとづくためわかりやすく、学問的な論文では省かれるような逸話が豊富にあって興味深い。私はさまざまなことを考えさせられた。ここで述べるのはその一端にすぎない。

ブロックの『フランス農村史の基本性格』(一九三一年)や『封建社会』(一九四〇年)は、日本ではほぼ同時代的に読まれていた。それは日本のマルクス主義者の間で「封建論争」がなされていたからである。ブロック自身も日本人(朝河貫一など)の研究を参照していた。しかし、この時期、彼の仕事は特にアナール学派として意識されていたわけではない。

日本でアナール学派が広く知られるようになったのは一九七〇年代であり、そのときに注目されたのは、ブロックの初期の仕事である『王の奇跡』(一九二四年)であった。フランスやイギリスでは一九世紀にいたるまで、王が病気を治す力をもつと信じられていた。それを分析したブロックは、王の権力が民衆側の集合的な表象にもとづく側面をとらえた。このような観点は、それまで天皇制を社会経済史的に説明しようとしてきた日本の歴史学者(網野善彦など)の間で、新鮮に受けとめられた。

しかし、著者が指摘するように、ブロック自身はむしろ『王の奇跡』のような認識に政治的な罠がひそむことを自覚し、歴史の長期持続的な次元を経済史に見いだす方向に進んだ。そして、ブローデルやウォーラーステインはそれをもっと普遍化しようとしたといってよい。ところが、日本では、むしろそのような観点を放棄するためにこそ、アナール学派が導入されたふしがある。いま「マルク・ブロックを読む」必要があるのはそのためである。

（岩波書店、2005年3月刊、後に岩波現代文庫）

2005.6.26

『メイド・イン・ジャパンのキリスト教』

マーク・R・マリンズ

本書は、日本に生まれた無教会派をはじめとする土着のキリスト教運動を体系的に論じている。無教会派といえば、内村鑑三とその派がもっぱら有名である。実際、それはキリスト教史というよりも、近代日本の文学・思想史において欠かすことのできない出来事であった。しかし、無教会派は内村だけではない。その他に松村介石や川合信水らによる、多数の土着的なキリスト教運動があったし、今もある。本書はそれらを詳細に調査し分析している。

一口でいえば、内村の無教会派は階層的に武士的・儒教的であって、知識人(男性)にしか影響を与えなかった。他方、先祖信仰や奇跡・治療といった要素を肯定することで、大衆の間に広がった諸派がある。こうした「日本製のキリスト教」は、宣教師の観点からはシンクレティズム(折衷主義)として否定されてきた。しかし、著者はそれを、自分に納得できる言葉でキリスト教の信仰を再解釈し再構成した主体的な行為が生み出したものとして見る。そして、それこそキリスト教自体の伝統なのだ、という。キリスト教は、どこでも、土着の習俗との妥協あるいは再解釈によって普及してきたのである。

しかし、問題は、こうした土着化の努力にもかかわらず、キリスト教が日本ではついに総人口の一パーセントを超えないということである。いったい何がキリスト教の移植を妨げているのか。著者はそれを多角的に検討する。その場合、日本における先祖信仰や霊魂信仰というようなことだけを理由にすることはできない。たとえば、韓国にもそれはあるが、キリスト教徒が総人口の四分の一を超えているのである。そこで、著者は、キリスト教が移植される時点での「国際関係」が重要なのではないかという。明治の日本人にとって、キリスト教はそれを伝える宣教師の国(英米)と切り離せなかった。ゆえにキリスト教を拒否するか、受け入れた場合はそれを英米諸国の文脈から切り離した。一方、日本の植民地支配下にあった韓国人にとって、キリスト教とそれを伝えるアメリカの宣教師は彼らを解放するものとして歓迎された。

とはいえ、やはり、キリスト教が受容される以前の土壌が重要である。その点で、著者は、日本では多数の宗教が分業的に棲み分けて共存するという事実に注目している。生に関することは神道、死に関することは仏教、というぐあいに。韓国ではそうでない。たとえば、徳川日本で、儒者は学者でしかないが、(李氏)朝鮮では、儒者は誕生から死に至るすべての儀礼をつかさどる。つまり、日本でいえば神主と僧侶を兼ねているのである。このような「儒者」が「牧師」になったとしても不思議ではない。他方、日本ではどの宗教も包括的ではありえなかった。キリスト教は、誕生と死にかかわる具体的な習俗から離れて、文学・芸術・学問の領域で存在してきたのである。

私はキリスト教を普及させようとする立場ではないが、本書のような探究は、日本の社会について考える際に不可欠だと思う。

(高崎恵訳、トランスビュー、2005年5月刊)

2005.7.3

『関係としての自己』

木村 敏

著者は十年ほど前に精神病の臨床医から引退し、哲学的な思索に入った。が、これを精神医学から哲学への移動とみなすべきではない。たとえば、著者の最初の本『自覚の精神病理』は、離人症を西田幾多郎の哲学に依拠して説明しようとするものだった。ところが、一九六〇年代にそれを読んだとき、私はそれまで空疎にしかみえなかった西田哲学を初めて意味深く感じたのである。

カントは、経験的な自我の基底に、それを統合する超越論的自我(統覚)があると考えた。ハイデガーや西田がそれぞれ別の言い方で論じてきたのは、そのような自我のことであった。しかし、そののちの哲学者が論じている事柄には、切実さがない。一方、超越論的な統覚を欠いた者は、統合失調症(分裂病)になる。とすれば、そうした病人と対面しつつ考えることこそ、むしろ最も哲学的な態度だといえるだろう。

その意味で、著者は一貫して哲学者なのである。

(みすず書房、2005年4月刊)

2005.7.10

『層としての学生運動　全学連創成期の思想と行動』

武井昭夫

本書は、戦後に全学連（全日本学生自治会総連合）を組織した著者自身による、謙虚な回顧と厳密な検証である。一般に、戦後日本の学生自治会は、共産党の指令でできあがったものであるかのように思われているが、実はたえずそれに抵抗しながら作られたのである。そのとき、理論的にも実践的にも中心となって活動したのが著者であった。

マルクス主義者は、学生はプチブルジョア的階級であり、ゆえに、労働者階級を中心にした革命運動に向けて自己否定すべき存在であると見なした。学生運動はたんにそのための手段でしかなかった。それに対して、著者は学生運動に固有の意義を与えようとした。

学生はたえずいれかわるとはいえ、階級とは異なる、一つの「層」としてつねに存在する。そして、学生層は観念的であるとはいえ、階級的利害を超え、政党の利害を超えた普遍的な理念を追求しうる。それが「層としての学生運動」という理論であった。

一九六〇年の安保闘争に至るまで、このような「自治会」の原則が働いていた。たとえば、小さなデモやストライキをやるためにでも、クラスから代議員大会にいたるまで討議の積み上げが徹底的になされたのである。しかし、その後に、自治会は諸党派（セクト）が独占するものとなった。六〇年代末の「全共闘」は、そのようにセクトに占拠されてしまった自治会を否定して、直接的な民主主義を目指したものであるが、それもまもなく諸セクトに従属するものとなり、結果として、学生運動一般が否定的に見られるようになったのである。

どこの国でも、何か事があれば、学生が集会やデモをやる。しかし、今日の日本では、異様なほど何もおこらない。その原因の一つは、かつて存在したような討議にもとづく自治のシステムが完全に消滅してしまったことにある。それを取り返すことはできないだろうか。何も無かった戦後日本の中で学生運動を創始した著者は、それは可能である、という。本書はまさに「層としての学生」に向けられている。

（スペース伽耶、2005年6月刊）

2005.8.7

『国家とはなにか』

萱野稔人

「国家とはなにか」と著者は問う。人はいつも国家について語っている。が、著者のように根本的にそれを問い直す人はめったにいない。今日では国家に関して、つぎのような考えが広く浸透している。国民がそれぞれ主権者であり、国家とはそのような主体の社会契約によって形成されるガバメント(政府)にほかならない。国民が納税するのは、みずからの安全をはかり、また、公共の福祉を得るためである。著者は以上のような考えに異議を唱える。

現実には、国家がやっていることは、国民の意思とは関係がないし、国民の安全とも関係がない。たとえば、ブッシュが強行したイラク戦争は、アメリカ国民の総意ではない。それに対して、ブッシュの政策の裏に石油資本の利害が潜んでいるという見方がある。これはいわば国家を階級支配のための道具としてみる見方である。しかし、アメリカにかぎらず、国家は、国民総体の意志から、さらに、資本の意志からも自立した主体なのである。

国家は、支配的な共同体が、他の共同体を暴力によって支配し、貢納・賦役させる所にはじまる。著者の比喩でいえば、国家とはマフィアのようなものだ。ただし、それは暴力を独占することによって、みずからを合法化する(それ以外の暴力の行使を非合法化する)暴力組織である。しかも、国家はそれに対して住民が積極的に服従するような「権力」である。そのために、国家はたんに住民に課税するだけでなく、公共事業や福祉によって富を再分配し、住民の安全を図るかのようにふるまう。これは現代国家に固有の特質ではなく、古来、国家の本質なのである。

国家は階級支配の道具ではなくて、それ自体支配階級である。だから、国家は経済的な階級対立がなくなれば死滅するという見方（エンゲルスやレーニン）は、甘い。国家は資本主義経済の中で変形されるが、自律的なものとして存続する。「社会主義」体制においては、死滅するどころか、なおさら強固に存在するのだ。

（以文社、２００５年６月刊）

2005.10.9

『ハッカー宣言』

マッケンジー・ワーク

著者が目指すのは、一言でいえば、現代の情報社会における『共産党宣言』を書くことである。労働者階級は、かつてのように階級闘争の主体ではない。それにかわって、著者は「ハッカー階級」を見いだす。ハッカーは、コンピューター技術を悪用して他人のコンピューターに侵入・破壊を行う者を指すが、本書ではもっと広く、知的な情報生産に従事する者一般を意味している。それに対して、情報を独占し所有する支配階級（ベクトル階級）がある、と著者はいう。現代の階級は、情報の生産と所有をめぐって形成される。ドゥルーズの影響を受けた著者の表現は、抽象的で、具体的なイメージに乏しい。しかし、それは、必ずしも欠陥ではない。旧来と異なる今日の階級や階級闘争は、旧来の言葉では語ることができないのだ。しかし階級闘争はあくまで存在しているのであり、それを言語化する一つの試みとして、「ハッカー宣言」が書かれたのである。

（金田智之訳、河出書房新社、2005年7月刊）

2005.10.16

『傍観者からの手紙 FROM LONDON 2003-2005』

外岡秀俊

本書は、著者が新聞社の特派員としてロンドン着任後に綴った書簡をまとめたものである。それは二〇〇三年イラク戦争勃発のころから、二〇〇五年現在におよぶ。

この時期ロンドンにいることは、ブッシュ政権のイデオローグの言葉によれば、「古いヨーロッパ」にいることである。首相ブレアが積極的にアメリカの戦争に加担していたにもかかわらず、イギリスでは大きな激しい反対運動があり、公共放送局BBCは米英の政府への露骨な批判を容赦なく流していた。

この時期、私は米国と日本にいたが、そのどちらでも、こんな光景は見なかった。なぜこんなことがイギリスではありうるのだろうか。私にとって、それが思いがけず新鮮に見えた。著者もまた、イギリスにおける「エキセントリック」なものへの驚嘆の念から、この書簡を書いた、といっても過言ではあるまい。

そもそも、「古い」とか「新しい」とは何を意味するのか。「古い」イギリスでは、世論調査によれば、人々は宗教に対してほとんど無関心であり、妊娠中絶や同性婚にもほぼ肯定的であるのに対して、「新しい」米国ではその反対である。すなわち、きわめて「古い」考え方がはびこっているのである。このような傾向に関しては、社会・心理学的な分析が可能であり、また実際、そのような分析が氾濫している。

本書において、著者はそのような方法をとらない。著者が言及し参照するのは、つねに、文学作品である。しかも、流行の作品ではなく、古典的な作品である。いいかえれば、「古い」文学である。その意味で、本書は「古い」方法で書かれている。たとえば、米国における宗教的原理主義について、著者は『ワインズバーグ・オハイオ』を書いた小説家シャーウッド・アンダーソンを引用して、つぎのようにいう。《「宗教化する米国」を徒に恐れるのでなく、また蔑むのでもなく、その素顔を深く理解するには、アンダーソンのような目で生身のアメリカ人を見ることが必要でしょう。文学の方法論が歴史とともに古びることは、決してないと私は確信しています》

もちろん、著者は、ヘミングウェイが短編小説の題名にした「キリマンジャロの雪」が温暖化によって溶けたとか、「二十世紀文学が成立する背景となった舞台が、次々に変化の波にさらされている」という事実を見のがすことはない。《装置が消える時、物体に即した私たちの感受性が古び、時代の流れから取り残されるのも事実です》。そのような意味では、文学は古び、時代の流れから取り残されてしまった。それを取りかえすことはできないし、その必要もない。

だが、「文学の方法論」は、狭義の文学が消滅してしまったとしても、むしろ、べつのかたちで生きるのではないだろうか。本書は文学作品ではない。しかし、誰もそれについて語る明確な言葉をもっていないような不透明な現在の状況を、「文学の方法論」で見ようとした、近年稀に見る文章である。

（みすず書房、２００５年８月刊）

2005.10.30

『厄介なる主体1 政治的存在論の空虚な中心』

スラヴォイ・ジジェク

本書は、文字どおり「厄介な主体」、つまりデカルトの「コギト」をめぐる、現代思想家による論考集である。

デカルト的主体の批判はポストモダニズムに共通する。互いに一致するはずのなさそうな諸学派が、この点では一致している。啓蒙的近代を否定するニューエイジ神秘主義者やエコロジストから、デカルト的主体から「存在」に向かったハイデガー、コギトを言説的虚構とみなす脱構築主義者、対話を通した間主体性を提唱するハーバーマス、コギトに男性的な支配を見いだすフェミニスト……。

しかし、著者ジジェクによれば、デカルトのコギトは「透明な自己」という安穏なイメージとはほど遠い。デカルトはあとで、懐疑を決行する前に発狂の危険に備えたことを書いているが、実は、途中で発狂したことに気づかなかったのかもしれないのである。ハイデガーは、デカルトのコギトが「存在」の裂け目から来ることに気づかなかった。

では、こうした「反デカルト的主体」の大合唱は何を意味するのか。端的にいって、「懐疑」の放棄である。つまり、現在のグローバルな資本主義とともに生じた事態、あるいはリベラル民主主義に対する、懐疑の放棄である。たとえば、多文化主義者は、「超越論的主体」に対抗して、女性という主体、ゲイという主体、民族という主体などの主体の多様化を歓迎する。

だが、多文化とは、グローバル資本主義による均質化の結果にすぎない。多文化主義は、資本主義的現実を政治経済的な視点から考えることを放棄させる。それこそ、「デカルト的主体」の放棄にほかならない。

著者は、アルチュセール派から出発してさまざまな地点に達した四人の思想家（ラクラウ、バリバール、ランシエール、バディウ）の政治哲学を吟味しつつ、グローバル資本主義とリベラル民主主義に対する左翼的な対抗の可能性を探ろうとする。その中で、著者はバディウに対して最も好意的である。それはバディウがポストモダニズムを最も拒絶しているからである。

（鈴木俊宏・増田久美子訳、青土社、２００５年８月刊）

2005.11.20

『生きる意味 「システム」「責任」「生命」への批判』

イバン・イリイチ著／デイヴィッド・ケイリー編

本書は、三年前に死んだ思想家イバン・イリイチへのインタビューに基づく書である。イリイチは、一九七〇年代にメキシコを拠点にして、資本主義による地域開発・破壊に反対し、学校や病院の制度を批判する活動や著作で知られるようになった。その当時はラディカルな思想家として知られていたが、八〇年代になって、むしろ反動的な思想家として批判された。男女の仕事が区別されていた近代以前の共同体的社会を称賛したり、途上国への経済援助・ボランティア活動に反対したりしたからである。以来、彼の思想はきちんと検討されることがないまま、次第に消えてしまったという印象がある。その出自も謎につつまれたままであった。

本書を読むと、イリイチ自身の言葉で、多くのことが明らかにされている。彼はクロアチア人の父とユダヤ人の母のもとにウィーンに生まれ、ナチの時代にユダヤ人として迫害され、米国に渡った。しかし、本人はカトリックの信仰をもち、プエルトリコやメキシコで司祭として働いた。そこで、右に述べたような活動の結果、教会と対立し、司祭の資格を放棄するにいたった。もちろん、それは信仰の放棄ではなかった。むしろ信仰の徹底化こそが、そのような結果に導いたのである。

イリイチは経済学者カール・ポランニーに共感し、その関係で、『エコノミーとエコロジー』を書いた玉野井芳郎とも親しかったという。そのことがわかると、イリイチの立場はかなり明瞭になる。ポランニーも玉野井も、互酬制的な経済を未来に実現することを目指すタイプの社会主義者であった。つまり、イリイチもたんに過去の共同体を称賛したり、そこに回帰することを説いたりしていたのではない。資本主義市場経済の深化によって何がうしなわれたのかを強調したのは、それがわかっていないかぎり、未来がありえないからである。

たとえば、女性がこれまで男性が独占していた仕事の領域に進出したことは、進歩であるようにみえる。しかし、それがある程度実現されてみると、明らかになるのは、こうした変化が、資本主義経済がいっそう深く浸透する過程にほかならなかったということである。では、この資本主義経済に対して、どう対抗するのか。イリイチを非難した社会主義者は、実際のところ、資本主義経済と共通の基盤に立っているにすぎない。その上で、富の平等あるいは再配分を主張するのである。

この本(原本)は九二年に刊行された。「グローバル資本主義」がいわれたころである。しかし、この時期にはすでに、イリイチは、自分の過去の仕事の意義を否定するほど絶望していた。以前に書いたことを否定するのではない。ただ、ここまで急速に悪化するという見通しをもたなかったことが間違いだった、というのである。この絶望が、彼を、聖書やヨーロッパ中世の文献に向かわせる。それが、それまでの読者を遠ざけることになった。しかし、彼は過去に向かいつつ、あくまで未来を志向していたのである。

(高島和哉訳、藤原書店、2005年9月刊)

2005.12.11

『マルチチュード　〈帝国〉時代の戦争と民主主義　上・下』

アントニオ・ネグリ、マイケル・ハート著／水嶋一憲・市田良彦監修

本書は『〈帝国〉』(二〇〇〇年原書刊)の続編として書かれている。『〈帝国〉』では、ネグリとハートは、アメリカ合衆国が湾岸戦争において国連の合意の下に行動したことから見て、帝国主義とは異なる、いわば古代ローマ帝国に似た「帝国」が形成された、と考えた。しかし、〇一年九月一一日以後におこった事態は、それとはほど遠かった。世界は「帝国」どころか、公然と帝国主義の時代になった。おまけに、それをもたらす引き金を引いたのが、「マルチチュード(多衆)」的反乱の一つであるともいえるイスラム原理主義者であった。本書で、著者はそのような点を修正しつつ、現状を分析し、新たに積極的な展望を見いだそうとしている。

しかし、著者がいう「帝国」は、もともと経験的な概念ではなかった。それは国家というよりも、世界的な資本のネットワークそのものなのである。それに対抗するものとしての「マルチチュード」も経験的概念ではない。それは、人民や労働者階級という現象において消されてしまうような何かなのである。マルチチュードは多種多様なネットワークとしてあり、また絶対的に民主主義的である。それは近代の国家と資本制経済の下でもたえず存在するのだが、国家や資本によってつねに疎外される。ゆえに、マルチチュードを自由奔放に発現させれば状況を変えられる、と著者は考える。

ところで、この考え方を著者はスピノザに依拠して述べているが、私のみるところ、それは無政府主義

者プルードンの考えだといったほうがよい。プルードンは、ルソーのいう社会契約や人民主権は、絶対主義王権の変形にすぎず、真の民主主義ではない、とみなした。また、彼の考えでは、真の民主主義は、将来に実現されるようなものではない。それは現に、資本と国家が支配する経験的世界の深層に存在する。それは連合的で相互的で創造的である。したがって、そのような深層の「リアルな社会」を発現させればよい。

実は、マルクスをふくむドイツの青年ヘーゲル派は、このような考えの影響を深く受けていた。ネグリとハートは、マルクスのいうプロレタリアートは労働者階級のように限定されたものではなく、マルチチュードにほかならないという。初期マルクスの考えは確かにそのようなものだ。その意味では、本書は『共産党宣言』(一八四八年)を現代の文脈に取り戻そうとする試みといえる。すなわち、帝国(資本)対マルチチュード(プロレタリアート)の世界的決戦。

しかし、このような二元性は、諸国家の自立性を捨象する時にのみ想定される。こうした観点は神話的な喚起力をもち、実際、それは六〇年代には人々を動かしたのである。とはいえ、私は、このような疎外論的＝神話的な思考をとるかぎり、一時的に情念をかき立てたとしても、不毛な結果しかもたらさないと考える。グローバル資本主義(帝国)がどれほど深化しても、国家やネーションは消滅しない。それらは、資本とは別の原理によって存在するのだから。

(幾島幸子訳、NHK出版、2005年10月刊)

2005.12.25

2005年の「今年の3点」

①マーク・ブキャナン著『複雑な世界、単純な法則』(阪本芳久訳、草思社)
②萱野稔人著『国家とはなにか』(以文社)
③マーク・R・マリンズ著『メイド・イン・ジャパンのキリスト教』(高崎恵訳、トランスビュー)

①は、近年のネットワーク理論がもたらした意外な発見に満ちている。たとえば、自由な市場経済では富が一部に集中してしまうことがわかりやすく簡単に証明されている。また、ネットワーク的な反体制運動にとっても必要な観点が随所に示されている。

②は、国家とは何かを、暴力の視点から根本的に問い直す著作である。国家は、資本主義のグローバリゼーションの下で希薄化したように見えるが、自立的な主体であることを決してやめない。

③は、内村鑑三の無教会派以来、数多い日本的キリスト教団を総合的に分析している。著者は、こうした土着化をキリスト教が各国で根づくために不可欠なものとして肯定している。にもかかわらず、日本でキリスト教が根づかないのはなぜか。その問いの中で、日本の社会の特質が浮き彫りにされる。

2006.1.22

『法と掟と　頼りにできるのは、「俺」と「俺たち」だけだ！』

宮崎 学

「法の裏、法の穴をついて儲ける」など著者自身の「アウトロー生活」の体験から、掟と法について考察し、そこから今日の日本社会の批判におよぶ、痛快で、洞察に満ちた書物である。

本書の定義によれば、掟とは個別社会の規範である。「個別社会」は家族、村、労働組合、同業者組合、経済団体といった基礎的な集団であるが、著者はそれを「仲間内」と呼ぶ。そこには、相互扶助(互酬)的であるとともに内部で共有する規範がある。それが「掟」である。一方、「全体社会」は国民国家のように抽象的な集団であり、そこで共有される規範が「法」である。

通常、社会は、個別社会の掟で運営されており、掟ではカバーできないときに法が出てくる。ところが日本社会では、そういう関係が成り立たない。掟をもった自治的な個別社会が希薄であるからだ。著者によれば、その原因は、日本が明治以後、封建時代にあった自治的な個別社会を全面的に解体し、人々をすべて「全体社会」に吸収することによって、急速な近代化をとげたことにある。

ヨーロッパでは、近代化は自治都市、協同組合、その他のアソシエーションが強化されるかたちで徐々に起こった。社会とはそうした個別社会のネットワークであり、それが国家と区別されるのは当然である。しかるに、日本では個別社会が弱いため、社会がそのまま国家となっている。そして、日本人を支配しているのは、法でも掟でもなく、正体不明の「世間」という規範である。

日本は自治的な個別社会を解体したために、国民国家と産業資本主義の急激な形成に成功したが、それは、今やグローバル化の中で通用しなくなっている。それに対して、中国では個別社会——幇《バン》や親族組織——が強く、それが国民《ネーション》の形成を妨げてきた。しかし、逆に、今日のグローバル化において、国境を超えた個別社会のネットワークが強みとなっている。

著者は、若い人たちに個別社会の形成をすすめている。そのためには個々人が「世間」の規範から出なければならない。

（洋泉社、２００５年12月刊）

2006.1.29

『黒いアテナ　古典文明のアフロ・アジア的ルーツ』

マーティン・バナール

本書は、ギリシャに西洋の起源をみる西洋人の見方を根本的に覆した労作で、「黒いアテナ」(全四巻予定)の第二巻(九一年刊)を全訳したものである。

著者によれば、古代のギリシャ人は、ギリシャ文明がエジプトとフェニキアに基づくと考えていた。ところが、ギリシャ文明が征服者アーリア人に由来する独自のものという説が、一八世紀末にドイツを中心に西欧で広がり、最近まで支配的だった。そのような〈アーリア・モデル〉を著者は西洋中心主義、人種差別として批判し、〈古代モデル〉に戻るべきだと主張する。そして、この自説を〈改訂版古代モデル〉と呼んでいる。

ギリシャの文化や思想が、地中海=アフリカ=アジア的な世界の交通なしにありえないという見方は、本書が出る前から常識になっていた。しかし、神話や言語の起源などを丹念に分析しながら自説を展開した本書がもたらした衝撃は大きかった。「黒いアテナ」という表題のせいもある。本書を推す小田実によれば「クレオパトラは黒かったか」という週刊誌記事が出たり、論争も起こり、以後、〈アーリア・モデル〉を無邪気に唱えることはできなくなった。その意味で「ギリシャの奇跡」を自己の所有物とする西洋中心主義に対する本書の挑戦は成功したといってよい。

さらに本書にはもう一つ挑戦がある。それは、紀元前六〜五世紀に真の宗教や哲学や科学がはじまり、中国に孔子と老子、インドに釈迦、ペルシャにゾロアスターが登場し、バビロニアでユダヤ教が成立したなど、この時代に世界史的な大変化があったとする従来の見方に対するものである。いうまでもなく「ギリシャの奇跡」もその中に入れられる。

しかし著者によれば、その変化は紀元前一二世紀ごろに起こった、もっと画期的な変化から派生したものにすぎない。画期的な変化とは、紀元前一一五九年にヘクラ火山(アイスランド)の噴火がもたらした世界的な気候悪化だったという。豊富な事例から自説を説く本書は、グローバルな経済と環境悪化がさし迫った現在、妙に身近に感じられる。

(金井和子訳、藤原書店、上・2004年6月刊、下・2005年11月刊)

2006.3.26

『「みんなの意見」は案外正しい』

ジェームズ・スロウィッキー

本書の原題を直訳すると、「群衆の知恵」である。すなわち、本書は「群衆の狂気」あるいは「衆愚」という伝統的な通念に、異議を唱えるものである。

著者があげている例では、見本市に出された雄牛の重量を当てるコンテストで、雄牛についてよく知らない八〇〇人の人たちが投票した値の平均値が、専門家の推測よりも正解に近かったという。

この理由は説明されていない。ただ、個々の専門家よりも群衆のほうが知力・判断力において優越する場合があるということは、衝撃的な発見である。

しかし、集団が賢明な判断をくだすためには、いくつかの条件がいる。それは、集団の成員が、多様性、独立性、分散性をもつことである。さらに、多様な意見を集約するリーダーシップが不可欠である。そして、実は、これらの要件を満たすことは容易ではない。

たとえば、集団の中で討議すると、個々人は賢くなるだろうが、討議を重ねるほどに、皆が同じ意見をもつようになる。そして、多様性・分散性・独立性が失われ、いわゆる「群集心理」に陥ってしまう。ゆえに、群衆がいつも賢いというわけではない。一定の状態にある群衆が賢いのである。

実際には、集団がこのような要件をみたす場合は多くない。その要件を満たす代表的な例として、意思決定を市場にまかせる「予測市場」がある。確かに、市場では、人々は相互に独立している。とはいえ、市場であれば何でもいいというわけではない。利潤を目指す市場にはいつも、付和雷同的なバブルが生じる危険があるからだ。

すると、本書は、少数の専門家や指導者よりも大衆が賢い、といっているのではない、ということがわかる。むしろ、私には、集団の成員の多様性・分散性・独立性を保持し、さらにそこから創造的な意見を集約できるようなリーダーシップこそが望ましい、といっているように思われる。

だから、本書の言い分は、見かけほど奇抜ではない。ただ、実行するのが難しいだけである。

（小高尚子訳、角川書店、２００６年1月刊、後に角川文庫）

2006.5.14

『思索日記1　1950-1953』

ハンナ・アーレント著／ウルズラ・ルッツ、インゲボルク・ノルトマン編

本書は、アーレントが一九五〇年から七三年にいたるまで書いたノートを編纂した本の第一巻である。ここには五〇年から五三年にかけてのノートが収録されているが、それは著者が『全体主義の起原』を出版したのち、『人間の条件』を書くにいたるまでの思索の跡を示している。

多彩な内容をもったこれらのノートに一貫しているのは、いわば「全体主義の起源」を近現代においてよりも、古代においてみようとする志向だ、といってよい。全体主義は西洋の哲学・宗教に反するものではなく、むしろそこにこそ胚胎する。一口でいえば、それは、人間の「複数性」を認めない思考である。たとえば、西洋の哲学は内省、つまり、自己との対話にはじまった。それは、実際に他人と話すこととは違っている。他人との対話がどこに向かうか予測不可能であるのに対して、自己との対話は確実であり、絶対的な真理に向かうことになる。この意味で、西洋の哲学的伝統は、異質な他者を排除することによって成立している。

アーレントは、こうした思考の伝統を社会認識においても見いだす。たとえば、マルクスは古典派経済学にもとづいて、「労働」を根底におき、生産物の価値が交換過程において見いだされる次元を軽視した。それは、交換という「活動」の次元、つまり、予測不可能な他者との関係の次元を見ないことである。こうして、「労働」を根底におくことが、複数性(他者性)を否定する「全体主義」に帰結したのである。

このような伝統の中で例外的であったのは、複数の相異なる人間の間で、趣味判断の普遍性がいかに成り立つかを考えたカントである。ここから、カントの『判断力批判』を政治哲学として読む、アーレント独自の考えが出てきたのである。のみならず、そこに、彼女は、複数性を前提するような社会主義への鍵を見ようとした。総じて、本書には、のちに本としてまとめられたときには消えてしまう、豊かで多様な思考がとどめられている。

（青木隆嘉訳、法政大学出版局、２００６年3月刊、後に新装版が同出版局より刊）

2006.6.11

『漱石という生き方』

秋山 豊

近年私は文芸評論を読む気がしない。それらは新しく見せようと奇をてらい、新知識を動員しているが、どれもこれも陳腐である。そもそも書いている人が何のために文学をやっているのかさえわからない。とくに漱石論などはおびただしく出版されているが、手に取るのもうんざりだ。ところが、この漱石論は読みはじめると、やめられなくなった。非常に新鮮なのである。

本書の特徴はまず、批評家や学者からの引用がほとんどないという点にある。といっても、それは主観的に感想を述べたものではない。その反対に、本書は、漱石の創作・評論・談話・書簡にいたるまで、すべてを自筆原稿から検討し周到に読み込んだのちに、書かれているのである。どうしてこういうことがありうるのか。タネを明かせば、著者はかつて『漱石全集』を編集した編集者であり、引退した後にこれを書いたのである。

たとえば、漱石の『心』という作品は、『こゝろ』または『こころ』と表記するのが正しいと考えられてきた。が、自筆原稿にあたって調べると、『心』が正しい。国語の教科書にも載っている有名な作品に関して、このような誤解がまかりとおってきたのは、むしろ驚くべきことだ。この一例からでも、同様の誤解が、作品の読みに関しても数多く存在するだろうということが予想できるはずである。実際、自筆原稿をふくむテクストの丹念な検証にもとづく本書は、かつてない深い読みをもたらしている。

しかし、本書を新鮮にしているのは、作品の新しい読解というよりも、むしろ作品に対する姿勢である。それは今や稀有なものだ。「私の希望は、漱石に寄り添って、よく彼の言葉を聞き取りたいということに尽きる」と著者はいう。これは謙遜ではないし、レトリックでもない。本書は、研究者や批評家のような野心をもたず、漱石に寄り添いつつ生きてきた人のみが書けるような本である。おそらく「漱石という生き方」という題は、そのことを最も的確に表しているといえるだろう。

（トランスビュー、2006年5月刊）

2006.7.30

『反ファシズムの危機　現代イタリアの修正主義』

セルジョ・ルッツァット

第二次大戦は、日独伊三国同盟（一九四〇年九月締結）と米英ソなどの連合軍の間の戦争であった。ゆえに、日独伊の三国が戦争期のみならず、敗戦後の状況においても類似することは、誰にでも想像がつく。実際、戦後日本のことを考える際、ドイツの事例がいつも参照されてきた。歴史の見直し（歴史修正主義）という問題に関しても同じである。ところが、イタリアに関しては、日本ではほとんど知られていない。

一つには、敗戦後の状況に決定的な違いがあるからだ。日本やドイツで、政治的な指導者がその戦争責任を「連合軍」によって問われたのに対して、イタリアではそうならなかった。ファシズム体制を倒しムッソリーニを処刑したのは、共産党を中心とするレジスタンス運動であった。そのため、日本では、イタリアといえば、グラムシ主義に代表される左翼運動の国として見られてきた。しかし、ソ連邦が崩壊した一九九一年以来、事態が変わってきている。ファシズムの脅威を軽く見て、反ファシズムの意義を無化してしまう歴史修正主義が強くなったのである。ベルルスコーニ政権の出現がそれを典型的に示している。

本書において、著者はそのような傾向を批判し、「反ファシズム」の意義をあらためて確認しようとしている。細かな歴史的文脈を別にすれば、本書が示す事柄は、日本人にとって非常に参考になる。というのも、ある意味で、戦後日本のケースは、ドイツよりもイタリアに似ているからである。

たとえば、二〇〇三年イラク戦争の時点で並んだ、ドイツの首相シュレーダーと、小泉首相やベルルスコー二首相を比べてみればよい。前者がドイツの過去を認め且つアメリカのイラク戦争に反対したのに対して、後者二人は過去を否認し、イラク戦争にすすんで参加することを表明した。前者が沈鬱な表情をしているのに、後者はやたらに上機嫌ではしゃぎまわる。いうまでもなく、彼らの差異や類似は、個性の問題ではない。それぞれの国民の問題である。

（堤康徳訳、岩波書店、2006年5月刊）

2006.9.3

『アメリカ憲法の呪縛』

シェルドン・S・ウォリン

本書の表題は、直訳すれば「過去の現存」である。それはどのような「過去」か。たとえば、フランスの思想家トクヴィルは「アメリカには封建制の過去がない」と述べたが、そのような見方は、今でも強い。そのため、ヨーロッパでなら革新的と見えるような自由主義が、アメリカでは保守的なイデオロギーであるといわれる。しかし、本書において、著者はそのような見方に異議を唱えている。アメリカには、封建制という「過去」があったというのである。

といっても、著者が封建制というとき、それは土地所有や貴族的特権というような通常の意味においてではなく、封建制を中央集権的国家に対抗するもう一つの選択肢として意味づけたモンテスキューの理解にもとづいている。その場合、封建制は、求心的な画一化に対する多元的な分権主義を意味する。それは民主主義を、たんなる議会制度ではなく、さまざまな「中間団体」の連合に見いだすものである。著者は、この意味で、アメリカには「封建制」の伝統があったし、一七七六年の独立革命はむしろ、イギリスの行政の求心的合理化に対抗する、封建制的な対抗革命であったというのである。

しかし、一七七八年に憲法が成立した時点で、多様な分権的体制から統一をめざす集権的国家への転回が生じた。この憲法は、国家権力を制限する機能を果たすのではなく、逆に、人民という名の下に、国家主権の無制約な拡張をもたらすものである。この憲法にふくまれた画一的な集権化の意図は、南北戦争を経て実現された。さらに、国家権力が極大化したのは、一九三〇年代の「ニュー・ディール」、つまり、国家による強力な経済介入の時期である。これは、大衆の喝采を浴びる民主主義的政治として実現されたのである。

本書が書かれたのは、一九八〇年代、このような福祉国家主義を否定し、国家の公的な仕事を市場に任せるというレーガン主義が隆盛をきわめた時期である。それは、国家の介入を斥ける、アメリカの「自由主義」的伝統の名のもとに推進された。しかし、こうした民営化は、国家を希薄化するものではまったくない。それは国家機構をより合理的に強化するだけだ、と著者はいう。地方分権を強調する新自由主義は、実際には、国家的統治を強化することを目指している。それは、国家と資本、政治と経済の結合を強化しながら、しかもそのことをするものである。

かくして、「合衆国に生まれつつあるのは、新しい形態の権力の全体化である」。著者の意見では、これに対抗するためにはやはり「民主主義」によるほかないが、真の民主主義は、新自由主義にも福祉国家主義にもない。それらは、人民の名のもとに国家権力を無制限に拡張する憲法の呪縛の中にあるからだ。アメリカの「草の根民主主義」は、政府や議会という代表制の形式にではなく、憲法以前のいわば「封建制的な」志向にこそある。ある過去の呪縛を脱するためには、選択肢としてもう一つの「過去」を見いだす必要があるのだ。

（千葉眞・斎藤眞・山岡龍一・木部尚志訳、みすず書房、２００６年７月刊）

2006.10.22

『資本主義に徳はあるか』

アンドレ・コント＝スポンヴィル

われわれは、ある現象を体験するとき、たんに知的に認識するだけではない。同時に、それに対して道徳的な判断をし、また快・不快のような情動を感じる。これらを区別することは難しい。そこで、あるものを知的認識(科学)の対象とするには、それに対する美的判断や道徳的判断をカッコにいれなければならない。一方、それを美的判断の対象とするには、真偽の判断や道徳的関心をカッコに入れなければならない。たとえば、これは虚構だとか、主人公が悪いといっていたのでは、小説を読めないであろう。このような領域の区別とその根拠をはっきりさせたのが、カントの「批判」であった。

本書で著者がやっているのも同じような仕事、つまり「批判」であるといってよい。ただ、著者は領域を「秩序」と呼び、またそれをつぎのように四つに分けている。第一に、経済—技術—科学的秩序。第二に、法—政治の秩序。第三に、道徳の秩序。第四に、愛(倫理)の秩序。

これらはそれぞれ異なる秩序にあり、それぞれに固有の原理をもっている。ゆえに、それらは混同されてはならない、というのが著者の主張である。しかし、これらの秩序は別々にあるのではない。どんな個人も、同時に四つの異なる秩序に属している。だから、それらを混同してしまうのも無理はない。

その中でも最も危険なのは、経済や政治の秩序と道徳の秩序の混同である。たとえば、ひとびとが平等であるべきだという考えは、道徳の秩序に属するが、それを経済的に実現しようとすると、経済を破壊することになる。その結果、平等そのものが実現されなくなるだけでなく、道徳的な理念が嘲笑的に否定されるようになる。それは旧ソ連の社会主義経済とその崩壊がもたらした事態である。

しかし、経済や政治の秩序と道徳の秩序の混同は、今日でも別の形で生じている。たとえば、道徳性が政治の領域にもちこまれている。「聖戦」とか「正しい国家」のような考えがその例である。

一方、「企業倫理」というような言葉がよく使われている。まるで経済が道徳的でありうるかのように。個人のレベルに存する道徳性や愛を、集団である企業に見いだすべきではない。企業は何よりも利潤を追求しているのであり、そうでなければ成り立たないのだ。

といっても、著者が目指しているのは、経済や政治を道徳性からまもることではない。むしろ、道徳性を経済や政治からまもることである。いいかえれば、道徳や愛の秩序を高い理念としてあくまで保持しつつ、現実的な経済と政治に即しながら、それらを徐々に忍耐強く変えていこうということである。このような著者の立場は、一言でいえば、「自由社会主義」ということになるだろう。それは新自由主義と福祉国家主義の両方を批判するものである。前者は道徳性を欠いており、後者は経済の秩序を無視している。著者はそのような事柄を、普通の人たちに向けて、明晰に且つ平易に語ろうとしている。

（小須田健、コリーヌ・カンタン訳、紀伊國屋書店、２００６年８月刊）

2006.12.3

『朝鮮通信使をよみなおす 「鎖国」史観を越えて』

仲尾 宏

近年、日本と中国や韓国・北朝鮮との関係が緊迫してきている。これをたんに「戦前の回帰」として見るのは不十分である。たしかにそれは歴史的な反復ではあるが、そのような反復は以前からもあり、もっと根深いものだ。本書は、「朝鮮通信使」の史実を、東アジアに存する反復的な構造を見すえつつ読みなおすものである。

東アジアには、中国を中心にする冊封体制という「華夷秩序」が存在した。その中で、日本と朝鮮は、中国との関係において同格の位置にあった。それを覆したのが、豊臣秀吉の朝鮮侵略である。むろん、それは失敗しただけでなく、国内でも没落する結果に終わった。しかし、豊臣側から権力を奪った徳川家康は以後、甚大な被害を与えた朝鮮との関係を修復せねばならなかった。それは、中国との貿易を再開するために、つまり日本が東アジアの政治・経済システムに復帰するために、不可欠だったのである。

徳川側の「反省」はあいまいなものであったが、李朝側はそれを受け入れた。東アジアの秩序の再建と平和を優先したのだ。その結果、朝鮮側から「通信使」を送るという慣例が成立した。これはたんに外交儀礼の問題ではなかった。十二度にわたり、毎回五百人に及ぶ、朝鮮の一流の学者、医者、芸術家などが来日したからである。日本側も同じレベルの人たちが関与した。したがって、江戸日本の儒学、医学、文学、美術その他を考えるには、朝鮮通信使の研究が不可欠である。本書はそれを多様な観点から示している。

徳川幕府が朝鮮に対してとった政策は、明治時代には、秀吉の侵略を「朝鮮征伐」として礼賛する声によって否認された。その結果が東アジア諸国への帝国主義的侵略であった。そこから再出発した戦後日本の政策は、ある意味で徳川の政策に似ている。ところが、現在は、明治以後の日本のやり方を正当化する声が高まっている。これは愚かしい反復である。これを免れるためには、東アジア諸国の関係構造を粘り強く組み変えていくほかない。

（明石書店、２００６年10月刊）

2006.12.17

『アナーキスト人類学のための断章』

デヴィッド・グレーバー

著者は人類学者であり、アナキストの活動家である。人類学とアナキズムの結びつきは唐突ではない。「未開社会」を対象としてきた人類学者モース、クラストル、サーリンズらは、そこに国家と資本主義に対抗する社会を見た、広義のアナキストであった。しかし、今日の人類学者はそのことに注目しないし、アナキストも人類学に注目しない。これらの結合の意味を確かめながら考え且つ行動して来たのは、おそらく著者だけであろう。

研究に専念していた著者は、一九九九年シアトルでの反グローバリゼーションの闘争を見て、初めて活動に参加したという。だが、そのとき彼が気づいたのは、ニューヨークの「直接行動ネットワーク（DAN）」の会合のやり方が、かつてフィールドワークのために二年過ごしたマダガスカル高地の共同体における評議会とよく似たものだということであった。

これを読んで私は、ハンナ・アーレントが一九六八年に、世界各地の新左翼運動で同時的に広がった「評議会」(日本では全共闘に代表される)について述べたことを想起する。一般に、評議会(ロシア語でソヴィエト、ドイツ語でレーテと呼ばれる)は、マルクス主義と結びついているようにみえるが、もともとアナキストが考えたものだ。しかし、ハンナ・アーレントは、評議会は「政治的行為の経験そのもの」に存するもので、「まったく自発的に、そのたびごとにそれまでまったくなかったものであるかのようにして出現」するのだ、という。

つまり、それは誰かが考案したものではない。むしろ、現にある、反集権的な自然発生的運動の形態を肯定するところにこそ、アナキズムがある。著者のアナキズムも、そのようなものである。著者は「未開人」から学べ、といっているのではない。われわれはそうと知らずに、彼らと同じことをやっている。国家と資本が人間の本性に根ざすとすれば、それに対抗することも人間の本性のようなものだ。人類学が教えるのは、そのことである。

（高祖岩三郎訳、以文社、2006年11月刊）

2006.12.24

2006年の「今年の3点」

①宮崎学著『法と掟と』（洋泉社）
②シェルドン・S・ウォリン著『アメリカ憲法の呪縛』（千葉眞ほか訳、みすず書房）
③ハンナ・アーレント著『思索日記1』（青木隆嘉訳、法政大学出版局）

書評したのちに気づいたのだが、私が挙げた三冊の本には共通した主題がある。第一に宮崎学は、掟をもったさまざまな「個別社会」と、法的規範にもとづく「全体社会」を区別する。日本では明治維新以来、さまざまな個別社会を解体し、すべてを全体社会に吸収することによって、急速な近代化をとげた。ゆえに、自治的な個別社会が弱い。

つぎに、ウォリンは米国に関して宮崎とほぼ同じことを述べている。十八世紀アメリカの民主主義はさまざまな「中間団体」の連合にあったが、一七八八年に成立した憲法はそれを破壊し、人民という名の下に、国家主権の無制約な拡張をもたらすものであった。それが今日に及ぶ。ウォリンはそれに対抗する鍵を、宮崎と同様に中間団体＝個別社会の回復に求めている。最後に、アーレントはこのような問題について哲学的なレベルで思索している。

2007.1.28

『獄中記』

佐藤 優

本書は、かつて「外務省のラスプーチン」と呼ばれた著者が起訴され、独房に拘置された五一二日間に書いた膨大な読書ノートや書簡を圧縮し編集したものである。著者はこの事件についてすでに何冊も本を出している。本書でも当然それについての言及があるが、中心は何といっても、ヘーゲルの『精神現象学』の精読から始まる読書ノートである。そこには、どんな優れた知識人のノートにも見いだせない類の、驚嘆すべき知性の活動がある。

それは、著者が従事していたインテリジェンスという仕事に関係があるだろう。インテリジェンスという語には、知性と諜報という意味がある。諜報は、いわゆるスパイ活動よりも、むしろ誰でも入手できる情報を深く分析することが中心であるから、結局、知性の問題だということになるかもしれない。しかし、諜報という語からはやはり、知性というのとは違った外向性・行動性が感じられる。

実際、本書の「知性」が魅力的なのは、それが外交的・行動的だからである。通常、それは知的であることと矛盾する。だが、著者の場合、通常なら矛盾するようなことが、平然と共存するのだ。たとえば、著者は「絶対的なものはある、ただし、それは複数ある」という。そこで、日本国家と、キリスト教と、マルクスとがそれぞれ絶対的なものとしてありつつ、並立できるのである。

本書を読むと、どうしてこのような知性が出現したのか、考えずにいられないだろう。ひとまずいえるのは、著者自身がたえずそれを問うているということだ。独房で読む本はむしろそのために選ばれている。著者の考えに最も適合するのはおそらく、最初に選んだヘーゲルの『精神現象学』であろう。それはあらゆる命題（テーゼ）を肯定すると同時に否定するものだ。その意味で、「絶対的なものはある、ただし、それは複数ある」という著者の考えは、まさに弁証法的である。それは著者がヘーゲルから学んだものではない。著者がヘーゲルに自分を見いだしたのである。

（岩波書店、2006年12月刊）

2007.2.25

『金と芸術　なぜアーティストは貧乏なのか?』

ハンス・アビング

芸術への崇拝は、十九世紀西洋で、ブルジョア的な金権と経済合理性に対するロマン主義的反撥として生じた。芸術家は金のために仕事をするのではない、美的価値は市場価値とは異なるというような考えが、この時期に生まれたのである。しかし、「芸術の神話」が真に確立したのは、芸術家らが反抗しようとした、当のブルジョア自身が、そのような芸術を崇拝し、そのために奉仕することを高尚なことだと考えるようになったときである。

さらに、国家も芸術を支援することで威信を示そうとするようになった。芸術を理解する文化的国家と見られたいのである。その結果、芸術は市場によってよりも、政府や企業・ブルジョアからの贈与によって成り立っている。それだけではない。贈与が、市場価値とは異なる美的価値を保証する仕組みになっている。たとえば、市場で売れなくても、公的な助成金を得たり、美術館によって買い上げられることが、かえって作品の美的価値、さらには市場価値をも高めるからである。

以来、芸術は、それ自身ビジネスでありながら、同時にビジネス性を否定する、あいまいなものとして存在してきた。芸術の世界には、自由な競争が存在するかのように見えるが、けっしてそうではない。芸術における「贈与の経済」には、文化官僚や企業と結託した専門家集団の独占がつきまとう。芸術のためではなく、彼ら自身が存続するためにこそ、芸術への援助がなされるのである。経済学者であるとともにアーティストである著者は、本書で、そこに存する自己欺瞞的な仕掛けを明快にあばきだした。

二十世紀前半に、前衛芸術は「芸術の神話」を破壊しようとした。たとえば、「泉」と題して便器を出展したデュシャン。それは、いかなるものも芸術でありうるという主張である。しかし、ブルジョアは、そのような前衛芸術を高尚な芸術として仰ぐことによって、その破壊性を消してしまった。近年では、ポストモダンな芸術家は、商業的であることを肯定し、芸術の価値を市場価値と同じものと見なしている。だが、これも「芸術の神話」を壊すことにはならないだろう。芸術を神聖化するように働くシステムが存在するからである。

その中でも最も大きいのは、政府による贈与である。オランダ人の著者は、オランダ政府が現代アートを強力に支援し、それによって美術界を変えてしまったことを指摘している。こうした援助には、貧しい芸術家を助けるなど、さまざまな理由づけがなされるが、著者によれば、明白なウソである。芸術家は概して貧しい。それは第一に、芸術家が必要以上の金を求めていないからであり、第二に、その志望者が多すぎるからだ。芸術家への助成を増やすと、もっと志望者が増えるだけである。では、なぜ芸術に贈与したがるのか。わが国は、わが社は、芸術に理解がある、というポーズを示したいからだ。芸術を神聖化するシステムは、国家と資本を神聖化するシステムにほかならないのである。

（山本和弘訳、grambooks、２００７年１月刊）

2007.4.15

『抵抗の場へ　あらゆる境界を越えるために』

マサオ・ミヨシ×吉本光宏

もし戦前・戦中の日本で通常の英語教育を受けた日本人が、戦後まもなくアメリカに渡り、名門大学の英文科教授になったとしよう。それは一事件と呼ぶに値する。大学でも差別が露骨に存在した時代に、非白人であるだけでなく、この前まで敵国であった国からやってきた日本人が、カリフォルニア大学バークレー校で、英文学の正教授となるということは、ありそうもないからだ。ところが、そのような人物がいた。マサオ・ミヨシである。しかし、この「事件」は日本ではほとんど知られなかった。一つには、日本の学者が嫉妬したからである。さらには、ミヨシ自身がそのような物語化を拒んできたからである。

こんな離れ業を可能にした武器は、何といっても、数百ページの本をすばやく読んで全文を覚えてしまうような記憶力だろう。まるで大西巨人の小説『神聖喜劇』の主人公のようだ。といっても、本書のなかで、こんなことが語られているわけではない。それなのに、私があえて以上のようなことを述べるのは、先ず、ミヨシがどれほど桁外れの人物であるかを、読者に知ってもらいたいからだ。本書には、少なくとも、これほど面白い波乱万丈の経歴をもった日本人はめったにいない。本書には、通俗的な観点からいっても、その一端が示されている。インタビューという形式であるため、著書には決して書かれないような、さまざまな経験がヴィヴィッドに語られているからだ。

ミヨシは、一九六〇年代後半から、急激に変貌したアメリカの知的世界の最先端にいた知識人の一人である。彼はチョムスキー、サイード、ジェームソンらと、掛け値なしに、親友であった。だが、彼らの間でミヨシを際立たせる特徴は、絶え間ない「移動」にある。第一に、日本からアメリカへの「移動」がある。さらに、六〇年代の市民権運動の中で、政治的活動にコミットするようになった「移動」がある。しかし、いかにもミヨシらしいのは、むしろ次の点である。

バークレーで知り合ったチョムスキーが、政治活動を広げるかたわら、専門の言語学を継続したのに対して、ミヨシは英文学を放棄してしまう。教師として、二十名以上のヴィクトリア朝文学専攻の教授を産み出しながら、彼自身はそれを放棄して、新たな道に進む。その過程で、彼はアメリカにおける日本学にも介入し、その状況を根本的に変えてしまう。それまでタコツボの中で自足していた日本研究を、強引に外気にさらすことによって。しかも、その結果に満足することはなかった。

彼は資本主義的グローバリゼーションの中で、日本学のみならず、アメリカの「人文学」そのものが終わったことを宣告する。と同時に、それを放棄してしまう。もちろん、隠居ではなく、新たな方向に挑戦するためだ。では、かくも絶え間ない、抵抗と移動のドライブは、どこから来るのか。本書は、それが戦中日本における体験に由来することを示唆している。その意味では、この稀有な人物を産み出したのは日本である。

（洛北出版、2007年5月刊）

2007.5.6

『日韓歴史共通教材 日韓交流の歴史 先史から現代まで』

歴史教育研究会（日本）・歴史教科書研究会（韓国）編著

本書は、日本の歴史教科書が問題となった一九九七年から、日韓の歴史学者らが討議を重ね、十年を費やして編集してきた、日韓共通の歴史教科書である。著者らは、これによって議論を解消するのではなく、逆に、これを踏み台にして、議論が始まることを期待している。実際、これまでは、日本人は韓国の教科書を知らず、韓国人は日本の教科書を知らないで論争してきたにすぎない。本書の出版によって、議論の足場そのものが形成されたということができる。しかし、本書は、著者らが意図した以上に重要な示唆をふくんでいる。

どの国でも、歴史の教科書は、一つの国民国家の観点から書かれている。それに対して、本書はいわば、二つの国民国家の観点を入れようとするものである。それは一国の歴史で無視されている他国民の歴史を採り入れる。しかし、それだけではすまない。二つの国民国家の視点を入れると、期せずして、国民国家の仮構性そのものが見えてしまうのである。

たとえば、古代では、唐と結んだ新羅が、倭（ヤマト）が支援した伽耶や百済を滅ぼす。さらに、新羅は、唐に対抗してヤマトと手を結ぶ。他方、北方の渤海は、新羅に対抗して、ヤマトと連携する。これらは王朝国家間のめまぐるしく錯綜した関係であり、そこには「敵の敵は味方」という国家の力学しかない。このような時代に、まだ存在もしなかった「国民」の歴史を見いだすのは、滑稽である。

と同時に、逆に古代史からみると、国民（人民）が形成したとされる現代の歴史も違って見えてくるだろう。そこでは、国民が参与しているようにみえるが、実際は、諸「国家」が争っているだけなのである。たとえば、日本が韓国を「併合」したとき、それは、アメリカがフィリピンを、イギリスがインドを支配するということを、相互に承認しあうことによってなされた。そこに国民の歴史など存在しない。国民の名の下に、諸「国家」が争う歴史があるだけだ。今日、それはどれだけ変わっただろうか。

（明石書店、２００７年3月刊）

2007.6.24

『ウィキノミクス　マスコラボレーションによる開発・生産の世紀へ』

ドン・タプスコット、アンソニー・D・ウィリアムズ

「ウィキノミクス」とは著者の造語で、不特定の人たちが水平的なネットワークを通してコラボレート（協働）するような生産形態あるいはその原理を名づけたものである。この名が、ウィキペディアというオンライン百科事典と関連することはいうまでもない。これはジミー・ウェールズが二〇〇一年、ウィキ（ハワイ語で速いという意味）というソフトを用いて創始したもので、誰でも自発的に参加して共同で編集できるため、またたくまに世界中に拡大し、日々、多数の言語で制作されている。制作されている、というより、生成している、といったほうがいいかもしれない。これらを全体的に管理する責任者がいないからだ。ゆえに欠陥が少なくないということは否めない。とはいえ、すぐに修正・加筆されるので、今後ますます充実するだろうことは疑いない。インターネットは、このようなマス・コラボレーションあるいは「群衆の知恵」を可能にしたのである。

著者は、もう一つの例として、一九九一年にフィンランドの若いプログラマー、リーナス・トーバルズが創始した、リナックスという名のオペレーティング・システムをあげている。彼はこのプログラムを、それを改変する者が他の人にも利用できるように開放しなければならないという条件をつけて、無償で開放した。「オープンソース」と呼ばれるこの原則は、明らかに私有財産制度への挑戦であったから、新しいアナキズムあるいは共産主義として攻撃された。しかし、ＩＢＭがこれを受け入れたのち、事態は一変した。情報の開

放がかえって企業に利潤をもたらすということが判明したからである。こうして、コモンズ(共有財)は自由競争を妨げるものではないし、それがなければ私企業も成立しない、という考えが浸透しはじめた。

だが、IBMがオープンソースの原則を受け入れたのは、別に立派な動機からではない。そのままでは、マイクロソフトに勝てる見込みがないと考えたからだ。同じような動機から、ヒトゲノムの情報が公開された。すなわち、企業は、競合する他社による独占を妨害するために、知的財産を公開するのである。グローバルな資本の競争が、そのような動きをいよいよ加速する。著作権管理などによって、これを阻止することはできない。

したがって、著者は、現在の企業は「ウィキノミクス」の原理を採用すべきであり、また今すぐ行動を起こさなければ、負け組になるほかない、と警告する。しかし、たえまない競争がある以上、たとえ勝ち組になっても、それが長続きすることはない。ただ、それによって経済の総体が崩壊することもない。「巨大な力を手にした市民の時代がやって来る」だけである。

著者は、「ウィキノミクス」は資本主義において活用される原理であって、社会主義ではないということを幾度も強調する。しかし、われわれはここに、資本主義的発展がそれ自体を否定するものを不可避的に生み出す、という「弁証法」の例を見いだすことができる。

(井口耕二訳、日経BP社、2007年6月刊)

2007.8.26

『廣松渉——近代の超克』

小林敏明

廣松渉は、マルクス主義の哲学者として知られている。しかし、読者の中には、つぎの点でとまどいを覚えた者が少なくないだろう。一つは、死語化した漢語の異様なほどの連発である。第二に、晩年に朝日新聞に載せたエッセーで、「日中を軸にした東亜の新体制を!」と提唱したことである。どうして、これらが「マルクス主義」と関係するのだろうか。

本書で、著者は、廣松の仕事のエッセンスを手際よく解説するとともに、以上のような疑問に答えようとした。それは廣松を、「日本の近現代思想史の流れの中に位置づける」ことである。中でも重要なのは、西田幾多郎や京都学派哲学者とのつながりである。廣松は京都学派に対して、反発と同時に強い共感をいだいていた。おそらく、このことを知るだけで、多くの疑問が氷解するはずである。

京都学派は「近代の超克」を唱えた。その「近代」の中には、資本主義や国民国家だけでなく、マルクス主義も入る。廣松も「近代の超克」を目指した。しかし、彼にとって、マルクス主義こそ「近代の超克」を実現するものであり、その点で、京都学派を批判した。だが、「近代の超克」という志向においては、同じである。実際、廣松の「マルクス主義」では、近代哲学・近代科学の「超克」に焦点があてられている。

著者は、「近代の超克」はたんなる近代の批判ではない、という。それは、前近代的な場にある者が、一方で、近代を志向しつつ、さらに、他国で実現された近代を批判するという二重の課題を追求することだ。一言でいえば、後進国のインテリに特有の思考である。その典型は、先進国イギリスを念頭において考えたドイツの哲学者、ヘーゲルである。ヘーゲルが西田幾多郎や廣松渉に甚大な影響を与えた理由もそこにある。著者が指摘するのは、彼らに共通する点は、たんに後進国日本に位置しただけでなく、日本の中でも辺境に位置したということである。西田や廣松の奇妙な「文体」は、そのような二重のねじれた意識に発している。

（講談社、2007年6月刊、後に講談社学術文庫刊）

2007.9.30

『人類の足跡10万年全史』

スティーヴン・オッペンハイマー

現生人類の起源に関して、従来二つの説があった。一つは、多地域進化説である。これは世界中の「人種」は、現生人類の祖先であるジャワ原人、北京原人、ネアンデルタール人などからそれぞれ進化し、以後それらが混合しあったというものだ。それに対して、現生人類の起源は単一であるという説があったが、いずれも決め手を欠いていた。ところが、近年の遺伝子学の発展は、長年の論争をまたたくまに終わらせてしまった。すなわち、現生人類の祖先は、アフリカ東部から紅海を越え、南アラビアを経てインドに向かった、数少ない人々であった、という考えがほぼ勝利したのである。

そのカギはつぎの点にあった。ミトコンドリアDNAは母から子に、ほとんど変異することなく伝えられる。さらに、Y染色体も父から男子に、ほとんど変異することなしに伝えられる。現在の各地の人間および古代の人骨から採取したDNA情報を、この二つの視点からしぼりこむと、人類史の系統樹を作製することができる。むろん、それだけでは、現生人類がいつどのように出てきたか、さらに、どのように地球上にひろがったかを理解することはできない。気候変動や火山の噴火などに関する研究、考古学、人類学、言語系統学などが必要だ。とはいえ、遺伝子情報が決め手となったことは疑いない。

学問の歴史において、これほど短期間に長年の論点が解決されてしまうケースはめったにないだろう。にもかかわらず、遺伝子情報が旧来の見方を根本的にくつがえしたとはいえない。本書の著者、オッペンハイマーは、現生人類の「出アフリカ」が、南ルートをとり、且つ一回限りであったということを主張した科学者であるが、それによって、彼は、多地域進化説の根底にあるヨーロッパ中心主義（ヨーロッパ人はクロマニヨン人の子孫であるというような）や人種差別主義が無根拠であることを証明した。また、彼は、現生人類がそれ以前のネアンデルタール人や類人猿などの文化に多くを負うことを示し、人間の飛躍的な卓越性という観念を否定した。だが、このような画期的洞察は、必ずしも遺伝子情報のみによるのではない。むしろ、現代社会に生きて考えてきた経験によるものだ。

そのことは、科学ジャーナリスト、ニコラス・ウェイドの『5万年前　このとき人類の壮大な旅が始まった』（イースト・プレス）という類書を見るとき、明らかとなる。ほぼ同じデータにもとづいたこの本には、オッペンハイマーとは根本的に異なる態度がある。たとえば、アフリカを出た現生人類の祖先が一五〇人ほどだったという説から、ウェイドは、以後、「進化」によって、各「人種」がいかに知的・肉体的に違ってきたかを見ようとする。また、ヨーロッパ系ユダヤ人（アシュケナジ）の知能が高いことを、遺伝子情報から説明する。同じデータと方法からこれほどに違った認識が生じるのを見るかぎり、遺伝子学の発展が人間の思考に「進化」をもたらすとはかぎらない、ということを肝に銘じておく必要がある。

（仲村明子訳、草思社、2007年9月刊）

2007.12.2

『コロニアリズムの超克　韓国近代文化における脱植民地化への道程』

鄭 百秀

　近代日本の小説は、近代西洋の小説を翻訳することを通して形成された。だから、その意味内容がいかに日本的であろうと反近代的であろうと、すでに近代・西洋の影響下にある。この事実を別に恥じる必要はない。恥ずかしいのは、そのことを知らずに、「日本独自の文化」などといってまわることだ。これは日本に限られた経験ではない。そもそも、西洋で最初の近代小説を書いたとされるダンテも、先ずラテン語で書いて、それをイタリアの一地域の言葉に翻訳したのであり、その結果として、近代イタリア語（国語）が生まれたのだ。

　韓国の近代小説についても同様のことがいえる。ただ、問題を複雑にしているのは、それが、日本に植民地化されたなかで、日本の近代小説を翻訳するということを通して形成されたことである。それは、植民地化された文化状況を克服し、韓国文化の自律的な伝統を実現することを主張する人たちにとって、認めたくない事実である。しかし、著者の考えでは、植民地時代のそのような経験を否認することそのものが、コロニアリズムの遺産にほかならない。「コロニアリズムの超克」は、先ず、この事実を認めるところからしか始まらない。

　さらに、著者は、日本語で書いて芥川賞の候補となり、戦後は北朝鮮で活動した小説家、金史良の作品を詳細に分析しつつ、植民地化が強いた言語横断的な経験を、たんに否定的に見るのではなく、また、韓国に特殊なものとして見るのでもなく、むしろ、人間にとって普遍的な事態として見ようとする。純粋でオリジナルな言語や文化など存在しないのだ。こうして、著者は、韓国文化のオリジナリティーと特異性を唱える、さまざまなナショナリストの言説を痛烈に批判する。

しかし、著者が特に言及しないにもかかわらず、読者は、ここで韓国について指摘されていることが、ほとんどそのまま日本についてあてはまることに気づかされるだろう。その意味で、本書は、韓国人の特殊な経験を普遍化するという課題を、見事に果たしたといえる。

（草風館、２０００７年10月刊）

2007.12.23

2007年の「今年の3点」

①佐藤優著『獄中記』(岩波書店)
②小林敏明著『廣松渉——近代の超克』(講談社)
③マサオ・ミヨシ×吉本光宏著『抵抗の場へ』(洛北出版)

近年は実用書や入門書のようなもの以外に本が読まれなくなったが、一方で、少数ながら、本を読む人たちはむしろ、ポストモダニズム以前のオーソドックスな書物に向かう傾向がある。それは歓迎すべきことである。たとえば、①は、この年代の著者にしては、言及されている本が古くかつ重厚である。今の読者の水準に迎合するところがまったくない。にもかかわらず、佐藤氏の本がよく読まれていることには驚かざるをえない。

②は、その佐藤氏も「獄中」で読んだ廣松渉に関する論考であるが、新鮮な批評性があった。③は痛快な談話である。ここには、戦後日本にあった初心が、グローバルな次元において貫徹されている。同様の迫力を、いいだもも氏の『恐慌論』(論創社)や、湯浅赳男氏の『「東洋的専制主義」論の今日性』(新評論)からも感じた。

『文化人類学とわたし』

川田順造

本書は「文化人類学とは何か」を問う本であるが、表題が示すように、それは「わたし」とは何かを問うことと切り離せない。文化人類学は、石田英一郎が、アメリカでクローバーらの総合人類学の考え方に共鳴し、東京大学教養学科に新設したものだ。それ以前は、民族学と呼ばれていた。文化人類学は、「アメリカ直輸入の学問」なのである。著者は新設学科の二年目に入った、「文化人類学の純粋培養」の世代であった。著者はそのことに疑いを抱きつつ、文化人類学者として生きてきた。とはいえ、疑いが否定になったわけではない。著者はそれによって、文化人類学あるいは総合人類学を「わたし」のものとしてきたのである。

文化人類学は確かに「アメリカ直輸入の学問」である。が、実は、それ以前の民族学も西洋直輸入の学問であった。そして、誰よりもそれを摂取しながら斥け、自前の経験にもとづく学問を志向したのが、柳田国男である。彼はそれを「新国学」と呼んだ。だが、重要なのは、柳田が、民俗学を広義の自然史、あるいは、文字に記録されない歴史の方法と見なしたことである。

この意味で、かつて名著『無文字社会の歴史』(一九七六年)を刊行した著者に最も近いのは、柳田であろう。だが、同時に、著者は、「柳田民俗学が志向したような探求を、世界大の視野で行ってゆくこと」を提唱している。また、ヒトとその文化を自然史の一過程として見る立場を徹底させて、ヒト中心主義を超えた

「種間倫理」を提唱する。

著者にとって、文化人類学はつねに現実の社会と歴史にかかわる行動である。一方で、ダホメ(アフリカ)の世界遺産保護、修復の仕事にたずさわってきた。他方で、毎年八月十五日に靖国神社に行き、人々や出来事をしらべることを続けている。また、江戸からの連続性をもつ東京下町の人たちから話を聞くことを続けている。それらは、明治以後の国家的歴史に対して、いわば「無文字社会の歴史」に迫る方法にもとづいて対抗することだといえる。

(青土社、2007年12月刊)

2008.2.17

『暴力はどこからきたか 人間性の起源を探る』

山極寿一

戦争にいたるまでの人間の攻撃性に関しては、コンラート・ローレンツによる有力な説があった。動物の場合、攻撃性とその抑止機構にバランスがとれていたのに、人間の場合、武器の出現のために、それができなくなったというものである。また、この考えは、人間が狩猟生活から武器を発展させ、それが同類への攻撃に及んだという説ともつながっている。

しかし、このような説は、近年の動物行動学や人類学の研究のなかでくつがえされた。たとえば、動物の同種間の殺害が多く報告されているし、狩猟民は一般に争いを避けることが明らかになっている。狩猟と戦争は別だ。戦争は、定住と農耕以後の現象なのである。さらに、最近では、原始人は狩猟者というよりも、逆に捕食される者であり、その体験を通して協働する体制を作るようになったという説もある(ドナ・ハートとロバート・サスマン『ヒトは食べられて進化した』)。

このように攻撃性の問題を根本的に見直す流れの中に、本書もある。著者の基本的な視点は、動物は、たんに機械的に攻撃性を発露させているのではなく、限りある資源(食糧と交尾の相手)をめぐって、いかに相手と共存するかを模索してきている、というものだ。たとえば、近年、ゴリラなど霊長類の間で子殺しが多いということが観察されているが、そこから逆に、著者は、オスによる子殺しを避けようとすることが、霊長類の社会性を作ってきたのではないかと考える。同様に、インセスト(近親姦)の回避も、性的な競合を緩和するためになされる、とみてもよい。

食と性に関する同種間の葛藤は避けられない。それを機械的に解決するような本能は与えられていない。類人猿たちは状況に応じて、さまざまな社会的な機制を作って対応してきたのである。ゴリラは食べ物を分け合って、一緒に食う。チンパンジーやボノボには互酬交換が見いだされる。また、彼らは争った後に、積極的に仲直りしようとする。そのような類人猿のふるまいをみるとき、われわれは励まされる。

（NHK出版、2007年12月刊）

2008.5.4

『古代インド文明の謎』

堀晄

アーリア系の遊牧民族が古代インダス文明を征服し滅ぼし、そして、その歴史が『リグ・ヴェーダ』に書かれた、というのは、どんな世界史の教科書にも書かれている定説である。また、このアーリア人は南ロシアから南下したと考えられている。しかし、著者は、このような説は、言語学以外に裏づけのない神話でしかない、という。

一七八六年、東インド会社にいたイギリス人、ウィリアム・ジョーンズが、サンスクリットがヨーロッパ諸語と祖先を同じくする言語だという説を発表してから、それらの祖語と系譜を解明しようとする比較言語学が発展した。さらにこれは言語学にとどまらず、民族移動の歴史へと拡張された。その結果、ヨーロッパでは、優越民族としてのアーリア人という神話をもたらし、インドではカースト体制を再補強するイデオロギーとして機能したのである。

現在も、この神話は、インドの民族紛争やナショナリズムの根拠となっている。イランにおいても、人種差別のイデオロギーとなっている。著者によれば、考古学や人類学(DNA分析)が示す事実は、このような説にまったく反している。言語の分布は、必ずしも民族の移動と合致するものではない。

人類の移動に関する諸科学を総合して、著者はつぎのように推論する。古代インダス文明はもともとアーリア人によるものだ。インダス文明とその後のインドの文明には、建築・都市計画などからみても連続性がある。ゆえに、征服の事実などはない。では、アーリア人はどこから来たか。彼らは「北シリア」に発して、そこから、インド・ヨーロッパに広がったのだ、と著者はいう。

もちろん、これは仮説である。だが、壮大で意味深い仮説である。これは、インド史だけでなく、中央アジア史、イラン史、メソポタミア史、ヨーロッパ史、すべての見直しになる。さらに、今日の民族・宗教問題にも影響を与える。この仮説に関して、著者は、さまざまな専門分野の立場からの共同研究を呼びかけている。

（吉川弘文館、2008年3月刊）

2008.05.25

『稲作渡来民 「日本人」成立の謎に迫る』

池橋 宏

柳田国男は『海上の道』で、南島づたいに日本に稲作が伝えられたと主張した。以来、それを否定する人たちも、渡来した稲作民（弥生人）の技術を、先住民（縄文人）がどのように受容したかを主要な関心事としてきたといえよう。しかし、と、著者はいう。そのような見方は、一般に、狩猟採集民にとって農耕への飛躍がいかに困難であるかを無視するものだ。小規模な畠作農業ならともかく、水田稲作のように特殊な技術を要するものを進んで受け入れることは考えられない。

著者は、中国の春秋時代に長江下流域で開始された水田稲作の技術をもった人たちが山東半島に進出し、朝鮮半島南部を経て、日本に渡来したという。本書は、それを多角的な観点から立証しようとするものである。水田稲作の起源は、日本人の起源・日本語の起源という問題と重なっている。本書は、最新の考古学、自然人類学、言語学の成果を動員して、それらを一挙に解決しようとする壮大な試みである。日本における水田稲作は、少しずつ発展してきたというようなものではない。近年発見された遺跡は、稲作がはじめから完成されたかたちで導入されたことを示している。ゆえに、舟を駆使し移動性に富む稲作民が、水田の適地を求めて渡来し、移動・拡大を続けたとみてよい。だが、ここで、つぎのような謎が残る。

自然人類学的調査は、稲作渡来民とともに、日本列島にいた人々の体形や顔つきが根本的に変わったことを示している。それは多くの稲作民が渡来したことを意味する。もしそうなら、言語も根本的に変わっていたはずである。ところが、日本語は、先住民の言語(縄文語)がベースとなっており、さほどの変化がない。なぜだろうか。

かいつまんでいうと、稲作民は小舟で少しずつ渡来した。そのため、言語的には先住民の言語に同化した。だが、稲作民は当初少数であっても、生産力とともに人口増加率が非常に高く、やがて圧倒的な主流派となった、というのが著者の考えである。

(講談社、2008年4月刊)

『K・A・ウィットフォーゲルの東洋的社会論』

石井知章

中国や北朝鮮の現状を見るとき、清朝や李朝に似ていると思う人が多いだろう。しかし、マルクス主義者による革命から、なぜそんなものが生まれてきたのだろうか。それはマルクスのせい、では毛頭ない。マルクスは「アジア的生産様式」について考えていた。それは専制的な国家体制と、それに隷属する農業共同体を意味する。このようなマルクスの考えに忠実であったプレハーノフは、ロシアのようなところで、権力奪取と土地の国有化を強行すれば、「アジア的」な専制国家に帰着してしまうほかない、と批判した。しかし、レーニン・トロツキーからスターリンにいたるまで、マルクス主義者はそのような意見を斥け、あげくに、「アジア的」という概念そのものを廃棄してしまった。しかし、彼らの社会体制はまさに「アジア的」な形態に陥ったのである。

その中で、もともと中国学者であったウィットフォーゲルは、「アジア的生産様式」という概念を保持し、それをいっそう広く深く考察した。そして、大規模灌漑にもとづく古代国家体制を、「水力社会」と名づけた。そのような人が、ロシア・マルクス主義者によって「反共」思想家として葬られたのは当然である。しかし、彼はなぜか一般に敬遠されてきた。マルクス主義の権威が崩壊したのちも、まともに評価する人は少なかった。日本でも、湯浅赳男がいただけである。

ウィットフォーゲルは晩年も厖大な著作を残したが、すべて未出版にとどまった。本書で、著者は、未公開の文献を渉猟し、その上で、彼の理論をより一貫した説得的なものにしている。さらに、中国と北朝鮮において、「アジア的」なものがどのように復古してきたかを詳細に分析している。これはかつて類のない考察である。また、文化大革命後の中国で、ウィットフォーゲルが翻訳され注目を浴びたが、天安門事件以後禁圧され、最近また少しずつ見直しが起こっている、といった経緯が興味深い。〝ウィットフォーゲル〟は中国という社会の現状を示す指標となっている。

（社会評論社、２００８年4月刊）

2008.08.10

『壊れゆくアメリカ』
ジェイン・ジェイコブズ

著者は一九五〇年代に、ニューヨークのジャーナリストとして高速道路の建設や都市開発に反対する運動をおこし、さらに六〇年代には、近代の都市計画を根本的に批判する理論家として注目を集めた。その核心は、モダニズム以来の都市計画にある、ゾーニング(住宅地とオフィス街を分ける)というアイデアへの批判にある。都市は、雑多なもの、古いものと新しいものが集中的に混在しているときにこそ、活発で魅力的なのだと、著者は主張したのである。

本書は二〇〇六年に亡くなった著者の遺作となったエッセー集である。著者が九〇歳に近づいて活発に考え、かつ活動していたことを知って、私はあらためて感銘を受けた。本書には格別に新しい考えはない。著者が五〇年間いい続けてきたことと同じだといってよい。しかし、同じでないのは、五〇年前と現在である。

現在、多くの人々は昔の都市を覚えていない。たとえば、ロサンゼルスに、かつての東京と同様、路面電車が街中を走っていたといっても、誰も信じないだろう。「モータリゼーション」が都市や都市の生活を根こそぎ破壊したのに、もうそのことに気づくことさえできない。過去を覚えていないからだ。そのような集団的記憶喪失が、各所におこっている。

著者は、大学改革についても、都市計画と同じ問題を見いだしている。たとえばアメリカでは、大学教育をより効率的にするために、ムダと見える学問、特に、人文学を切り捨ててきた。日本でもその真似をしている。その結果、一昔前なら、誰でも知っているべきだった文学を、今、ほとんどの人が知らないし、知らなくても平気である。

本書の原題は「暗黒時代が近づいている」という意味であるが、暗黒時代とは、ローマ帝国が滅んだあとのゲルマン社会で、ローマの文化がすぐに忘却されてしまったことを指している。そのような事態が現在おこりつつある、という著者の予感に、私は同意する。それをひきおこしているのは、いうまでもなく、グローバルな資本主義である。

（中谷和男訳、日経ＢＰ社、２００８年5月刊）

2008.9.7

『選挙のパラドクス　なぜあの人が選ばれるのか?』

ウィリアム・パウンドストーン

民主主義は選挙による多数決の支配である、といわれる。しかし、民主主義は一つではないし、選挙システムも一つではない。さまざまな選挙システムは、それぞれ政治形態をも決定する。たとえば、アメリカのように勝者総取りシステムである相対多数投票の国では、二大政党制になりがちで、比例代表制の国では多数の政党が林立する傾向がある。また、近年の日本では、小選挙区と比例代表制の採用が、政治家のあり方をかなり変えてしまった。

本書は、アメリカの選挙制度を検討しつつ、さらに、もっと原理的に投票システムを検討しようとするものである。アメリカの大統領選挙では、スポイラー(有力者の票を食う候補者)が問題となってきた。たとえば、二〇〇〇年の大統領選挙で、環境問題を唱えた民主党のゴアが、緑の党のネーダーが立候補したため、共和党のブッシュに僅差で敗れた。しかし、このような例は偶発事ではない。これは根本的に「相対多数投票制度」につきまとう問題なのだ。

たとえば、三人以上の候補者がいるとき、その中で、意見が似ている候補者らに票が割れ、どちらも落選してしまうことがある。つまり、意見としては多数派なのに、少数派に負けてしまう。この種の「投票のパラドクス」は、十八世紀にコンドルセによって発見され、二〇世紀後半アローによって、もっと一般的に定式化された。これを避けようとして、さまざまな工夫がなされてきた。比例代表制をはじめ、選好順位によって違った得点を与える各種の方法などが提案されてきた。しかし、どのような方法も「投票のパラドクス」を超えるものではなかった。

本書にはその歴史的経緯がわかりやすく書かれている。著者は今後に、よりよき投票システムが得られるという希望を捨てていないようだ。だが、「投票のパラドクス」は民主主義の「致命的欠陥」だろうか。むしろそれは、民主主義の核心が投票システムなどに還元できるものではないということを、逆説的に示しているのではないか。

（篠儀直子訳、青土社、2008年7月刊）

2008.9.21

『民主主義への憎悪』

ジャック・ランシエール

一般に、民主主義というと、代表制（議会制）と同義だと考えられている。しかし、モンテスキューは代表制と民主主義を峻別した。代表制とは貴族政あるいは寡頭政の一種であり、選挙によって選ばれた有能なエリートが支配する体制である。一方、民主主義の本質は、アテネにおいてそうであったように、くじ引きにある。デモクラシーとは、デモス（民衆）が、すなわち、「とるにたらない」（誰でもよい）者が統治する体制なのである。

プラトンのような哲学者はデモクラシーの中にあって、それを憎悪した。この「民主主義への憎悪」は現在まで続いている。たとえば、日本では、民主主義はしばしば、「戦後民主主義がもたらした、行き過ぎた平等」といったぐあいに、否定的に言及される。それはまた、大衆消費社会・福祉政策・ポピュリズムなどとも結びつけられる。著者が批判する、今日のフランスの言論界の論調も似たようなものである（訳者による詳しい注は、この文脈を理解するのに役立つ）。

しかし、今日、民主主義を唱道する人たちも、実はこの「憎悪」をひそかに抱いている。彼らは民衆の意見を汲みとるといいつつも、見識のある代表者（政治家・知識人）がリードするのは当然だと考えている。そうでないと、衆愚政治に陥ってしまう、と。彼らが議会制民主主義を称賛するのは、それを通して、代表者が民衆を啓蒙し、合意（コンセンサス）を形成することができるからだ。ゆえに、議会制民主主義は実質的に、寡頭政にほかならない。
一方、民主主義の問題をプラトンにさかのぼって根本的に問い直す著者は、このような発想を斥ける。彼は民主主義を積極的に肯定する。といっても、民主主義は制度ではないし、合意を形成する手段でもない。それは、これまで公的な領域から排除され、「言葉をもたない」とされてきた者らが、「不合意」を唱え、異議を申し立てる出来事を意味する。そこにこそ、「とるにたらない者」による統治、つまり、デモクラシーが存在するのである。

（松葉祥一訳、インスクリプト、２００８年７月刊）

2008.11.16

『先史時代と心の進化』

コリン・レンフルー

先史時代とは書かれた歴史以前の時代である。本書は「先史学」自体の歴史をたどり、最新の成果を批判的に紹介し、さらに「世界先史学」から「世界歴史学」への発展を展望するものである。高度なレベルであると同時に、初心者にもわかりやすい入門書である。

先史学がはじまったのは、厳密には、一八五九年英国の学会で、「人類の原始」という考えが受け入れられた時である。同じ年にダーウィンの『種の起源』が出版された。今では自明の事実のように思われているが、先史学はきわめて歴史の浅い学問なのだ。この学問を進めたのは、歴史学というより、自然科学であった。第一に、地質学である。それが遺物の年代を区別することを可能にした。つぎに画期的なのは、放射性炭素年代測定法の登場である。これによって、年代が特定されるようになった。

近年ではDNA解析の出現である。それによって、少数の現生人類が約六万年前にアフリカを出て、地球上に広がったことが判明した。以来、人類は各地に四散し、ほとんど互いの交通がないままに、それぞれ独自の発展をたどった。さらに一万年前に農業革命(新石器革命)がおこって、今日におよんでいる。しかし、アフリカから出た時点で、人類の身体と脳はほぼできあがっていた。また、道具製作、火の使用と調理、衣服や装飾品を作る技能、そしておそらく造船技術といった、共通の文化資産をもっていた。農業革命(国家社会の出現)は飛躍的な出来事だといわれる。が、著者によれば、むしろ最大の謎は、当初から高度な知的能力をもっていた現生人類がそこにいたるまでに、なぜそんなに時間がかかったのか、にある。この謎を解く鍵は、「心」の次元に求められる。といっても、それは文字、貨幣、共同体、宗教といった諸制度の問題にかかわっている。実は、この辺りに来ると、逆に私には物足りなく思われるのだが、とにかく、「世界先史学」から「世界歴史学」にいたる道がここにあることはまちがいない。

（溝口孝司監訳、小林朋則訳、ランダムハウス講談社、２００８年９月刊）

2008.12.7

『芸術崇拝の思想　政教分離とヨーロッパの新しい神』

松宮秀治

近代以前には、職人はいたが、芸術家はいなかった。彼らの仕事は芸術と見なされなかった。たとえば寺社・教会の装飾や彫刻は元来礼拝の対象であった。それらを芸術として崇拝するのは、近代に起こってきた現象なのだ。もっとも、そういわれても、誰も驚かないだろう。人々は昔と違って、芸術を評価できるようになってきたことを誇らしく思い、美術館に赴く自分たちは、何と文化的に洗練されてきたのか、と思うだけだから。したがって、芸術の歴史だけを見ていたのでは、「芸術崇拝」がどうして起こってきたのか、そして、それが何を意味するのかがわからないのである。

本書は、芸術崇拝が西洋における近代国家の形成の過程で生じたことを明らかにするものである。通常、芸術崇拝はロマン主義において生じた、また、ロマン主義から民族性を重視する思想が出てきた、と考えられている。しかし、著者は、芸術崇拝は啓蒙主義から生じたと考える。また、ロマン主義を啓蒙主義の対立物ではなく、啓蒙主義のなかにあった要素だと見る。さらに、啓蒙主義は絶対主義王政を基礎づけるイデオロギーとして機能したという。たとえば「啓蒙専制君主」と呼ばれる体制があったが、むしろそれこそ啓蒙主義の本来のあり方である、と。

啓蒙主義は宗教を斥ける。ゆえに、教会を超える専制的王権を確立するには、啓蒙主義が必要だった。ところが、宗教なしには、多数の臣民を統合することができない。国家が宗教のかわりに見いだしたものが芸術宗教（芸術崇拝）であり、その「神殿」が美術館である。つまり、芸術崇拝は、ヨーロッパの近代国家にとって不可欠なものとして出てきたのである。啓蒙主義やロマン主義といった概念で考えているかぎり、芸術が根本的に近代国家の産物であることがわからない。本書はそのことを明確に示した。

芸術崇拝および美術館は世界各地に広がった。日本でも明治以来普及した。それは国民国家の形成に大きな役割を果たしたのである。現在、国民国家が十分に確立した地域では、もはや芸術（文学・美術・演劇・建築）は不可欠ではないようにみえる。しかし、今も国家は「芸術」のために膨大な金をつぎこんでいる。その必要があるからだ。

これに加えて、「芸術崇拝」が近代資本主義の産物でもあるということを忘れてはならない。たとえば、作品の「芸術的価値」は経済的価値と区別される。しかし、現に、経済的な価値をもつからこそ芸術の価値は高く、それゆえ芸術家の地位も職人より高いのである。近年の美術界では、芸術的価値と経済的な価値を区別することもしなくなっている。作品の価値は完全に市場の価格ではかられている。作品が最後に納められる神殿であったはずの美術館は、経営難のため、作品を市場に売りに出している。しかし、こうした事態は「芸術宗教」を解体するものではない。芸術が根本的に国家と資本の下にあることを見ないなら、反芸術を志向することは、純粋芸術を求めることと同様に不毛である。

（白水社、2008年10月刊）

2008.12.21

2008年の「今年の3点」

①山極寿一著『暴力はどこからきたか』(NHK出版)
②石井知章著『K・A・ウィットフォーゲルの東洋的社会論』(社会評論社)
③ジャック・ランシエール著『民主主義への憎悪』(松葉祥一訳、インスクリプト)

①動物には攻撃性を抑止する本能的機制があるのに、人間にはそれが欠けているという考えがこれまで支配的であった。しかし、たとえば、類人猿たちは本能的機制をもっておらず、さまざまな社会的システムによって攻撃性を抑止している。人間にもそれができないはずがない。

②ウィットフォーゲルはロシアや中国の社会主義体制を「東洋的専制国家」として批判したため、「反共」思想家として葬られた思想家だが、本書が示すように、現在の中国や北朝鮮、ロシアを見る上で、彼の認識は今も不可欠だ。

③議会制民主主義とは、実は、少数の代表者(政治家・官僚・知識人)らが民衆を説得し合意を形成する制度である。つまりそれはデモクラシーではなく、寡頭政である。デモクラシーは制度ではない。これまで公的な領域から排除され「言葉をもたない」とされてきた者らが「不合意」を唱える出来事を意味する。

2009.1.18

『ポール・ヴァレリー　1871-1945』

ドニ・ベルトレ

ヴァレリー（一八七一〜一九四五）は、戦前のフランスを代表する詩人・思想家であった。つまり、デカルトの衣鉢を継ぐ者であった。一九三〇年代には、フランスの「知性」を代表し、ジュネーブの国際連盟に属する「知的協力委員会」の議長として、和平のために活動した。むろん、この活動はむなしく敗北に終わり、フランスはナチス・ドイツによって占領されるにいたったのである。フランスが占領から解放された翌年に、ヴァレリーは死去した。

奇妙なことに、ドイツから解放された戦後フランスは、逆に、ドイツ哲学によって占領された。占領はサルトルからラカン、デリダにいたるまで続いた。それが標的としたのは、まさにデカルト＝ヴァレリーであった。近年において、ドイツ哲学の占領はようやく終わったようだ。だが、ただちに、ヴァレリーの復権、フランス的知性の回復、というわけにはいかない。それがいかなる歴史的文脈にあったかを見なければならない。

この大部の伝記は、抽象的な「知性」の人、ヴァレリーが本来、政治的には国家主義者であり、反ユダヤ主義者でもあったこと、また、ドイツの占領に協力したペタン元帥と友人であったことなどを、数々の恋愛や社交界の出来事とともに、淡々と記している。

（松田浩則訳、法政大学出版局、2008年10月刊、後に新装版が2015年5月刊）

2009.1.25

『現代帝国論　人類史の中のグローバリゼーション』

山下範久

帝国というと、一般に古代の世界帝国か近代の「帝国主義」と結びつけられる。しかし、近年では、複数の国家が束ねられてある状態を帝国と呼ぶようになってきている。それはたんに政治的・経済的な統合ではなく、諸国家を超える普遍的な理念にもとづくものである。

著者は以前から「近世帝国」という考えを提唱していた。それはモンゴルの世界帝国が崩壊したのちにユーラシアに成立した状態である。すなわち、中国(清朝)、インド(ムガール)、トルコ(オスマン)といった帝国だけでなく、同時代のヨーロッパもまた「近世帝国」であったというのだ。ヨーロッパはアジアと違って、帝国形成に失敗し、多数の主権国家に分かれた、そのため、帝国によって管理されない世界=経済が発展したとされてきた。

そのような通説に対して、著者は、ヨーロッパも実は諸王国が連合する「近世帝国」であり、それが壊れたのは一九世紀だという。その結果、グローバルな市場経済と同時に多数の国民国家が形成された、というのである。しかし、この体制は現在、限界に達しつつある。そこから「近世帝国」の回帰が生じるだろう、と著者は予測する。というのも、「帝国」の崩壊と分節化によって生じた現在の世界は、つぎの「帝国」の構築にいたるまでの過渡的な形態にすぎないといえるからだ。

現実にその兆候はある。たとえば、湾岸戦争以来、アメリカは、人権や民主主義という普遍性を掲げて唯一の「帝国」たらんとしたし、それに対して、ヨーロッパは欧州連合（EU）の拡大と深化によって「帝国」を形成しつつあり、同時に各地域で、宗教的・政治的・経済的なブロックが形成されつつある。それら複数の「帝国」がせめぎ合う時代は、すでに到来している。その中で、著者は、普遍性を求めつつ、なお、多元性を承認するような立場と方向を模索しようとする。というと話は簡単になるが、本書の議論はもっと複雑で難解である。しかし、以上に述べた問題に関心をもつ読者に一読を勧めたい。

（NHK出版、2008年11月刊）

2009.3.11

『吉本隆明の時代』

絓 秀実

本書は「吉本隆明論」というよりも、その「時代」、特に一九六〇年の前後一〇年ほどの時期を扱った歴史書というべきものである。なぜそれが吉本論として語られるのか。この時代が、吉本隆明という批評家がヘゲモニーを確立していった時期だからである。

それ以前には、さまざまなタイプの知識人がいて、吉本はその中の一人にすぎなかった。そのような知識人らがそれぞれの課題と動機をもって一堂に会したのが、一九六〇年安保闘争という舞台であった。しかし、この過程で、吉本は他の者を残らず駆逐してしまった。それ以前と以後では思想の風景が一変してしまったのである。なぜこんなことがありえたのか。

この問題に関して、著者は二つの参照例をもってきた。一つは、安保闘争をフランスのドレフュス事件との類推で見ることである。そこから、その頃の日本になぜ自由浮動的な「革命的」知識人が出現したのかを照明する。もう一つは吉本隆明を、戦後フランスの知的世界に君臨した哲学者サルトルとの類推で見ることである。なぜサルトルは知識人として別格の地位を得たのか。その理由の一つは、彼が小説家であり、けっして大学の教授にならなかったことだ。つまり、彼は「呪われた詩人」という系譜に属していたのである。

吉本隆明も同様であった。彼はむしろ、「呪われた」負の部分を栄光へと逆転することによって、勝利したのである。しかし、著者は吉本隆明の「勝利」にも、勝者によって作られた歴史にも関心をもっていない。実際、吉本が勝者であるとはいえない。彼に覇権を与えた高度資本主義経済が、彼自身を呑みこんでしまったからだ。それを対象化するには、吉本が消去してしまった諸視点が必要である。

著者はその鍵を、吉本隆明の罵倒の下に消されていった敗者（花田清輝・武井昭夫・丸山眞男など）に見いだそうとしている。これらの考察は新鮮で啓発的である。本書は〝一九六〇年〟だけでなく、戦後日本史に関する通念を根本的に変える、スリリングな歴史書である。

（作品社、２００８年11月刊）

2009.3.29

『長い20世紀 資本、権力、そして現代の系譜』

ジョヴァンニ・アリギ

サブプライムローンの破綻をきっかけにしたアメリカの金融危機と世界的不況は、不意打ちであるかのように見えた。人々はにわかに一九二九年恐慌を想起し、また、アメリカの没落を認めるようになった。しかし、一九九四年に出版された本書にはすでに、なぜアメリカが金融帝国に向かったか、そして、それがなぜアメリカの衰退の兆候でしかなかったかが告げられている。たんに混乱をあおるだけで何の洞察もない本や雑誌を読みあさるなら、せめて、こういう本に目を通すべきであろう。

本書は、近代世界システムの変遷を、ヘゲモニー国家の交替という観点から見ている。それは、ジェノヴァ、オランダ、イギリス、アメリカという順におこった。それらを比較考察して、著者はつぎのような法則性を見いだす。初期の段階では、「生産拡大」の傾向があり、末期には「金融拡大」の傾向が見られる。著者はこれを、資本の蓄積システムのサイクルという観点から見る。初期には交易や生産に投資することによって蓄積しようとするために、生産拡大が生じ、末期には、金融だけで蓄積しようとするために、金融拡大が生じる、というのである。

著者は、アナール学派の歴史家ブローデルを継承しつつ「近代世界システム」を解明してきた、ウォーラーステインの共同研究者であった。ゆえに、類似する点が多いのは当然である。このようなサイクルに関しても、似たようなことが指摘されてきた。コンドラチェフの長期波動(景気循環)や、それよりも長いブローデルの「長期的サイクル」が、その例である。だが、それらは、物価の長期的変動の観察にもとづくものだから、近代資本主義以前にもあてはまる。それでは、資本の蓄積(自己増殖)のシステムに固有の現象をとらえることができない、と著者はいう。

恐慌(危機)はふつう「過剰生産」という観点からみられる。しかし、マルクスは「過剰資本」の危機をも考察していた。それは、資本が生産や貿易への投資では十分な利潤率を得られないときに生じる。そこから見ると、現在の危機が一九七〇年代からはじまったことがわかる。アメリカは製造業において日本やドイツに追いつめられ、「過剰資本」の処理に苦しんで、世界各地にバブルをおこし、最後の住宅バブルで致命的な破綻にいたったのである。しかし、これは特に新しい出来事ではない。ジェノヴァ、オランダ、イギリスが没落しはじめたときにも、似たような現象があった。

では、アメリカの没落のあとはどうなるのか。著者は、東アジアの経済にヘゲモニーが移ると予測する。本書では一九八〇年代に構想されたせいで、日本が中心になっているが、「日本語版序文」では、それを修正して、中国を中心にしている。いずれにせよ、東アジアへのヘゲモニーの移動はスムースに起こるわけではない。アメリカやヨーロッパが抵抗するに決まっているからだ。今後に生じるのは、各地の帝国(広域国家)がせめぎあう、いわば、新帝国主義の時代である。

(土佐弘之監訳、柄谷利恵子・境井孝行・永田尚見訳、作品社、2009年1月刊)

2009.5.3

『ヨーロッパ史入門　市民結社と民主主義　1750-1914』

シュテファン=ルートヴィヒ・ホフマン

アソシエーションは、日本語では結社と訳されているが、協会、クラブ、ソサエティー、連合、その他さまざまな自発的な社交的組織を意味する。また、アソシエーションには政治的なものもあるが、禁酒協会、体操協会、各種同好会などのように非政治的なものもある。このような結社がアメリカに多いことに注目し、それがアメリカの民主主義を支えていると主張したのが、フランスの貴族出身の思想家、トクヴィルであった。これは、現在の市民社会論が今でも参照する見方である。つまり、それは、市民社会を、ブルジョア社会としてではなく、「市民結社」によって織り成される社会として見るものである。

本書は、このような市民社会の見方を受け継ぐと同時に、それを深く歴史的に吟味するものだといえる。たとえば、トクヴィルの影響で、ヨーロッパには結社が少ない、また、中産階級が発達しない所では社交的な組織ができない、と考えられてきた。しかし、著者は、十八世紀から十九世紀にかけて、フランス、ドイツのみならず、資本主義的発展の遅れた中・東欧やロシアにいたるまで、非政治的な結社が流行していたという事実を詳細に示している。それらの結社の中で代表的なものはフリーメーソンである。それは、政治的急進主義ではなく、中立的な社交空間をめざすものであった。啓蒙主義は、フリーメーソンを通して各地に広がった。それ以外にも、さまざまな結社が、民主主義を育てる学校の役割を果たした。

しかし、本書の第二のポイントは、結社が民主主義を支えるとは決まっていない、ということにある。市民結社は十八世紀からはじまったが、歴史的に変容している。十八世紀では、結社は身分・階級・民族を超えた社交の場として広がったが、実際には、入会者はエリートに限定されていた。十九世紀にはブルジョア中産階級が中心となったが、これも会員を限定していた。結社がより拡大し民主化していったのが、十九世紀後半である。しかし、そこから生じたのは、結社の政治化であり、特にナショナリズム化である。少数民族のための結社が続々とできたし、多数派民族の結社もできた。その中には、ナチの前身となった、「国民社会主義ドイツ労働者協会」という結社もある。つまり、市民結社は十九世紀末に繁栄の頂点に達したが、その結果、本来の意義を失ってしまったのである。

市民結社＝市民社会は、本来、トランスナショナルである。国家、共同体、階級を超えた個々人の社交であるから。しかし、市民結社は拡大し民主化するにつれて、その逆の傾向に転化してしまった。この問題を考えるためには、市民社会＝市民結社とブルジョア社会(資本主義社会)およびネーションとの関係を再考する必要があるだろう。だが、まず本書がそのような問題に気づかせてくれたことを評価しなければならない。

(山本秀行訳、岩波書店、2009年3月刊)

2009.6.28

『伊勢神宮 魅惑の日本建築』

井上章一

伊勢神宮は、その簡素な白木の建物と、式年遷宮(二十年ごとに造り替える)で知られている。しかし、これをたんに建築としてだけ見ることはできない。伊勢神宮は明治以後国家神道の中心となったわけで、政治的な意味が今もまといついているからだ。にもかかわらず、それだけで片づけることができない何かが伊勢神宮という建築にある。建築の様式や技術として見た面と、宗教的・政治的に見た面が複雑にからまりあっている。伊勢神宮が建築史学界の争点となってきたのはそのためだ。本書は、これまでの錯綜した議論を根本的に解きほぐし、とらえなおしている。

一般に、伊勢神宮には、仏教伝来以前の日本に固有の建築様式が保存されていると考えられている。このような通念をもたらしたのは、伊東忠太だといってよい。伊東は装飾を排し簡素をめざす西洋のモダニズムの観点から、伊勢神宮を建築として評価したのである。さらに、そのような傾向を強めたのは、まさに西洋から来たモダニスト建築家、ブルーノ・タウトによる伊勢神宮の賛美であろう。その結果、つぎのような考えも出てきた。伊勢神宮はギリシャのパルテノンに匹敵する。後者が永遠性を石造りに求めたとしたら、前者はそれを、素材ではなく形式を永続させることに求めたのだ、と。

著者が本書で否定しようとするのは、このような通念である。そもそも、式年遷宮は長期にわたって中断されたし、原形が保存されているという証拠はない。また、伊勢神宮を建築として見たのは、モダニストが最初ではない。一七一〇年代に、並河天民、新井白石などの学者が、神宮を神学的象徴としてではなく、技術論的な観点から見た。たとえば屋根のしつらいは、丹波地方の民家と同型であり、本来防風のための工夫だったというのだ。

モダニストらはこのような日本の言説史を無視した。また、神宮の建築的起源を、海外の民族建築との比較から見る、人類学・考古学の成果を軽視してきた。たとえアジアの民族建築と源泉が同じでも、それを独自に洗練したところに、日本の固有性があるというのである。これは、いわば、建築史というかたちで生き残った「皇国史観」である。

もちろん、このような通念に対する強い批判があった。アジア各地の高床住居との類似や仏教的建築の影響が指摘されたし、神宮が中国的な律令国家の官社制の下で作られたものだという主張もなされた。しかし、大枠のところで、通念は揺るがされていないようだ。著者自身は、神宮の高床形式は、中国化が進んだ七世紀頃に、たんに古くさいところが気に入られて採用されたので、それに対する神聖化がなされたのはずっとあとだ、という。この種の問題は、建築史学に限定されるものではない。ただ、建築史を通さないと見えてこない何かがある。本書は、それを門外漢にもよくわかるように示している。

（講談社、2009年5月刊）

2009.8.2

『ノモンハン戦争　モンゴルと満洲国』

田中克彦

ノモンハン戦争は、一九三九年、満洲帝国とモンゴル共和国の国境におこった、日本とソ連の戦争である。このとき日本は大敗したが、戦争の事実そのものが日本側では秘密にされた。この戦争に関して、多くの本が書かれたが、私の知るかぎり、日ソの戦史が中心となっている。ところが、著者はこの戦争を、戦場となった国境の両側にいた、モンゴル人の視点から見ようとする。本書によって、この戦争の歴史的背景、そして、現在におよぼす意味が初めて明らかにされたといってよい。

この戦争は国境を争うものだが、清朝が崩壊する一九一二年まで、そこには、モンゴル人の支族である、遊牧民ハルハ族とバルガ族の部族的境界があっただけである。モンゴル人民共和国(一九二四年)、さらに、満洲国(一九三二年)ができてから、それはまさに「国境」となった。その両側に、モンゴル人が分離されたのである。爾来、彼らはモンゴル人としての統合を求めた。ノモンハン戦争は、国境によって分かたれた両側のモンゴル人が接触を試みたことが発端となっている。

モンゴル人民共和国はソ連の傀儡国家であり、満洲国は日本の傀儡国家であった。しかし、前者にいたモンゴル人は最初、満洲国にあこがれを抱いた。彼らは満洲国側代表のモンゴル人、リンションが処刑されたことで幻滅したが、それでも、満洲国との間に良好な関係を築こうとした。それを通して、モンゴル民族の統合と独立の可能性を追求したのである。

しかし、モンゴル人の「汎モンゴル主義」を恐れたソ連は、首相ゲンデンをはじめ、モンゴル人の政治家や知識人を、「日本のスパイ」として、大量に粛清した。そして、この国を、ソ連の主導による戦争に追い込んだのである。とはいえ、モンゴル人は、この戦争の勝利に貢献することによって、独立国として国際的な承認を得るにいたった。その意味で、モンゴル人の犠牲はある程度報われた、といえるかもしれない。本書を読んだあと、モンゴル出身の力士たちを見ると、感慨を覚える。

（岩波書店、2009年6月刊）

『オスマン帝国はなぜ崩壊したのか』

新井政美

一九九〇年以後、旧ユーゴスラビアやイスラム圏で噴出する問題を考えると、かつてそれらを統合していたオスマン帝国(一二九九〜一九二二年)に行き着く。オスマン帝国は、アナトリア地域にトルコ人が築いた国家が拡大したもので、イスラム教を中心としながらも、多くの民族や宗教を包摂する原理をもった「帝国」であった。第一次大戦の結果、それは多数の国家に分解され、トルコ人の共和国に縮小された。しかし、いきなりそうなったわけではない。オスマン政府は、西欧諸国やロシアによって侵食されるなかで、自ら西洋化し、「国民国家」の形態をとろうとした。もちろん、それはうまく行かず、結局、多くの民族国家に分解されていったのである。

本書が論じているのは、オスマン帝国の近代化を担ってヨーロッパに留学したさまざまな知識人の群像である。彼らの言動は矛盾に引き裂かれていた。たとえば、国内では、その政治体制に反対し、新聞を発行し、小説を書き、言文一致のトルコ語を創出する。西洋に対しては、イスラム教を擁護し近代西洋思想を批判する。現在、イスラム圏で支配的なイスラム主義の論調は、この時期に形成されたといえる。むろん、近代西洋に対する分裂した対応は、彼らに固有のものではない。それは、「脱亜入欧」や「和魂洋才」といった言葉が示すように、幕末・明治の日本人にもあった。というより、今もある。日本人は今あらたに、アジアか西洋かの選択を迫られているからだ。

同様に、共和国になったのちも、トルコはオスマン時代の問題をかかえている。アナトリア地方に限定されたとはいえ、そこも多民族的であるから、今も深刻な少数民族問題が残っている。また、彼らは欧州連合(EU)に入ることを希求しているが、承認されないままである。くりかえすが、このような分裂は、われわれにとって疎遠な話ではない。本書は、アクチュラら代表的な人物たちの言動に焦点を当てることで、トルコ近代史を身近なものと考えさせてくれる。

(青土社、2009年6月刊)

2009.9.27

『印象派はこうして世界を征服した』

フィリップ・フック

一九八〇年代後半の日本に、フランス印象派絵画を買い集めるブームがあった。その中でも有名なのは、一人の日本人がゴッホの絵画をオークション史上最高の価格で落札した事件である。それは大昭和製紙の名誉会長であったが、特に世界の美術界を震撼させたのは、「自分が死んだら棺の中にいれて一緒に燃やしてくれ」という彼の発言であった。それはバブル時代の日本人の意識を象徴する言葉だといってよい。当時私は、日本人はなぜかくも印象派を愛好するのか、と思った覚えがある。印象派の形成において日本の浮世絵が貢献したという因縁がある。しかし、そんなことで、このブームを説明することはできない。多くは、脱税や賄賂の手段として買われたのである。

とはいえ、印象派の絵を投機のために買うのは、日本人が初めてではない。美術作品の競売人(オークショニア)によって書かれたこの本を読むと、その間の事情がよくわかる。印象派絵画を多額の金銭と同一視する見方は、一九六〇年代後半から一般に定着していた。新たに財力を得た人々が、印象派絵画を、ステータスシンボルとして、同時に、値上がりする資産として買うようになったのである。では、なぜ他の絵画ではなく、印象派なのか。そして、それはいつ、いかにして始まったのか。本書はそれを解明しようとするものだ。

印象派は登場した当初から、猛烈な非難を浴びた。それ以後も、前衛的な美術が登場するたびに攻撃された。しかし、それは印象派出現の際に起こったリアクションの反復にすぎない。印象派の出現は、確かに、画期的なものであった。それまでの絵画は題材において、何か宗教的・政治的な意味とつながっていたが、印象派絵画にはまったくそれがない。そのことは、印象派の画家が王侯貴族のようなパトロンをもたず、ブルジョアのコレクターを相手に制作したことと関連している。ブルジョアのコレクターはその財力によって、王侯貴族を真似ようとしたのである。その意味で、印象派絵画は最初から、ブルジョアの社会的ステータスを高める機能を果たしたといえる。

芸術家は市場に対抗するという通念がある。しかし、そんな芸術家は印象派以前にはいなかった。彼らは市場に向かって制作したのではないからだ。彼らがパトロンに支えられた職人(アーチザン)だとすると、印象派以後の画家は市場に支えられて初めて存在する芸術家(アーティスト)なのである。ゆえに、印象派とともに、アートディーラー、さらに、オークショニアが重要な役割を果たすようになったのは、偶然ではない。彼らこそ、印象派の美術市場をグローバルに形成したのである。その中でも興味深いのは、印象派の人気がまずアメリカで始まったこと、また、ドイツでは、ナチスが印象派を否定しながら、その経済的価値を認めて押収しようとしたこと、などである。

(中山ゆかり訳、白水社、2009年7月刊)

2009.11.8

『ドゥルーズとガタリ 交差的評伝』

フランソワ・ドス

フランスの現代思想は一九六〇年代から世界中に影響を与えた。構造主義者やポスト構造主義者と呼ばれる、大勢の思想家の中で、最もユニークなのは、ドゥルーズとガタリであった。それは、彼らがたんに独自で際立っていたからではない。『アンチ・オイディプス』や『千のプラトー』のようなインパクトをもった著作を、共同で書いたからである。共著を書いた思想家は少なくない。しかし、これらの仕事には、彼ら単独の著作にはなく、したがって共同作業のみがもたらした何かがあった。そして、このことが、何にもまして、思想史における事件であったといえる。

この二人に相似したところがあったわけではない。むしろ、対照的なほどの違いがあった。ドゥルーズは、喘息もちで片肺の思索者タイプ、ガタリは、活発すぎるほどハイパーアクティブな活動家である。このような二人が一九六九年から九一年まで一緒に著作を書いたことは、奇跡のように思える。

二人を結びつけたのは、六八年五月の革命であった。ガタリはパリ近郊の精神病院を中心にした政治的活動の過程をへて、ドゥルーズは孤立した思想的営為を経て、遭遇したのである。彼らは親密であったが、互いに敬称で呼び合うような距離を保った。それは彼らの関係を、個人的なものに解消しないためであろう。

今日、ドゥルーズについて論じる人たちには、ガタリを無視する傾向がある。だが、それは歴史を消すことである。著者はガタリの意義を強調する。著者が描くのは、ドゥルーズやガタリというよりも、彼らが交差するところに生じた歴史的世界なのである。もちろん、本書には、ドゥルーズ哲学の入門書といった側面もある。しかし、大部の本書を一気に読ませてしまう魅力は、何といっても、ガタリにある。たえず新たな政治組織をつくり、たえず恋をし、落ち込み、舞い上がる、痛快かつ滑稽でもの悲しい人物。やはり、伝記に向いているのは、考える人や書く人ではなく、行動する人である。

（杉村昌昭訳、河出書房新社、２００９年8月刊）

2009.12.13

『精神病院を捨てたイタリア 捨てない日本』

大熊一夫

著者は元新聞記者で、一九七〇年にアルコール依存症を装って精神病院の鉄格子の中に入り、その体験を朝日新聞に「ルポ・精神病棟」として連載した。それは地獄のような世界であった。その後も著者は、この〝地獄〟をなくすにはどうすればよいかを模索してきた。いろんな改革案に出合ったが、それらはあくまで精神病棟の存在を前提にしたものだ。八〇年代に、著者は画期的な方法を知る。それは精神病棟そのものを廃止し、そのかわりに、地域精神保健センターを作るというものである。

これは、イタリアの精神科医フランコ・バザーリアが六〇年代に始めた運動である。精神病棟の廃止に対して、病人が凶暴になったらどうするのか、という反論がある。しかし、それは概して、精神病院に強制的に入れられたり拘禁服を着せられたりする結果、生じる反応であって、原因と結果がとりちがえられている。また、精神病院がなければ病人は治癒しないのではないか、という反論がある。しかし、精神病院でも病人が治癒するわけではない。大切なのは、たとえ病気がなおらなくても、彼らが一般社会で生きていける環境を作りだすことである。バザーリアが始めた運動は、それを実現した。

地域精神保健システムは、イタリアだけでなく、六〇年代に世界的に広がった傾向であった。たとえば、六八年にイギリスの医師デービッド・クラークが世界保健機関(WHO)から委嘱されて来日し、精神病棟を減らすように勧告している。日本側はこれを無視した。その結果、日本は現在、経済的先進国の中で人口当たりの精神病棟が格段に多い国となった。最近は「地域精神保健の時代到来」と叫ばれているが、本質的には何も変わっていない。

一方、イタリアでは、二〇世紀の末には保健省管轄のすべての精神病院が閉じられた。この本の表題は、日本とイタリアの違いがいかにして生じたかを示すものである。しかし、本書には、日本にも、数少ないながら、地域精神保健センターの試みが各地でなされていることが紹介されている。

（岩波書店、２００９年10月刊）

2009.12.27

2009年の「今年の3点」

①絓秀実著『吉本隆明の時代』(作品社)
②井上章一著『伊勢神宮』(講談社)
③田中克彦著『ノモンハン戦争』(岩波新書)

私が選んだのは、勝者によって作られた歴史をくつがえそうとする著作である。①は、一九六〇年の前後十年ほどの時期を扱った歴史書である。それが吉本論として語られるのは、この時代に吉本という文芸批評家が知的覇権をにぎるにいたったからだ。また、それ以後、勝者によって作られた歴史が流通してきたからだ。②伊勢神宮は、政治的には天皇制国家のシンボルとして見られるが、建築として見ると、そう簡単ではない。たとえば、これを卓越した建築として評価したのは、伝統派ではなく、ブルーノ・タウトもその一人である、建築のモダニストたちであった。著者は、彼らが作った伊勢神宮の特権化を、建築史の観点から批判する。

③はこれまで日ソの関係や戦史の観点からのみ見られてきた「ノモンハン戦争」を、日ソによって分断された状態から民族の統合を目指したモンゴル人の立場から見なおすものだ。

2010.2.7

『天使はなぜ堕落するのか　中世哲学の興亡』

八木雄二

ヨーロッパの中世哲学の一流のレベルから見れば、デカルトの『省察』は大学生の卒論程度だ、と著者は「あとがき」に書いている。私はこの大言壮語にあきれて本書を読み始めたのだが、読み終わると、確かにそういう気がしてきた。たとえば、デカルトによる神の存在証明は、アンセルムス以来の中世哲学の流れの中にあり、それを知らないと十分に理解できない。しかし、中世哲学を読んでみてもよくわからない。退屈なだけであった。実は、私は本書を読んでようやく、中世哲学がどういうものなのか納得できたのである。

本書には、私がこれまで知らなかった、そして、知りたかったことがつぎつぎと出てくる。著者は誰かの権威にもとづいて書いているのではない。わからないことをわかったふりをせずに自力で考えてきた結果として、本書がある。それを読むのは、まことにスリリングで壮快な体験である。ここで詳細を伝える余裕がないので、一例だけをあげておこう。私がつねづね疑問に思っていたのは、なぜ神の存在を証明する必要があるのか、ということである。その時代には無神論者はいなかったし、キリスト教の異端派も、イスラム教徒も同じことをやっていた。だから、「神の存在証明」を必要としたのは、誰かに対してではなく、いわば「哲学」に対してであった。

十二～十三世紀のヨーロッパには、イスラム圏からアリストテレスなどギリシャの哲学が本格的に導入された。しかし、それだけではない。その時期、ヨーロッパ各地で発展した自由都市で、自治的な組合組織である、大学が創られた。それがもたらしたのは、論争によって真偽を決するという態度である。大学で支配的だったのは唯名論者であり、いわば「ソフィスト」たちであった。教会や修道院はそれを取りこみつつ、自己を防衛しなければならなかった。神学、あるいは、神の存在証明の執拗な議論はそこから出てきたのである。「中世」のヨーロッパに「古代」の哲学が回復されたのは、前者が古代アテネの状況と似ていたからだといえよう。

（春秋社、２００９年12月刊）

2010.3.7

『パララックス・ヴュー』

スラヴォイ・ジジェク

カントは『純粋理性批判』で、たとえば、「世界には始まりがある」というテーゼと「始まりがない」というアンチテーゼが共に成立することを示した。それはアンチノミー(二律背反)を通してものを考えることである。しかし、カントはそれよりずっと前に、視差を通して物を考えるという方法を提起していた。パララックス(視差)とは、一例をいうと、右眼で見た場合と左眼で見た場合の間に生じる像のギャップである。カントの弁証論が示すのは、テーゼでもアンチテーゼでもない、そのギャップを見るという方法である。

実は、そのことを最初に指摘したのは、私である(『トランスクリティーク――カントとマルクス』)。それを読んだジジェクは、本書において、戦略的なキーワードとして、パララックスという語を全面的に使用した。といっても、たんに言葉を取り入れただけである。本書は、その語を使って、彼がすでにこれまで書いてきた事柄を再編成したものだといったほうがよい。彼自身が本書を「代表作」と呼ぶのは、そのためである。

私がカントのパララックス的把握を重視したのは、それによってヘーゲルによる弁証法的総合を批判するためであった。しかし、ジジェクは、ヘーゲルにおける総合(具体的普遍)にこそ、真にパララックス的な見方がある、したがって、私のヘーゲル観は的外れだ、というのである。それに対して、私は特に、反対しない。私のカントが通常のカントと異なるのと同様に、ジジェクのヘーゲルも通常のヘーゲルではないからだ。ヘーゲルを読んだからといって、彼のような見方が出てくるわけではない。また、彼のような考え方は、必ずしも彼がいうラカンの精神分析から来るものでもない。私の知るかぎり、彼に最も似ているのは、ドストエフスキーである。テーゼとアンチテーゼの両極をたえず目まぐるしく飛びわたる、その思考においてのみならず、その風貌、所作、驚異的な多産性において。

彼は本書で、政治経済から自然科学におよぶ広範な領域に、パララックス・ヴューを見いだした。「光は波動である」と「光は粒子である」という両命題を認める量子力学はいうまでもない。本書で最も興味深いのは、近年急速に発達した、脳科学や認知科学に対する考察である。通常、これに対しては、意識(精神)は脳と異なる次元にあるといった、人文科学的な批判がなされる。しかし、ジジェクはむしろ、脳科学や認知科学の成果を肯定する。その上で、そこにパララックスを見いだすのである。たとえば、「意識」はニューロン的なものと別次元にあるのではなく、ニューロン的なものの行き詰まり(ギャップ)において突然あらわれる、という。こうして、ジジェクは、現象学や精神分析といった人文科学的な観点に立つかわりに、現在の認知科学そのものの中に、ドイツ観念論(カント、フィヒテ、シェリング、ヘーゲル)が蘇生している、と考えるのである。

(山本耕一訳、作品社、2010年2月刊)

2010.4.18

『アマゾン文明の研究　古代人はいかにして自然との共生をなし遂げたのか』

実松克義

数年前に「秘境アマゾン巨大文明」と題したテレビの報道番組が話題になった。それは、日本とボリビア合同チームによる調査で、アマゾン上流にあるモホス大平原に、大規模な農業と都市のあとを見いだすという話であった。本書は、この調査の中心にあった著者が、その成果をまとめ、さらに、世界史的に文明を問い直そうとするものである。

古代文明の発祥地として、メソポタミア、エジプト、黄河、インダスのほかに、アメリカ大陸では、メソアメリカ(オルメカ、マヤなど)とアンデス(インカ)の文明があげられる。が、アマゾン流域はいつも「未開」の地とみなされてきた。熱帯雨林の環境では、農業文明が成立しないと考えられたからだ。そのような固定観念に異議を唱えたドナルド・ラスラップは、一九五〇年代から、アマゾン流域こそ文明に最適の地であると考え、アメリカ最古の文明はアンデス山地や太平洋岸地帯ではなく、アマゾンであり、それが他の地域に広がったのだと主張した。この仮説が実証されるにいたったのは近年であり、著者らの調査研究もそれに貢献するものだ。

これは画期的な見方であり、アマゾン流域の原住民に「野生の思考」(レヴィ＝ストロース)を見いだしてきた人類学者の見方、その影響を受けたわれわれの通念を根本的にくつがえすものだ。というのは、この地の原住民は、発展した農業と都市を一度経験した人たちの末裔であるから。また、ヤノマミ族を好戦的な未開人の典型として見ることも、人類学者が捏造した報告にもとづくことが判明している。

アマゾン諸地域の都市は、大都市ではなく、小規模の居住地を多く建設し、それらを道路と運河で網目状に連結したものであった。また、すべてが土で作られ、石が用いられていない。これまで都市の遺跡が見つからなかったのは、そのためであろう。その意味で、他の古代文明とはまるで違っている。著者は、ここに、自然と共存しうる文明の可能性を見いだしている。

（現代書館、2010年3月刊）

2010.5.16

『ユダヤ人の起源　歴史はどのように創作されたのか』
シュロモー・サンド

『トーラーの名において　シオニズムに対するユダヤ教の抵抗の歴史』
ヤコヴ・M・ラブキン

ユダヤ教徒は、長く離散の状態にあって、約束の地、シオン(エルサレム)に帰還する時を待ち望んできた。しかし、帰還のために実際に何かをしたわけではない。そうすることは神の意志を先取ることだから許されないのである。シオンへの帰還の運動(シオニズム)が始まったのは、十九世紀後半、ヨーロッパやロシアの各地で排外的なナショナリズムが生じ、ユダヤ人が追いつめられたときである。それに対抗して、ユダヤ人も自身をネーションとして意識し、国家を創ろうとした。当初、シオニズムは大多数のユダヤ教徒からは否定されていた。ユダヤ教の教えに反するからである。

しかし、ナチズムを経験したのち、多くのユダヤ人が独立国家をつくることに賛同し、また、ユダヤ人の大虐殺(ジェノサイド)に責任を感じた欧米諸国もそれを支持した。その結果、一九四八年にイスラエルが建国されたのである。だが、それは先住していたパレスチナ人を追い出し土地を略奪することによってなされた。以来、周知のように、パレスチナ人の抵抗が続いている。近年、イスラエルへの批判は国際的にますます強まっているが、ジェノサイドの負い目をもつ欧米では、イスラエルへの批判は反ユダヤ主義として排除される傾向があった。

そのような背景において、シオニズムを公然と批判する二冊の本が、イスラエルのみならず、欧米でベストセラーとなった。一つの理由は、これらの書が、ユダヤ人内部からのシオニズム批判だということにある。両書はともに、シオニズムがユダヤ教徒とユダヤ民族、あるいはユダヤ人とイスラエル国家を同一視することを批判している。むろん、視点や題材において違いがある。

サンドは「ユダヤ人の起源」を問う。この本の原題は「ユダヤ人の発明」なのだが、ユダヤ民族・人種なるものは、十九世紀ヨーロッパのナショナリズムのなかで、まさに「発明」されたのである。その歴史的起源を見ると、ユダヤ人とはユダヤ教徒であって、民族(エスニック)とは関係がない。ユダヤ人がローマ帝国、アフリカ、ロシアにいたるまで増えたのは、ユダヤ教への改宗者が増えたからである。ところが、シオニストは、それを「民族」の歴史にすり替えた。さらに、西ヨーロッパ系のユダヤ人を優位においた。

他方、ラブキンは、現在のイスラエルにおいて、ユダヤ教の立場からなされる、シオニズム批判に焦点を当てている。真摯なユダヤ教徒にとって、シオニズムは神を裏切るものであり、ユダヤ教史上、最大の敵である。このように考えるユダヤ教徒は政治的には保守的なのだが、イスラエル国家そのものを否定するという点で、左翼的な批判者と一致する。ただ、左翼的な批判者を「反ユダヤ主義」として斥けることができても、ユダヤ教徒をそのようにかたづけるわけにはいかない。彼方の批判はよりラディカル(根底的)である。以上、両書を併せ読むことで、現代世界における最も深刻な問題の一つに関して、より包括的な理解が得られよう。

(高橋武智監訳、佐々木康之・木村高子訳、浩気社/武田ランダムハウスジャパン、2010年3月刊、後にちくま学芸文庫)

(菅野賢治訳、平凡社、2010年4月刊)

2010.6.20

『絆と権力　ガルシア=マルケスとカストロ』

アンヘル・エステバン、ステファニー・パニチェリ

一九八二年ノーベル文学賞を受賞したガルシア=マルケスの名声は、スペイン語圏はいうまでもなく、世界中に広がった。〝マジック・リアリズム〟と呼ばれたその作風が、近代文学(リアリズム)の界域を一気に超えたのである。日本でも、八〇年代にあった文学の活気は、マルケスによって付与されたといっても過言ではない。たとえば、大江健三郎が『同時代ゲーム』を書き、中上健次も『千年の愉楽』を書いた。しかし、当時日本でほとんど知られていなかったのは、マルケスがキューバ革命とカストロの独裁を支持し続けたことである。本書が探究するのは、その謎である。

カストロはもともと共産党とは関係がなかったが、米国による経済的制裁のため、ソ連の支援に頼るほかなくなった。だが、彼は次第にソ連派となり、また同時に、独裁者となっていった。キューバにロシアや中国とは異なる、ラテン・アメリカ流の快活な社会主義を期待した、知識人・文学者は幻滅し、一斉にカストロ批判にまわった。そのとき、コロンビアの作家マルケスがカストロを支援したことは意外であった。マルケスはその作品で、中南米に特徴的な〝独裁者〟を描いたが、それがまさにカストロに当てはまることは、誰にも(カストロ自身にも)明らかであったからだ。にもかかわらず、カストロはそれを許容し、マルケスもカストロは独裁者ではないと弁護しつづけた。それはなぜなのか。

カストロとマルケスの古くからの〝友情〟についての伝説があり、また、カストロの文学好きがいわれる。し

かし、それらは疑わしい、と著者はいう。これはもはや文学の問題ではない。カストロにとって、マルケスの文学的名声が権力の維持のために不可欠であった。一方、マルケスがカストロ支持を決めたきっかけは、一九七〇年に民主的な選挙で実現されたチリの社会主義政権が、米国に支援されたピノチェトのクーデターで破壊されたことにあった。マルケスは、もはや文学どころではない、と考えた。彼もまた革命のために、自身の文学的名声を徹底的に利用しようとしたのだ。彼はカストロと一緒に活動する政治家となったのである。

とはいえ、そのようにいうことは、別に、マルケスをおとしめることにならない。私が本書を読みながら痛感したのは、〝文学〟が特別な意味をもつ時代があった、そして、一九八〇年代がそのピークであった、ということである。その時期、〝文学〟は、米ソの二項対立を超える想像力であり、真の革命を意味した。〝文学〟そのものが〝マジック・リアリズム〟であった。マルケスとカストロの「絆」も、そのようなマジックによって築かれたものだ。しかし、ソ連崩壊とともに、そのような前提は壊れた。現在、ラテン・アメリカの各地に、社会主義政権ができているが、そこでは、キューバはもはや重要ではないし、〝文学〟もかつてのような役割を果たしていない。

（野谷文昭訳、新潮社、２０１０年４月刊）

2010.7.18

『日本人と参勤交代』

コンスタンチン・ヴァポリス

参勤交代といえば、「下にい、下にい」というかけ声とともにゆっくりと進む壮麗な大名行列で知られているが、それは、たとえば土佐藩の場合、四国山脈の高地を越えるような、長い苦しい旅であった。また、移動の経費のみならず、江戸での滞在費用が莫大で、ほとんどの藩が財政に苦しんだ。しかし、参勤交代にはそれ以上の意義がある。それは日本の社会を変容させたのである。

中国の専制国家やヨーロッパの絶対王制においても、王権を確立するために王が地方を巡回したり、官僚を地方に移動させたり、貴族を宮廷に集めたりはする。しかし、王が移動せず、支配階層のみが定期的に大量に移動するという例はほかにない。そこで著者は、参勤交代という特異なシステムに、日本の近代国家形成に果たした歴史的意義を見ようとする。たとえば、参勤交代によって、全国各地から来た大勢の武士が江戸に滞在し、交流するようになった。また、中央の文化が地方に伝わるだけでなく、逆に、地方の産物や情報が中央に伝えられた。さらに、大名行列が立ち寄る京都・大坂、さらに、街道沿いの都市もまた発達した。このように、江戸を経由した中央と地方の相互交流によって、統一された「ナショナルな文化」が形成された、と著者はいうのである。

徳川幕府が参勤交代制をはじめたとき、もちろん、そのような意図をもっていたわけではない。彼らがそれを強制したのは、封建諸侯の服従と忠誠をたえず確認し、また、彼らに経済的な負担を課して弱体化させるためであった。また、幕府は封建的基盤を脅かすような商品経済をつねに抑制しようとしていた。しかし、参勤交代は、そのための経費に苦しんだ諸藩をいっそう貨幣経済・商品生産に向かわせ、且つ、それを通して大坂などの商人階級の力を強めた。すなわち、封建体制を永続させるための制度が、それ自身を解体させることに帰結したのである。これは、皮肉な歴史の「弁証法」を鮮やかに示す一例である。

（小島康敬／M・ウィリアム・スティール監訳、柏書房、２０１０年6月刊）

2010.8.8

『宗教とは何か』

テリー・イーグルトン

本書は、イギリスのマルクス主義者・文芸批評家として知られる著者が書いた宗教論である。著者はつぎのようにいう。《およそ似つかわしくない人たち(わたし自身もそのひとり)が、なぜ、突如として神について語るようになったのか?》。これは著者だけではない。これまでポストモダンな現代思想の下で黙殺されてきた「神学」が今や、流行の主題となっているのである。この背景には、宗教が政治的に重要な要素となってきた現実がある。

宗教が「突如として」復活してきたのは、ソ連が崩壊し資本主義経済のグローバル化が進んだ一九九〇年代である。すなわち、一方で社会主義の理念が消え、他方でナショナリズムも機能しなくなってからである。その結果、宗教はそれまで社会主義やナショナリズムが引き受けていた諸問題を引き受けるようになった。そのあらわれが宗教的原理主義である。それはイスラム教だけでなく、キリスト教・ヒンドゥー教などにもある。それに対して、英米で支配的となった論調は、リチャード・ドーキンスの『神は妄想である』のように、宗教を非科学的妄想として斥けるものである。本書が何よりも標的とするのは、その種の宗教批判である。

確かに、宗教によって現実的諸問題を解決することはできない。しかし、宗教的運動が、少なくとも世界資本主義の下にある悲惨な現実に根ざしているのに対して、宗教批判者らはまったくそれを無視している。というより、彼らの宗教批判は、グローバル資本主義に対抗する運動を抑圧するためにこそ必要なのである。かくして、著者はむしろ宗教を擁護する。そこには、宗教の中に、抑圧された者たちのための息(マルクス)がある、という消極的な理由だけではなく、もっと積極的な理由がある。それは、普遍宗教には、社会主義の核心となる倫理性が開示されているということだ。それを取りもどすことなしに、社会主義の再活性化はありえない。ゆえに、著者にとって、宗教の擁護とは社会主義の擁護にほかならないのである。

(大橋洋一・小林久美子訳、青土社、2010年5月刊)

2010.8.29

『反米の系譜学　近代思想の中のアメリカ』

ジェームズ・W・シーザー

今日世界のいたるところに「反米」の風潮がある。本書はその原因を現代の世界状況に見るかわりに、反米という観念の源泉に遡って考える。いいかえれば、否定的なシンボルとしての「アメリカ」がいつどこでいかにして形成されてきたかを見る。それはまず十八世紀ヨーロッパの知的言説に発している。アメリカではすべての生命体が退化する、犬まで啼かなくなる、ということがまことしやかに説かれたのである。これはアメリカに向かって大量の移民が出たことに危機感を覚えたヨーロッパ知識人が、当時先端の自然史学を利用して創った「アメリカ」のイメージである。

以後、「アメリカ」は未開の自然状態から、最も発達した産業資本主義、大衆民主主義、消費社会を象徴するものとなっていく。ヘーゲル、ハイデガー、コジェーブにいたるまで、ヨーロッパの哲学者は、人類社会がとる究極の頽落形態を「アメリカ」に見いだした。そのような見方は、現在もフランスから到来した「文芸批評やポストモダン哲学」において受け継がれている。著者は、それを批判し、肯定的なアメリカ(真のアメリカ)をとりかえすべきだというのである。

著者は、「反米」論には、アメリカへの称賛や肯定的な評価が隠れているのだ、と考えている。ヨーロッパに関しては、そのような見方は半ばあたっているだろう。とはいえ、今日世界中に瀰漫する反米感情には、そのような両義性はもはやない。アーレントは、フランス革命の前に反貴族的な風潮が強まったのは、貴族が強かったからではなく、すでに衰退しているにもかかわらず以前と同様にふるまおうとしたからだ、といっている。現在のアメリカについても同じことがいえる。アメリカがかつてなく嫌われているのは、衰退しているからなのだ。この事実を認めないと、著者のような主張はますます「反米」感情を生みだすだけである。とはいえ、本書は、ヨーロッパの思想史を、「反米」というかつてない視角から照明したものとして読むと、なかなか面白い。

（村田晃嗣・伊藤豊・長谷川一年・竹島博之訳、ミネルヴァ書房、2010年7月刊）

2010.10.10

『古代ローマ人の24時間 よみがえる帝都ローマの民衆生活』

アルベルト・アンジェラ

本書は、古代ローマ最盛期の社会を、一人の人物(語り手)の一日の経験として描くものだ。もちろん、フィクションであるが、細部に関しては最新の史料にもとづいている。私は古代ローマの政治や経済について多少勉強したが、具体的な姿はわからなかった。せいぜい小説や映画から得たイメージしかない。また、それに関して疑問に思っていたことがたくさんある。たとえば、なぜ彼らはいつも公衆浴場にいるのか、誰が奴隷かどうしてわかるのか、というような。

ローマは最盛期に人口一五〇万人といわれるが、狭い土地にどうしてそんなに人が住めたのか? 高層の集合住宅が林立したのである。そのために投機的で悪質な開発業者が横行した。家賃が払えないと野宿者になる。その意味で、現代の都市と似ている。だが、最大の違いは、水道や電気がないということだ。炊事場・風呂・便所はたかだか二階までしかできない。富裕者は下の階に住む。それ以上の階は掃除もされず何十年も汚れたままになっていた。

その結果、多くの人々は食堂、公衆便所、公衆浴場に出かけるほかない。それらは数多くあった。公衆浴場は広く、また、熱い風呂、冷たい風呂、その中間の風呂があるので、長時間過ごすことができる。これは社交の場であるだけでなく、政治的な交渉や商談も行われる。だから、ここにはあらゆる階層の人々がやってくる。皇帝まで来る。大浴場が好きで一日に七回も通う皇帝もいたのである。

古代ローマが奴隷制によって成り立っていることは誰でも知っている。しかし、奴隷はどのように生活していたのか？　たとえば、道で出会ったとき、ある者が奴隷かどうかをどのように識別できるのか？　奴隷の身分を示すきまった標識はないし、人種からも判別できない。では、なぜ奴隷は逃亡しないのか？　本書を読んで、やっとそのような謎が解けた。本書はイタリアで四〇万部売れたという。古代ローマにもっとなじみのあるイタリア人にとっても、新鮮であったということだ。

（関口英子訳、河出書房新社、２０１０年７月刊、後に河出文庫）

2010.10.24

『仏教と西洋の出会い』

フレデリック・ルノワール

本書は、仏教が西洋においていかに受容されてきたかを古代・中世から包括的に考察するものである。その場合著者は、西洋人は仏教の理解を通して、実際は、自らの問題を表現してきただけだ、という見方を一貫して保持している。たとえば、ヨーロッパ近世の宗教論争においては、仏教に似ているという理由で他派を批判したり、その一方で、カトリック教会はラマ教(チベット仏教)に開放と寛容の態度を見出し、それがカトリックに類似すると考えたりした。また、十八世紀の啓蒙主義者は、カトリック教会を攻撃するために、仏教の合理性を称賛した。つぎに、ロマン派は啓蒙主義を攻撃するために、仏教を称賛した。さらに、ショーペンハウエルは、生を苦とみなす自分の考えが仏教と合致すると考えた。その結果、仏教は、彼のいう「仏教厭世主義」と同一視されるようになった。

以上のように、中世から今日にいたるまで、仏教は西洋人が己を見る「鏡」以上ではなかった。ただ、本書が示すのは、西洋で「鏡」として最も機能したのはチベット仏教だということである。極東の仏教、特に日本の禅がもった影響力は少なくないが、知的なものであり、その範囲が限られていた。一方、チベット仏教は大衆的に影響力をもっている。西洋にはチベットへの憧れが中世からあった。一つには、二〇世紀にいたるまで外国人が入れない「神秘の国」であったからだ。さらに、ラマ教が輪廻転生の教義やそれに付随するさまざまな身体技法をもっていたからだ。これは、ブッダの教えの真髄が輪廻転生するような同一的な自己を仮象として批判することにあるとすれば、まったく仏教に反する見解である。しかるに、チベットでは輪廻転生の考えにもとづいて、ダライ・ラマの後継者が決められている。

要するに、西洋人が「仏教」に見出すのは、西洋に存在しない何か、輪廻転生の理論やそれにもとづく魔術の類なのである。十九世紀末にブラヴァツキーらが始めた神智学協会は、チベット仏教を称揚し、心霊的自我が転生するという考えを広げた。それは今日の「ニュー・エイジ」につながっている。著者は、エドガール・モランの「西洋は、自身の東洋を抑圧しつつ形成された」という言葉を引用する。つまり、チベット仏教は、西洋人にとって、みずからの内なる「抑圧された東洋」を開示するものだ、ということになる。

しかし、本書の限界もそこにある。チベットは西洋の外に歴史的に存在する他者である。その社会がかつてどのようなものであり、今どうなっているかを見ることなしに、表象の批判だけですますことはできない。また今や、チベット仏教はたんに西洋人の「鏡」としてあるのではない。たとえば、ダライ・ラマ十四世が世界を救済する指導者として熱烈に賛美されるとき、チベット仏教は、西洋人が中国共産党やイスラム原理主義者を抑制するための政治的な手段として利用されている。

（今枝由郎・富樫瓔子訳、トランスビュー、２０１０年９月刊）

2010.11.21

『量子の社会哲学 革命は過去を救うと猫が言う』

大澤真幸

量子力学以前の物理学では、観察者を超えた、超越的な視点あるいは超越的な何かが仮定されてきた。たとえば、相対性理論も光速を一定と仮定することで成り立っている。ところが、量子力学がもたらしたのは、そのような超越的視点がもはやないという認識である。光子や電子は、粒子であり且つ波動である。しかし、それらを同時に知ることができない。観察するかしないかで、そのあり方が変わるからだ。そこでは、いわば、結果が原因を創りだす。といっても、観察者に問題があるのではない。対象そのものが不確定的に存在するのだ。

本書は、このような科学認識のあり方を、古代から中世・近代を経て今日にいたる知的変容において考察するものである。というと、科学史の本のように聞こえるが、そうではない。むしろ、著者が指摘するのは、自然科学に生じたのと類似した事柄が、ほぼ同時期に、他の領域でも見いだされるということである。一例をあげよう。精神分析と物理学は無縁である。が、著者によれば、フロイトの前期の仕事「トーテムとタブー」と後期の「モーゼと一神教」との関係は、同時代の相対性理論と量子力学との関係と同型である、という。つまり、それらは「関係の類比」において結びつけられる。

このように、それまで縁遠かった事柄、たとえば、絵画、数学、神学、生理学、経済学、国家論、革命政治などが「関係の類比」によって結びつけられ、それを通して新たな意味が見いだされる。さらに、そうした諸領域の核心に、社会学が存することを忘れてはならないだろう。著者が専攻する社会学は、まさに観察者が対象とする現実から離れて存在しえないことを自覚した学問として始まったのである。本書の表題が示すのは、そのことだ。とはいえ、本書の醍醐味は、むしろ、これら異質なものたちの思いがけない遭遇と、それがもたらす新鮮な光景にある。読者は、本書を楽しみつつ読むうちに、自ずと世界が違って見えてくることを感じるだろう。

（講談社、2010年10月刊）

2010.12.19

2010年の「今年の3点」

①ヤコヴ・M・ラブキン著『トーラーの名において』(菅野賢治訳、平凡社)

②八木雄二著『天使はなぜ堕落するのか』(春秋社)

③大澤真幸著『量子の社会哲学』(講談社)

今年は宗教関係の本が目立った。社会主義とナショナリズムが勢いを無くしたので、宗教がそのかわりをするようになったからだろう。たとえば、これまでシオニズムを批判したのはもっぱら左翼であったが、①は、ユダヤ教の立場からのシオニズム批判を扱っている。シュロモー・サンド『ユダヤ人の起源』(武田ランダムハウスジャパン)をあわせて読むと、根本的に見方が変わるはずだ。②は、これまで古めかしく見えた、中世の哲学を新鮮に感じさせる本である。十二~十三世紀のヨーロッパ各地で自由都市が発達し、商工業者の組合組織として設立された大学で、教会や修道院に対抗して、ソフィストのような哲学者が輩出した。ギリシア哲学がなぜ中世に蘇生してきたかがわかる。③も、ある意味で、神学的な議論だといえる。もはや超越者が存在しえない量子力学的認識を踏まえて、これまでの知にあった神学的な構えを考察するからだ。

2011.1.9

『黄金の夢の歌』

津島佑子

私はこの作品に、久しく小説に対して抱いたことのない興味を覚えた。一見すると、これは、キルギスや内モンゴルへの観光旅行記である。とりたてて事件はないし、物語性もない。淡々たる記述の流れがあるだけだ。しかし、読了すると、それらが構造論的に組み立てられていることがわかってくる。

この作品は三つの層からなっていて、それぞれ、記述の様態が異なっている。第一の層は、一人称(わたし)および二人称(あなた)によって語られる。「わたし」は父親が青森出身であるため、ツングースの末裔であると感じ、また、アイヌやさまざまな遊動民に親近感をいだいている。しかし、この層で語られるのは、個人的な動機よりもむしろ、近年のキルギスや内モンゴルの状況、つまり、かつての遊牧民が国家やネーションのもとに従属させられ、また、独立してもなお政治的な混乱の中にある状況である。

第二の層は、一人称や二人称を通して語られてはいるが、事実上、三人称によって語られているといってよい。史料からの直接の引用も多い。つまり、ここでは、ユーラシアにおける古代からの遊牧民とその歴史が客観的に語られる。ツングース、突厥《とっけつ》、匈奴、モンゴル、スキタイ、マケドニア……。通常の世界史では、この地域にはめまぐるしい国家や民族の興亡があったように書かれている。しかし、それらは遊牧民部族の離合集散によるものであり、基本的に同一的な世界としてある。

第三の層は、いわば、非人称によって語られる。そして、これがこの作品の核心部分である。表題でもある「夢の歌」は、オーストラリアの先住民が伝えてきた物語である。そこには遊動的な狩猟採集民時代の記憶が保持されている。「わたし」は、キルギスや各地の遊牧民にもそれがある、と考える。彼らは今や定住化を強いられ、国家やネーションに吸収され分断されてしまっているが、遊動民時代の記憶が消滅することはない。それは誰もが胸の底に隠し持つ、なつかしい、しかし、その正体がわからない何かとして残っている。

「夢の歌」は実際の歌というよりもむしろ、見知らぬ男の子らの声を通して出現する。その中には、マケドニアの男の子(アレクサンダー大王)もいる。また、それは、「トット、トット、タン、ト」という騎馬の蹄《ひづめ》の音として、唐突に、かつひんぱんに出現する。これはまさに非人称的であり、「夢の歌」がノスタルジーではなく、「抑圧されたものの回帰」(フロイト)としてあるということを示している。ちなみに、この音はかつて青森出身の作家が書いた「トカトントン」という音を想起させる。それが世界を一挙にネガティヴに変容させるのに対して、逆に、「トット、トット、タン、ト」は世界をポジティヴに反転させようとする。津島佑子という小説家以外に、このようなことを書ける者はいない。

(講談社、2010年12月刊、後に講談社文庫)

2011.2.6

『災害ユートピア　なぜそのとき特別な共同体が立ち上がるのか』

レベッカ・ソルニット

大災害が起きると、秩序の不在によって暴動、略奪、レイプなどが生じるという見方が一般にある。しかし、実際には、災害のあと、被害者の間にすぐに相互扶助的な共同体が形成される。著者はその例を、サンフランシスコ大地震(一九〇六年)をはじめとする幾つかの災害ケースに見いだしている。これは主観的な印象ではない。災害学者チャールズ・フリッツが立証したことであり、専門家の間では承認されている。にもかかわらず、国家の災害対策やメディアの関係者はこれを無視する。各種のパニック映画は今も、災害が恐るべき無法状態を生み出すという通念をくりかえし強化している。

むしろこのような通念こそが災害による被害を倍加している。サンフランシスコ大地震でも、死者のかなりの部分は、暴動を恐れた軍や警察の介入による火災や取り締まりによってもたらされた。同じことがハリケーンによるニューオーリンズの洪水においても起こった。略奪とレイプが起こっているという噂がとびかい、被災者の黒人が軍、警察、自警団によって閉じこめられて大量に殺された。本書でも簡単に触れられているように、関東大震災では朝鮮人の大量虐殺がおこった。これも噂にもとづくものだが、その根底には朝鮮人の独立運動に対する国家側の恐怖があった。

他方で、サンフランシスコでもニューオーリンズでも、被災者の間および外から救援にかけつけた人たちの間で、新たな共同体がすぐに形成された。日本の例でいえば、阪神・淡路大震災では関東大震災のようなことは起こらなかった。当時、国家の対応が遅すぎるという非難があったが、むしろそのおかげで、被災者と救援者の間に、相互扶助的な共同体が自然発生的に生まれた。そのような「ユートピア」は、国家による救援態勢と管理が進行するとともに消えていったが、このときの経験から、その後に生き方を変えた人が多いはずである。私も何人かを知っている。

本書において、災害は自然災害だけでなく、戦争や経済危機などをふくんでいる。いずれの場合も、災害は新たな社会や生き方を開示するものだ。ニカラグアやメキシコでは、それが社会革命につながった。人々は自然状態では互いに敵対するというホッブズの政治哲学が、今も支配的である。だが、それは国家的秩序を正当化するための理論にすぎない。災害後の「ユートピア」が示すのは、その逆である。国家による秩序がある間他人を恐れて暮らしていた人たちは、秩序がなくなったとたん、たちまち別の自生的な〝秩序〟を見いだす。それは、他人とつながりたい、他人を助けたいという欲望がエゴイズムの欲望より深いという事実を開示する。むろん、一時的に見いだされる「災害ユートピア」を永続化するにはどうすればよいか、という問題は残る。しかし、先ず、人間性についての通念を見直すことが大切である。

（高月園子訳、亜紀書房、2010年12月刊）

2011.3.6

『世界史のなかの中国　文革・琉球・チベット』

汪暉《ワン・フイ》

著者は私が最も信頼する現代中国の思想家である。魯迅研究者として出発した著者は、天安門事件で弾圧された後、より広い領域に踏み入った。しかし、ある意味で、彼はより魯迅的な道を歩んでいるようにみえる。すなわち、一方で世界的な知的状況に通暁すると同時に、他方でつねに、中国という特殊な文脈の下に考えようとしてきたのである。それが彼を独自の存在にしている。

本書にも、その二つの観点がある。一つは普遍的に世界的状況を考え、中国をその中において見ることである。現在の世界に支配的な傾向は、著者の言葉でいうと、「脱政治化」である。これは、つぎのようにいうとわかりやすいだろう。たとえば、一九九〇年以後、「資本主義」のかわりに、もっぱら「市場経済」という言葉が使われるようになった。それは資本の蓄積が資本と賃労働という階級関係にもとづくことを無視し、また、資本主義経済が自然的・永続的であるかのように考えることである。

このような脱政治化が日本や先進資本主義国でおこったが、実は、中国でも同じであった。「社会主義的市場経済」の名の下に、資本主義経済(新自由主義)が急激に進行し、各地で深刻な階級対立が生じたのである。ところが、それはナショナリズム、エスニック・アイデンティティー、あるいは人権問題などの「政治」にすり替えられた。それらは政治的に見えるが、脱政治的なのだ。

本書におけるもう一つの観点は、中国における特殊な問題から普遍的な認識を引き出すことである。

現在の中国の民族問題を理解するためには、清朝によって拡大された冊封体制（朝貢関係）を考える必要がある。近代西洋に始まる主権国家の観点から見ると、朝貢関係は支配―従属関係でしかない。しかし、朝貢は実際には交易であり、帝国は他国の政治や文化にはまったく干渉しない。朝貢関係は交易や平和を保障する国際的システムなのである。そのようなシステムが「帝国」だとすれば、相手を主権国家として認めた上で、資本主義的経済に巻き込んで文化的にも同化してしまうのが「帝国主義」である。西洋列強は、「帝国」の下にある諸国家を、従属状態から解放するという口実の下に支配したのである。

この朝貢関係というシステムについての理解は、現在のチベットの問題を歴史的に理解するために不可欠である。のみならず、それは周辺諸国をふくむ東アジアの政治的構造を理解するためにも必要である。たとえば、現在の沖縄の基地問題にしても、清と日本の両方に朝貢していた琉球王国が、近代的原理に立つ日本国家によって滅ぼされ領有化されたという経緯を知らずして論じることはできない。むろん、著者は清朝の政治システムを称賛しているのではない。ただ、朝貢関係や儒教の伝統に、複数の「システムを跨いだ社会」の原理を構築するためのヒントを見ようとしているのである。

（石井剛・羽根次郎訳、青土社、2011年1月刊）

2011.5.15

『ジェイコブズ対モーゼス　ニューヨーク都市計画をめぐる闘い』

アンソニー・フリント

本書は、一口でいうと、一九五〇年代から六〇年代にかけて、モーゼスという人物が強引に推進したニューヨークの再開発を、ジェイコブズという主婦が阻止した事件をあつかっている。モーゼスが推進したのは、衰退していた十九世紀的な都市を再生するプロジェクトである。それは多様なものが混在していた都市を、商業区や住宅区に分け、それらを高速道路網でつなぐ現代都市のプランニングである。これは、ル・コルビュジエの「輝く都市」に示されたモダニズムの都市理論にもとづくものだ。

モーゼスは四〇年代から、歴代の州や市の政府の下で、一貫してこの計画を進め、ニューヨークの風景を一変させてしまった。彼はそれを実現するために、住民に対する買収、反対者への脅迫、メディアによる宣伝を徹底的におこなった。誰も容易に反対することができない体制を創りだしたのである。その結果、モーゼスは「マスター・ビルダー」と称賛されるにいたった。五〇年代にワシントンスクエア公園に高速道路を通すことが、彼のプロジェクトの仕上げとなるはずであった。

だが、それは近隣のグリニッジ・ビレッジに住んでいたジェイコブズがおこした住民運動によって阻止された。彼女はジャーナリストとしての経験が少しあったものの、大学も出ていない、子育て中の主婦であった。彼女の反対運動は、ＮＩＭＢＹイズム（私の裏庭にはつくらせない）によるものではなかった。もしそうであれば、モーゼスによって切り崩され、また、全世界に影響を与えることにならなかっただろう。

モーゼスはただの政治的な権力者ではなかった。彼の背景にはモダニズム建築理論があったからだ。彼のプロジェクトを阻止するためには、それを根本的に批判するような理論が必要なのである。ジェイコブズの『アメリカ大都市の死と生』がそれをもたらした。この本は、自然成長的な多様性こそが都市を活性化することを示した。とはいえ、彼女はこのような理論をもって運動を始めたのではない。この反対運動を通して学び、それを考えだしたのである。

モーゼスは六〇年代に、ローワーマンハッタン・エクスプレスウェイを建設しようとして、再び、ジェイコブズの反対運動によって挫折し、完全に没落してしまった。彼女がいなければ、モーゼスは勝利したかもしれない。そうすれば、ニューヨークは地下鉄やバスのない自動車化した都市になっていただろう。しかし、本書を読みながら、私が考えていたのは、日本においてなぜ原発建設を止めることができなかったのか、止めるにはどうしたらいいのかということである。

（渡邉泰彦訳、鹿島出版会、２０１１年4月刊）

2011.7.10

『いま、憲法は「時代遅れ」か 〈主権〉と〈人権〉のための弁明《アポロギア》』

樋口陽一

本書はつぎのエピソードから始まっている。伊藤博文は明治の憲法制定に関する会議で、「そもそも憲法を設くる趣旨は、第一、君権を制限し、第二、臣民の権利を保全することにある」と発言した。この事実を、著者が法律関係者の多い聴衆に話したとき、衝撃をもって受けとめられた、という。

立憲主義の基本は、憲法は、国民が国家権力を縛るものだという考えにある。それは、別の観点からいうと、国家は本性的に、専制的であり侵略的であるという認識にもとづいている。だから、憲法によって国家を縛らなければならない。明治時代に日本帝国を設計した政治家にとっても、それは自明であった。しかし、今や、法律関係者の間でさえ、この基本が忘れられている。

たとえば、憲法九条にかんする議論がそうである。改憲論者はもっぱら国家の権利を論じる。そして、日本の憲法は異常だという。しかし、九条の趣旨は、伊藤博文の言葉でいえば、「国家の(戦争する)権利を制限し、(平和に暮らす)国民の権利を保全することにある」。確かに、立憲主義が始まった時期に、「戦争の放棄」という観念はなかった。しかし、それは、立憲主義の基本から見ると、正当かつ当然の発展である。

憲法は国民が国家権力を縛るものだ、という観点から見ると、現行憲法は「時代遅れ」であるどころか、きわめて今日的である。憲法二十五条一項には、こうある。《すべて国民は、健康で文化的な最低限度の生活を営む権利を有する》。たとえば、震災でホームレスとなり職を失った人々を放置するのは、憲法に反する。また、放射性物質の飛散によって人々の生存を脅かすのは、憲法違反であり、犯罪である。本書は、多くの事柄に関して、憲法からそれを見るとどうなるかを、教えてくれる。憲法全文も付載された、最良の入門書である。

(平凡社、2011年5月刊)

2011.8.28

『本音で語る沖縄史』

仲村清司

昨年まで普天間基地の移転をめぐる騒動があったことは、震災後に忘れられている。しかし、近い将来、沖縄の問題がもっと深刻な争点になることはまちがいない。これは、その危険が明らかなのに、事故が現実に起こるまでは、それを見ないできた原発の問題と似ている。歴史的に、沖縄の問題は、中国、日本、そして、ペリー来航以後はアメリカがからんでいる。別の観点からいうと、日本、中国、アメリカとの間に対立が生じるとき、それは必ず沖縄(尖閣諸島もふくめて)の問題にかかわるのである。

沖縄の問題を考えるためには、その歴史を知らなければならない。戦後の米軍基地、戦争末期の事件、明治時代の琉球処分、明・清朝と薩摩に二重帰属した琉球時代、さらに、それ以前の、アジアとの交易によって自立的な地域世界を築いた時代に関して、いろんな本があり、くわしい研究もある。しかし、全体として沖縄の歴史を世界史の中において通観する、しかも平易に書かれた本を探そうとすると、難しい。そのような要望を満たす本として、私は本書を推薦したい。

著者は「沖縄人二世」として大阪に育ち、中年になって沖縄に渡り住むようになった人である。たぶん、そのことが本書に、ユーモラスで複眼的な視点をもたらしている。沖縄の困難はたんに外から来るのではない。たとえば、琉球王朝は薩摩藩に支配される一方、他の島(宮古・八重山など)を苛酷に支配してきた。そのため、琉球王朝の滅亡を歓迎する人たちがいたし、また、今も沖縄人は一体的となりにくい。「歴史に学ぶとすれば、沖縄に残された選択肢は、まことに険しい道のりではあるものの、やはり『自立』に向けて自らの将来像を描く道を模索するほかないのではないか」と、著者はいう。沖縄の「自立」のためには、「本音で語る」歴史を踏まえなければならない。

（新潮社、2011年6月刊、後に新潮文庫）

2011.9.18

『近代日本の中国認識　徳川期儒学から東亜協同体論まで』

松本三之介

本書は、徳川時代から日中戦争にいたるまでの日本人の中国認識を的確に通観した好著である。日本人の中国への評価が極端に変わるのは、日清戦争後である。それまで抱いていた敬意、あるいは両義的な見方が消えてしまった。日本人は西洋列強に伍して、中国を見下すようになった。もちろん、中国やアジア諸国と連帯して西洋列強と対決しようとする考えも強くあったが、「東亜協同体論」がそうであるように、あくまで日本を「盟主」とするものであった。

ただ、この時期に関してはよく論じられてきた。あまり論じられないのは、清国がアヘン戦争でイギリスに敗れてから(一八四二年)日清戦争(一八九四年)にいたるまでの時期である。それは中国がまだ超大国として存在していた時代である。本書で私が特に興味を覚えたのは、この時代である。なぜなら、それはある意味で現在に類似するからだ。

アヘン戦争後、日本人は中国の「中華」思想に対して批判的になるが、他方で、堯舜孔子によって開かれた「道」に対する敬意を失わなかった。その一例は、「東洋道徳、西洋芸術」を唱えた佐久間象山である。そのような流れの中で、特筆すべきなのは、「東洋のルソー」と呼ばれた中江兆民である。彼はルソーの「社会契約論」を翻訳紹介したが、その根底に儒教の道徳をおいたのである。

重要なのは、アヘン戦争以後、清国がその反省から、軍事面における近代化を急激に推進したことである。それとともに周辺諸国への政治的影響力を強めた。それが日本にとって脅威となった。日清戦争後には忘れられたが、それまでの日本は中国の軍事力を非常に恐れたのである。新聞「日本」を創刊した陸羯南は、安直な西洋化に溺れた日本に比べて、清国が自国伝統の文化を保持し、西洋化を軍事力強化のためだけに集中したことを称賛した。

（以文社、2011年8月刊）

2011.10.9

『イスラームから見た「世界史」』

タミム・アンサーリー

日本人がもつ「世界史」の観念は、基本的にヨーロッパ中心である。むろん、日本人はそれだけでなく、東アジアから世界史を見る視点ももっている。しかし、その間にある西アジアに関しては、無知も同然である。西アジアはある時期からイスラム圏であり、それはアラビアやアフリカからインド、インドネシアなどに及ぶ。二〇〇一年九・一一以来、このイスラム圏が突然、大きく浮上してきた。ところが、われわれにはまるで見当がつかない。その政治社会についても、宗教についても、皮相的で紋切り型の知識しかない。しかし、それを補うためにたくさんの本を読んでも、いよいよ不鮮明になるばかりだ。

本書は、イスラム圏の内部でふつうに考えられている「世界史」を書いたものだ。これを読むと、この世界を外から観察するのではなく、その内部で生きてきたかのように感じる。そして、イスラム圏の人々が他の世界をどう見てきたのか、あるいは、現代のグローバリゼーションをどう考えているのか、を身近に感じられるようになる。読者はこれを読んで、このような史観(物語)に与することにはならないだろう。しかし、いつのまにか、ヨーロッパ中心主義ないし日本中心的史観から抜け出ているのを感じるはずである。

私は本書から、これまで宗教学の本を読んでわからなかったイスラム教の諸派が、具体的にどういうものなのかを学んだ。また、モンゴル帝国の崩壊というと、われわれは東アジアで、元のあとの明帝国を考えてしまうが、それは同時代の西アジアで、三大イスラム帝国(オスマン、イラン、ムガール)の形成に帰結している。それらが、近代ヨーロッパの支配の下で変形され、現在のような多数の国民国家に分節されてきたのである。現在の状況を見るとき、本書に書かれたような「世界史」認識が不可欠である。

（小沢千重子訳、紀伊國屋書店、2011年9月刊）

『日米衝突の根源 1858-1908』

渡辺惣樹

一般に「日米衝突」は一九三〇年代ぐらいから生じたと考えられている。それ以前の日米関係というと、米国の「黒船」が幕末の日本に現れて開国を迫ったことや徳川幕府が咸臨丸で使節を派遣した話に代表される。他の西洋列強に比べて、米国は中立的であり、むしろ日本に好意的であったように見える。それに対して、本書が示すのは、日米衝突の「根源」を十九世紀半ばに遡ってみなければならない、ということである。

そもそも「黒船」が来たことは、日本にとって唐突であったが、米国にとってはそうではない。米国は日本に来る前に、清朝および琉球王国と交渉している。十九世紀半ば以後、東アジアの諸国家関係は、米国の関与の下で再編されたのである。米国の意図は根本的に、イギリスやヨーロッパの列強に対抗して、中国市場を得ることにあった。そのために、太平洋に至る道を開こうとしたのである。先ずメキシコからカリフォルニアを奪い、領土を太平洋岸まで広げた。さらに、大陸を横断する鉄道を建設した。それは清国から入れた多数の苦力(クーリー)の労働によって可能になったのだが、その後中国人は差別迫害され、一八八二年以後は移民が法的に禁止された。

つぎに、米国はハワイに触手を伸ばした。ハワイは王国であったが、米国からの入植者が経済的実権をもち、人口においても多数派となっていた。そのまま米国に併呑《へいどん》されてしまうことを恐れたハワイ人は、日本から移民を入れることで対抗しようとした。一八八一年、国王カラカウアが日本を訪問し、隠密に移民を要請したのである。その結果、ハワイに日本人が急増した。さらに、日本の軍艦がハワイを訪れるようにもなった。それは、太平洋を「アメリカの湖」とする米国の戦略を脅かすものと映った。そのため、日本移民が排斥されるようになったのである。

以後、米国はハワイを併合しただけでなく、米西戦争を通して、キューバやフィリピンを併合するにいたった。このような帝国主義に対応して、日本も帝国主義に転じ、琉球の併合、朝鮮への侵略に向かった。だが、この時期、日米の対立は目立たなかった。たとえば、一九〇五年には、日本が朝鮮を取り、米国がフィリピンを取ることを相互に承認する密約(桂・タフト協定)が結ばれている。日米のそのような〃友好関係〃がまもなく激突に転化したとしても不思議ではない。したがって、太平洋戦争の原因を知るためには、本書のように日米関係を十九世紀後半に遡って見る必要がある。それはまた、現在の東アジア・太平洋地域の諸問題を理解するために不可欠である。

(草思社、2011年10月刊)

2011.12.25

2011年の「今年の3点」

①津島佑子著『黄金の夢の歌』(講談社)
②レベッカ・ソルニット著『災害ユートピア』(高月園子訳、亜紀書房)
③タミム・アンサーリー著『イスラームから見た「世界史」』(小沢千重子訳、紀伊国屋書店)

三・一一原発震災以後、世界が一変したような気がした。しかし、震災以前に書評した本のほうがむしろ印象に残っている。①は現在の世界の基層に、遊牧民の世界を見る。「トット、トット、タン、ト」という蹄《ひづめ》の音がたえず聞こえてくる。それは日本だけでなく、世界各地で始まった民衆デモを予告するかのようだ。②は、地震ツナミのような災害が相互扶助的な共同体を自然に生み出すこと、しかし、原発のように国家が絡む災害は人々を敵対させること、さらに、それがまた社会変革に導くことを予見している。③は表題どおり、イスラム圏から見た世界史である。これを読むと、イスラム圏を外から観察するのではなく、その内部で生きてきたかのように感じる。昨年末からそこに起こった市民革命について深く理解するためには、このような本が必要である。

2012.4.8

『「自己啓発病」社会』

宮崎 学

一九九〇年代以後「自己啓発」のための本がブームとなってきた。このような本は昔からあったように思えるが、著者によると、八〇年代に流行したのは「自己開発」のための本である。どちらも自己改造を説くものではあるが、「自己開発」書が、集団的拡大のための自己改造を説くのに対して、「自己啓発」書は、自己中心的でポジティブ思考を唱え、資格取得、スキル・アップなどを勧める。著者は、「自己開発」はバブル時代のイデオロギーであり、「自己啓発」はバブル崩壊後、特に小泉純一郎に代表される新自由主義とつながるイデオロギーであるという。

バブルの頃まで日本の企業は終身雇用制をもつ一種の共同体であり、企業間にも談合制などの相互扶助的な共同体があった。これらを否定したのが、新自由主義である。以来、「自助」や「自己責任」という考えが支配的となった。それによって、福祉政策が縮小され、労働組合や各種の相互扶助システムが解体されたのである。その結果、人々は相互に切りはなされて無力になり、それぞれ「自己啓発」に励むのだが、いよいよ無力になるだけである。

「自己啓発」書の著者らは自助の精神を説き、こぞってスマイルズの『自助論』を推薦する。この本は明治時代に『西国立志編』という題で翻訳(中村正直)されたが、近年読まれているのは新訳である。著者はこの本がどう読まれてきたかをふりかえることで、近代日本の社会的変化を見ようとする。スマイルズは労働運動や協同組合運動の支持者であった。つまり、彼にとって、自助の精神は相互扶助と切り離せないものなのだが、新訳では、このような部分が骨抜きにされている。

ただ、著者は震災後の日本に、自助が相互扶助と両立するような可能性が出てきたという。つまり、国家に依存することなく、自助を社会的に結合していく可能性である。

（祥伝社、2012年2月刊、後に祥伝社黄金文庫）

2012.6.3

『ミシェル・フーコー講義集成13 真理の勇気 自己と他者の統治II コレージュ・ド・フランス講義 1983-1984年度』

ミシェル・フーコー

本書はフーコー最晩年(一九八四年)の講義録であり、その主題は「パレーシア」である。それはギリシャ語で「真理を語る」という意味だ。真理を語るといっても、いろんなケースがある。真理を語ることによって、相手との関係が損なわれたり、自分の身が危うくなる場合がある。パレーシアとはそのような場において真理を語ることである。だから、パレーシアには「勇気」がいる。

なぜフーコーはこのことを考えるようになったのか。それは哲学の意味を問い直すためである。今日、哲学は知識を厳密に基礎づける仕事として存在している。それはプラトン以来の哲学がたどった道である。フーコーはそれに異議を唱える。哲学は「真の生」を開示するものであった、と彼はいいたいのだ。そして、彼は、「ソクラテス以前の哲学」に向かった同時代の傾向に反して、その手がかりをソクラテスに見いだそうとする。

ソクラテスがパレーシアの人であったことは疑いない。彼はそのために死刑に処されたのであるから。しかし、彼がパレーシアの勇気をもっていたといえる証拠は、民会(議会)や学校ではなく、広場(市場)で真理を語ったことにある。彼は誰彼となく問答をして相手を怒らせ、殴り蹴られる目に何度もあった。なぜ我慢するのかときかれて、「ロバに蹴られて告訴するだろうか」と答えた。プラトンの書いた「対話」にこんなものはない。そこでは、〝ソクラテス〟はいつもスムーズに人々を真理に導く。つまり、哲学はアカデミア（学園）の教えであり、もっぱら知的なものである。

そのような伝統の一半がソクラテスに由来することは否定できない。しかし、ソクラテスには別の側面がある。フーコーはそれを受け継ぐ者を、キュニコス派（犬儒派）のディオゲネスに見た。彼にはさまざまな伝説がある。彼を犬扱いした相手に、小便をかけてまわった。物乞いし、道端の樽の中に住んだ。人前で自慰をした、等々。こうしたエピソードは、彼のスキャンダラスで戦闘的な言動がパレーシアであったことを物語っている。事実、プラトンは彼を「狂ったソクラテス」と呼んだ。

フーコーによれば、キュニコス主義は古典古代において嫌悪されながら重視され続けた。そして、それはやがて、キリスト教の修徳主義（ドミニコ会やフランシスコ会）に取り入れられた。つまり、パレーシアや哲学的な「生」は、哲学よりむしろ宗教のほうに残ったのである。その後も消えることはなかった。近代では、それは芸術家の生き方や「極左主義」というかたちをとったと、フーコーはいう。三十年後の今日、それは消えてしまっただろうか。

（慎改康之訳、筑摩書房、２０１２年２月刊）

2012.7.8

『未完のファシズム 「持たざる国」日本の運命』

片山杜秀

現在の日本には、つぎのような見方が行き渡っている。それは、日露戦争までの日本人は、合理的・現実的・普遍志向的であったのに、以後、日本人は非合理的・非現実的・反普遍的となってしまった。ゆえに、日露戦争までの日本人のあり方を参照すべきである、というものだ。本書は、そのような司馬遼太郎的史観をくつがえすものである。

たとえば、日本人が日露戦後に非合理的・精神主義的となったのは、第一次大戦を十分に経験せず、日露戦争の体験を通して世界を見ていたからだといわれる。しかし、日本軍は青島要塞の攻略においてドイツ軍に楽勝したように見えるが、それは日露戦における旅順要塞の惨劇をくりかえさないために、軍の近代化をはかったからだ。大量の砲撃を先行させ、歩兵戦を避けたのである。逆に、第一次大戦でドイツ・フランス・ロシアは、むしろ日露戦争における日本軍の肉弾戦から影響を受けていた。

第一次大戦後の日本軍は、敗北したドイツの戦法から学んだ。それは短期決戦＋包囲殲滅戦という戦法である。しかし、これは日露戦争や青島での勝利に酔って傲慢になったからではない。現代の戦争は総力戦であり、戦力は経済力に比例する。「持たざる国」は「持てる国」に勝つことができない。物質力に劣った日本は、どうすればよいか。それを精神力で補い、勝てそうな相手とだけ、短期決戦の戦争をするしかない。そう考えたのが「皇道派」（農本主義ファシスト）である。彼らは二・二六クーデターを起こして鎮圧された。

一方、日本を計画経済によって「持てる国」に変えることは可能だと考えたのが、「統制派」（生産力ファシスト）である。しかし、明治憲法にもとづく体制は、全面的統制を可能にするような権力の集中を妨げた。ゆえに、日本においてファシズムはついに「未完」であった。その中で、石原莞爾は満洲を領有すれば日本を大産業国家にできると考え、独断で満洲事変を起こした。にもかかわらず、彼の考えでは、日本は将来「持てる国」になるまでは、決して戦争をしてはならなかった。

つまり、皇道派も統制派も「持てる国」との戦争を拒絶していたのだが、ほとんど政治的に失脚してしまい、結果的に、短期決戦＋包囲殲滅戦という戦法だけが正統的なものとして受け継がれたのである。満洲事変をきっかけに「持てる国」との長期的な戦争に突入していったとき、日本軍には「玉砕」という戦法しかなかった。この過程を考察して、著者は「背伸びをするな」ということを「歴史の教訓」として見いだしている。


（新潮社、2012年5月刊）

2012.7.29

『フロイト講義〈死の欲動〉を読む』

小林敏明

フロイトは六三歳になって『快感原則の彼岸』(一九二〇年)という論文を発表し、その中で「死の欲動」という概念を提起した。それまでの精神分析では生の(性的)欲動が主であったから、画期的な変更である。彼がこれを書いたのは、第一次大戦後に出てきた多くの戦争神経症者の治療体験にもとづいてであった。つまり、そこに見いだされる死の欲動や攻撃欲動は、歴史的・社会的な問題と切りはなすことができない。にもかかわらず、フロイトはそれをもっぱら生物学的な観点から見た。つまり、人間はすべての有機的生命体と同様に、無機物に帰ろうとする欲動をもつというのだ。それが問題であった。以来、フロイト派の多くは死の欲動という概念を拒否するか、それを受け入れる者も、ラカンがそうしたように、フロイトの生物学的説明を文字通りに受けとることを避け、それを自己流に解釈してきたのである。

本書で著者は、フロイトが「死の欲動」という考えにいたった過程を、シェリング以来のドイツ哲学史の中にあとづけてはいるが、最終的に、フロイトの理論的可能性をそのような方向に見ることはしない。逆に、フロイトがとった生物学的な観点を文字通りに受けとめ、それを現在の分子生物学の研究成果である「死の遺伝子」という考えによって裏づけようとする。たとえば、多細胞の生命体は、不必要な細胞が自ら死ぬことによって、個体として存続できるようにプログラムされている。

要するに、死はたんに生の否定なのではなく、もっと積極的な何かなのだ。この観点から見直せば、死の欲動、およびそれと攻撃欲動との連関を合理的に理解することができる、というのが著者の仮説である。さらに、著者は攻撃欲動を超える鍵を、あらためてフロイトの「昇華」という概念に見いだそうとする。注目すべき論考である。

（せりか書房、2012年6月刊）

2012.10.14

『狼の群れと暮らした男』

ショーン・エリス＋ペニー・ジューノ

一般に狼は、凶暴で狡猾な動物だと見なされている。しかし、太古から人間と狼は、狩猟仲間として仲良くやってきたのだと、著者はいう。狼を恐れるイギリスの田舎に育った著者は、そのような考えをアメリカの先住民から学んだ。本書を読みながら、私は、かつて民俗学者柳田国男が言ったことを思い出した。柳田は、狼をカミと信じて畏敬した時代があった、そして、日本には狼がまだ生存している、と主張して、半ば正気を疑われたのである。

しかし、米・アイダホの山中で野生の狼の群れの中に入って二年間も暮らしたこの著者の行為は、正気を疑われるどころではない。狼に仲間だと認められるためには、何度も足や口をかまれ、喉や腹を狼の前にさらさなければならない。たとえそれで死ぬことを免れたとしても、傷だらけになる。おまけに、薬は使えない。入浴も不可。食べる物は、狼が分けてくれる獲物だけである。しかも、狼に承認されるということは、対等になることではなく、群れの中で最下位に位置づけられることだ。

狼を愛し、保護し研究してきた人たちは少なくないが、著者のように、狼に受け入れられることを、命がけで追求した人はいないだろう。この本を読むと、狼の謎が多少解けたように感じるが、かえって、著者のような人間の謎は深まる。著者は、幼少年期以来の生い立ちからそれを説明しようとしている。煎じ詰めれば、人間嫌いで、動物が好きだということになる。

しかし、キツネや狼に仲間として認められたとき、至福を感じる著者の心理は、そんなことでは説明できそうもない。それはまた、狼について認識を深め、学問的に貢献したいというような野心とも異なる。それは、「カミ」とともにある、あるいは、むしろ「カミ」になりたいという欲望ではあるまいか。このスリリングな読み物は、そんなことを感じさせる。

(小牟田康彦訳、築地書館、2012年8月刊)

2012.10.28

『民主主義のあとに生き残るものは』

アルンダティ・ロイ

本書は、インドにおける政府、大企業、財団、ヒンドゥー原理主義者による恐るべき抑圧を伝えるものである。たとえば、カシミール地方では大量のイスラム教徒が、また、中部山地では、強制的な開発に抵抗する貧農や被差別民が虐殺されている。インドは警察国家になった、と著者はいう。外国人には、こんなことは初耳であろう。なぜなら、いつもインドは、「世界最大の民主主義国家」として広く称賛されているからだ。

中国のことなら何でも大げさに取り上げるマスメディアが、インドに関して沈黙するのはなぜか。米国にそういう報道規制がある、と著者は語っている。日本の企業は、インドに今後の望みを託しているようだが、その経済発展がいかにしてなされているのかを承知しておくべきである。

著者は一九九七年に詩情あふれる処女長編小説によりブッカー賞を受賞し、同作が世界中でベストセラーとなると共に、インド国内でもアイドルのような人気者になった。ところが、第二作目を嘱望される中、インドがおこなった核実験に抗議するエッセーを発表したことによって、彼女の進路は大きく変わった。以来、小説を放棄し、ダム建設反対、カシミール問題ほか、社会運動に奔走しつつ、政治的エッセーを発表してきた。その間には、法廷侮辱罪、扇動罪などで投獄されたり、終身刑の危機に直面したりした。にもかかわらず、彼女は本性的に作家だ、といってよい。

彼女の行動や著述は、世界が置かれている状況に対する鋭い洞察にもとづいている。それは、現在の世界は新自由主義ではなく、「新帝国主義」だという認識に集約される。インドは世界の縮図だ、と彼女はいう。二〇一一年に彼女は来日したが、その日は三月一〇日であった。直後の講演が中止になったかわりに、本書が生まれた。フクシマを経験した日本人にとって、本書は身近にある。

（本橋哲也訳、岩波書店、2012年8月刊）

2012.12.23

2012年の「今年の3点」

①宮崎学著『「自己啓発病」社会』（祥伝社）
②ミシェル・フーコー著『ミシェル・フーコー講義集成13　真理の勇気』（慎改康之訳、筑摩書房）
③小林敏明著『フロイト講義〈死の欲動〉を読む』（せりか書房）

①一九九〇年代以後、「自己啓発」のための本がブームとなってきた。この背景には、新自由主義の浸透がある。人々は相互に切りはなされて無力になり、それぞれ「自己啓発」に励むことになるが、いよいよ無力になるだけだ。しかし、著者は震災後の日本に、そこから抜け出す可能性が生まれたという。
②今日、哲学はもっぱら、知識を厳密に基礎づける仕事だと考えられている。フーコーはそれに異議を唱え、哲学は真の生を開示するものだという。彼はその鍵をディオゲネスに見いだした。
③晩年のフロイトが提起した「死の欲動」という概念は、生物学的な観点に立っているため評判が悪かった。逆に、著者は現在の分子生物学の成果である「死の遺伝子」という理論にもとづいて、それを読み直す。

2013.2.24

『マックス・ウェーバーの日本　受容史の研究　1905-1995』

ヴォルフガング・シュヴェントカー

本書は、日本のウェーバー研究の内容を、大正時代から現在にいたるまで詳細に検討するものである。実は、ウェーバーは日本で、ドイツで以上によく読まれてきた。にもかかわらず、日本人のウェーバー研究はドイツでほとんど知られていなかった。したがって、本書がドイツの読者にとって役立つことは当然であるが、日本人にとっても、いろいろと考えさせる事柄を含んでいる。

日本は、非西洋圏で唯一、近代資本主義国家となった。その理由を問うために、日本人は特に、ウェーバーの理論を必要としたといえる。しかし、ウェーバーが広く読まれるようになったのは、一九三〇年代、天皇制ファシズムが席巻し、マルクス主義運動が壊滅した時期である。ウェーバーの理論が必要となったのはその時である。では、ドイツでは、どうだったのか?

その点に関して、著者は、興味深い出来事を記している。この時期、ドイツでは、マルクスやウェーバーを読むことが全面的に禁止されたが、日本ではある程度、学問の自由が保持された。その結果、ユダヤ系の哲学者レーヴィットが日本に亡命し、東北大で教えた。彼の書いた『ウェーバーとマルクス』がよく読まれ、日本のウェーバー・ブームの発端となった。一方、ドイツでは、ウェーバーは忘れられた。ウェーバーに対する態度の差異は、ここから生じた。

日本でこの時代からウェーバーが読まれたのは、根本的に、マルクスを補うためであったといってよい。戦後でも、事情は同じである。たとえば、大塚久雄や丸山眞男は、ウェーバーを掲げてマルクス主義を批判しているように見える。が、彼らは自分らこそ真にマルクス的だと考えていたのである。ウェーバーが日本で広く読まれたのは、そのような思想家がいたからであって、「ウェーバー研究者」のおかげではない。

（野口雅弘・鈴木直・細井保・木村裕之訳、みすず書房、２０１３年１月刊）

2013.3.10

『妖怪学の祖 井上圓了』

菊地章太

近年、井上圓了といえば、妖怪の研究者で、漫画家水木しげるの大先輩のような人だと考えられている。が、彼は明治初期、井上哲次郎と並ぶ哲学者であった。そして、彼が「妖怪学」という講座を開いたのは、哲学を民衆に説く方便として、である。妖怪といっても、今なら人が幻想と呼ぶものに相当する。たとえば、国家は共同幻想だというかわりに、国家は妖怪だというようなものだ。

とはいえ、圓了は文字通り、さまざまな妖怪現象を調査し、それが幻想であることを人々に説いてまわった。その意味で、彼は啓蒙主義者であった。したがって、妖怪について書いた民俗学者柳田国男は、先行世代の圓了を嫌った。ロマン主義的な柳田にとって、妖怪は消滅しつつあるフォークロア(民俗)の一種として重視すべきものであったから。しかし、実際には、圓了は柳田に劣らず全国を歩いて妖怪について調べ、それを文学的装飾なしに記録した。現在、日本の漫画・小説などで引用される妖怪はほとんど、圓了の著作にもとづいている。

しかも、彼の「啓蒙」はそれに尽きるのではない。妖怪にはいくつかの種類がある。いわゆる妖怪は仮象であり、自然科学によって真相を解明できる。しかし、そのような仮象が除かれたあとに、人は真の妖怪(真怪)に出会う。それは、この自然世界そのもの、カントでいえば物自体である。実は、圓了は、明治の浄土真宗派から出てきた宗教改革者だった。彼は仏教的認識を、哲学として、さらに、それを妖怪学として語ろうとしたのである。

彼は大学を出た後、どこにも属さず、自分で学校を創設した。型破りの人物である。本書は、いわば圓了自身の「妖怪」性を、ヴィヴィッドに伝えている。さすが圓了が創立した東洋大学で、現在「妖怪学」という講座を担当する著者ならでは、と思わせる本である。

（角川学芸出版、2013年1月刊）

2013.6.2

『褐色の世界史　第三世界とはなにか』

ヴィジャイ・プラシャド

「第三世界」という言葉は今も使われるが、ほとんど途上国や経済的後進国という意味でしかない。本書の序文冒頭に、次のことばがある。《第三世界は場所ではない。プロジェクトである》。このプロジェクトはたんに、これまで植民地下にあった諸国が独立し、西洋先進国と並ぶようになるということではない。それまで前近代的として否定されてきたものを高次元で回復することによって、西洋先進国文明の限界を乗り越えるというものである。このような理念がなくなれば、第三世界は消滅するほかない。本書は、この理念がいかにして出現し、且つ消えていったかを丹念に追跡するものである。

本書から、私は第三世界に関する基礎的な史実を学んだ。その中でも興味深いのは、第三世界の運動が国連を中心にしたということである。つまり、途上国の連合体は、大国に従属せず、国連を通して力を行使しえたのである。もう一つ大事なのは、第三世界が、一九二七年ブリュッセルで結成された「反帝国主義連盟」から始まるという指摘である。このことは、第三世界が帝国主義戦争(第一次大戦)の結果として生まれてきたことを意味する。

かつて第三世界は世俗的・社会主義的なナショナリズムを掲げたが、今やそれが消えて、人種、宗教などにもとづく偏狭な文化ナショナリズムに転じた。が、この傾向は経済的後進国に限らない。日本でもどこでもそうなっている。これをもたらしたのは、グローバルな資本主義である。それは新自由主義と呼ばれているが、新帝国主義と呼ぶべきものである。「第三世界」を滅ぼしたのは、この新帝国主義である。しかし、本書を読んで、私はこう思った。そう遠くない将来に、「第三世界」に代わるものが生まれるだろう、そして、それは新たな国連と結びつくだろう、と。

（粟飯原文子訳、水声社、2013年4月刊）

2013.9.29

『忘却のしかた、記憶のしかた　日本・アメリカ・戦争』

ジョン・W・ダワー

本書は、著者の主要な仕事のエッセンスを、自身による解題を付して、年代順に配列したものである。「ダワー入門」と呼んでもよい本だ。内容的にいえば、マッカーシズムの時期に自殺に追い込まれたカナダの日本学者E・H・ノーマンについての論考から始まり、イラク戦争に際して米国当局が、かつて〝成功〟した日本占領の体験をモデルにしようとしたことに対する痛烈な批判にいたる。

著者の『敗北を抱きしめて』は、占領下の日本社会について包括的に書かれた最良の書である。この本は米国でピュリツァー賞を受けたが、イラク戦争で日本占領経験を引き合いに出した当局がこれを読んだはずがない。著者の考えでは、イラクは日本と似ていない。むしろ、国連に反して単独で中東に攻め入った米国こそ、満洲事変から十五年戦争の泥沼に入っていった日本に似ている。一方、この本は日本でよく読まれたと聞いているが、近年の状況を見ると、広範に読まれたとはとうてい思えない。政治家や官僚がこれを読んでいないことは、確実である。

日本人は戦時の侵略と残虐行為をみとめることができずにいる、という見方が米国でも広がっている。しかし、著者は、米国で原爆投下に関する展示が中止されたとき、それに抗議し、アメリカ人が日本人の「歴史的忘却」を非難する資格はない、という。米国が原爆投下に関して、それを残虐行為としてみとめたことは一度もない。さらに、日本で戦争責任の問題があいまいにされるようになった原因は、そもそも、政治的な理由から、天皇の責任を不問に付した米国の占領政策にある。最も責任のある者が責任を免除されたのだから、責任という語は空疎となるほかない。

著者は、日本人が戦争に対して強い被害者意識をもつが、加害者としての意識をもたないという心理を分析している。しかし、これも戦後一貫してそうであったかのように考えるなら、自他ともに誤解を与えるだろう。著者の指摘によれば、一九九四年の調査で、質問された日本人の八〇パーセントが、政府は「日本が侵略、植民地化した国々の人に、十分な償いをしていない」という意見に同意した。以来、支配層は、このような世論を変えるように操作してきたのである。特に、二〇一二年以後にその策動が強まった。

本書では、日本を見ることが直ちに米国を、そして世界を見直すことになる。このような日本学者は数少ない。その中の一人、ノーマンについての論考を冒頭においた本書は、著者自身が歴史家としてそのような姿勢を貫徹してきたことを、見事に示している。

（外岡秀俊訳、岩波書店、2013年8月刊）

2013.11.24

『ゾミア　脱国家の世界史』

ジェームズ・C・スコット

表題の「ゾミア」とは、東南アジア大陸部（ベトナム、カンボジア、ラオス、タイ、ミャンマー）および中国南部の丘陵地帯を指す新名称である。そこには、まだ国民国家に統合されていない人々が存在する。彼らは主として、焼き畑と狩猟採集で生きている。

これまで、彼らは山岳民族ないし原始人の生き残りと見なされてきた。しかし、著者の考えでは、もともと平地にいた農耕民である。水稲農業は必ず国家の支配、階級的支配をもたらす。そこから逃れるため山地に向かった人々が、焼き畑狩猟を始めた。それは遊動的な暮らしであるため、共同所有があり、したがって、平等主義的な社会が維持されたのである。

彼らは歴史をもたないといわれる。しかし、歴史は国家によって記録されるものだ。山地民は国家から逃れ国家を阻むように生きてきたのであり、それが彼らの「歴史」である。とはいえ、山地民は平地の世界から孤絶してきたのではない。交易・戦争などを通して、たえず平地の世界と交通してきた。つまり、山地民と平地の国家は、相互的な関係において存在してきたのである。本書は「ゾミア」の地域について詳細に分析するとともに、それが各地に普遍的に存在することを示唆している。

事実、このような山地民の世界は、日本人にとって無縁ではない。たとえば、柳田国男は約一世紀前に、宮崎県椎葉村で焼き畑狩猟民の「社会主義」的世界を見た衝撃から、また、このような山地民の世界がまもなく消えてしまうだろうという危機感から、民俗学研究に向かったのである。「ゾミア」の山地民世界も、いま急速に消えつつある。同時に、そのことが今、ミャンマー、ラオス、中国などで、深刻な政治的・宗教的な紛争をもたらしている。それを理解するためにも、本書のような本が必要である。

（佐藤仁監訳、みすず書房、2013年10月刊）

2013.12.29

2013年の「今年の3点」

①ジョン・W・ダワー著『忘却のしかた、記憶のしかた』(外岡秀俊訳、岩波書店)
②ヴィジャイ・プラシャド著『褐色の世界史』(粟飯原文子訳、水声社)
③ジェームズ・C・スコット著『ゾミア』(佐藤仁監訳、みすず書房)

①『敗北を抱きしめて』で知られるアメリカの日本学者の主要な仕事のエッセンスを、自身による解題を付して、年代順に配列したものである。本書によって、戦後の日本と米国両方の記憶と忘却を、一つ一つ吟味することができる。

②「第三世界」は元来、発展途上国という意味ではなかった。前近代的として否定されてきたものを高次元で回復することによって、西洋先進国文明の限界を乗り越えるというプロジェクトを意味した。

③東南アジア大陸部および中国南部の丘陵地帯には、まだ国民国家に統合されていない山地民が存在する。彼らは未開人ではなく、もともと平地にいたが、国家に抵抗して山地に逃れた人たちだ。彼らの世界はいま急速に消えつつある。

2014.1.12

『いま読むペロー「昔話」』

シャルル・ペロー／工藤庸子

グリムの童話「赤頭巾」では、少女がお婆さんに化けた狼に食われたあと、猟師が狼を撃って腹から少女を助け出すことになっている。しかし、ペローの昔話では、少女はたんに食われてしまうだけである。坂口安吾は「文学のふるさと」(昭和十六年)というエッセーで、この結末に衝撃を受けたことを記している。童話にあるようなモラルがここにはない。読む者は「突き放される」。しかし、このように突き放されるところに、「文学のふるさと」があるのだ、という。

以来、私はペローの昔話が気になりいつか調べてみようと思っていたが、その機会がなかった。新訳と詳細な解説が付された本書は、そのような疑問に答えてくれるものであった。グリム兄弟は一九世紀初期ドイツのロマン主義者で、民話を児童文学として書きなおした。一方、ペローは十七世紀フランス絶対王制の官僚であった。彼はこれをサロンの大人に向けて、典雅な言葉で書いた。もちろん、子供でも理解できるようになっているが。したがって、彼の昔話には、当時の宮廷ではやった恋愛心理小説を反映する面がある。「赤頭巾」はむしろ例外である。

日本の昔話を採集した柳田国男は、昔話は大人の間で話されたもので、子供はそこに混じってわかる範囲でそれを聞いていた、という。そして、それを「童話」化したグリム兄弟を批判した。大人に向けて書かれたペローの話のほうに、昔話の雰囲気が残っているのは、そのためである。

しかも、これはたまたまではない。ペローは当時の「新旧」論争で、ギリシャ・ローマの古典文学が権威とされた時代に、新時代、というより、ヨーロッパ土着の文学を擁護したことでも知られている。つまり、ペローは民俗学が出現する以前に、民話の意味を考えていたのである。彼はそこに「文学のふるさと」を見た、といってもよい。

（羽鳥書店、2013年10月刊）

2014.6.29

『民主政治はなぜ「大統領制化」するのか 現代民主主義国家の比較研究』

トーマス・ポグントケ／ポール・ウェブ編

本書の編著者らは、現行の議会制民主主義では「大統領制化」という現象が生じると主張する。簡単にいうと、それは、行政府の長(首相ないし大統領)が、議会(立法府)による制約から自立すること、また、政党が弱体化し、選挙過程が政党ではなくリーダー個人の人気に左右されるようになる、ということである。ちなみに「大統領制化」は、たんに議院内閣制においてだけ生じるのではない。大統領制があるところでも同じである。たとえば、米国では、大統領は議会や支持母体の政党に規制されてきたが、レーガン以来、政党はもはや大統領を選出したり規制する力をもたない。その意味で「大統領制化」したわけである。

編著者らは「大統領制化」という仮説を、各国での共同研究によって裏づけようとした。その調査の範囲は、ヨーロッパ諸国、さらに、カナダ・アメリカ・イスラエルなどに限られている。だが、多くの点で、これは日本にも当てはまる。たとえば、一九九三年に衆議院議員に転じた細川護熙は、個人的な人気によって首相となった。また、選挙法の改革によって、それまで強固に存在した自民党と社会党という政党の体制を解体してしまった。以後、政党は以前のような強さをもたなくなり、リーダーの個人的な人気が中心となった。「自民党をぶっ壊す」と叫んだ首相、小泉純一郎がその典型である。彼はその言動において、それまでの日本のどんな政治家よりむしろ、レーガン(米国)、ベルルスコーニ(イタリア)、サルコジ(フランス)のような政治家に似ていた。では、なぜ彼らは似ているのか。また、この類似性には、いったいどういう意味があるのか。「大統領制化」という観点から見ることによって、それを理解する糸口が見いだせるだろう。

本書の編著者らは、「大統領制化」の原因を、つぎのような点に見ている。人々の階級帰属意識が薄れ、政党への組織の関与が弱まり、大きな変革をめざす政治的代替案が信用を失い、諸政党が互いに似通ったものとなった。有権者にとって、リーダーの人格にしか判断の手がかりがない。他に、政治の国際化、マスメディアの変化などが原因とされる。

しかし、それだけでは不十分である。「民主政治」はなぜ「大統領制化」するのか。それは代表制民主主義そのものに内在する問題ではないか。かつて、戦争や経済危機の際に、リーダー（ボナパルト、ヒトラー、近衛、ローズベルト）に権力が集中される事態があった。現在の現象はそれらと異なる。では、なぜ、いかに異なるのか。それを考えるためにも、ひとまず本書が提示した仮説を受け止める必要がある。

（岩崎正洋監訳、ミネルヴァ書房、2014年5月刊）

2014.8.24

『カフカらしくないカフカ』

明星聖子

カフカは友人マックス・ブロートに、遺稿は「のこらず、読まずに焼いてくれ」というメモを残したが、友人はあえてそれを出版した。その結果、カフカは二〇世紀を代表する作家となった。この有名なエピソードは、カフカの慎ましさ、潔癖さを物語ると同時に、彼の才能を見抜いたブロートの見識と友愛を物語る。それに対して、作家ミラン・クンデラがブロートを批判し『裏切られた遺言』という本を書いたことがある。しかし、クンデラは、カフカに関しては何の疑念も抱かなかった。実際は、カフカは出版を期待しており、ブロートもそれを承知していたのではないか。そもそも本当に焼却したいのなら、自分でやればよいではないか。

そのように疑ったのは、おそらく本書の著者が初めてであろう。著者は「カフカらしくない」カフカの姿を、先ず、彼が二九歳で出会い婚約したフェリス・バウアーへの書簡の中に見いだした。カフカは『判決』をフェリスに捧げただけでなく、生前出版した本の約半分を、この時期、二カ月半の間に書いたのだ。しかし、著者の詳細な分析によれば、彼の手紙は、繊細、嘘がつけない、商売が下手、弱気、というカフカのイメージが虚偽だということを示している。たとえば、カフカはビジネスに強い野心を抱いていたのである。

しかも、フェリスは別の人物と結婚して以後も、カフカとの全書簡を保持し公開した。これも「裏切り」とはいえない。ブロートの場合と同様に、もともと、カフカとの間に暗黙の契約があったように思われる。彼らは、カフカの書くものが残ることに協力したのである。このような「協働」がどうしてありえたのか。文学に関与する者らの言動はすべて永遠に残ると考えられたからだ。確かに、「文学」が宗教の代わりをした時代があったのだ。本書はむしろ、そのことを想い起こさせる。

(慶應義塾大学出版会、2014年6月刊)

2014.9.21

『琉球独立論　琉球民族のマニフェスト』

松島泰勝

本書は「琉球独立」を提唱するものである。たとえば、スコットランドがイギリスからの独立を求めて住民投票を行ったことに驚いた日本人が多かっただろう。なぜスコットランドが独立を望むのか、私にもよく事情が理解できない。しかし、むしろそれ以上に理解しがたいのは、琉球が日本から独立しないでいることである。

そもそも琉球は独立した王国であった。一八七二(明治五)年に琉球藩とされたが、他国との外交関係が残っていたし、はっきりと日本に領有されたのは、日清戦争後である。以来、琉球人は差別されてきた。太平洋戦争では、沖縄は米軍との決戦場とされ、大量の死者を生んだだけでなく、戦後も米国の統治下におかれた。その後、本土に「復帰」はしたが、米軍基地はそのまま沖縄に残された。また、日本から経済的な支援があったようにみえるが、それは琉球の伝統的な産業と自然環境を破壊し、基地に依存するほかない社会を作っただけである。このようにあからさまに「植民地」の状態に置かれてきた琉球の人たちが、独立を考えたとしても当然である。それほど不当に扱われてきたわけでもないスコットランド人が独立を要求するのだから。

実際、琉球の独立は幾度も唱えられてきたのだが、挫折してきたのである。それは、たんに日本や米国に抑えられてきたからだけではない。独立によって実現すべき積極的な理念を欠いていたことも大きい。

現在、東アジアの政治的状況は日増しに緊張を強めており、琉球の独立はますます非現実的であるようにみえる。しかし、著者は現在のような状況だからこそ、琉球の独立は可能であり、且つ、その普遍的意義があると考える。その鍵は、独立した琉球が一切の軍備を放棄するということにある。いわば、日本国家が今放棄しようとしている憲法九条を、琉球が実行するのだ。このような琉球が作る外交関係の網目が、中国、台湾、日本の間の緊張を解く。かくして、琉球の独立は、日清戦争後に形成された東アジアの地政学的な対立構造を解消し、平和を実現する。これが、本書が提示する第一の理念である。

つぎに、琉球の独立は、琉球王国の伝統を誇る類のナショナリズムにもとづくべきではない。歴史的に、沖縄本島に生まれた王国は、奄美、八重山などの諸島を武力で併合し搾取してきた。薩摩藩あるいは日本国家と同じようなことをやってきたのだ。したがって、歴史的記憶は人々を結びつけるよりも分裂させ、琉球の独立運動を自壊させてきたのである。それに対して、著者が提起するのは、琉球を各島の自治にもとづく連邦共和国とするという構想である。

（バジリコ、2014年7月刊）

2014.11.16

『哲学を回避するアメリカ知識人 プラグマティズムの系譜』

コーネル・ウェスト

著者ウェストは、ハーバード大学、プリンストン大学などで哲学・文学を教え、教会牧師であるとともに、政治的活動家であり、ラップも行う、黒人の「有機的知識人」である。本書の表題は、やや誤解を与える恐れがあるが、実は、認識論を中心にした近代ヨーロッパの「哲学」を回避して、文化批評や社会的活動に向かうアメリカ土着の哲学、つまり、プラグマティズムを意味している。

著者はその源流をエマソンに見いだしている。事実、エマソンの「アメリカの学者」という講演は、そのことを明確に告げている。彼は思想的原理を、ヨーロッパの書物（哲学）ではなく、フロンティアに向かう日常の活動や内面に求めた。それが超越論であり、また、それがプラグマティズムになっていったといえる。これは、日本でいえば、漢意（からごころ）を斥けた本居宣長に始まる「国学」に似ている。それは本来、大陸の「哲学」に対して、感情や行動を重視する柔軟な態度を意味したのである。

むろん、それらの違いも大きい。日本の「国学」が政治的に保守的・右翼的な傾向があったのに対して、「アメリカ教」のほうは、極端な立場を斥けて中庸を説く保守思想の源泉ともなったが、概して、ラディカルであった。エマソン以来の、フロンティアを目指す楽天的な態度がそこに残っている、といえる。それは、デューイ、デュボイス、ミルズ、ニーバー、トリリングなどに見ることができる。著者は自身をそのような系譜に置いている。

しかし、アメリカでは、思想としてのプラグマティズムはむしろ忘れられていた。それが復権してきたのは、一九七〇年代にヨーロッパ伝来の「現代思想」が大学キャンパスを席巻するようになったことと関係がある。それに対する共感と反撥が、伝統的なプラグマティズムを蘇生させたのである。ヨーロッパから来た新思想は、旧来の哲学を批判し脱構築しようとする。だが、思えば、エマソン以来のプラグマティズムはすでに、それを実行していたのではなかったか。ローティのような保守派は、プラグマティズムをそのように再評価する。それはアメリカのナショナリズムを満たすものである。

八九年に本書を出版したとき、著者はそのようなプラグマティズム評価を斥けた。著者もヨーロッパからの新思想に批判的であったが、それは大学の外に出ることもなく、内部で煩瑣な議論をするだけであったからだ。そのような「哲学」を回避して社会変革に向かい、「創造的民主主義というエマソン的文化」を受けつぐのが、著者のいう「預言的プラグマティズム」である。

（村山淳彦・堀智弘・権田建二訳、未來社、2014年9月刊）

2014年の「今年の3点」

①T・ポグントケ／P・ウェブ編『民主政治はなぜ「大統領制化」するのか』(岩崎正洋監訳、ミネルヴァ書房)
②松島泰勝著『琉球独立論』(バジリコ)
③吉川浩満著『理不尽な進化』(朝日出版社)

①は、現行の議会制民主主義では「大統領制化」と呼ぶべき現象が生じると主張する。それは、首相ないし大統領が議会(立法府)による制約から自立し、また、政党が弱体化して選挙の過程がリーダー個人の人気に左右されるようになる、ということだ。近年の日本の政治に起こっていることも、ここから見るべきである。②は沖縄の独立を、太平洋諸島との連合を背景にするなど、従来の民族独立論とは異なった観点から模索する。③進化論といえば、適者生存の考えとして知られているが、地上に出現した生物種の九九・九パーセントが絶滅している。現在の種が残ったのは偶然にすぎない。進化の根底には「理不尽な」偶発性がある。本書はそこから、進化論の専門的な議論を再検討する。

2015.2.22

『社会主義 その成長と帰結』

ウィリアム・モリス／E・B・バックス

ウィリアム・モリスは現在の日本では、特に室内装飾のデザインで知られている。私は大阪のデパートで展示を見たことがある。彼はまた、「ユートピアだより」を書いた、空想的社会主義者として知られている。事実、モリスはアーツ&クラフツ運動の指導者であり、また詩人であった。

しかし、ほとんど知られていないのは、彼がイギリスで、マルクスの生存中に、最初期のマルクス主義者として活動したということである。モリスがマルクスについて知ったのは、二〇歳年少のバックスを通してであった。バックスは音楽を専攻するためにドイツに行ったが、マルクス主義者として帰国した。マルクスの三女エリノアとともに、彼らは一八八五年に社会主義同盟を結成した。また、彼らは本書を協同で書いた。

興味深いことに、モリスは、日本では明治から大正にかけても高名であったが、もっぱら社会主義者としてであった。たとえば、幸徳秋水や山川均は、本書を社会主義に関する必読書として紹介している。では、なぜこのような逆転が生じたのか。一つには、ロシア革命以後に、ロシア的マルクス主義が圧倒的に強くなったからだ。モリスは、イギリスの現実にもとづいてマルクスが書いた『資本論』の認識を踏まえつつ、オーウェンやラスキンなどイギリスの多彩な社会主義の伝統を受けついで考えた。が、ロシア革命以後、そのような試みは黙殺された。その結果、モリスはたんに芸術家・詩人と見なされるようになったのである。

とはいえ、どちらの面が重要か、と問うべきではない。それらは分離してはならないし、また、分離できないところに、モリスらの「社会主義」の神髄がある。一八九三年、すなわち日清戦争の前年に出版された本書は、現在、読みなおす価値のある古典である。

（大内秀明監修、川端康雄監訳、晶文社、2014年12月刊）

2015.3.8

『紙の砦 自衛隊文学論』

川村 湊

本書は、自衛隊を題材にした小説や映画、つまり「自衛隊文学」の読解を通して、自衛隊を考察するものである。もちろん、本書には自衛隊に関する政治的・法的な議論があるし、その部分も重要である。しかし、本書をユニークにしているのは、何よりも自衛隊を「文学」を通して見たことである。とはいえ、それは文学が、通常は隠れているものを深く洞察する、というような意味ではない。また、文学が政治的・法的な問題を、より感性的・具体的にとらえるという意味でもない。

日本の自衛隊は、戦争を永遠に放棄し、武力の行使を否定した憲法九条の下に存在している。が、それは現に巨大な戦力をもっている。そのことに対する法的・政治的な批判が発足以来続いてきたし、改憲・護憲をめぐる議論がたえずある。しかし、そのような議論は、現にある自衛隊という奇妙な存在を見ようとしていない。

戦力でないような軍隊とはどういうものか。そのありようは文学によってしか示せないのである。とはいえ、それはリアリズム文学ではありえない。著者は冒頭で、イタリアの作家カルヴィーノの『不在の騎士』を引用している。鎧だけで中身のない騎士を主人公とした小説だ。自衛隊はまさに「不在の騎士」である。このような認識をもたずに、自衛隊をリアルな存在として描こうとする小説は、まったく空疎である。自衛隊の協力によって、すなわち国税を投じて作られた映画なども、宣伝の役割すら果たしていない。その中で、エンターテインメントとなりえたのは、半村良の『戦国自衛隊』(一九七五年)のようにSF仕立てにした作品である。それはむしろ自衛隊こそSF的存在なのだということを物語っている。

その意味で、不在の騎士、自衛隊をとらえたといえるのは、鉄人28号、マジンガーZ、機動戦士ガンダムなどのマンガ・アニメである。彼らはむろん、自衛隊とは無関係だ。また、人間ではなくロボットである。しかし、戦後日本に生まれたこれらの「英雄」は、自衛隊の暗喩ではないか、と著者はいう。鉄腕アトム以来の日本のマンガ・アニメが世界的に異彩を放つのは、そのせいなのかもしれない。

憲法九条があるかぎり、自衛隊は不在の騎士でありつづけるだろう。いかに憲法の解釈を変えても、自衛隊は「紙の砦」にとどまるほかないだろう。そもそも自衛隊は憲法解釈の産物なのだから。ゆえに、真に戦う軍隊を作るためには、憲法九条を変える以外にない。そして、そのためにはまず、堂々と改憲を掲げて総選挙で勝てばよい。では、なぜそうしないのか。負けるに決まっているからだ。

(インパクト出版会、2015年2月刊)

2015.5.24

『江戸日本の転換点 水田の激増は何をもたらしたか』

武井弘一

明治以後、江戸時代の社会は、概して否定的に見られてきた。それが参照すべきものとして見られるようになったのは、むしろ近年である。それは、戦後日本で、「日本列島改造」と呼ばれた経済の高度成長があったあと、成長の停滞とともに、環境問題など、さまざまな矛盾が露呈してきたことと関連している。そのため、江戸時代に、低成長で持続可能な経済のモデルが見いだされるようになった。

本書が覆すのは、江戸時代にそのように静的な社会があったという見方である。実は、一七世紀に日本中で、新田開発が進められた。見渡すかぎり広がるような水田の風景が生まれたのはこの時期である。それまで水田は主として山地にあった。これこそまさに「日本列島改造」である。それはまた、水田を中心にした植物・動物の生態系を作り出した。水田は同時に、狩猟の場であり、ため池は漁労の場であった。本書では、そのあり方が、加賀藩の篤農家、土屋又三郎が書いた『耕稼《こうか》春秋』や『農業図絵』を使って、具体的に説明される。

ところが、一八世紀に入ると、この発展は飽和状態に達し、また、水田の普及がさまざまな困難をもたらした。最大の問題は、地味の低下による肥料の必要である。その結果、草山がつぶされ、干鰯《ほしか》などの肥料が使われるようになった。そのために、農業は貨幣経済の中に巻き込まれた。また、それまであった生態系の循環が壊れた。この停滞期の状況は、田中丘隅《きゅうぐ》の農書を通して説明される。

こう見ると、江戸時代の水田農業が一八世紀に成長の限界、環境の破壊に直面したことが明らかとなる。それを克服できないままで幕藩体制は終わった。したがって、江戸時代をたんに環境保全、低成長社会のモデルとすることはできない。むしろ、この問題に先駆的に取り組んだものとしてみるべきである。

（NHK出版、2015年4月刊）

2015.7.5

『世論調査とは何だろうか』

岩本 裕

本書は、世論調査の起源から、現在にいたるまでの歴史を示すとともに、今後の可能性を見ようとするものだ。古来どんな国家体制もそれなりに「民意」にもとづいている。しかし、「世論」(パブリック・オピニオン)が真に重要となったのは、人民が主権者であるような国家が成立してからだ。以来、人民の意思を示す世論が、特別の意味をもつようになった。

世論は代表制選挙において表現される。しかし、選挙だけでは不十分である。というのは、選挙では問われなかった諸問題が生じるからであり、また、選挙以後に民意が刻々と変化するからである。それに対応しないなら、直接行動(抗議デモなど)が生じる。したがって、変化に対応するため、これまでも世論調査に類したことがなされてきた。が、科学的な世論調査が確立されたのは、近年である。統計学の理論にもとづき、少ない調査対象《サンプル》を無作為《ランダム》に選ぶことによって、全体の世論を推定できるようになった。

世論調査は、日本では戦後、新憲法と同様に、連合国軍総司令部(GHQ)によって導入された。GHQにとって、それは日本の民主化にとって不可欠なものであった。一九四八年七月、朝日新聞が「見本数三五〇〇人、面接法、地域層化無作為抽出法」という科学的な世論調査をおこなった。以来、世論調査はどのような役割を果たしてきたか。多くの場合、それは選挙の予測や速報のために使われてきた。それは商業的な意味をもつだけで、民主主義に不可欠であるとはいえない。

ただ、今世紀に入って、ＲＤＤ調査法（番号をランダムに選んで電話する）が採用されるにいたって、内閣支持率を容易に知ることができるようになった。同時に、これが内閣の存亡を左右するようにもなった。つまり、世論調査が露骨に政治的機能をもつようになったのである。世論調査では、質問の仕方、すなわち、言い回し・順序・選択肢などによって、回答が違ってくる。また、調査主体が誰であるかによって、回答者が違ってくる。こうなると、世論調査は主権者＝人民の意思を知るものではなくなる。世論調査はむしろ世論操作となってくる。

本書では、それらと違った、討論型世論調査などの可能性が検討されている。しかし、私は、現在の世論調査でも「民意」を知ることができると考える。たとえば、憲法九条に関して、正しい仕方で質問するならば、改憲反対が圧倒的多数だとわかるだろう。むろん、政府当局者はそのことを知っている。だから、いざ選挙になると、改憲を決して口にしない。その意味で、世論調査が活用されている。世論を無視するために。

（岩波書店、２０１５年５月刊）

2015.7.19

『現代アジアの宗教　社会主義を経た地域を読む』

藤本透子編

本書は、「社会主義を経たアジア地域の宗教」に関する、地域横断的な共同研究である。この地域の宗教は、イスラム、ボン教、上座仏教、シャーマニズムなど、様々であり、共通するのは、社会主義体制を経たという点だけである。むろん、そこにも違いがある。社会主義国家は一般に宗教に対して否定的であったが、全面的に禁止する場合、僧侶のみを禁止する場合、また、その政策が長期にわたる場合、短い場合など様々に異なる。

この比較研究が示すのは、社会主義体制が宗教に関して、啓蒙主義的な近代化の役割を果たしたということであろう。たとえば、伝統的な聖職者・僧侶のシステムは否定されたが、概して、宗教は私的な信仰としては許容された。このような伝統の切断があったことが大きい。そのため、以後に再興された宗教は、新たな宗教だと見たほうがよい。

たとえば、ミャンマーでは、上座仏教が復活したが、もとは出家者が中心であったのに、今や在家信者が中心である。モンゴルではシャーマニズムが復活したが、以前は修行が不可欠であったのに、今や誰でも簡単にシャーマンになれるようになった。また、中国・内モンゴルでは、キツネやイタチなど動物霊が憑くケースが多く、既存のシャーマンを悩ませている。また、カザフスタンでは、イスラム教が復活したが、それは先祖信仰と結びついている。したがって、中東のイスラム教とは異質である。

本書で報告された各地の変化はそれぞれ興味深いが、中でも、モンゴルのシャーマニズムが衝撃的である。ここでは、ある者に位の高い霊が憑依すると、その者の位も高くなるので、旧来の力関係が逆転してしまう。しかも、シャーマンが急増し、総人口の一パーセント近くになる。すると、これはシャーマニズムによる文化大革命なのかもしれない。

（春風社、2015年5月刊）

2015.8.23

『戦後日本の宗教史　天皇制・祖先崇拝・新宗教』

島田裕巳

本書は「戦後日本の宗教史」という題であるが、むしろ、戦後日本の社会史を、宗教、特に新宗教の歴史から見るものだといってよい。時代でいえば、つぎの二つに区分される。戦後灰燼《かいじん》と化した日本経済が高度成長を遂げオイルショックに出会う一九七三年までと、以後バブルに浮かれながらも、没落の予感の中にあった九五年まで。一社会のかくも急激な変化を見る観点はさまざまあるだろうが、新宗教の歴史に的を絞ると、通常見えないものが見えてくる。

本書は、戦後の新宗教を天皇制と祖先崇拝という軸から考察する。それらは、戦前までの日本の宗教を根本的に規定するものであった。戦後に新宗教をもたらした原因は、何よりも、国家神道に集約される天皇制ファシズムの終焉である。新憲法によって信教の自由が保障され、また、天皇の人間宣言がなされたとき興隆したのは、それまで国家神道に抵触するため抑圧されてきた神道系の宗教であった。中でも、踊る宗教で知られた教祖北村サヨは、「皇祖神」を奉じ、現人神《あらひとがみ》の地位を降りた天皇にかわる役割を果たそうとした。

つぎの段階の新宗教をもたらしたのは、祖先崇拝を事実上不可能にするような社会的変化である。それは一九五〇年代後半から経済的な高度成長とともに生じた。この時期に急激に拡大したのが、戦前に弾圧されていた日蓮宗系の宗派である。中でも、創価学会が目立ったのは、徳川時代以来日本の仏教にあった祖先崇拝のシステムをもたなかったことである。それはたんに教義の問題ではない。仏教という形であれ神道という形であれ、それまで祖先崇拝が存在していたのは、農村・都市の共同体が残っていたからである。創価学会に引き寄せられたのは、主に都市に移動してきた若い貧困層で、共同体とのつながりをもたない人たちであった。

最後に、七〇年代に興隆してきた新宗教の特徴は、終末論的だということである。統一教会、幸福の科学、そして、九五年に地下鉄サリン事件を起こしたオウム真理教など。これらは高度成長から停滞に向かった社会の不安を反映していた。この「戦後日本の宗教史」は、オウムで終わっている。それは全く正しい。オウムは当時、ロシアに三万人の信者がいたといわれる。それはもはや「戦後日本」に限定される現象ではなかった。オウムの起こした事件は来たるべき戦争に備えるものであった。その意味で、二〇〇一年ニューヨークのテロを先取りするものであり、現在のイスラム国(ＩＳ)にもつながるものである。のみならず、それは現在の日本国家にもつながっている。

(筑摩書房、２０１５年７月刊)

2015.11.1

『日本の精神医学この五〇年』

松本雅彦

本書は日本の精神医学の五〇年を個人的な臨床経験をもとにふりかえるものである。著者が精神医学に向かったのは、文学にかぶれていたからだといっている。しかし、これは例外的なケースではない。精神病は、私のように文学を志した者にとっても輝かしく映っていた。とりわけ、「精神分裂病」が創造的で深遠なもののように見えた。たとえば、埴谷雄高の『死霊』をはじめ、精神科病院を舞台にした小説が多く書かれたのである。

しかし、現実には、医者が創造的な狂気に出会うことは稀である。精神科医は、医師の数が絶対的に不足する劣悪な診療の現場の中にいたし、また、「医局講座制」の支配下にあった。この問題は、一九六〇年代の終わりに起こった大学紛争の核心となった。「反精神医学」の運動が風靡したが、これらは精神医学にとって危機ではなかった。危機は八〇年代に、アメリカで始まった精神病の診断基準(DSM-3)が導入されたときに起こったのである。それは精神医学界における「黒船」の到来であった。

この診断基準は本来、薬効を判定するための基準であったが、それが診断にも使われるようになった。これによって、精神医学は一変した。それまで、医者は患者との対話を通して、生活史を知る必要があった。症状とは医者と患者の相互関係において存在するものだ。それが変わった。医者はもはや患者と話す必要はない。症状を区別するマニュアルに従って診断し、薬を与えればよい。患者は「病んでいる一人の人間」ではなく、「一つの病気をもつ人間」となった。そして、この病気は薬で除去しうるものである。病名も変わった。診断が難しい神経症という概念は消去され、精神分裂病も「統合失調症」と呼ばれるようになった。つまり、たんに「失調」があるだけなのだ。どうしてこんな変化が生じたのか。それは「製薬資本」、そして市場原理の支配によってもたらされた、と著者はいう。このような事柄は精神医学にかぎらず、あらゆる領域で生じている。ただ、それが「精神病」、すなわち、精神の深淵にまで及んだということは大きい。

むろん著者はたんに、現状を嘆き批判するだけではない。薬による治療が進んだことは確かであり、かつては監禁されていたような病人が今や通院するようになっている。「精神分裂病はたかだかこの百年の病気ではなかったか」と、著者は自問する。狂気の奥に何かがあると思うのは、幻想だ。が、彼はそれを追究することをあきらめない。本書は期せずして、著者の遺言となった。

(みすず書房、2015年9月刊)

『福沢諭吉の朝鮮 日朝清関係のなかの「脱亜」』

月脚達彦

福沢諭吉は「脱亜論」(一八八五年)で、「我《わ》れは心に於《おい》て亜細亜《アジア》東方の悪友を謝絶するものなり」と書いた。それまで福沢は、朝鮮の改革を目指し、西洋列強に抗して日本を盟主とするアジア同盟を構築することを唱えていたが、それを否定したのである。彼がそう書いたのは、朝鮮に起こった甲申政変(一八八四年)、つまり、親日派の金玉均らがソウルで日本公使と結んでおこしたクーデターが失敗した後である。そこで、「脱亜論」を福沢の敗北宣言と見なす考えが定説となった。ただ、それ以後、福沢が日本の帝国主義的な方向を肯定したという批判と、福沢を擁護しその可能性を見いだそうとする論が争われてきた。

しかし、著者の考えでは、「脱亜論」をふくめて、福沢の論文とされているのは「時事新報」の論説であり、刻々と変化する状況に対応して書かれたものだ。「脱亜論」が同時代で注目されなかったのもそのためである。本書は、朝鮮近代史の状況を見直すことによって、福沢の考えを再検討するものである。

著者の結論はつぎのようなものだ。福沢は洋学者として、もともと「脱亜論」の立場であった。朝鮮についても無知・無関心であった。彼が急に関心を抱くようになったのは、一八八〇年に初めて朝鮮人と出会い、翌年、慶応義塾に留学生を受け入れてからだ。彼の朝鮮への関心は「義侠心」からである。すなわち、理論的というより心情的であった。彼は自分の年来の理論に反して、アジア主義を唱えたのである。ゆえに、「脱亜論」を唱えたのは、彼の学生や親友が朝鮮政府によって虐殺されたということへの憤激から来るものだった。たとえば、彼が書いた社説「朝鮮人民のために其国《そのくに》の滅亡を賀《が》す」という激越な言い方も、そこから来ている。

著者は、現在の状況が日清戦争前後の状況と類似すると見ている。私も同感である。

（講談社、2015年10月刊）

2015.12.27

2015年の「今年の3点」

①武井弘一著『江戸日本の転換点』(NHK出版)
②藤本透子編『現代アジアの宗教』(春風社)
③島田裕巳著『戦後日本の宗教史』(筑摩書房)

①江戸時代は低成長で持続可能な経済のモデルだと目されている。が、一七世紀にはいわば「日本列島改造」がなされた。急激に水田が広がったことが、一八世紀に様々な困難をもたらした。それを克服しようとしてできないまま、徳川体制が終わった。ゆえに、江戸時代はむしろ、最初にこのような困難に取り組んだ時代として参照すべきだ。②は、旧社会主義国家であった地域の宗教の現在を横断的に考察する。この地域の宗教は様々だが、共通点は、社会主義の時代に伝統的な聖職者・僧侶が廃止されたことだ。宗教が解禁されたのちも伝統的宗教は復活せず、風変わりな「新興宗教」が起こっている。③が扱うのも、天皇制—国家神道の支配が解かれた戦後日本の社会に起こった「新興宗教」の歴史である。

2016.1.10

『ヒトとイヌがネアンデルタール人を絶滅させた』

パット・シップマン

ネアンデルタール人は現生人類より前にユーラシアに居住していた。人類と同程度の知能をもち、同じように狩猟生活をしていた。火や石器を使用し、死者埋葬、芸術活動などもした。五万年前にアフリカから到来した人類と交流し、混血もあった。これまでの定説では、彼らは二万数千年前に絶滅したということになっていた。しかし、最近、彼らは四万年前に、しかも短期間のうちに絶滅したという新説が有力となった。本書はそれにもとづいて、どうして彼らが絶滅したのかを問うものである。このような新説が続々と出てきたのは、年代測定法とゲノム解析が急速に進展したからである。本書はそれらの成果をフルに活用して、絶滅の秘密を推理する。それはスリリングであり、また、さまざまな示唆に富む。

ネアンデルタール人が絶滅したのは、気候変動のせいだといわれる。むろん、それは大きな理由である。が、何よりも、現生人類がユーラシアに到来したことが原因である。といっても、彼らが短期間のうちに死に絶えたのは、人類によって殺戮されたからではない。それを示すような痕跡も残っていない。人類が彼らを滅ぼした原因は、同じ生態系に侵入したこと自体なのだ。これは一般に、生態系に外来種が侵入したときに生じる現象である。それを扱う「侵入生物学」によれば、頂点捕食者(食物連鎖の頂点にあるもの)の変化が、植物にいたる下位の生物の存続に大きな影響を及ぼす。

したがって、新たな頂点捕食者として、同様に大型動物を狩猟する人類が侵入したことが、ネアンデルタール人にとって大打撃であった。しかし、それでも、彼らが簡単に敗北した理由を説明できない。著者によれば、人間がオオカミを家畜化し、狩猟のパートナーとしたことが原因である。厳密にいうと、それは狼《オオカミ》でも犬でもない、オオカミイヌである。このことは、食肉のための家畜化よりずっと前に起こった。オオカミイヌはたんなる家畜ではない。ネアンデルタール人を圧倒したのは技術的発展ではなかった。それはむしろ、人類とオオカミイヌ、つまり、異なる狩猟者たちのアソシエーション（連合）なのである。

当然ながら、本書は人類の勝利と優越を称え、言祝ぐものではない。本書の原題は「インベーダーズ」である。人類は無数の生物が関係する生態系の中で頂点捕食者として存続してきた種である。「侵入生物学」によれば、人類こそ最大の侵入者である。地球規模の大絶滅はこれまで五度あった。六度目のそれを引き起こそうとしているのが人類である。著者は今、人類が「他の種に対する役割と責任」を果たすべきだという。

（河合信和監訳、柴田譲治訳、原書房、２０１５年11月刊）

2016.1.31

『花の忠臣蔵』

野口武彦

私は著者が赤穂浪士について書いた本を二〇年ほど前に読んだことがある。そのとき私が学んだのは、この事件が最初から「忠臣蔵」として、つまり演劇や文学を通して知られていたということである。「史実」はむしろその後に見いだされた。日本人がこの事件を好んだ秘密もたぶんそこにある。それは演劇や文学によって培養され増幅されたものなのである。また、著者は赤穂浪士の討ち入りを、喧嘩という観点から論じたことがある。つまり、それは忠義の観念による敵討ちであるよりも、より古い血讐のあらわれであり、それが人々をわくわくさせたのだ。

本書はあらためて、この事件を包括的に論じたものである。つまり、忠臣蔵についての、これまでの論考の集大成だといってもいい。しかし、本書にはやはり、現在における著者の関心が色濃く反映されている。特に注目されているのは、元禄時代に貨幣経済が浸透したことである。「重金主義」がそこに生じた。貨幣改鋳による利得を狙ってインフレをもたらした将軍(徳川綱吉)。製塩業で繁栄し、藩札(紙幣)を発行するにいたった赤穂藩主(浅野内匠頭)。

この事件は、通常、封建時代に固有の事件だと思われている。しかし、主要な登場人物らは、それまで知られていなかった貨幣経済の華々しさと危うさの中に生きていた。たとえば、吉良上野介が浅野内匠頭に意地悪をしたのは、後者が賄賂を拒否したからではなく、正当である謝礼を払う際に、インフレを考慮せずに昔の価格ですまそうとしたからだといわれる。また、赤穂藩では、お家取りつぶしになるより前に、藩札をめぐる取り付け騒ぎが起こった。

別の面からいえば、参勤交代のおかげで、赤穂藩の武士は江戸の文化になじんでいた。赤穂浪士には俳人が多かった。そのような都会性も、この事件のイメージを当初から華やかなものにしたのである。

（講談社、２０１５年12月刊）

2016.3.6

『シャルリとは誰か？ 人種差別と没落する西欧』

エマニュエル・トッド

トッドはこれまでの著作で、世界各地の社会の政治や思想のあり方を、四種類の家族形態の違いから、統計学にもとづいて説明してきた。すなわち、生産様式にもとづくマルクス主義的決定論を退けながら、家族内での交換様式(兄弟間の平等性など)が窮極的に観念的上部構造(政治や思想など)を決定するという見方をとっている。それによって、彼はフロイトやマルクスとは違った「無意識」の構造を照らしだす。思いもよらぬ省察がそこから生まれる。

本書では、その手法によって、近年のフランスの国内政治が鮮やかに分析されている。二〇一五年一月、過激派イスラム教徒が、イスラム教を風刺した週刊新聞を発行している「シャルリ・エブド」社を襲撃したあと、フランス各地で「私はシャルリ」を掲げた四〇〇万人のデモが起こった。それを、言論の自由をまもるフランス革命以来の輝かしい伝統として称賛する反応が日本にもあった。しかし、トッドはそれに異議を唱えた。フランスにはキリスト教(カトリック)に対する風刺の伝統はあったが、それは、他の宗教を嘲笑するような伝統ではなかった。ゆえに、この事件には、何か大きな社会的変容が潜んでいる。

トッドによれば、フランスは、四種類の家族形態が地域的に分布している(欧州では)唯一の国である。それが歴史的にフランスの特異な在り方をもたらしてきた。たとえば、中央部にフランス革命がある一方で、周縁部では中世的なカトリック信仰が残っていた。このような地盤がここ二〇年ほどのうちに急激に変容したのである。

一般に、人が異教を排撃するのは、自らの宗教を熱烈に信じるからだと考えられるが、実は、そのような所ではむしろ、異教に対して寛容である。異教を排撃するのは、自らの宗教を信じていない時である。トッドの考えでは、フランスに反イスラム主義が生まれたのは、カトリックが衰退してしまったからだ。私は自分の信じていた宗教を冒涜する、ゆえに、他人の宗教を冒涜する権利と義務がある、と彼らは考える。

この抗議デモには、右翼が締め出されていた。したがって、それはリベラルで、反イスラム主義と無縁であるように見える。しかし、トッドによれば、現在の反イスラム主義は、ヨーロッパ単一通貨と新自由主義を推進するオランド政権(社会党)を支持する者たちがもたらしたものだ。彼らは保守的右派以上に弱者に冷淡である。現在の社会党政権を支えているのは、最近までカトリックであった地域や階層である。トッドはそれを「ゾンビ・カトリック」と呼ぶ。それが「私はシャルリ」と称する者たちの実体である。

(堀茂樹訳、文藝春秋、2016年1月刊)

2016.4.10

『文化進化論　ダーウィン進化論は文化を説明できるか』

アレックス・メスーディ

本書は、文化の「進化」をダーウィンの理論的枠組みにもとづいて考えるものだ。ダーウィンの進化論といえば、今でも進化=進歩という意味に受けとられているが、実はその逆である。彼は「進化」のかわりに「変化を伴う継承」という言い方をした。それは進化がはらむ、進歩あるいは目的論的な意味合いを取りさるためであった。一方で、ダーウィンは自然淘汰という考えを、マルサスの人口論から着想した。それは、自然現象が経済的あるいは文化的現象と共通する何かをもつことを含意する。文化を「社会的に伝達された情報」と定義するならば、それは生物界にも妥当することであり、人間に限定されない。

ただ、そこからまず、適者生存・弱肉強食で知られるスペンサー流の社会ダーウィニズムが生まれて世に風靡した。今日では、それを批判するネオ・ダーウィニズムによってとってかわられた。ただし、後者は遺伝学にもとづいて自然界の進化を見るもので、文化論との接点をもたない。文化の進化を考えるために、著者はそのいずれをも退けて、ダーウィンの地点に立ち返る。それによって、自然界だけでなく、国家・経済から言語におよぶ「文化」における「変化を伴う継承」の現象を、統一的に見なおそうとする。それは、別の観点からいえば、これまでは質的あるいは心理的領域と見なされていた領域を定量化することである。

たとえば、経済学では人間が利己的であることが前提とされている。それによって、経済現象は数量的に扱われることができる。一方、そのような見方を疑う者は文学的・宗教的であり、科学的でないとみなされる。しかし、実は、人間は案外、利他的なのだ。歴史的に、利己的なものを追求する集団・文化に対して、利他的な集団・文化が勝ち残ってきたのである。「文化進化論」は、そのことを実験可能なかたちで示すことができる。それはこれまでの文化的／自然科学的という区分の不毛さを示す。その意味で、これは、さまざまな領域の文化科学を統一的に把握しようとする新たな企てなのである。

本書に書かれた多くの興味深い事例の中から幾つか述べておく。言語習得は生得能力によるというチョムスキーの仮説は疑わしいこと。宗教は母親を通して子供に伝達されること。父系制は牧畜とともに始まること。太平洋諸島の言語の起源は台湾であること。帝国は国境地域から勃興すること。以上のような事柄はこれまでも推定されていたかもしれない。しかし、それが定量的に証明されるということに、私は驚かざるをえない。

（野中香方子訳、NTT出版、2016年2月刊）

2016.5.1

『教皇フランシスコ キリストとともに燃えて 偉大なる改革者の人と思想』

オースティン・アイヴァリー

英BBCニュースを見ていたら、ローマカトリック教会教皇フランシスコは、他宗派はむろん、他宗教の信者、さらに無神論者にも人気があるという。彼が類例のない教皇であることは、つぎの事実からもいえる。彼はアメリカ大陸から出た最初の教皇であり、イエズス会から出た最初の教皇であり、また、フランシスコを名乗った最初の教皇である。そして、この三つの点は密接につながっている。

第一に、中南米のカトリック信者は、北米に移住した者もふくめると、世界中の信者の半数を超える。だから、この地域からこれまで教皇が出なかったほうがおかしいぐらいだ。ただ、そのことは、第二の点に原因がある。イエズス会は中南米において「解放の神学」を生み出した。また、それは過激な政治運動をもたらした。フランシスコはそれに対して批判的であったものの、もともとアルゼンチンで左翼のペロン派を支援していたし、その後もつねに「貧者」の側に立って行動していた。彼が教皇となって、貧者の友、アッシジのフランシスコにちなむ名を選んだことは至極当然である。

このような中南米に固有の状況は、それ以外の地域のカトリックにとって理解しがたい、むしろ許しがたいものであった。だから、彼のような人物が教皇となったことは空前の出来事である。彼は中南米だけでなく、新自由主義の下に苦しむ世界中の人々にとって「希望」を与える人となった。しかし、そのことこそ、現状がいかに絶望的なものであるかを物語る。

本書は、いかにしてフランシスコのような人物が出現したかを、複雑な中南米の政治・宗教史から説明しているが、数多いエピソードの中で、私にとって最も印象深かったのは、彼が若い時期からアルゼンチンの世界的作家ボルヘス(まったく非宗教的であった)と親密であったということである。

(宮崎修二訳、明石書店、2016年2月刊)

2016.6.19

『セネカ　哲学する政治家　ネロ帝宮廷の日々』

ジェイムズ・ロム

セネカはローマ時代のストア派哲学者の一人で、多くの著作を残した。とりわけ、怒りという情念を抑制することを説いた賢人として知られている。しかし、同時に、激情が解き放たれ、自他の破滅にいたるような悲劇を書いた作家としても知られている。それはギリシャ悲劇にはないものであり、ゆえに、近世のシェークスピアらに甚大な影響を与えたのである。

それだけではない。「哲学以外のあらゆることを放棄したまえ」と友人に書いたこの人物は、何よりも政治家であった。キリスト教を弾圧した暴君として名高いローマ帝国第五代皇帝ネロの、教師であり指南役であった。ネロを帝位につかせようとした母アグリッピナの陰謀に加担し、さらには、ネロが皇帝となったのち母を殺した事件にも関与している。また、彼は執政官という高い地位を利用して、高利貸をおこない、ローマきっての大富豪となった。そして、最後は、ネロの命令で自殺した。

もちろん、セネカのこのような両面性については生前から非難されていたのだが、彼はそれには触れず、「賢者の恒心について」を書いて平然としていた。どうしてこんなことが可能なのか。セネカとは誰なのか。本書は、それをあらためて問い直すもので、きわめて刺激的である。これを読んで、私はこう考えた。

ローマはシーザーなどによって領土が拡大され、もはや都市国家ではなくなっていたのに、共和政の形式を保持しようとした。「シーザー殺し」がそれを示す。その後に成立した帝政においても、皇帝は元老院主席あるいは市民の第一人者にすぎない。つまり、現に皇帝が存在するのに、それが「否認」されたのだ。否認とは、苦痛・不安を避けるために現実を認めないという心理的防衛機制である。カリグラからネロにいたる初期皇帝の時期に、途轍《とてつ》もない暴君が出現したのは、あるいは激情が噴出したのは、そのためではないか。

（志内一興訳、白水社、2016年5月刊）

2016.8.21

『人類進化の謎を解き明かす』

ロビン・ダンバー

気のおけない、互恵的な集団は、一五〇人が限度である。この数は狩猟採集段階の共同体(クラン)から、新石器時代以後の村落、軍隊、地域教会、政治組織にいたるまで共通している。それがヒトの社会の基礎単位であるようで、ダンバー数として知られている。それを提唱したダンバーが、より全面的に人類進化の謎に迫ろうとしたのが、本書である。

これまで考古学は、類人猿以来の進化の段階を、いわば「骨と石」に頼ってきた。それでは、認知的側面(心)や社会的側面における進化を見ることができない。ダンバーが提起したのは、二つの仮説である。第一に、「社会脳」の仮説。それは、社会の規模が大きく社会的行動が複雑になると、脳(新皮質)の容量が増大するということである。逆に、その容量から、集団の規模や認知能力を推測することができる。ダンバー数も、それらの相関性から見いだされたものだ。第二に、「時間収支」の仮説。一日の生活は、「摂食・移動・休息」、そして、集団(の絆)を維持するための「社交」からなる。それらのための時間をどう配分するかが、時間収支である。

特に重要なのは、社交のための時間である。類人猿の段階では、それは毛づくろい(グルーミング)であった。それが脳内物質エンドルフィンをもたらす。人類において、毛づくろいに代わるものとして、集団における、笑い、歌、踊り、さらに、言語が生まれた。たとえば、摂食のための移動・労働などに時間をとられるようになると、社交のための時間が不足する。すると、集団が崩壊してしまう。また、集団の規模が大きくなっても、同じことになる。集団を広げつつそれを維持するためには、社交を集約し効率化しなければならない。それを果たすのが、祭式であり、また宗教である。

言語・祭式・宗教などの起源については諸説ある。それを、このように「社会脳」と「時間収支」を組み合わせて見るのが、本書の新しい点である。もう一つ新しい点は、ネアンデルタール人が絶滅し現生人類が繁栄したのはなぜかという問題にかかわる。これも諸説あるが、著者によれば、ネアンデルタール人は、日差しの弱い高緯度地帯(ヨーロッパ)で暮らしていたため、視覚系(後頭葉)を発展させねばならなかった。そのため、言語機能にかかわる前頭葉は大きくならなかった。一方、後から来た現生人類は、日差しの強いアフリカで前頭葉を発達させてから、高緯度地帯に進出した。その結果生じた認知能力および集団形成の差が、両者の運命を分けたというのである。

(鍛原多恵子訳、インターシフト、2016年6月刊)

2016.9.18

『世界マヌケ反乱の手引書　ふざけた場所の作り方』

松本　哉

二〇一五年夏に、安保法案に反対する大きなデモがあった。マスメディアでは、それはサウンド・デモなど、旧来と異なる新鮮なものであり、学生集団シールズがそれをもたらしたと報じられていたが、それは不正確である。このようなデモは、二〇一一年に高揚した反原発デモの延長としてあったのだ。そして、それに最も貢献したのは松本哉の率いる「素人の乱」であった。彼がサウンド・デモを最初に企てたのは、イラク戦争反対デモにおいてであるが、それ以前に、もっと珍奇なデモを幾つも企ててきたのである。その経緯をふりかえった著書が、『貧乏人の逆襲！——タダで生きる方法』（〇八年）である。

しかし、彼がそこで追求していたのは、たんにデモのことではなく、まさに表題通りの問題であった。彼がいう「貧乏人」とは、一九九〇年以後、新自由主義の下で貧窮化した人たちだといってよい。この状況に対して、二つの態度がある。一つは、中産階級の基準に固執する「賢い」生き方である。もう一つは、それを放棄した「マヌケ」な生き方だ。

大概の人は前者を選ぶが、それは困難であって、努力しても実際にはますます貧窮化する。にもかかわらず、他人と交わり、助けあうことはしない。そして、結局、国家に頼り、排外的になる。一方、「マヌケ」たちは寄り集まり、国家にも企業にも依存しないで暮らせるように工夫する。前作ではそのやり方が書かれていた。たとえば、リサイクルショップ、日替わり店長バー、ゲストハウス、イベントスペースの運営など。つまり、資本主義的でないオルタナティブな空間を自分たちで作り出すこと。松本自身は東京・高円寺の商店街に拠点を見いだし、デモもそこから始めた。

本書はその続きであり、やり方がもっと多彩になったとはいえ、基本的に同じことが書かれている。しかし、明らかに違っている点が一つある。それは、オルタナティブな空間を固定的に考えないことだ。実際に、つぎのような変化があった。前作がすぐに韓国、台湾で出版され、各地に「貧乏人の逆襲」、「マヌケ反乱」を生み出したのである。さらに、それらが相互につながるようになってきた。アジア以外のマヌケも参加するようになり、また、独自のパスポートや通貨を作るようになってきた。

このような変化が生じたのは、世界各地で新自由主義経済が進行し、どこでも階級格差が深まっているからだ。それは排他的なナショナリズムをもたらす。それを避けるためには、マヌケたちの陽気な連帯が必要だ。その一例がここにある。

（筑摩書房、2016年9月刊）

2016.12.18

『セカンドハンドの時代 「赤い国」を生きた人びと』

スヴェトラーナ・アレクシエーヴィチ

東日本大震災が起きてまもなく、私は米ロサンゼルスに講演に行ったが、その帰途に乗ったタクシーの運転手から、「日本は大変だったね」と話しかけられた。ここでもあんな災害が起こりそうだし、もし起こったら、郷里に帰るつもりだ、という。どこから来たのか、と問うと、「ソ連」だという。随分前にアメリカに来たのかと思ったが、一九九〇年代だという。なぜ今も「ソ連」というのか、と不審に思いつつ、黙っていた。彼は話し始めると止まらないタイプで、ソ連というよりも、ドストエフスキーの小説に出てくる人物のようだった。

本書を開くと、そのようなロシア人がうようよ出てくるような感じがした。たとえば、自分はソ連人であるという人たちが多い。のみならず、実際にアメリカに行って戻ってきた人物も登場する。ただ、ソ連時代がよかったという人も皆、ひどい目にあってきた。だから、ペレストロイカ(改革)に期待し、エリツィンにもプーチンにも期待したのだった。しかし、望ましい社会は何一つ実現されなかった。できあがったのは、「カネがあるやつは人間、カネがないやつはカス」という社会だ。そして、「やくざ者が国会にすわっている」だけだ。それなら、ソ連のほうがましだった、自分は、実は共産主義者だ、というわけである。

この作品は、ソ連崩壊後に生きる、多くの人々の話を録音して、編集したものである。その意味で、文字通り「多声的」である。しかし、それはたんに、多数の人の声が聞こえるという意味ではない。そもそも、一人ひとりの発話が多声的なのだ。ソ連時代を恨むと同時にそれをいとおしみ、誇りにもする。だが、何も新しいものはない。何もかもがセカンドハンド(中古)だ。それが彼らの苦悩である。

これはルポルタージュのように見えるが、そうではない。ルポルタージュは、多くの場合、整備された虚構である。著者はそんなことをしない。本書では各所に「沈黙」や「間」というサインがあり、それが録音を忠実に筆記したことを示している。そのことにいつわりはあるまい。しかし、まったく作意がないのではない。著者は話を録音するとき、人の言葉が「文学」になる瞬間を意識している。「ただの日常生活が文学に移行するその瞬間を見逃さない」ように。「文学のかけら」は「いたるところ」「思いもよらない場所」に見いだされる。たとえば、ある人物がいう。「わたしたちは、いつもいつも苦悩のことを話している……。これはわたしたちがものごとを理解する手段なんです」。その意味で、この本は「文学」なのだ。

(松本妙子訳、岩波書店、2016年9月刊)

2016.12.25

2016年の「今年の3点」

①エマニュエル・トッド著『家族システムの起源1　ユーラシア　上・下』（石崎晴己監訳、藤原書店）
②スヴェトラーナ・アレクシエーヴィチ著『セカンドハンドの時代』（松本妙子訳、岩波書店）
③松本哉著『世界マヌケ反乱の手引書』（筑摩書房）

書評ではトッドの『シャルリとは誰か？』（文藝春秋）を取り上げたが、私はその後刊行された①を推したい。というのも、彼の現状分析の根底に、家族構造を世界史的に考究した本書の認識があるからだ。たとえば、近代的と思われている核家族が人類最古の家族制度であること、また、母系制は父系制が確立した後に反動として生まれたことなど、多くの画期的な考えが提示されている。②は、ソ連時代にひどい目にあったが、その後の資本主義の中で再び、別種のひどい状況に置かれた人々の「声」を拾い上げた。もはや出口はないが、人々には苦悩する力がある。それが新たな活路を見いだすことになるだろう。それは日本の社会でも同じだ。③はいわば、活路を「マヌケ」に見いだしたのである。

2017.1.29

『宣教師ザビエルと被差別民』

沖浦和光

著者は日本およびアジアの被差別民について重要な仕事をいくつもしてきた。遺稿である本書もその一つと見てもよいのだが、同時にこれは、宣教師ザビエルについての斬新な研究である。著者は、ザビエルが滞在したインドのゴアや、インドネシアの香料列島に何度も足を運んだ。しかし、この研究をユニークにしているのはむしろ、ザビエルを日本の被差別民との関係から見る視点である。ザビエルは日本に来て短期間に人々の心をとらえ動かした。多くの仏教僧侶が転向して入信した。それはなぜなのか。それについて多くの考察がなされてきたが、著者はそれを、被差別民の歴史から考察しようとしたのである。

ザビエルが日本に宣教に来たことはよく知られているが、彼がロヨラとともにイエズス会を創始した人であることは、あまり知られていない。また、イエズス会をポルトガル、スペインの植民地主義の別動隊としてみる見方も根強い。確かに、そのような役割を果たしたことは否定できない。が、イエズス会はカトリック教会内部での宗教改革者であり、その特徴は、布教と社会奉仕を一体とする活動にあった。おそらく、そのことは、ロヨラとザビエルが、今も少数民族として独立を志向しているイベリア半島のバスク出身であったことと切り離せないだろう。ザビエルがゴアに向かったときも、たんなる布教ではなく、最初からアウトカーストや「癩者《らい》」(ハンセン病患者)の救済を目指したのである。癩者は数も多かったが、むしろ社会から排除され見捨てられた大勢の者を象徴していた。インドの人々がキリスト教に惹かれたのは、そのためだといえる。

その後、ザビエルが日本に向かったのも、同様の目的からである。日本において、ザビエルの態度・ふるまいは、人々を驚かせた。むろん、日本でも、鎌倉時代以後の仏教には、差別を否定する思想や癩者を救済する活動があった。しかし、近世になって、社会構造の変化とともに、「ケガレ」の思想が広がった。それが、古代・中世とは異なる「近世賤民制」をもたらした。特に顕著なのは、癩者に対する差別である。この病は前世の報いで、仏の慈悲も及ばぬものとされるようになった。ザビエルが訪れたのは、そのような日本である。

また、彼が日本を去って約六〇年後に、徳川幕府がキリスト教を禁止し、「宗門改《あらため》」政策をとったことは、被差別民を戸籍によって厳重に固定し監視することにつながった。その意味でも、ザビエルと日本の被差別民は切り離せない関係にある。ゆえにまた、本書は著者以外にはなしえない仕事である。

（筑摩書房、２０１６年12月刊）

2017.4.9

『虜囚 一六〇〇〜一八五〇年のイギリス、帝国、そして世界』

リンダ・コリー

イギリスは小さな島国でありながら、一九世紀にいたって、「七つの海」を支配する未曽有の世界帝国を築いた。このことは圧倒的な事実であったから、ふつう、そこにいたる過程がどんなものであったかは問われない。なぜいかにして、こんな海洋帝国が生まれたのか。その秘密は、本書の最初から最後までくりかえして語られている。一言でいえば、それはイギリスが小さな国だということだ。

帝国は通常、陸地を巨大な軍隊によって征服することによって形成される。ところが、イギリスには十分な人口がないから、それはありえない。海上を通して貿易を拡大していくしかなかった。しかし、たとえ海軍で勝っても、陸地の国家を抑えることはできない。兵士がいないからだ。原住民を支配するために、当の原住民を使わねばならない。北アメリカにおいてもそうであったし、インドでも東インド会社があっただけで、その軍事力はインド人の傭兵であった。イギリス人はどこでも、不安で、よるべない状態に置かれた。彼らは帝国を形成することについて、つねに悲観的であった。それが多少変わるのは、一八世紀の半ばに、フランスやスペインとの戦争に勝って、植民地を獲得してからにすぎない。しかも、それ以後にも、「小さい」という条件が強いる試練や不安が消えたわけではない。そもそも、海外にある帝国が平穏無事に存続するはずがないのだ。

本書がユニークなのは、この広大な帝国の形成を、輝かしい軍事的・政治的勝利からではなく、逆に、海外で虜囚となった惨めなイギリス人の体験記から照明したことである。たとえば、一六世紀に地中海に向かい、北アフリカでオスマン帝国に直面したとき、大量のイギリス人が虜囚となった。その多くはイスラム教に転向し、現地文化に適応した。それは、特異な一時的事件ではなく、その後に、北アメリカでもインドでも別の形でくりかえされた。ちなみに、本書では言及されていないが、徳川時代に家康の外交顧問を勤め、帰国せずに旗本となったウィリアム・アダムス(三浦按針)も、虜囚となったイギリス人である。

本書に紹介される多種多様な虜囚体験記を見ると、大英帝国の秘密は、今や忘れられている虜囚にこそ見いだされるといってもよい。たとえば、デフォーの『ロビンソン・クルーソー』(一七一九年)とスウィフトの『ガリヴァー旅行記』(一七二六年)はいずれも、主人公が虜囚となる話であった。それゆえ、これらがイギリスの代表的な小説となったのは、偶然ではない。本書にも、同様に、イギリス的なヒューモアが流れている。

(中村裕子・土平紀子訳、法政大学出版局、2016年12月刊)

2007.5.14

『殺生と戦争の民俗学 柳田國男と千葉徳爾』

大塚英志

著者大塚英志はアニメやサブカルチャー論で知られているが、大学では民俗学を千葉徳爾の下で学び、その後もその問題を考えてきた人である。千葉は柳田国男の弟子であった。著者にとって、柳田について考えることと、千葉について考えることは切り離せない。そして、千葉を通して考えることは、通常考えられているのとは違った柳田を見いだすことになる。

民俗学はもともとロマン派文学的であり、それはドイツではナチズムにつながり、柳田の弟子たちもその影響を受けて「日本民俗学」を作りあげた。柳田はそれを退けた。そして、そのような柳田の側面を受け継いだのが千葉である。二人には、共通する面がある。その一つは、彼らがいわば「理科」的であったことだ。千葉徳爾は自らを地理学者と呼び、民俗学者であることを否定した。柳田も自分の学問を民俗学と呼ぶのを拒み、「実験の史学」と呼んだ。この「実験」という言葉は、エミール・ゾラが医学理論にもとづいて「自然主義」文学を唱えたことから来ている。それを最初に日本に伝えたのは、文学者であるとともに軍医であった森鷗外であった。柳田が鷗外と親しく交際したことも、「理科」的な側面と関連するだろう。

これはまた、つぎのような面ともつながる。柳田は初期の『後狩詞記《のちのかりことばのき》』などが示すように、狩猟民生活に深い関心をもっていたのだが、実は、そのとき彼は「殺生の快楽」を暗示していた。一方、それを公然と書いたのが千葉である。たとえば、彼は大著『狩猟伝承研究』の一環として、『切腹の話』を書いた。切腹は、獲物の内臓を神に捧げる農耕儀礼に始まるという。また、千葉はそこに「殺生の快楽」を見いだしていた。彼は、三島由紀夫の切腹事件に関して、切開傷がわずかで、本来の切腹ではない、と述べた。こんな三島批判は、空前絶後であろう。

柳田と千葉のもう一つの共通面は、学問を「経世済民の学」として見ていたことである。たとえば、柳田は大正末期、普通選挙の実現のために運動したのだが、制度的には実現されたはずの「公民」の実態に失望し、民俗学を公民教育の手段として役立てようとした。千葉は、そのことを「公民の民俗学」として明確にした。そして、その弟子大塚もそれを強調してきた。それは柳田学の重要な面を照明するものだった。ただ、柳田―千葉―大塚という流れには、柳田にあった一つの面が抜けている。それは、柳田の学問の根底に、平田派神道の神官となった父親が存在する、ということだ。柳田が先祖信仰にこだわったのは、そのためである。

（KADOKAWA、2017年3月刊）

第II部

書評・作家論・文芸時評

1968—1993年

小説家としてのダレル

詩人から小説家へ

ある一人の詩人が小説家になるということには、それが不可避的な移行である限りにおいて、本質的ななにかがひそんでいると考えられます。多くの作家（ローレンス・ダレルもふくめて）の例はそれを証明していますが、その契機はいったい何でしょうか。いささか抽象的にいいますと、それは彼らの内部に「他者」が入りこんできたことを意味しています。T・S・エリオットは「25才をすぎても詩人でありつづけたいと思う人には歴史的感覚は不可欠である」と書いていますが、これは25才（とは限らない）までは多分自然発生的に表出されてきた詩的言語が、そのときもはや自然発生的ではどうにもならなくなり、自己を意識的に対象化せざるをえなくなるという契機に当面することを意味します。たとえそのまま詩的形式を続けたとしても、その詩そのものの性格を質的に変えるほか続けることができなくなるのです。つまり25才までの詩人は伝統的な言語世界の中で自然的に表出しうるが、それ以後意識的に詩人たるには、伝統的な言語世界を「他者」として対象化しないわけにはいかない、ということです。

それは、いいかえれば、詩から小説へという移行を詩作そのものに内在化することにほかなりません。彼を相対化してしまう「他者」や「生活」が、彼と世界を緊密につないでいた自然的な〈詩〉的紐帯を破壊させてしまうとき、そこに〈小説〉的契機があらわれます。あえていえばこのとき、彼らは詩から小説へという近代の歴史過程を、個体発生的に凝縮しながら追体験することになります。しかしこの過程は、また逆過程をもふくんでいます。つまり詩人は〈詩〉の中に〈小説〉を、あるいは「他者」を包摂し内在化していくということであって、エリオットが劇詩を書き、日本の「荒地派」が倫理的課題を詩に内面化していかざるをえなかったのはそのためです。

『アレクサンドリア・カルテット』について

けれども〈小説〉の内部ではそれはどのようにあらわれるのでしょうか。〈詩〉が〈小説〉を内面化していかざるをえないこの過程は、〈小説〉にとっては逆に〈詩〉を内面化していくことに相応します。それはたとえば「全体性」への希求としてあらわれるし、J・P・サルトルがF・モーリアックを批判したように、〈小説〉における視点(主観性)を否定していく傾向としてあらわれます。それは結局〈小説〉の自己否定、小説を否定する小説として帰結し、「全体小説」という見果てぬ夢を残すことになります。〈詩〉から発想する文学理論と〈小説〉から発想する文学理論がどうしてもかみあわず架橋しえないのは、この相互関係によっているといっていいのです。

ローレンス・ダレルが『アレクサンドリア・カルテット』を書こうとするとき、それはちょうどエリオットが"Four Quartets"を書いたモチーフに対応しているのですが、エリオットが〈詩〉を〈小説〉にしようとした(〈詩〉の自己否定)のに対し、ダレルは〈小説〉を〈詩〉にしようとしたということができます。

ダレルは詩的「全体性」を獲得するために、サルトルたちを悩ませた視点、すなわち「他者」の問題を実に巧妙に消去してしまいます。それはモーリアックや伝統的小説のように「神的視点」を前提するのでも、サルトルのように視点を羅列するのでもなく、視点(『アレクサンドリア・カルテット』でいえば話者ダーリー)そのものを発展させ、つぎつぎと相対化していくことによって、最後に視点を消滅させてしまうのです。「他者」の問題、あるいは倫理的問題は、この四部作の構図によってひとまず消滅させられることができます。はっきりいえば、『カルテット』という小説では、芸術の自己否定、芸術至上主義の揚棄、n次元小説による全体小説の試みという見せかけの課題は、ほとんど構成的に処理されてしまっているのです（拙論「アレクサンドリア・カルテットの弁証法」『世界文学』7号参照）。小説家としてのダレルは詩人エリオットのように「他者」に向かわない、ただそれを形式的構成の中におしこめてしまうことによって、実は「他者のない世界」を、近代以前の世界を喚起しようとしたといえます。この結果、私たちはただ「アラビアン・ナイト」を読み、ラブレーを読むようにして、『カルテット』を読めばいいので、現代作家的な自意識をもてあます必要はないわけです。『カルテット』は現代的な文学芸術を構成的に死なせてしまい、「他者」を構成的に処理してしまうことによって、アモラルなロマネスクな世界を生かし現前させます。

　エリオットはブレークを論じて、ダンテは形而上学を自らつくり出す必要がないから規範の中で自由であったのに対して、ブレークは自ら形而上学をつくりながら詩を書くという二重性に苦しんだために本当の詩人になれなかったといっていますが、ダレルが「相対性理論」というできあいの形而上学を借りてぬくぬくと「自由」を味わうことができたということは、彼の作品とその位置をかなり奇異なものにしています。すなわちブレークの辛苦にも似た形式創造の苦衷をなめてきたジョイスや、またダレルの文学的先輩ヘンリー・ミラーに比べてみたばあい、私たちはとうていダレルを現代のダンテ呼ばわりすることなどできません。むろんエリオットについても同然です。カソリシズムであろうが、ネオ・ヘーゲリズムであろうが、完結した規範の中で「自由」である「かのように」(as if)幻想することは、いかに意識的になされたにせよ、想像力を退行させるように思われます。

*

たとえば『アレクサンドリア・カルテット』の文体は次のようなものです。

Notes for landscape-tones....Long sequences of tempera. Light filtered through the essence of lemons. An air full of brick-dust——sweet-smelling brick-dust and the odour of hot pavements slaked with water. Light damp clouds,earth-bound yet seldom bringing rain. Upon this squirt dust-red,dust-green,chalk-mauve and watered crimson-lake. In summer the sea-damp lightly varnished the air. Everything lay under a coat of gum. (Justine)

このような風景描写をいかにも「詩的」であるかのようにいうのは、気のきいた広告の文句を「詩的」と呼ぶに等しいのです。こういう美文的色調は全巻を通じて変わりません。ただときどき「ああ、何という美文」といったシニカルな自己批評が挿入されているだけです。一般に彼の描写はペンキ絵をなぞっているようなところがあって、力動的な表現はほとんどありません。三島由紀夫の文体もそうなのですが、彼らはひたすら「言葉」を盗み、集め、つみ重ねることにのみ熱中しているのです。ダレルのばあい、それも無理はないので、“Writers at Work II”という興味津々たるインタヴューの中で、次のように自己暴露しています。

――僕の大きな欠点のひとつは、視覚の欠けていることです。たとえば、ギリシアの島であれほど陶酔して書いた野生の花のどれひとつとして、僕には思い出せない。図鑑などでしらべなければならないんです。

したがって、「でも、あなたは非常に視覚的な想像力をおもちだと思っていたのですが」というインタヴュアーは、「それが僕のペテン師的な才能なんだと思うよ」というダレルに、みごとにペテンにかけられているわけです。おそらくダレルはその資質そのものからいって、根っからの小説家ヘンリー・ミラーのように、あらゆる卑小なディテールについて関心をもち意味を見出す作家ではなく、大仰なテーマやロマネスクを蓄積した言葉で埋めていくといったタイプの作家です。「詩は言葉で書くのだ」(マラルメ)と居直ったとしても、ダレルは〈小説〉家としては根源的ななにかを致命的に欠いており、それを知的に補っているにすぎないと私は思います。アナイス・ニンが彼のことをふまじめだというのも無理はありません。けれどもロマネスクを現代において書きうる作家は本来このような作家だし、それはそれでいいというのが今の私の考えです。

(『英語研究』1969年4月)

反ロマネスク・ヘミングウェイ

1

ソール・ベローの『宙ぶらりんの男』は次のようなことばからはじまっている。

昔、ひとはしばしば自らに語りかけながら、しかもその心の動きを記録することを少しも恥じなかった。だが今日、日記をつけることは一種の自己耽溺、弱さ、趣味の貧困と見なされる。現代はハード・ボイルド派の時代だからだ。(中略)きみは感情があるか? 感情をあらわすにも、正確なやり方がある。きみは内的生活があるか? そんなものは自分でしまっておけ。きみは感動するか? そんなものは絞め殺してしまえ。ある程度はだれしもこの掟に従っている。それはまた、卒直な感情や無言のひたむきさを制限つきで認めている。ところが、真の卒直は抑制してしまうのだ。ハード・ボイルド派は、多くのまじめな問題とは無縁なのである。彼らは内省の訓練に乏しいから、自分より大胆で猛獣のように射つことのできない敵とはとりくむことができないのだ。

「猛獣のように」とベローが書くとき、彼が猛獣狩を好んでやりまたそれを小説にも書いたヘミングウェイを念頭においていることは疑いがない。この種の批判は多少とも反ないし非アメリカ的作家にはつきものであって、H・ジェイムズやT・S・エリオット、最近ではアナイス・ニンの評論『未来の小説』がほぼ同じことを主張している。たとえば、アナイス・ニンは、アメリカで感受性ある人間たることは、タブーでありそれゆえトルーマン・カポーティのような感受性豊かな作家はそれを恥じ自ら否定して意識的に「ハード・ボイルド派」たらんとして『冷血』を書いたのだ、といっている。なぜアメリカにそのようなタブーがあるかは重要な問題であるが、それは少なくともヘミングウェイという作家の責任ではないし、また彼の影響のせいでもない。逆にヘミングウェイの方がそのような文化的体質の支配下に生まれてきたのだというべきであろう。そしてヘミングウェイ文学の根幹を探っていけば、必ずこの問題に直面することはいうまでもない。

皮肉なことは、ユダヤ系であるベロー、スペイン・フランス系であるニンらが内面性への志向を欠くという理由で非難しているヘミングウェイやその他の「アメリカ的」な作家が、フランス人にとってはまったく異質の新鮮さをもって映じ影響力をもったということである。つまり、もともと心理的な複雑さや陰影に育まれてきた文化的風土の下では、むしろ「ハード・ボイルド派」の方がネガティヴな力をもちえたのである。ドス・パソス、ヘミングウェイの時代、すなわちC・E・マニイのいう「アメリカ小説の時代」に、カミュ、サルトルをはじめとする多くの「知的な」文学者が彼らから深甚な影響を蒙ったのはそのためである。

カミュの『異邦人』は明らかにヘミングウェイ的文体の影響下にあるが、ナタリー・サロートによれば、それもきわめて不徹底であるとされている。カミュは、「心理的なもの」を排除しようとし、「分析と心理的説明」を回避しようとしたが、しかし最後にムルソーという人物に「心の底をぶちまけ」させ、一つの観念を主張させることによって「心理的なもの」に回帰し、それによってフランスの読者を安心させたのだ、とサロートはいう。

だがおそらくカミュは、むしろ反対に、われわれの風土にあっては、心理的なものなしに済ますことは不可能だ、という点を、一つの賭けを通じてわれわれに証明しようと試みたのである。（『ドストエフスキーからカフカへ』）

サロートが、過剰な自己意識、心理、感受性が氾濫し腐臭を放っている「風土」のなかで、それに対する反措定としてアメリカ文学を受けとっていることはいうまでもない。むろんこういう受容は当のアメリカ作家にとっては思いもかけないことであろう。アンチ・ロマンや構造主義が反心理、反意識的なものとして「心理的な風土」に抗いながらなお圧倒的な少数派としてとどまっているのと対照的に、アメリカでは「心理的なもの」を開拓しようとする作家はなお少数派たらしめられているからだ。ヘミングウェイという存在は、フランス的風土にとってのみネガティヴな力をふるうが、アメリカ的風土にあってはごく即自的で正統的な存在なのである。ヘミングウェイが、同時代の他の作家に比べても例外的に、ほとんど初期から賞讃をもって迎えられ、つねに主流派にあったことは、このことを証し立てている。

ジャック・カボーは『喪われた大草原』のなかで次のように述べている。

……そしてこの主人公が、クーパーからヘミングウェイに至るまで、《女のいない男》、つまり生殖することのできない男、すぐれて小説的な存在、純潔の観念に憑かれた極西部の十字軍騎士であるということは、すぐうなずける。なぜならば大草原は無垢であり、女は悪なのだから。ボヴァリー夫人、アンナ・カレーニナ、パミラ、モール・フランダース、マリアンヌ、クレーヴの奥方、といった女性像を生み出したヨーロッパの小説とは反対に、アメリカ小説は、大草原が女のいない世界であるのと同様、女のいない小説なのである。偉大なアメリカ小説の愛人同志が出てくるにしても、それは男の愛人同志なのである。クーパーにおけるナッティとチンガチグック、メルヴィルにおけるイシュメイルとクイークエグ、マーク・トウェインにおけるハックとジム、フィッツジェラルドにおけるギャツビーとニック等々。

現在ではこういう見解はもはや一般化している、のみならず、ベローやニンを孤立させる「感受性をもつこと」へのタブーが、アメリカ独得の「同性愛」へのタブーにもとづくということも精神分析的な文化論者にとって常識にすぎない。❖1

たしかにヘミングウェイの一貫したモチーフが「女のいない男」の追求にあることは否定しえない。彼が「恋愛」を書いたとしても、女は『フランシス・マコーマーの短い幸福な生涯』におけるようなアメリカ人ではなく、せいぜい『日はまた昇る』のブレットのようなイギリス人、『誰がために鐘は鳴る』のマリアのようなスペイン人、『河を渡って木立の中へ』のレナータのようなイタリア人、いいかえれば「女のいない男」であることを承認し受けいれてくれる男性奉仕型の女でなければならない。それでさえも、『日はまた昇る』におけるジェイク・バーンズは、戦傷不能によって通常の市民社会的な恋愛を絶たれているし、『武器よさらば』では恋人キャサリンを結局死なせてしまう、また『誰がために鐘は鳴る』では負傷して動けなくなったジョーダンが恋人マリアを去らせると、ひとり「女のいない男」の状態でそこにとどまり、ファシスト軍の近づく気配を感じつつ、南北戦争に参加した勇者の祖父のイメージを思い浮かべるのである。

つまり、ヘミングウェイは男女の恋愛を本当は描く意欲はなかったようにみえる。それは彼の妥協であり、トルーマン・カポーティが『冷血』を書いたのに似た妥協であるとみてもいい。たとえば、『日はまた昇る』について、彼はインタヴューに答えて、次のように奇妙な自作の説明をしている。ジェイクが戦傷で不能になった、つまり「去勢された」という通説に対して彼は反駁する。

……ジェイクが「去勢牛とまったく同様に去勢された」なんて、誰もいわなかったはずだ。実際に、彼はまったく別な方法で負傷した。そして、彼の睾丸は完全だし、そこなわれていない。だから、彼は男性としても正常な感情をそなえている。ただ、その感情の燃焼が不可能なだけだ。彼の負傷は肉体的なもので心理的なものじゃない、しかも去勢されていない、というのは重大な相異点なんだ。

(『作家の秘密』所収)

これは不思議な主張である。「去勢されて」おらず、「男性としての正常な感情をそなえて」いながら、「ただその感情の燃焼が不可能なだけだ」というばあい、われわれはジェイクのインポテンスが失われた同性「愛」から立ちなおることができず、異性「愛」に向うことができないところからきているとみるほかに説明のしようがない。これは別に奇矯な説とはいえないので、『アメリカ人の性格』の著者G・ゴーラは、第一次大戦後のアメリカ兵の戦争神経症について同じ診断を下している。アメリカ人は同性愛の嫌疑をかけられることに対して異常な警戒を払っているが、最前線の戦場では男性間に潜在する同性愛の危険を防ぐことができないために、「戦友」(これはしばしば同性愛的な意味のスラングで呼ばれる)が死んだときメランコリーに陥いらざるをえないのだ、とゴーラはいう。われわれがアメリカの「ロスト・ジェネレーション」について、もっと凄惨な戦争体験を肉体的にも精神的にもなめたヨーロッパの同じ青年世代と比較しえないのは、たぶんこういう特殊性がひそんでいるためである。たとえば、ジェイクの不能も戦争の思想的な体験の象徴としてみることは、ヘミングウェイ自身「彼の負傷は肉体的なもので心理的なものじゃない」と断わっていることと矛盾するし、またヘミングウェイの戦争体験にはどんな深刻な思想性もあるはずがない。彼にとって戦争は狩猟と大してちがわないのだから。

私はこういう精神分析に自信はないし、固執するつもりもないが、次のことだけは明らかであろう。ヘミングウェイの執拗に暴力と死の現場に身をおこうとする情熱および自己演出は、サン゠テグジュペリやマルローのそれとはちがって、「男性的」たることの存在証明への異常な熱意であり、いいかえればそれだけ彼が内部に存在する「女性的」なものにたえず脅やかされていたことを示すものである。これはヘミングウェイを論じて、「りっぱな小説家はせめて睾丸の痕跡だけは絶対に持っていなくてはならぬ」(『ぼく自身のための広告』)と書く、ノーマン・メイラーにも存続し、ますます肥大化した強迫観念にほかならない。しかし、ヘミングウェイにはメイラーほどの病的な偏執はなく、したがってアンビヴァレントな動揺や屈折はそれほどめだたない。

これはヘミングウェイの伝記的事実にも対応していることである。彼は臆病者だった父を深く恥じており、その分だけ祖父を誇大に理想化していたふしがある。が、ヘミングウェイには厳密にいえば「父と子」の葛藤劇といえるものはなかったので、あったのはむしろ「母と子」の確執である。リースマンのいうところによれば、アメリカの子供に「超自我」を与えるのは一般に母親の方である。その点ではヘミングウェイ家は典型的であり、つまりヘミングウェイは母が与えた規範や感性を内的に深く刻みこまれていて、おそらく見かけほどそれから解放されたわけではない。その証拠に、まず彼は母と母がもつ芸術的才能、ヨーロッパ的感受性を拒否しながら、にもかかわらず早くから小説家になろうとしていたからである。これは矛盾したことで、もし彼が母を完全に拒絶するなら、小説家のように女々しい職業を選ばず、父のあとを継いで医者になるか、さもなければ後に彼がやったこと(ボクサー、闘牛士、猟師、軍人、等々)をやればよかったのだ。しかるに彼が小説家になったこと、これは感受性がノーマルに成熟する道を自ら閉ざしながらしかも小説を書くという背理、また小説という元来女性的な系譜をもつ形式において「女のいない男」を追求するという背理をヘミングウェイに先験的に付与したのである。ここにヘミングウェイという作家の特異性がある。

2

ソール・ベローが日記を書くことに感じる「羞恥心」は、それゆえヘミングウェイのスタイルをも規定している。彼が人物の内面にはたちいらず、会話と最小限の描写をもってそれを外側から描こうとしたことは、内面性とか自意識といったものへの羞恥心によるのだ。しかし彼がいかに描写と説明とをエコノマイズしたとしても、それはロブ=グリエがいうように「世界は意味もなければ不条理でもない。ただたんにそこに《ある》だけだ」といった純粋の客観性、つまり作品の奥にどんな意味も観念も隠されてはいないというような徹底性をもっていない。つまりロブ=グリエは作家の自己意識を徹底的に死滅させようとはかっているのだが、ヘミングウェイにはもともと過剰な自己意識はないからである。にもかかわらず、ヘミングウェイの自己意識は、彼の文体にあらわれるような、ある一つの特異な形態をとっている。おそらく、それがヨーロッパの作家に衝撃を与えたのであって、ヘミングウェイの小説がふくんでいる「観念」はどうでもいいのである。むしろ、「行動主義文学」にせよ、「アンガージュマンの文学」や不条理の文学にせよ、そこにあるのはたんに「観念」の主張の目新しさであって、たとえばマルローの古典的に荘重な文体を見てみればいい。ロラン・バルトは、左翼作家が文章としては慣用的なブルジョア的文章を平然と採用していることを批判しているが、バルトが「カミュによって創出された女性的な文章」とよぶものは、すでにヘミングウェイが創出したものであって、しかもカミュのように、「不条理の観念」をちらつかせたりもしないのである。

J・W・オルドリッジは、第二次大戦後の戦争小説がヘミングウェイのスタイルの強い影響下にあり、しかもスタイルの影響は、テーマの選択においても、そのテーマに対する態度の決定においても、ヘミングウェイをそのまま受けいれることになってしまうことを指摘して、次のようにいっている。

ヘミングウェイの簡潔な、短く切れるスタイルを用いる作品は、いやでも簡潔でポキポキした文章で表現されるような情緒だけを、さらにまたそうした情緒にもっともふさわしい人物とシチュエーションだけを扱うことを強制されるのである。こうして経験の全領域とほとんどすべての微妙な感情とは、自動的に作家の手のとどかないところにおかれてしまう、しかしこれは、作家にとってはプラスの要素として働く。なぜならば、彼のテクニックの包含する体験が少なければ少ないほど、彼の理解もまた少なければ少ないほど、彼の理解もまた少なくてもすむからである。もし愛情が寝室での暴力行為のみにしばられ、誇りや勇気が単なる沈黙で表現できるものならば、作家というものは少しばかり敏感な子供にみられるほどの才能と洞察力とで、無限に小説を書き続けることができようというものである。（『ロスト・ジェネレーション以後』）

オルドリッジはヘミングウェイと「新ヘミングウェイ派」とを区別しようとしているが、しかしある者の本質はそのエピゴーネンのなかにむしろ拡大されてあらわれるものなので、彼の指摘の大半はヘミングウェイ自身にあてはまるように思われる。実際ヘミングウェイもまた彼自身のエピゴーネンとして生涯を終えたともいえるからだ。オルドリッジの指摘で重要なのは、スタイルというものは作家の自己意識の一定の形態と切りはなしがたいということで、ヘミングウェイのスタイルをとればヘミングウェイ的な眼で世界を見なければならなくなる、ということである。『異邦人』の前半では、たしかにカミュはヘミングウェイ的にムルソーの意識に同化しているが、後半では哲学者の地金が出て「観念」を語り出してしまう。いわんや、ヘミングウェイとは本質的に無縁のインテレクチュアルな作家がヘミングウェイのスタイルをとれば、自動的に彼らの「経験の全領域とほとんどすべての微妙な感情」をすべりおとしてしまうほかない。

このことは、ヘミングウェイの文体の形式的特徴にかかわるのではなく、彼の世界に向けられた自己意識のありようにかかわっている。つまり、悪くいえば、彼は「少しばかり敏感な子供の眼」で世界を見ようとし、いいかえれば充分に成熟した反省的な自己意識の一歩手前の意識状態で世界をとらえているのであり、しかも、それは技巧的に選ばれたのではなく、彼の終生変わることのない視座なのである。エピゴーネンにあっては、たんなる認識力の不足をヘミングウェイ流の「沈黙」で意味ありげにミスティファイしようとしているだけである。

ヘミングウェイの「中性的な文章」は、したがって、ロブ＝グリエがめざしているものとは逆に、意味や象徴性を背後に大量にふくんでいる。つまり彼が自己意識をさらけ出すことに対して抱いている「羞恥心」は、本来隠すことによって暗示しようとする性格のものだからである。彼が『午後の死』のなかで、書くことを氷山の原理にたとえたのは有名であるが、インタヴューのなかでも次のように語っている。

> ……おれはいつも氷山の原理に基づいて書くようにしている。表面に出ている部分に比較して、どの氷山も、八分の七は水の下にある。わかっていることは何でも消していい。そうすると、それだけよけいに氷山は強くなるものだ。消せば、表面に出ない部分になる。もし作家が、知らないという理由で何かを省略すれば、そのときには、話に空洞ができる。(『作家の秘密』)

これは、実は日本の短詩型文学(とくに俳句)や山水画の基底にある「省略の美学」とほぼ同じである。したがってまた、彼の小説が本質的に短篇小説(あるいはそれの複合)である理由もここにあるといえる。こういう省略やエコノミーが成り立つには、少なくとも読者の側に「八分の七」を補い想像しうるだけの能力と暗黙の前提がなければならない。日本の私小説は、自然主義=ロマン主義の歪小化された形態と目されるのが通念であるが、私は必ずしもそうは思わないので、それは西欧型の小説形式が短詩型文学の伝統に引きよせられた結果生まれたのだと考えている。ものをよく見て、しかもそのエッセンスを省略したかたちで書くというこの態度は、「自殺、去勢、砲弾炸裂からくる精神障害などをわたしは書いているが、それだって、実際にそんなことを経験した人間をわたしが知っているからだ。アメリカの書物や雑誌をひとわたり眺めると分かるように、本当のセックスの経験もなく、人殺しを自分の目で見たこともなく、死人の血や腹わたなんかも一度も見たことのないへなちょこ連中が書いているんだね。全く吹き出したくなるよ」（クルト・ジンガー『死の猟人』）という、ヘミングウェイの態度に通じている。

その意味で、ヘミングウェイの小説を支えているのは、アメリカ自然主義＝ロマンティシズム文学と、日本の短詩型文学に見合った何ものかとのアンビヴァレントな結合であると考えられる。その何ものかとはおそらく自己を露出することへの嫌悪と、隠すことによってより一層了解されるということへの信頼である。そしてそれは一流の文学作品よりはむしろ、クーパー以来の大衆小説、とくに西部劇などに顕著にうかがわれるものだ。たとえば、『シェーン』という映画ではシェーンと人妻の心理的な姦通が微妙に、すなわち「省略の美学」をもって暗示されている。こういう抑制された暗示が「美的」と考えられている文化圏は、おそらく日本を除いてほかにあるまいと思う。

ヘミングウェイが抱いている羞恥心と抑制心は、したがって彼固有のものではなくて、アメリカ人という一つの民族の始源状態の時にできあがった精神の原型（それは東部ではなく中西部にある）に根ざしている。それはヘミングウェイの「近代人」としての自己意識をこえて存在する中西部社会の共同幻想にほかならない。ヘミングウェイの自己意識は異様に縮小されていて、それが「心理的なもの」の氾濫する現代小説に意外な角度から切りこみを示したのであるが、むろんそれは主観性に倦み疲れ、自意識の悪循環に全否定をこころみたロブ＝グリエの「客観性」とは異なるので、ヘミングウェイの縮小された自意識はその分だけ中西部アメリカの共同幻想に侵触されているのだ。要するに、ヘミングウェイの小説の特異性は、ロスト・ジェネレーションとして孤立した個人に分解されてしまった人間の不条理な意識を描いた点にあるのではなく、まさにそのような世界のなかで、あたう限り自らを中西部アメリカの共同幻想に同化させることによって、自己意識などというものが存在しえないような視点、つまり「客観性」の視点に達したという点にある。[2] したがってそれは、現代的なあまりに現代的な作家ロブ゠グリエのようなラディカルな自己意識の扼殺と似て非なるものである。

具体的にいえば、ヘミングウェイにおける共同幻想とは直接祖父のイメージにつながっている。『われらの時代に』をフィリップ・ヤングのようにニック少年のイニシエーションの過程とよぶとしても、それをわれわれはビルドゥングスロマンのような近代的な自己意識の拡大過程と混同してはならない。なぜなら、それは逆に未開人のイニシエーションのごとくに個体意識を抑制しつつ中西部人の共同幻想、つまり祖父的な精神を習得していく過程にほかならないからである。

たとえば、「インディアン部落」では、医師の父が息子のニックをインディアンの女の出産の現場までつれていく。この女は苦痛のあまり泣き叫ぶが、父は「だけどこの女が泣き叫ぶのは、問題じゃないんだ。わたしの耳には、その叫び声はちっとも聞こえないよ。だって、それは問題じゃないからな」という。近代人であり合理主義的である父にとっては、泣き叫ぶ女の苦痛と出産の経過とは分離すべきことであり、したがって無事に子供が生まれると、「こいつは医学雑誌に発表する値打ちがあるよ」と、ニックにこともなげにいうのだ。ところが、その女の夫はまさに泣き叫ぶ妻の声に耐えきれずに剃刀で咽喉を切って自殺してしまっていたのである。ここで否定されているのはニックの父であり、ニック自身は出産ということの暴力性に自殺したインディアンの男と同様に震撼させられていたのだ。インディアンは中西部人にとってけっして異質な民族ではない。なぜなら、インディアンと闘い彼らを征服したアメリカ人は、ちょうどその過程で自らインディアンと化したからである。すでにクーパーの小説がインディアンを「聖なる野蛮人」とみたてているように、ヘミングウェイもまた祖父＝インディアン的倫理と感受性に、父母すなわち近代人の世界に優越するものを見出している。これはアラビア人の倫理性と美意識を受けついでいるスペイン文化への彼の共感にも通じている。

かくして、父によるイニシエーションは、祖父＝インディアン的な共同幻想へのイニシエーションとして終わるのである。「医師とその妻」ではニックはクリスチャン・サイエンスの信者である母を拒絶して、父と一緒に猟にいくのだが、このばあいの父は「インディアン部落」における合理的なヒューマニストとは異なり、平然と材木を盗むような男である。ニックが選ぶのはこのような父に限られている。つまり彼がここで選んだのは、父というよりは祖父＝インディアン的世界なのである。そして、終章「大きな二つの心臓の川」では、ニックはそのような世界と完全に密着しえたゆるぎない安定感を示している。

ヘミングウェイが「大きな二つの心臓の川」のごとき確信に充ちた安定感を再び示すのは、たぶん『老人と海』においてであろう。そこでは、ヘミングウェイは「祖父」と同化することに成功しており、「祖父」がもちえたであろう始源的な倫理性を時空をこえて現前させている。これは彼にとっても稀有な例であって、事実ヘミングウェイはむしろ戦場にせよ、闘牛場にせよ、ライオン狩にせよ、恐怖に打ちひしがれる「近代人」を描いてきたからである。それは出産の暴力と死に打ちのめされたニック少年の原イメージの反復にほかならないが、ヘミングウェイは同時代のアクチュアリティのなかに身を置いたとき、彼にしては猥雑すぎるものを多少とも身にまとわねばならなかった。ここで猥雑というのは、彼がニヒリズムとかもろもろの現代的「観念」に柄にもなくつきあっていることをさしている。したがって、彼の長篇小説は『日はまた昇る』をのぞいて、私にはほとんど魅力がない。しかし、『われらの時代に』が「インディアン部落」にはじまり「大きな二つの心朧の川」に終わっているように、彼の中長篇小説が『日はまた昇る』にはじまり『老人と海』に終わっていることは、ある必然的な符合を感じさせる。それは彼が行きつくべきところに行きつき、回帰すべきところに回帰したという安堵感を与え、後年の彼の病気や自殺の事実ですらこれをゆるがしはしないのである。

（石一郎編『ヘミングウェイの世界』〔荒地出版社、1970年2月刊〕）

❖1……G・ゴーラは『アメリカ人の性格』（一九四八年刊）のなかで次のように述べている。

《たいていのアメリカの男性は自分がめめしい男や同性愛ではないことを、仲間や自分自身に常に証明する必要があって、そのために彼らの生活は束縛をうけてしまい、興味の対象はきびしく限定されてしまう。女性にふさわしい関心事や職業と認められているものならどんなものであっても、それに関心を示したり従事したりすれば、その男性に濃い疑いがかかる。そうした関心事や職業には主要芸術や特に小芸術の大部分がふくまれていて、装飾、家具、料理、園芸などがその例である。詩や絵画は、それをやることよりも、それに興味をもつほうがなおさら危険な誤解を招く恐れのあるものである。一方、小説創作、音楽、建築は比較的安全である。実際、知的な職業や関心事は例外なく多少の危険性はある。だからアメリカの知識人が集った場合、たがいに自分はまったく正常な人間なのだということを騒々しく証明しあうので、莫大な時間が浪費されてしまう。》

❖2……フォークナーが同化したのは、南部社会の共同幻想であり、これはヘミングウェイのそれが現存的で歴史性をもたないのに比して、歴史性としてしか存立しない。いずれにせよ、両者の差は共同幻想の質的差によるもので、サルトルのようにどちらかといえばヘミングウェイを評価しフォークナーを否定する「近代人」的な批評は全く的はずれといわねばならない。

1970.5.4

『文芸時評1』

「「敵」とは何か」(『群像』五月)と問いかけて、竹内実は、「「敵」が「敵」である根拠は、まず、「敵」を「敵」とみとめる、そのような敵意の強さそのものにあるのではないだろうか」という。竹内氏がそういう「敵意」にさらされたのは、大学紛争で機動隊導入に反対したときである。が、「敵意」はいったいどこからくるのか。「「日常」と「秩序」は、そのひだのひとつひとつに「スターリン」を棲まわせ、それに叛こうとするものに、「敵意」を鎌首のようにむける」からであろうか。

竹内氏がいうように、敵意とは憎悪である。しかし、組織という共同的意志にとって、「敵」とは、たんにそれに背反する者であり、必ずしも憎悪と結びつかないのである。敵ながら天晴れということばもあるように、「敵」概念自体が歴史的に変遷したものである(カール・シュミット『パルチザンの理論』参照)。

竹内氏は、氏をつつんだ敵意について何かを見落している。私には、氏のように独立しうる「ものかき」に、大学がつぶれれば糧道を絶たれる大半の教師が抱く憎悪を、氏があえて無視しているか、さもなければ気づいていないかのようにしか思えないのだ。「敵とすべき敵」は、「敵の敵意をあいまいにしようとする己れ」自身だと結論する竹内氏は、こういう心理的現実を捨象したところで、抽象的にヒロイックな戦闘性を誇示しているだけである。竹内氏には一種の心理的安定感がある。氏自身が彼らに学生活動家のように「敵意」を感じないですむのは、ただそういう心理的優越性によるのだ。われわれは軽蔑する相手を憎むことはできない。しかし、氏が優位性を感じているその分だけ、憎悪を買っていることを自覚しているだろうか。

われわれが他人を憎むときには、想像的に他人になんらかの共同性を仮構し、そこから疎外されていると感ずる関係が存在する。つまり、そういう欠如・疎外感が憎悪として表象されるので、「秩序」は、それ自身では秩序に叛く者を憎まない。たんに敵として扱うか、無関心、軽蔑をもって遇するかである。

それが憎悪として出てくるのは、たとえば「秩序」の側に立つ者が、「秩序」に叛く者に、別種の秩序（共同性）を感じているからにほかならない。「どこかでいい思いをしてやがるにちがいない」といった欠如感が憎悪を生みだすのだ。性的放縦を憎み、「カッコよさ」を憎み、前衛芸術家を憎み、「言論の自由」を憎み、赤軍派を憎むのは、「秩序」ではなく、それらに対してなんらかの欠如感を抱く者である。「秩序」はむしろ、どんな欠如感をももたぬ側にある。したがって、竹内氏のいうごとく、「秩序」がそのひだのひとつひとつにスターリンを棲まわせているのではない。スターリニズムとかファシズムは、「秩序」の傾向性ではなく、「秩序」へのラディカルな加担・同一化によって、これらの欠如感を解消しようとする傾向性であって、たんなる官僚制の問題であるはずがない。

竹内氏はいわば「内なる敵」を発見したつもりらしいが、私はこういう〝東大〟全共闘風の発想にひとりよがりの自己欺瞞しか見出すことができない。また、この種の文学者が、スターリニズムについてもファシズムについても理解しているとは信じがたいのである。たとえば、ソルジェニーツィンを弾圧する文化官僚の背後に、大衆の敵意の眼がひしめいているように、私にはみえる。ソルジェニーツィンに対する彼らの憎悪は、けっして「秩序」自体のものではないのだ。

竹内氏は、氏自身が心理的な不安定にさらされる場から、つまり欠如感と憎悪にさいなまれる場から、

「敵とは何か」を問うてはいない。それは、氏自身がなんらかの安定的な「秩序」に立っていること、そして、われわれが倫理的潔癖を保持しうるとすれば、ただそれが許容される立場と関係にいるからにすぎないという反省を欠いていること、を示している。

李恢成の「証人のいない光景」(『文學界』五月)は、竹内実とは異なる、文学者の眼を明瞭に感じさせる作品である。戦争中、日本人よりラディカルに「天皇制ファシズム」に「同化」した少年だった金(金山)は、二十四年ぶりにかつての同級生矢田から、二人で敗戦直前に山中で惨めな兵士の死骸をみたことをおぼえていないか、という手紙をもらう。矢田は、この事件のあと、「美しいものがいきなり醜く変質していくことへの不安」のために、ことごとく対人関係に失敗して孤独な生活をおくっているらしい。ところが、金にはその事件の記憶が全くないのだ。少年時代のことを「憶え過ぎている」ほどの彼が、それだけは全然おぼえていないのである。

……なんということだ。二人はおたがいを理解し、証人となることもできないのに過去の影の部分だけはひどく似ているのだ。自分が同化少年の影に怯えるときがあるように矢田もファシスト少年の影を持っている。矢田が兵士の幻につきまとわれるのはやはりファシスト少年から逃げられずにいるからではあるまいか。

もっともこういう条りは図式的である。「少年の頃の一つの光景がそれほど人間の一生を縛りつけるものだろうか」と金にいわせているけれども、李恢成は、「一つの光景」に凝縮さるべき矢田の生経験について、金ほど錯綜した何かを暗示させていないからである。「一つの光景」が人間をしばりつけるのではなく、人間をしばりつけているものが「一つの光景」として表象されるにすぎない。「一つの光景」を記憶が選択し固定化する以前に無数の浪費的な経験・事実があるわけで、矢田のばあいにはそういう秘められた重量が感じられない。ということは、李氏がここで戦後日本の小説に書かれたイメージを借りてきていることを意味する。金という人物についてはそうではない。

金の記憶喪失において、李氏は何を語っているか。それは心理的劣位に立つ者が抱く過度の自己意識(したがって記憶過多)は、ある優位に立ったときには消滅してしまうということである。そして、「過去の影の部分」からふっきれるには、自ら消滅した部分を意識化しなければならぬ、ということである。「思い出せないか。あのときのこと――」、「ぜんぜん思い出せん――」という、最後までつづく両者のユーモラスな平行線の向うに浮びあがってくるのは、金と矢田の動かしがたい関係のすがたであって、李氏はいずれにも加担していない。

*

「証人のいない光景」はいたるところにある。それは、ある関係に立つ者同志は、同じ事実を、けっして同じようには経験しえないからだ。おそらく、竹内実は「証人のいない光景」を知らぬ。彼自身がいつも「証人」となったつもりでいるからである。

(『日本読書新聞』1970年5月4日)

『文芸時評2』

1970.7.6

　野口武彦の小説「沼の花」（『文藝』七月）について、まずあらすじを書こう。小学五年生の「ぼく」は、クラスの委員長であり、頭脳も腕力も抜群で教師から特別扱いされている優等生だが、彼の自負心は、そのクラスに河原のバラック小屋に住む「河原の人」が編入されてきたとき、侵害される。シラミという仇名を与えられたその少年は、絵画にのみ特別の才能に恵まれていて、「ぼく」を脅やかす。絵のコンクールでシラミが特賞をかくとくしたとき、「ぼく」は、展覧されたすべての絵を引き裂き、自分の絵だけ持ちかえる。それは、「ぼくとママだけが住んでいる世界」の絵だったからであり、またシラミの絵を破らずにいられなかったのもやはり彼が描いた「沼の花」が、「ぼく」にとって「そこではぼくがいつまでも子供で、ママはいつも若く美しいママでいられる世界」、記念すべき秘密の禁域を侵したものだったからだ。このことが学校中の問題になったとき、犯人が「ぼく」だと直感して抗議するシラミを「ぼく」は殴り倒し、ママはPTAに働きかけてシラミを退学させ、また「河原の人」全体が警官隊によって追い払われることになる。ママは、「ぼく」が犯人ということを知っているのに、知らないふりをする。「ぼく」はママにだけは罰されたいと考えていたのだ。それは「河原の人」によって加えられる処罰の恐怖よりも、「ママがぼくを処罰せず、罰がなくしたがって罪もない世界に置きざりにされる恐怖」が耐えがたかったからだ。「ぼく」は絶望して、河原の部落に入っていき、はげしい石礫の攻撃にさらされる。

　私は六年ほど前に、東大五月祭賞の佳作になった野口氏の処女作を読んだことがある。はっきりおぼえていないが、それは、全学連(旧ブント)のデモに参加したことをくどくどしく語る酔払いの労務者を、さんざん嘲弄し殴り倒したあげく、翌朝「歴史というものがわかったような気がする」という歴研の学生のことを書いたものだった。その後の「ピケットライン」や「洪水の後」においても、野口氏のモチーフはほとんど変わっていない。「沼の花」にしても、ママが日共でシラミがブントというふうにあえて図式化すれば、野口氏が小説を書きつづける根本的な衝迫がつねに六〇年当時日共派のリーダーだった経験に発していることを証し立てている。

しかし、この一貫したモチーフに対して、私はあるいかがわしさを感じている。それは、野口氏の「憎悪」や「罪」や「恐怖」が私的な経験に発しているよりは、つねに公的な経験や公的な存在証明に根ざしているように思われるからである。野口氏は、「何よりも恐ろしいのは、ひとたび亜政治家ないしはえせ政治家として文章を書き、その文体――ともし呼べるならば――を身につけた人間は、まさにその致命的な選択の結果として、それを解禁した後でもあの〝ほんとうのこと〟(大江)へ向って言葉の鉱脈を掘り進む行為から生涯かけて疎隔されてしまっているのではないかという一種強迫観念的な疑惑」(「大江健三郎論覚書」『群像』三月)を自覚している。しかし、この自覚は、自己批評というよりは、何となく「公的な」存在証明のようにみえるのである。

つまり、野口氏は氏についての「公的な」イメージにまったく自己同一化している。そのことによって、氏は過去をいつわらぬ「誠実さ」を保っている。さらにその上で、過去を断罪したり、「ほんとうのこと」から生涯疎隔されていると結論する。けれども、これはむしろ野口氏が案出した循環的な弁証にほかならないので、このオートマティックな回路を巡回しているかぎり、氏は「ほんとうのこと」、いいかえれば〈私〉自身の内部にむかう危険をまぬがれているのだ。

たとえば、「沼の花」の「ぼく」は、終始他人の思惑ばかり気にしている少年にすぎないが、「もしもママがぼくを裁かないのだったら、ぼくがまだ十一年しか生きていず、これから長いこと生きていくだろう世界は、だれも人間を裁く者のないまっ暗な風洞のような世界にちがいなかった」という条りでは、「ぼく」は、「社会」からではなく、神のような存在からみすてられた内部の「まっ暗な風洞」に一瞬むかいかけている。が、ただちに彼は「社会」へ、すなわち「河原の人」に懲罰を求めにいくのである。したがって、「まっ暗な風洞のような世界」はレトリカルな設定でしかなくなっている。

要するに、野口氏は「ほんとうのこと」に迫れないというよりは、むしろ迫れないということが主題であるような小説を書いているのだ。それによって、氏はますます「公的な」イメージに誠実たることを確証するのである。この悪循環を脱するには、たとえば「えせ政治家」になるまでの経緯を書けばよい。野口氏が自らの出発点をどうしても「えせ政治家」という体験におきたがるのは、自分の過去をいつわらぬ「誠実さ」によるのではなく、かえって、それによって「私的なもの」を隠蔽しようとしているからではないか、と私は考えることがある。氏の作品にうかがわれるサド＝マゾヒスティックな心性は、どうも氏の政治的経験よりも根が深いように思われるからである。

大体私はひとが政治的経験に固着することに疑わしさを感じている。そういう直接性を私はあまり信じない。野口氏がかつて「公的に」何であったかはどうでもよいことである。その意味で、野口氏とは反対の社学同出身の劇作家、菅孝行が奇妙に氏に似ているのを、私は興味ぶかく感じたものである。「ヴァカンス」のなかで、菅氏は戦後の三つの左翼世代を類型的にとり出している。今度書くときは、人物を四人にしなければいけませんね、と私は菅氏に冗談をいったことがある。「ブルースを歌え」という昔の戯曲から一人ふえていたからだ。

戯曲にはある程度単純な類型化が必要なのだとしてもよい。しかし、六〇年の「挫折」も「安中派」も、「公的な」イメージにすぎないので、文学者がそういう地点に自らの原形質を見出すなどということは、少くとも私には信じがたい。そして、それを経験として語ることは実はもっとも至難なことなのだ。

この事情は、現在の政治的青年においてもまったく変りあるまいと思う。いまは、「政治的文体」そのものがいかにも実存的で詩的なことばに充ちているが、それは本質的には「政治的文体」とひとしく、一度は放棄されなければ、けっして〈私〉にむかうことばとはなりえないはずである。俗にいう文才があってするりと政治から文学へすべりぬけていける者より、私は、貧弱な自己と言語障害に苦しんでいる者の余儀なき沈黙を買う。そのとき、彼は公的な「情況」とはどうしても結びつきようのない〈私〉に直面しているのだから。

(『日本読書新聞』1970年7月6日)

『文芸時評3』

1970.8.3

古井由吉の「杳子」(『文藝』八月)を読んで、私はやはり古井氏が現在の若手作家のなかで傑出した書き手であるとの感を強くした。

「杳子」は、杳子という女子学生が登山中にある心的異常から、まるで自分が岩の一部になりきってしまったような感覚にとらわれ病んだ獣のように谷底に坐りこんでいたとき、学生に遭遇して救助される「奇妙な出会い」からはじまっている。自閉的な気分にとざされている彼と杳子はデートを重ねるが、彼女の言行は依然強迫的・偏執的なところがあり、にもかかわらず「癒った」といったりいろんな自己弁明に努めている。彼はこの疎遠な関係をうちやぶるために彼女と肉体関係を結ぶのだが、それは「彼女の病んだ感覚へ一本の線となってつながっていく」ことにはならないで、かえって彼女が遠くつかみがたい涯にのがれていくようであり、彼自身も彼女に接している軀そのものが重みをなくし、自分のありかを失っていくような感におそわれていく。しかも彼がそこにとどまっているのに対して、彼女は「病気を内に宿したまま女として成熟して」いくのである。この間の描写は冗長な感じもするが、スリリングな興味を与えて倦ませない。

まもなく杳子の病気は鋭く内に閉じていき、部屋にこもったきりで風呂にも入らないようになる。これが契機で、彼は杳子の同居している姉がかつて同じ病を経験していたことを知る。姉はいまは「健康」である。彼は姉に杳子が入院するよう説得を依頼されるが、杳子はその姉をひどく嫌悪している。私が読みながらある戦慄をおぼえたのは、姉が日常的な動作に〃癖〃として強迫神経症的な儀式をくりかえす条りである。姉の「健康」の秘密はそこにあったのだ。

「いまのあたしは、じつは自分の癖になりきってはいないのよ。あたしは病人だから、中途半端なの。健康になるということは、自分の癖にすっかりなりきってしまって、もう同じ事の繰返しを気味悪がったりしなくなるということなのね。そうなると、癖が病人の場合よりも露わに出てくるんだわ。そんな風になったら、あなたはあたしに耐えられるかしら……」

「どこの夫婦だって耐えてるじゃないか」

「自分の癖の露骨さで、相手の癖の露わさと釣合いを取っているのね。それが健康ということの凄さね」

「二人とも、凄くなってしまえばいい」

姉の癖が戦慄的なのは、狂気の状態の凄さが裏返されて、姉という健康人の凄さをまざまざと照らしだしたからである。このとき、男は自分の〃癖〃をこれまで杳子がどんな思いで耐えてきたかを考えて羞恥をおぼえる。「病気の中にうずくまりこむのも、健康になって病気のことを忘れるのも、どちらも同じことよ。私は厭よ」と、杳子はいう。とはいえ、古井氏はここでたんに正常と異常についての実存主義的モラルを提示しているわけではない。生存することのおぞましさに耐えている一人の女を示しただけである。「あたしはいつも境い目にいて、薄い膜みたいなの。薄い膜みたいにふるえて、それで生きていることを感じているの」。

このとき、これまで杏子を観察しながら同化しようとしてきた男は、自ら杏子と同じような「境い目」に立っているのを見出す。そして、そこにおいて、彼は杏子と「一本の線となってつながる」ことができたような気がする。この〝愛〟は、「お互いのおぞましさのいたわり合い」のなかに、かすかにふるえるようなかたちでのみ見出されるものだ。

勝木康介の「溜り水」(『群像』八月)もまた、狂気に陥った弟と兄との関係を描いたものである、兄は秀才として貧しい家族環境から脱出に成功したが、弟は地下鉄の車掌になりまもなく気が狂っていく。兄も時折「日常の時間の中で、ふっと現実感が稀薄になる瞬間」におびやかされている。しかし、この兄弟の狂気の素因は、むしろ「家族の歴史の中にある」。勝木氏にとって、弟の狂気も、兄の虚脱感も、階層的に上昇をとげた者の心によどむ負債感の対象性にほかならない。それは暗いやりきれない後味をのこすが、氏にとってはやみがたい鎮魂を意味している。それは日本の知識人のほとんどに潜在的に存在する暗い鎮魂の衝迫にほかならない。

ところで、勝木氏の作品では、いわば生存することのおぞましさがより直接的な客観性としてとらえられているが、古井氏の作品では凝縮された心象としてとらえられている。その差が勝木氏の小説にクラシックな色調を与えているのである。勝木氏がものの手ざわりを確めているとすると、古井氏はものの手ざわりのなさを確めている、といったところがある。いずれをとるかといえば、むろん私は古井氏の作品をとる。

大なり小なり「狂気」は昨今の小説をおおっているが、モダニスティックな意匠か自分の異常生理の誇示にすぎないので、それをはぎとると、貧寒なアレゴリーと通念的な現実認識がすけてみえるたぐいがほとんどである。古井氏の特質は、狂気の心象、つまり抽象性へとひっぱりあげていく志向力が、(少くともこの作品では)現実的な緊張を損っていないことである。たとえば大江健三郎は、いうならば古井氏と勝木氏のモチーフを綜合する「全体小説」をめがけている唯一の作家であるが、「杳子」のように抽象性に徹することも「溜り水」のようにリアリスティックであることもできないで、分裂し破綻をきたしたとでもいうほかない長編小説を書いている。古井氏のばあい、勝木氏とはことなり意匠的なモダニズムに足をさらわれる危惧もないではないが、これまでの作品を通しても、たんなる事実性やアレゴリーの骨組ではなくかちっとした現実の手応えが、ゆれうごき焦点を結ぶことのない心象風景のなかに感じられるのである。さらに、「杳子」において、「お互いのおぞましさのいたわり合い」のなかにほのみえる愛のかたちは、漱石の「行人」や「道草」に暗示された倫理性を想起させるのである。

＊

なお宇波彰の「批評のための想像論」(『文藝』八月)について一言述べておきたい。宇波氏は、小林秀雄、平野謙、吉本隆明、江藤淳、野間宏、渡辺広士などの批評家における想像力概念が、結局作品を何らかのかたちで作者に還元するものだとしてすべて拒け、「不透明」なる「文学作品そのもの」の批評を志向するため、想像力論からむしろイマージュ論へ転換すべきだといっている。しかしこの種の論の手口は見えすいている。たとえば、氏はあれこれの批評家の実際の作品論を批判しているが、それにかわって「作品そのものの批評」を試みるわけではなく、逆にそれに値する(いいかえれば氏に都合がいい)作品は乏しいというのだ。つまり、いつでも「作品そのものの批評」は無傷のままスローガンとして安泰である。しかも理論的にはフランスの最新批評理論の口うつしにすぎない。いったい自己を賭けることなく、いいかえれば〝心中〟

することなしに、「当為」として批評が存在すると思うことが迷蒙である。サルトルから構造主義へとびうつった昨今の仏文学者は多分知るまいが、三十年ほど前から、アメリカのニュー・クリティシズムは文字通り「作品そのものの批評」を実質化し、その不毛性をさらけ出したのであって、むしろその蛮勇をこそ評価せねばならないほどである。わが国の批評家を十把ひとからげに「デカルト的自我概念」にとらわれていると裁断する氏は、はたして一人のデカルトさえ存在しなかった思想的土壌をどう考えているのか。甘ったれるな、といっておかねばならない。われわれは宇波氏のいうようなことなど百も承知でやっているのだ。

（『日本読書新聞』１９７０年8月3日）

『文芸時評4』

1970.10.12

李恢成は、「自分は臆病なので」と書きもし、語りもしている。もっとも、通常の意味では氏は「臆病」ではないし、そのことは氏の文体の太い骨格とのびやかな感受性によっても明らかである。むしろそれは、李氏のぬぐいがたい世界への恐怖感に根ざしており、しかも自己自身への恐怖感に根ざしているというべきである。おそらくジェイムズ・ボールドウィンの次のことばは、李氏が吐いたものといってもさしつかえあるまい。

そして、その夏、私と犯罪常習者に堕ちてしまうかもしれない危険性との間に存在していると考えていた倫理的な障壁は、ほとんど存在していないのも同様なほどに薄いものだということがわかった。実際、私が犯罪者にならないというはっきりした理由は何ひとつ見つからなかった。（『アメリカの息子のノート』）

「はっきりした理由」を何ひとつ見つけられない〃境い目〃に、かつて氏が立ったことがあり、今も潜在的に立っていることは疑いがない。私が李氏の〈恐怖〉感をかいまみたのは「われら青春の途上にて」においてであり、ここには小松川事件で死刑になった李珍宇に似た十七才の少年が登場している。

近作「武装するわが子」（『文學界』十月）における次のような会話も、ちょうど李珍宇と彼の減刑運動をした女性、朴寿南の書簡集（『罪と死と愛と』）の各所にあらわれる絶望的な溝の深さを想起させる。

「おれは子供が青年になって犯罪をおこし、新聞社と警察に不敵な手紙を送りつけるような人間になって欲しくないと思っている。そのために親としての責任を感じているのだ」

「大丈夫よ。そんな子にはならないわ」

妻はわかったことのように言う。突然かれの内部で何かが裂ける。

「大丈夫だって！　どうしてそんな高慢ちきなことが言えるのだろう。君は犯罪に免疫の何か特別な染色体でも子供に授けたのかい。だが少なくとも、子供にはおれの血が混じっている。このおれのどろどろした血がね。何回も言うが、おれは――」

「女を殺したというんでしょう」

「殺したとはいわん。しかし、どうも、殺したことがあるような気がしてならないんだ。あれほど夢に出てくるのはきっと現実に殺しているからではないのか」

「かれ」が妻に苛立っているのは、妻が一度もあの〝境い目〟に立ったことがなく、そのため楽観的であるにすぎないからである。李珍宇も、同じような意味で楽観的な朴寿南に対して、優しくではあるけれども、時折破壊的な怒りをぶちまけるときがあった。李恢成があの李珍宇とどこかで通底していることは知っておくべきことである。

しかし、李氏はこういう果てしのない夫婦の会話の終りに、用心深く次のように書き加えることを忘れていない。「遣り合いながら、二人はそのままどちらともなく立ち上がった。妻は流し場へ、かれは仕事部屋へ。生活のなかではこのように結論のつかぬ話をしていて目の前の仕事に引きもどされるケースはよくあることなのである」、と。

この部分はわれわれに、はぐらかされたような異和を感じさせる。しかし、実は李恢成の文体の秘密はこのあたりにひそんでいる。つまり、わざとこういう〝語り〟口調をとることによって、氏は「かれ」を突きはなし距離をおこうと努めているのであり、いいかえれば李珍宇的世界と一線を画そうとしているのだ。以前李氏を混じえた座談会で、私は、漱石の「坑夫」が「行人」に劣らぬ非現実感に浸されていながら、作者がつねに外在的に手綱をしめているように、李恢成の小説にもその種の強い〝統覚〟があるが、それは何によるのか、という意味のことを述べたことがあった。これは「武装するわが子」という作品のばあい典型的に示されている。

おそらく右のように書き、また書かざるをえないことが、氏の長所であり短所でもある。氏は「かれ」の世界にのめりこまず一歩「距離」をおいているため、それが独得のヒューモアを生んでいるし、金鶴泳のようにかぼそくない強靭な精神を感じさせる。しかしこの「距離」をおくということは氏にとってもあまり容易ではないらしく、前作「伽倻子のために」では、視点の〝高さ〟が不明確で結局伽倻子という少女を見おろす結果になってしまっているのである。このばあいには氏の文体は説明的になり、抑制された存在感を失ってしまうほかない。

もし李氏が「かれ」と同じ眼の〝高さ〟で書いたら、という夢想を私が禁じえないのはそのためである。氏が、あの強い統覚を持ちえている以上、「行人」や古井由吉の「杳子」に見合う地点に踏みこむべきであり、あるいはやがて踏みこまねばならないだろうと思うのもそのためである。

ところで、「武装するわが子」において、「かれ」は息子が「チョーセン人」と呼ばれ、「自分に自信を失いやがて親を怨み出し」、あの〝境い目〟にまで追いこまれていくことを迫害妄想的に案じながら、実際には近隣の日本人たちから「異常なほど親切な」あつかいを受けている。したがって、彼はそこを「神聖地区」だと考える。が、まもなく「かれ」は、それが日本人たちの「加害者意識」に発するぎこちない所作であることを知り、お互いにもっと自然的にふるまえる道はないものかと話し合う。

これは、おそらく「作家」李恢成をとりまく日本の知的階層の雰囲気を象徴している。そして、また氏の小説が啓発しうる日本人(読者)はここまでであって、それより外にはひろがりはしないのである。むろん、李氏はこの「神聖地区」がかつて大江健三郎が唱えた「文学共同体」のようにはかないものであり、それをいかに拡大していっても限界があるということを、誰よりもよく知っているはずである。その限界線は、一つは日本の大衆存在にあり、もう一つは国家にある。

たとえば、「かれ」の息子は、この「神聖地区」から東京の朝鮮小学校へ通学するようになってまもなく、惧れていたとおり突然の変貌を示す。すなわち、小学一年生であるにもかかわらず、彼の先輩たち朝鮮高校生が日本人の高校生に襲撃されていることを知って、自らポケットに石をつめて「武装」しはじめるのである。それは「かれ」にはもはや如何ともしがたいことだ。

木下順二は、「審判」(『群像』十月)という劇の第一部で、A級戦犯の裁判を再現しながら、国家レベルでの「罪と罰」が結局国家的利害とエゴイズムのやりとりにすぎないことをあばき出している。(B級・C級の戦犯をあつかった第二部はよくない、つまりそれは第一部の世界を力づくで転倒するような論理を提出するかわりに、弱々しい進歩的啓蒙に終ってしまっているからだ)。私の考えでは、国家レベルでは、朝鮮民主主義人民共和国、韓国及び日本国の関係には何ら「裁き」はありえないし、どこにも「正義」があるわけではない。要するにそれは各々「国家」であり、本質的には「よい国家」も「悪い国家」もありはしないのだ。おそらく、よく見れば李氏が日本で感じているような《恐怖》はどんな国家にもあり、つまり「国家」というものの本質のなかにそれがある。あるいは民主的な「法」のなかにある。李氏がこの《恐怖》を見すえて、「国家」の位相にまで馳せ昇りうるか、逆にいえば大衆存在の位相にまで馳せ降りうるか、これが氏の課題であり、たぶん氏のみが果たしうる課題であろうと私は考えている。

（『日本読書新聞』１９７０年10月12日）

1968.10.20

『文学的アメリカ』

佐伯彰一

この書物のテーマは、結局、われわれのような「純種国民」には、「閉め出されていることへの恐れと同時に、隔てられ、護られているという暗黙の確信が、いわば表裏一体となって共存している」が、アメリカのような「雑種国民」には、たえざる「自己証明」が必要であり、「雑種的、異質的な人間たちの特殊的、個別的な自己証明が、アメリカ人たることの一般性、普遍性とからみあい、ぶつかりあうところに、アメリカ文学の活力の源が存する」、またそこに、「雑種社会の可能性」が存する、ということである。こういう分類に対しては、ああ、そうですか、というほかはない。しかし佐伯氏がそれを解説する段になると、どうしようもない通俗的な混乱が生じてくる。それは、一つには、氏が日本とアメリカを「比較」するばあいにとる視角の抽象度が不明確だからであり、その不明確さは、たとえば右に述べたような抽象度で語っているかと思うと、漂流者をもち出したり、日米の文学者を恣意的に「比較」してみたりするところにあらわれている。要するに、氏は面白おかしく書きたかったのだろうか。あるいはそのように注文されたのだろうか。しかし「新書」的な制約を考慮にいれたとしても、ここには佐伯氏の思考方法の特質がすべて露出しているのだ、と考えるべきである。

氏のアメリカについての認識は、「アメリカ通」の域をこえていないが、驚くべきことは、氏の日本についての認識もまた「日本通」でしかない、ということなのだ。つまり、氏は、日本人の立場からアメリカの

「雑種社会の可能性」を論じようとしているが、その姿勢は外在的であり、しかもその外在性は、氏が日本に対しても外在的であるところから生じてくる類のものだ、ということである。氏はコミットしたことがない。

まず第一に、アメリカにおけるコミットメントからはじめよう。氏は、J・ボールドウィンを一番最後に扱い、エリスンに比べて劣るかのような口ぶりであるが、「アメリカ人である作家とは自己証明に憑かれた種族だ」というようなすでに常識化した説を、いったいボールドウィン以外の誰から借りてきたというのか。そして、その説が氏の思考の前提とならなければ、「文学的アメリカ」、及び、「文学的日本」の像が成り立たない、ということについてどう考えるのか。「黒人たること自体への問いは、案外にないがしろにされてきた」というボールドウィンへの批判は、あまりにも外在的であり、かつ、なによりも失礼なやり方である。ここに、外国人の説なら無断で拝借しても構わないが、日本人のあいだでは、とるにたらぬ解釈で特許権を競うという、「純種国民」の特性があるわけか。まことに左様、氏は決して自分で「考える」ことをしない。たとえば、ホーソンやヘミングウェイの小説がフランス的心理小説とは無縁であり、むしろそれが終ったところからしかはじめない、というような陳腐な指摘をしたあと、では「心理小説」とはなにか、なぜそれはフランス独得のものであるのか、という問いに向うところで、はたと降りてしまう。また佐伯氏らの手にかかると、ピューリタニズムという概念は、オールマイティーになってしまう。ではなぜアメリカ人全般がピューリタニズムに浸透されているのか、という本質的な問いを、彼らは決して発しない。本当は数十頁を費すべきところを数行ですまし、数行で充分なところに数十頁を要す、というのが、佐伯氏のやり口である。「世界通」の雑学が、そこで活用される。氏はあたかも世界文学地図の上で、タップダンスをしているわけだ。こういうタップダンスが可能なのは、一つは、氏がどこにもコミットしていない存在だからであり、一つは、氏が人間の存在の全体性をある任意の抽象度で切りとってしまうこと、のみならずそれすら徹底するだけの意志も能力もない、ということによっている。(同じように任意の抽象度から、たとえば「情熱恋愛」という角度からのみ、西欧精神の全特質をうかがおうとしたルージュモンや、「ホモ・ルーデンス」の概念から、すべてを解明しようとしたホイジンガらは、なによりもその徹底性において、われわれを沈黙させる。)

第二に、今度は日本におけるコミットメントについて述べよう。

佐伯氏の「比較」のうちで、ましな部分はすべて日本のまともな〈批評家〉からの借物である。日本の〈批評〉が、あたかも「比較論」的発想であったのは、優越せる他者との関係において自己を見出すほかないように強いられた「経験」によるので、単なる分析的な「比較」ではない。日本の〈批評〉家は、いわば一つの「不幸な意識」であって、自己自身に根拠を求めることができず、つねに真理は他者(西欧)にあり、自分はにせものであるが、にせものたることを意識するかぎりにおいてほんものである、という屈折した自己意識なのであるが、にも拘らず、そういう卑小な現実にコミットしてきたか否かに、佐伯氏らと、まともな〈批評〉家との相違が生れる。中村光夫、福田恆存、江藤淳、といった〈批評〉家が、西欧の相対化、つまり〈批評〉の死において、一種の荒廃を迫られたとき、元気潑溂としているのが佐伯氏のような人々である。〈批評〉の死は、自己とはなにか、という問いを、自己自身との関係そのものに求めるほかない内在的な批評を強いずにはいないが、佐伯氏らは、ちょうどその過渡期のはざまに浮上した軽快なダンサーにほかならない。氏の、手当たり次第の「比較」(関係性を無視した)は、世界の同時性という弛緩したムードに乗っかって、平面的に撫でまわしているだけのことである。それは方法と呼ぶに値しない。ただ「世界通」の稀少価値が、あたかもそれを「方法」であるかのように見えさせているだけのことだ。

佐伯氏が、日本のまともな批評家から見くびられていることは疑いをいれないが、しかし、他方、佐伯氏が見くびっているほど、いつまでもアメリカ文学者も馬鹿ではあるまい、と私は思っている。たかだか「アメリカ通」や「日本通」では通じなくなるときが、早晩くることはまちがいないから、佐伯氏は、いずれでも結構、地図上のタップダンスをやめて、土の上にしっかりと立つべきである。「伝記と分析の間」なんてことをいっていないで、まず一人の作家と作品を、誰とも「比較」せずに、みっちりとやるところからはじめてもらいたい。

(『新批評2』1968年10月20日)

1969.12.15

『野間宏論』

渡辺広士

野間宏については、まことに短いが本質的な批判と思われる吉本隆明の『戦後文学は何処へ行ったか』という評論を看過しえないと私はかねがね思っていた。

したがって渡辺広士の『野間宏論』に、私は吉本氏の批判をくつがえすにたる強力な反論を期待していた。これは吉本氏のあとの世代の批評家だけがなしうる力仕事だと思ったからである。だから渡辺氏が巻末の「主要参考文献目録」のなかにこれをいれないで、とるにたらない野間宏批判や支持の文献をおさめていることに不審な気がし失望もしたのである。

〃戦後文学〃についてわれわれがどんな一般的見解を抱いていたとしても、個々の作家をとり出せば、およそトピカルな情況や政治とかかわりのない、一つの固有の相貌と軌跡が浮びあがってくることは事実である。個々の作家がある動かしがたいものに憑かれて突きすすんできた様が見えてくる。

おそらく、〃戦後文学〃なる便宜上の名称が消え、個々の作家や作品が残るのはそのときであろう。しかしまだ〃そのとき〃は到来していない。われわれはまだ〃戦後〃のなかに生きており、彼らと同時代者だからである。のみならず、〃とき〃を到来させるのは単に時間的経過ではなくて、われわれの(批判的)行為だからである。つまりわれわれは水に流してしまってはならないものをまだ持ちつづけているのだ。

ところで本書でもっともすぐれているのは、第一章「父と子」及び第二章「罪の中の少年」であって、いずれも真宗系の土俗宗教の教祖を父とし、その後継者たるべく育成された野間宏の幼少期に光があてられている。渡辺氏はここで主として次のようなことに注目している。

教祖の息子である野間氏が、「父と母をとび越し、自分をとび越して、〈仏〉と対話する」ようになったこと、したがって言葉との出会いが異様であったこと、その結果思春期の自己意識は、すでに彼を占領していた地獄のイメージと言葉に対する肉欲の葛藤としてあらわれたこと、などである。

この条りが渡辺氏の論考に不可欠であったのは、野間宏を政治・思想的側面で解明する一般傾向を拒けて、彼の言語表現へのモノマニアックな執着、あるいはサンボリスティックな側面を照射しようとしたからである。その点で氏の眼は、作品分析において微細なイメージにまでいきとどいており、一貫して文体論的に論じている。氏のもくろみは奏功していて、最初の二章で明らかにされた幼少年期の問題が、『わが塔はそこに立つ』にいたるまでの作品の輪をつきさして、拡張深化されていくようにみえるのである。

しかし野間宏の負の部分である転向と戦後の党生活の問題は、表現や文体の問題とかくも容易に切断しうるものだろうか。私は野間宏の幼少期のなかにこそ吉本氏が追尋し渡辺氏があえて眼をふさいだものの萌芽があるのだと思う。野間氏は自己自身に、したがって他者に出会う前に〝神〟にとらえられていた。教祖の後継者である彼にとって、他者とは神(仏)であり、垂直的な倫理だけが問題で、水平的な他者などはいなかったのだ。(野間氏の母は彼の信者だった!)おそらく彼は、相対的な、同じ背丈をもった他者に出会うまえに、あまりに巨大な他者に出会ってしまったのである。他者との地獄をみるまえに、地獄の観念に出会ったように。

彼の対決する対象は、したがって神ないし神に匹敵する物神性としての資本(『さいころの空』)や国家(『真空地帯』）でなければならない。モビィ・ディックを追いかけるエイハブのように、彼自身が〝全体〟を実現せんとする半神となっている。このことが彼を類例のないスケールの作家たらしめたとしても、彼を相対化してしまう平凡だが厄介な他者を内にもたなかったということがマイナスとなっていないはずがない。

野間氏に奇妙に鈍感なエゴティズムがうかがわれるのはそのためである。いわば、モビィ・ディックなんてただの白子の鯨だよという他者がついに欠落している。そういう眼からみれば、たとえば『さいころの空』という小説は意味あり気に書かれただけにしか思えないのである。渡辺氏は野間宏のなかに〝宇宙〟をみた。が、〝人間〟をみなかったのではないだろうか。

（『日本読書新聞』１９６９年12月15日）

1970.2.9

『天馬賦』

石川淳

『天馬賦』は一九六九年七月から九月にかけて発表された中篇小説だが、この小説に翳をおとしているのは、おそらく「全共闘」運動が衰退の徴候を濃厚に示しはじめた情勢であろう。大岳という人物に「絶対自由の歴史を見わたせば、もつとも刻薄にして強力な敵はレーニンといふ大俗物であつたよ」ということばを吐かせている石川淳が、「全共闘」にどんな幻想も抱いていたはずはない。が、ふりかえってみると、石川氏は、『普賢』にせよ、『白描』にせよ、戦後の『善財』にせよ、つねにこのような革命運動の衰退期に筆をとった形跡がある。

むろんこの小説は、石川氏流に現実をモディファイしたかたちで、したがって、文体といい人物構成といい、これまでの作品のライトモチーフを反芻するかたちで書かれているけれども、ここに、六八年に全国を席捲した運動への一種の挽歌をよみとることも、また「絶対自由」の千年戦争という預言や、黙示録的世界と二重に重ねあわされたヴィジョンを読みとることも読者の自由である。

中心人物は大岳という義足の老人で、「おれはかうすることができる。だからおれはかうしなくてはならない」という絶対自由の精神、組織も権力をもめざさないがゆえに、いくたび破れてもついに亡びることを知らない精神を説きつづける。この老人は自伝を、「他のたれに見せるよりも、現在の自己に突きつけようといふ意図」から書こうとしているが、実は書きあぐんでいる。それは、「おのれの生活に於て、かのアナバプティズムの使徒のやうに、みづからよくヒューマン的なものを断ちきつて、黙示録の世界に入ることができたといひうるだろうか。（中略）自己のうちにこの変身をさまたげるものがあつたと見えた」からであり、このまま書けば自己合理化という欺瞞に陥いるからである。この老人の変身をさまたげるものは、彼の孫娘イヅミが指摘する「ヒューマニストの目」である。

イヅミは、ノンセクト・ラヂカルのリーダーで美貌の女子学生だが、大岳が「つとめて入らうとしてつひに達しえたとはいへない境」、「黙示録の世界」に、「きはめて自然に、しなやかな身ぶりをもつて」入っていくことができる。老人ははげしく嫉妬し、陽根をふるいたたせるが、もはや「現在の自己によくこれを犯すだけの力は」ない。こういう人物の配置は、『普賢』以来なじみ深いものだといってもいいが、ただ私はここに石川淳にとっての「老年」という問題を感じないわけにはいかない。

イヅミは、かつて老人が「若い力を集めて企てていた」ことのある大部屋に、「絶対自由」を信奉する学生やフーテンたちを集めている。老人と彼らの対話は興味ぶかいが、その中で、老人が、「まあ千年戦争だらうな。おそらく負いくさつづきの千年だ。この千年のあひだ、運動する人間には未来の夢にふけるひまがない」という条りは、暗示的である。

この小説のクライマックスは、イヅミらのグループがテロルを実行にうつしたときである。破局は、無惨にもイヅミの美しい顔に致命的な「はすかひの切傷」を与える。それはおそらく「ヒューマン的なもの」をふみこえた者が受ける報いかもしれない。イヅミの崇拝者ムラキという学生は、この「変相」のうちに「崇高なもの」を見出し、彼女を守って逃亡する。『白描』がたしかそうだったように、残るのはただ一人大岳のみである。大岳はもはやイヅミを見おくろうともしない。「今さら、おれの目になにを見ろといふ。人間的にしろ、非人間的にしろ、おれの目にはもはやなにも見るものはなし、また見るすべもない」。老人は自ら短剣で両眼をつきさす、あの「ヒューマニストの目」を。

小説はそこで終る。しかし私たちは考えこまざるをえない。この見えない眼は、エディポス王さながら、この先何を見ていかねばならないだろうか、と。

なお、ほかに七篇の短篇小説が収録されており、中でも「虎の國」と「靴みがきの一日」が印象に残る。

（『日本読書新聞』1970年2月9日）

『死者もまた夢をみる』

遠丸 立

著者がもっとも力を注いだと思われる「ドストエフスキイ論」には、四つのエッセイが収められている。なかで優れているのは、「愛の原像としての兄弟」であり、ここで遠丸氏はドストエフスキーの小説における恋愛観の一貫性を指摘し、それが「兄弟」の愛を媒介として「同胞」の愛に転化される過程・構造を解剖している。これはきわめて示唆的な見解である。なぜなら、それはヘーゲルや吉本隆明が「姉弟」の愛を媒介として「対幻想」が「共同幻想」へと転化されていくと考えたのと好対照だからである。すでにフロイトは父を殺した息子たち(兄弟)の自由連合という仮説を提唱しているが「兄弟」愛が本質としてもつ契機は顧みられる必要がある。これをロシアあるいはドストエフスキー兄弟・レーニン兄弟の一特殊性に還元するのはあたらないので、願わくば遠丸氏にその本質性を解明してもらいたかったところである。

「〈告白〉の構造」では、『虐げられし人びと』以後の小説はドストエフスキーの「少女凌辱」体験の「迂回的で、間接的な」告白にあるという大胆な仮説がたてられている。むろんこれは彼の父が殺されたとき癲《てん》癇《かん》がはじまったというフロイトの説と同様、事実的に根拠が稀薄である。かりに伝説がたしかだとしても、ドストエフスキーは友人に「少女凌辱」事件を〃得々と〃語ったというのだから、それの「迂回的な告白」が彼のほとんどの作品を牽引していくほどの原動力たりうるとは思えない。むしろそのエピソードをわれわれに確信させるのは彼の作品の方であって、その逆ではない。

しかし不思議なのは、遠丸氏が作品の側から「少女凌辱」の事実をあくまで確証していこうとする情熱にかりたてられていることである。おそらくこれは氏が経験的に育ててきた「信念」に近い。平野謙のように事実をもって作品を解明しようとするのに比べると、遠丸氏のは逆向きであるが、同じように揺るぎない信念に支えられている。

すなわち、遠丸氏はファクトを軽蔑しながら、実は何よりもファクトの存在証明に至上価値をおいているのである。したがって、遠丸氏はまるで平野氏の倒立像のようにみえてくる。しかしいずれも、作品が作者をつくりだし作者(の伝記的事実)が作品を照明するという相乗作用を一方的に限定してしまっているような点が私には不満である。遠丸氏の批評の一面性は「ドストエフスキイ論」以外のエッセイにおいて不自然なほどに拡大されてみえる。

たとえば、それは「埴谷雄高論」で、埴谷氏に生得的に「遠感」能力があると〃証明〃するようなばあいにも示されている。これは作品が生みだす作者の神話(ヴァレリー)の典型にすぎない。しかもその根拠を遠丸氏が最近自ら「遠感」を体験したというところに求めているのであるが、滑稽というほかない。たとえ埴谷氏にそういう能力があることが立証されたとしても、大して意味はないし、早い話が現存している当人に事実を確かめればすむのだ。『死霊』のなかで、三輪与志が「この世界が幽霊屋敷であるとして」という条りを、遠丸氏は「この荒唐無稽な仮定」とよんでいるが、それは、「遠感」能力なるものにアクセントをおきすぎた氏にのみふさわしい錯覚にすぎず、埴谷氏が「幽霊」というときには、『唯一者とその所有』(日本語訳)のなかでひんぱんに用いられる比喩からくる、むしろブッキッシュな思考であって、またそのように解すれば「幽霊屋敷」云々は別に「荒唐無稽」でも何でもない。

「大江健三郎論」でも、『ヒロシマ・ノート』に渡りをつけるために、氏があの日たまたま原爆投下予定地(小倉)にいたという事実を意味ありげにつけ加えているが、むしろそういう事実を直接的につなげなければならないところに、大江論の貧弱さがある。つまり、それは対象に肉薄しえない部分を、外的な事実で補てんしようとするためで、もしこれを氏がエッセイの〝芸〟と目しているのなら、甚しい誤解である。外形がいかに切実にみえても、結局氏と作品対象が内的に交錯しあった痕跡はどこにもみとめられないのである。

遠丸氏の文体もまたこの傾向をまぬがれていないというべきであろう。つまり全体として前著『吉本隆明論』がたたえていた静かな緊張感は消えうせ、ことさらにいかめしい誇大な比喩で観念を粘土のようにこねまわすようになっている。『吉本隆明論』では、吉本氏にたいするひそかな欠如感と憎悪が「迂回的な告白」として異様に粘液的で抑制された文体を生みだしていたとすれば、ここでは氏の「告白の位相」は弛緩し拡散していて「迂回的な」緊迫を欠いている。

おそらくその分だけ、氏の文体は警戒色さながらものものしい比喩で強化されねばならなかったといっていいかもしれない。しかしその原因がどこにあるかはたぶん遠丸氏自身が知っているはずである。

(『日本読書新聞』1970年8月31日)

1970.9

『詩の根源を求めて』

渋沢孝輔

ここにはさまざまなエッセイが収められているが、主としてランボーと朔太郎に光源をもとめ、そこから「近代詩」と「現代詩」の接点を照らし出そうというのが渋沢氏のモチーフのように思われる。渋沢氏の規定によれば、「現代詩」とは、「語に主導権を渡す」(マラルメ)ことであり、言語が「近代的自我」や自己表現にとってかわって支配することである。それを氏は「自我から言語へ」の転回と呼んでいる。

朔太郎の『氷島』は、こういう構図の下ではどうみえるか。彼は言語の支配下に入ることによって「無と偶然性の空間に四散するよりは、おのれの自我の統一性を守る方を選んだ」。いいかえれば、文語体の堅固な枠組に自らを縛ることによって、詩を再び自己表現、あるいは「近代的自我」の具に返した。つまり、彼において「近代詩」が究極にまで追いつめられながら「現代詩」へと飛躍することがなかったのであるが、その理由は日本の「詩語」の未成熟に求められる。渋沢氏は、国語の成熟を熱烈に希望しながら、自らの詩的成熟のために文語詩に「退却」せざるをえなかった朔太郎の『氷島』問題を、いまなおわれわれにとって現存する不可避の問題なのだといっている。ただ、周知のように、渋沢氏のいう「国語の未成熟」はいわゆる「近代」の未成熟に、「過渡期の感覚」は次のようなことばにより精確に翻訳されることができるのである。「日本に近代などありはしない。が、ありもしない近代の危機や克服を同時に口にしなければ、すでに説明のつかない現実が存在していることもやはり事実なのである。考えてみればおかしなことである。われわれは近代の確立と同時にその克服を問題にしなければならない。そういうことはいったい可能なことか」(福田恆存『反近代の思想』)。

福田恆存の批評の根拠は、「近代」にせよ「現代」にせよ即自性としてあらわれるものに敵対するアンビヴァレントな二重の自己意識にあった。しかしこういう批評は、日本における「近代」(詩)や「現代」(詩)を対自化する機能をもつとはいえ、その基底にマゾキスティックな自己詠嘆をふくんでいる。したがって、この種の心性は福田氏が保持しているストイックな自己抑制をはなれると、次のようにだらしなくのびきった「抒情」に堕してしまうほかない。

詩人はいつでも特殊性の道を進むが、われわれがいま選ぶ特殊性の道は、それがそのまま普遍性に通じることは将来ともまずないだろう、ぼくのいうのはそういう意味である。そして過渡期を生きるとはまた本来そういうことなのだ。諦めよ、わが心。おまえはおまえの特殊性がやがて人々のなかに普遍的に生きることもありうるような幸福な状況にはいない。(「過渡期の感覚」)

こういう文章は、「過渡期」の表現者の苦渋を感じさせるどころか、「不幸」に悪酔いした軽佻な精神を感じさせる。透谷が、漱石が、龍之介が、朔太郎が、「諦めよ、わが心」などという歯の浮くような抒情に浸ったことがあるのか。

ここにあるのは自己認識ではなく、いわば認識の抒情であって、なにほどのリアリティもありはしない。全般的に、渋沢氏の文体は、哲学的にであれ詩的にであれ認識者のものではなくて、抒情者のものなのである。氏のエッセイは、どれもこれももはや一つのファッションと化したレトリックに包まれ、そのレトリックは結局いわくいいがたいことをいうためにではなく、むしろいわずに回避しようとするために用いられている。むろんレトリックが人を酔わせることはある。が、渋沢氏にはおれは日本のブランショだといいきる自信はないし、さりとて「過渡期の感覚」に徹してそれと正面から対峙する意欲もない。たとえば、もし「過渡期の感覚」に忠実であれば、ランボーの沈黙を評価するのに、谷川雁の沈黙を「単に創造力の涸渇か、責任の回避か、いずれにせよ谷川個人における日常的次元の問題に還元」してしまうことはできなかったはずである。谷川雁の沈黙は思想的にも、また「近代詩」の内側からつきつめた自死としても必然的な意味をはらんでいるが、渋沢氏の饒舌にはどんな重みも欠けている。つまり、私は渋沢氏について、ものわかりがよくあれもこれも評価しようとしながら、それらをつなぎあわせることに精一杯で身動きならない誠実な外国文学者といった像をしか想い浮べることができない。

たとえば、「ランボー「母音」問題」というエッセイでは、「母音」の解釈をめぐるフランスの数々の論議(これはなかなか面白いのだが)を紹介しながら、「忘れてならないのは、それらの中の一つだけが正解なのではないということ、むしろそのいずれもが詩作品のいわば派生的な部分にすぎないということである」とい い、「『母音』を一つの〈意味〉に還元することによって裸にしようとすればするほど、裸にされるのは『母音』の方ではなくそれを試みる読者の方なのである」という、いたってまっとうなあたりさわりのない正論によってしめくくっている。こういっておけば、渋沢氏だけは「裸にされ」ずにすむ、などと皮肉をいうつもりはない。が、このような妙に超越的な姿勢はどこからきているのか。

それは、氏がフランス詩史における「自我から言語へ」という転回、とくに構造主義によって定式化された転回を、むしろ先験的なイデアルティプスとして受けとり、その優越した高みから見降しているためであり、自らの経験の「裸の」内質を、あるいは日本の「近代詩」の経験の内質を根拠に出立しようとはしないからである。そういうイデアルティプスからみれば、吉本隆明の「自立」論も、たかだか「近代的自我」の否定的確立という程度の意味しかもたないだろう。

しかし、T・アドルノーがこんなことをいっている。「否定の否定」は、既成の全体性を前提したときのみ弁証法的な止揚を意味するが、さもなければ否定のより一層の徹底化を意味するだけだ、と。「ひとりの詩人の詩的生涯をその終りの地点から逆に眺めるという奇妙な習慣が、いつの頃からか身についてしまっているような気がする」と渋沢氏は述べているが、おそらくこの「奇妙な習慣」は日本の知識人にとってはきわめてありふれたものであって、たとえば「白我から言語へ」というとき氏はすでに「終りの地点から眺め」ているにすぎないのである。私の考えでは、「自我から言語へ」の転回は、ただ「自我」の否定の否定(否定の徹底化)にほかならないので、渋沢氏から徹底的な否定力を奪ってしまっているのは既成の全体性へ依存するあの「奇妙な習慣」であり、否定力のない批評がペダンティックになるのは当然である。

また氏が朔太郎に拠って日本の詩表現の屈折を論じるとき、少くとも朔太郎が(ヨーロッパでランボーがそうだったように)たんに詩表現においてのみならず、散文・小説・思想において具現されたものと同質で、且つそれを本質的に上まわり先駆しているのだという存在証明が不可欠である。「詩とは、究極的には、あらゆる歴史の否定なのである」という一般論では事がすまない。すべて「歴史の否定」をはらまぬような表現はないからだ。さらに、日本の「近代詩」が(まして詩論が)、表現的な意味で尖端をになってきたかどうかはけっして自明ではない。渋沢氏にこの点についての懐疑が一片だにないのは、氏が詩人たることをある種の特権的な先験性によって擁護しているためであり、その結果「詩の擁護」は内輪の暗黙の相互了解へと自らを閉ざしていくほかはない。「諦めよ、わが心」などという甘い抒情を許容している他者は、「＊＊の夕べ」というような催しで集団的に自慰している詩愛好者の外には存在しないからである。

（『現代詩手帖』1970年9月）

1971.2.22

『杳子／妻隠』

古井由吉

古井氏の小説にはいつでも「旅からの帰還」という主題がある。旅というものは日常生活の連続性を断ってしまうもので、また一旦連続性を断たれると、人間はなかなか元通りになれないし、軽い非現実感がつきまとって離れないものである。『杳子』という作品では、それは明瞭な心的異常としてあらわれている。杳子という女子学生は山の中で岩にむかって融解するような感覚に襲われ、都会に帰ってからも自分が「いまここにある」という関係づけをすることができず、深い孤絶の中に沈みこんでいく。杳子と山中で出会い救出した学生は、彼女と肉体的にまじわりながらどうしても深いところで「一本の線でつながる」ことができない。しかし孤絶の底から他者を呼び求めるムンクの「叫び」のようなものが交感しあい、つかのまではあるが、二人を微かにつながらせるところで小説は終わっている。

一方で古井氏は、こういう「病気」のなかに積極的な意味をも見出している。それは、日常的な慣性の中で見かけだけの欺瞞的な自己同一性になれあうことなく《現在》そのものをより深く感受することにつながるからだ。実際に、氏の文体の独特の官能性はわれわれを杳子の感覚に同化させてしまうのである。

たとえば、氏がしばしば用いる、うつらうつら、ふらりふらりといった反復語や、すうっと、ぼうっとといった語のものうい律動によってわれわれは半ば催眠状態に誘いこまれてしまうので、それによってわれわれ自身静かな町や森にざわめきを聞きつけ、穏やかで単純な事物が物狂わしく淫《みだ》らにうねりだすのを当然のごとく感じてしまうのだ。事実古井氏の小説を読んだあとでは、現実がいくらか違ったふうに感じられるはずである。

『妻隠』のばあい、男（寿夫）は熱病にかかって会社を休み妻と二人で家に隠《こも》るのだが、やはり自分を確実に感じることができなくなり、同時に妻との関係もいつ切れるかわからぬあやふやなものに見えてくる。そういう二人をとりまいているのは、二人の関係の危なかしい「臭い」を敏感にかぎつけてやってくる奇妙な老婆と、熱に病んだ男の耳にざわめきのように聞えてくる、集団生活をしている若い労務者らの《群れ》の退嬰的な熱狂である。彼らは根無し草となって都会に出てきた者たちであり、寿夫と同じように自分を確実にとらえることができなくて、《群れ》の狂騒の中に自己解体してしまっているのである。この「男たちの円居」の中にヒロシという少年がいるが、彼はサディスティックになった獣のような「男たち」にたえずからかわれ弄ばれて、自分も同じようにヒステリックな獣めいた発作に否応なくとらわれている。

こうして、ヒロシ少年の、他者と一緒に生存することのやりきれなさと寿夫の、他者と関係することのできないつらさとが、妻を軸にして交錯しあっている。あるいは、『妻隠』という小説には、古井氏が『先導獣の話』以来示してきた「群れと個体」という主題と、『杳子』で描いた一対の男女の愛という主題が交錯しあっている、といってもいい。いいかえれば、これまで氏の文学の特徴だった鋭い抽象性がいまや平坦な具象性に融けこみはじめたのであり、氏はここでばくぜんとではあるが具体的な《社会》を発見しかけている。

たぶん、この作品は氏にとって一つの転換を意味するはずである。

（『東京新聞』1971年2月22日）

『思想的査証』

梶木 剛

本書に収録されている主要な評論はすでに雑誌で読んだことがあるが『思想的査証』というタイトルにはちょっと異和を感じた。むしろ「知識と自然」とでもすべきではなかったかと思うのである。「査証」ということばは、対象としての他者に対するメスの冷たい犀利さを感じさせるが、愛情を感じさせない。平野謙論にはとくにそんな感じがあり、平野謙はただダシに使われているだけみたいなところがある。

しかし梶木剛が「平野謙批判序説」を書きはじめたときには、平野謙はまだ文壇イデオローグとして健在であり、「政治と文学」の幻想はなお強力だったのであろうか。たぶんそうだ。梶木氏は平野謙の戦後の道程を、「政治を内在化させる」ことができなかった者が陥いった「現象追随の論理」とみなして、緻密な分析を試みている。平野謙は「弱い人間」としてのインテリゲンツィアの自己救出をめざしながら、彼を「弱い人間」たらしめている「状況」(共産党、文壇など)の思想的質そのものを問うことがないため、それらを外在的なものとして不問に付しあるいは逆に補強することになってしまうほかなかった。つまり「弱い人間」と「強い組織」という対比は、自己自身を肯定すると同時に組織をも肯定することになってしまう。こうして、平野謙は自らを「日和見主義者」として肯定するとともに、文壇イデオローグとしての支配的地位を確立していく。

梶木氏がいうのは、共産党にせよ、国家にせよ、文壇にせよ、あたかも自己の外側にそびえているかにみえる「組織」は結局自己が生み出した幻想性であり、また自己疎外の産物なのだから、このような倒錯を打倒するためにはそれらを自己に内在化させる方向によるほかはないということだ。これはフォイエルバッハの宗教批判を思わせる発想である。問題を無限に自己内に集中化していき、それを「自己意識の構造の問題として展開する」こと。これが「芥川龍之介の位相をめぐって」において、「人間存在の自然性と知識性の二重構造」として定式化されたものだといってよい。

むろんこの発展の過程では、自己内在化の動的な持続が、逆に自己の静的な「構造」に転化されてしまった感がある。しかしその分だけ氏はシステマティックな論理をかくとくできたともいえる。同じことが吉本隆明についてもいえるのだが、この転化は可逆的なものでなければならない。さもなければ、平野謙とは別の意味で、自己肯定におちこんでいってしまう危惧がある。「自己内在化」にはつねに対象との一回的な危機的な出会いがあるが、「自己構造化」にはそれがないからである。したがって、梶木氏は「芥川龍之介のなかの知識人と大衆」において、「知識人存在は、その往相とともに、飛翔する天上から大衆的現実に向って無限に帰還する環相のアポリアを包摂せねばならぬ」というような、「無限運動」を強調しているのである。

梶木氏は吉本隆明の「芥川龍之介の死」をどう発展させているか。氏の考えでは、芥川の『西方の人』は、吉本氏が批判したようなことをすべて知り尽した人間が自らの死を代償に「知識主義の敗北」を総括した書なのである。いってみれば吉本氏の論では『西方の人』の意義が稀薄にみえ、梶木氏の論ではなぜ芥川が死んだかということがよくわからなくなってしまっている。思うにこの微妙な差違は、吉本氏が芥川論を書いたときは氏自身「固有時との対話」のような分裂病的世界から出てきた過程を重ね合わせており、いいかえれば死ぬか生きるかといった動的な緊張の中にいたのに比して、梶木氏はいわばのちの吉本氏のかなり整理されたシステムに依拠して書いているというところからきている。

梶木氏が「知識」ということばにこだわるのは「知識人批判」が念頭にあるからだろうが、私はもう少し普遍化してみた方がいいのではないかと思う。ピアジェがいうように、「知識」はあらゆる抽象レベルにおいて人間の経験を経験たらしめる構造化（ゲシュタルトゥング）にほかならないが、吉本氏のいう「自己の社会的安定圏」ではひとは意識せずにそういう構造化によって安定していることができる。しかし、たとえば芥川はその不幸な幼年期からすでに吉本氏や梶木氏がもちえたような「安定圏」を厳密にはもたなかったのではないだろうか。そうだとすると、芥川の問題は必ずしも知識人批判に限定されず、生活（文化）環境のドラスティックな変化を蒙ることによって「安定圏」をうしなった人間全般の問題であるともいえるのである。

（『出版ニュース』1971年3月上旬）

1971.6.28

『湯タンポにビールを入れて』

古山高麗雄

古山高麗雄の小説には独特のノンシャランスがある。たとえば、「湯タンポにビールを入れて」では癌を宣告された主人公がほとんどそれに無頓着に動いているし、また「ボートのある団地」では、団地の人妻が浮気した男に「下の子はあなたの子よ。生んじゃったわ」と平然といい、それで別に何事もおこらないというような残酷なほどの無頓着さにしても然りである。

この無頓着さは徹底したもので、私はそこに古山氏のある種の断念と献身の姿勢を感じずにはいられない。小説の人物が〝ズッコケ〟ていたりノンシャラントであるのは氏の断念の徹底性を示し、彼らが同時に優しく気まじめなのは献身を示しているといっていい。それらが何の矛盾もなくごく自然に同居しているのである。古山氏がいかなる過程を経てこういう精神の位相に達したかは知らない。しかし、氏の小説は実はそうした暗部を少しも感じさせぬ自然さをもっているので、私などにはある畏怖感を与えるのだ。自意識が紡いだものならどんな自虐、自嘲、倒錯も理解できるが、氏のような作家はそういう手がかりを少しも与えないからである。

これらの短編はいわば庶民の世界を描いている。私の知る範囲では、庶民を描いた小説というものは大概知識人がそれらしき観念によって書いているか、あるいはいかにも身をやつして書いているかのいずれかである。ましな場合でも、私は自己の卑小さ、弱さ、拙劣さを拡大鏡にかけるねじくれた自意識をそこに見出してうんざりするのがつねだ。しかし、これらの小説の視点やスタイルは古山氏自身とほぼ過不足なく見合っている。ここにはどんな誇張や自己憐憫の気配もない。つまり、眼の高さが同じなのだが、これは稀有な例というべきで、ほかにただ深沢七郎の作品をあげうるのみである。しいて両氏の相違をいえば、深沢氏のばあい「断念」の激しさが「献身」の要素を乏しくさせてしまっているのに比して、古山氏にはそれほどエキセントリックなところがなく優しい安らぎを背後にたたえている。そして、特異性が特異性として少しも目立たないのである。

ここで小説の内容を紹介する余裕はないが、何より「三ちゃんも三ちゃんや」、「サチ住むと人の言う」、「トンキとビビアン・又は馬の恋」、「ジョーカーをつけてワンペアー」というような題名をみればいい。抱腹絶倒、まさにこの題名通りの世界なのだから。これを読んだのち、たとえば北杜夫の滑稽小説を読んでみれば、おそらく妙にうす寒く感じられるにちがいない。それは天然の笑いと、つくられた笑いの違いにほかならないので、いわんやその他の自嘲とヒューモアを混同したたぐいの小説とは比較すべくもない。不思議な作家というべきであろう。

(『東京新聞』1971年6月28日夕刊)

1971.8.9

『青丘の宿』

李 恢成

本書に収録されている「武装するわが子」、「青丘の宿」については、いずれも本紙の時評欄でかなりくわしくとりあげたことがある。だから、これから書くことがそれと重複する点があることを断っておく。

「武装するわが子」はこういう筋書の小説である。朝鮮人の〃かれ〃は女を犯して殺したという妄想を抱いている。〃かれ〃は息子が「チョーセン人」と呼ばれ、「自分に自信を失い、やがて親を怨み出し」、〃かれ〃と同じような道を歩むのではないかということを迫害妄想的に案じているのだが、実際には近隣の日本人たちから「異常なほど親切な」あつかいを受けている。

が、まもなく〃かれ〃は、それが日本人たちの「加害者意識」に発するぎこちない所作であることを知り、お互いに自然的にふるまえる道はないものかと話しあう。一方で、〃かれ〃の息子はこの「神聖地区」から東京の朝鮮小学校へ通学するようになってまもなく、惧れていたとおり突然の変貌を示す。すなわち、小学一年生であるにもかかわらず、彼の先輩たち朝鮮高校生が日本人の高校生に襲撃されていることを知って、自らポケットに石をつめて「武装」しはじめるのである。

しかし、この小説には実際には危険な部分は少しもなくて、こういうことは〃かれ〃の杞憂であり妄想にすぎないというような相対的な視点、一段高い視点から書かれている。これがこの小説を落ちついたヒューモラスなものにしている。私はこの作品について、本紙「時評」欄(七〇年一〇月)でほぼ次のようなことを書いたはずである。李恢成は犯罪あるいは狂気にいつすべりこむかもしれない「境い目」に眼をすえているが、しかし他方でそれを強く自己統覚し一歩距離をおいたところで書いている。それが李氏の文体に独特の骨太いヒューモアを与えているが、しかし氏の統覚の強靭さをもってすれば、漱石の「行人」や古井由吉の「杳子」のような地点にふみこんでも構わないし、またやがてふみこまねばならないだろう、と私は書いたのである。

おそらく「青丘の宿」は、こういう私の予感を裏切らなかった。この作品は、「武装するわが子」では一段高いところから相対的に眺められていたものを、内側からとらえなおそうとしているといってよい。

朝鮮語をろくに喋れずいろんな意味で日本人的感覚をもってしまっている学生(申東仁)は、単に民族的アイデンティティを喪っているばかりではなく、自己同一性をも喪っていて「夢と現実との境界を見定めがたく行きつ戻りつしているような感じ」に襲われている。彼をとりまく二人の朝鮮人学生は、一人は明朗で健康な民族主義的学生で、もう一人は李珍宇(小松川事件)にも似て、女を姦して殺したという妄想にとりつかれて狂気に陥った学生である。彼(東仁)は前者に対してはその自己欺瞞的な「健康さ」に苛立ちと憤りをおぼえ、後者に対しては「夢」(狂気)を共有しながらその手前でふみとどまる何かをもっている。他方で、彼は家庭教師をしている中学生がグレだし彼らと似たようなコースをたどるのではないかという危惧をいかんともしがたい。

この二つの小説が相似しているのはいうまでもないことである。しかし、同じモチーフでありながら、これらの作品の色調ははっきりと異なっている。文体も後者の方がよりきめこまかで内面的陰翳をおびている。だがむしろ、こういう二種類の作品を書けるところに、作家李恢成の自己認識のたしかさがあるといっていいかもしれない。つまり、氏は自分の居場所を誰にもまして確認しなければならない必要と意志を抱いているのである。自己喪失に酔っている余裕を与えられていないからだ。

処女作「またふたたびの道」以来、李恢成は家族の解体、日本の権力によって強いられた家族の異常化をえがき、そこから自己確立する青年をとらえてきたが、これらの小説はその先をみようとしている。たとえば、すでに家族は安定し健全であるにもかかわらず、その子供たちの前途は依然不安な予兆にみちている。李氏が一世代上の在日朝鮮人作家と異なるのは、すでに不明瞭なアイデンティティ・スプリットに苦しんでいる点である。

過去は現存化しているが、もはやそれに帰することのできないなにかが加わっている。氏はそれゆえ将来に対して楽観することも悲観することも許されていない。楽観することも悲観することもできないということが、氏を私たちと共通の土台においているのだ。李恢成は朝鮮人問題にもたれかかっているという批判を私がしりぞけるのは、この意味においてである。

(『日本読書新聞』1971年8月9日)

1972.1

『富士』

武田泰淳

『富士』は富士山麓の精神病院を舞台にした小説である。が、武田氏はこの作品において、正気と狂気の問題を心理的に扱っているわけではないし、また狂気の世界を内側からとり出そうとしているわけでもない。武田氏は正常と異常という問題を、心理学的次元から人間の善と悪という倫理的な次元へと深化させようとしているのであり、逆にいえば氏固有のモチーフを精神病院という一つの「世界」において問いなおそうとしているのである。

院長の甘野、実習生の私(大島)が苦しんでいるのは、いわば「人間であるとともに聖職者である」ということの困難さである。人間はみな「病人」であるのに「医師」たらんとすることは何を意味するのか。たぶんここにはかつて『異形の者』ではじかに問われた問題の増幅された変奏《ヴァリエーション》がある。戦時下の精神病院で、戦争の役に立たない、治癒する見込みのない患者らと、彼らを治療する同様に役立たずの医者、彼らは「異形の者」である恥ずかしさとうしろめたさを感じないわけにはいかないのである。したがって、正常と異常の問題は、この作品では、次のように人間がこの世界に存在する条件とかかわるメタフィジックな問いに変容されているのだ。

――……人間たちが(患者と医師の別なく)、めいめいちがった人間でありつづけねばならない(或いはありつづけることができる)のは、みんなが自分のおちこんでいる別々の生存状態から、永久に脱出することができないということ。そのどうしようもない、人間の条件のせいなのだ。その条件が、異常であるか正常であるか、一実習学生がどうして決めることができるであろうか。決める力などあるわけがない。しかし、決めなければならない瞬間が、私たちにも患者たちにも、時々刻々、せまっている。押しよせている。それだけは、まちがいのないことなのだ。

これは正常と異常の区別は相対的だというような通りのよい議論とは何の関係もない。武田氏がいおうとしているのは、人間はそれぞれある条件を強いられており、私がかくあるということは、「何かしら私を支配する大きな力」によってかくあらしめられているということだ。かくあらしめられているとは、いいかえれば、人間にとって罪ではなく、またすべて許されているということである。正常も異常もありはしない。このとき、人間が何かを選択するということは何を意味するのか。実は人間は何も選択しえないのであり、かく「ありつづける」ほかないのだ。にもかかわらず、人間が選択せねばならぬ瞬間がくる、すなわち正常(善)と異常(悪)をへだてる基準は絶対的にはありはしないが、ある現実的契機に強いられたときにはそれを否応なく「決めなければならない」のである。

人間は善悪ともになしえない。それゆえ根本的に許されており、極楽へ行くことがきまっている……浄土宗のこういう認識が武田氏に与えたのは途方もないニヒリズムであった。ここには人間が相対的(相互的)に存在するとき不可避的に強いられる「煩悩」が一切欠落しているからである。それはあまりに透明な論理的認識というべきだ。

「だが、ぼくたちは、あくまで医師と患者の区別を、守りつづけねばならない。人間のこらず精神病者なんだという議論ぐらい、いやらしい、甘ったれた、ずうずうしい言いのがれはないからね」と、院長はいう。院長は医師(聖職者)としての完璧さをほぼ具現している。だが、なぜあくまで医師であらねばならないのか。院長を尊敬する私(大島)を苦しめているのはそういう問題だ。「私」と同窓の元精神科学生で、今は自称宮様の嘘言症患者一条はこういう。「患者があるかぎり、病院は存在しなければならない。それが君たちの側の主張だな。だが、ぼくらに言わせれば、病院があるかぎり、患者が存在しなくちゃならないんだよ」。

一条の論理はこうである。ひとは誰でも宮様であることができる(このばあい、宮様とはほとんど神様といいかえてもよい)。なぜなら人間は根本的に許されてしまっているからだ。人間は誰一人治療されたり救済されたりする必要はなく、それなら医師(聖職者)は不必要なので、逆に医師の存在が患者(俗衆)をつくりだしているにすぎない。一条は最後に警官によって「イエス・キリストのように」殺されるが、もとよりイエス的ではなく、『ひかりごけ』で人肉を食った船長のような逆説的キリスト像に近い。イエス的なのはむしろ院長の方である。

「私」はこの両者の中間にひきさかれてあいまいに漂っている。医師にも患者にもなりきることのできないこの実習生に強引に決着を強いるのは、恐ろしくもいやらしくも可愛くもある「女性」にほかならない。「決めなければならない瞬間」は、武田氏のほとんどすべての小説がそうであるように、「女性」という不可解なる存在によって強いられるのである。「私」は事件にまきこまれて、患者に対する医師という態度を放棄してしまう。そうすると、この世界が互いの「存在」、互いの肉、男根、女陰がせめぎあう場だというような裸形の形質があらわに浮かび出てくるのである。武田氏のユーモラスな文体にはいたるところこのような肉感的な存在感がみなぎっている。

小説は一条の死とともに雪崩をうって、正気と狂気の混融した境目に入りこんでいく。貞淑なる大木戸未亡人は人を殺し、一条に惚れていた百姓娘中里里江は宮様未亡人として患者の仲間入りをし、病院は大狂躁のるつぼと化してしまう。憲兵少尉がいうように、もはや「ここは精神病院でもありゃしない。無精神病院」なのである。いいかえれば、ここにあるのは正常でもなければ異常でもない、そういう単純な区別が無意味であるような世界だ。

すでに「私」は、院長と一条がそれぞれ代表する両極の思想、すなわち絶対的に正常（善）と異常（悪）をかかえこんでしまう二人の「キリスト」とはちがって、相対的に存在する次元に降りたったただ中で人間にとって善悪とは何か、あるいは救済とは何かを問うほかないのである。それを見てしまった「私」はもう院長や一条のように語ることはできない。序章「神の餌」と終章「神の指」が暗示するのは、そういう認識が「私」に付与した影のような何かである。

たとえば、どの患考に対しても絶対的にやさしくあろうとした院長は、かえって患者に憎まれ長男を殺され幾度も放火されたが、それをことごとく赦してしまう。だが、彼の五歳の娘マリは度かさなる事件によって激甚なる衝撃を受けたことは疑いがない。現在「私」の妻はその娘マリであるが、彼女が発狂したのはたぶん幼年期に刻印された恐ろしい数々のショックのせいである。この少女はまさにイヴン・カラマーゾフのいう「虐げられた子供」だ。院長は自分の幼ない娘に対して、「神」のごとく専制的にふるまったことになる。「神の餌」を与えられ恣意的にふりまわされたのは、ほかならぬこの少女だった。

「リスに餌をあたえる『神』になど、なりたくないと、この私は言う。だが、それはただ口さきでそう言うだけであって、当の本人の本心は、はたしてそうなのであろうか。私の一生を通じて、私は『神になりたい、神になった』と願ったり自覚したりしたことが、一回もなかったと断言できるのだろうか」(序章)。人間はそれ自身「リス」にすぎないが、にもかかわらず他者に対して「神」にもなる。そういう逃げ場のない「私」の認識に唯一の光がさすのは、それにもかかわらず人間は「神の指」のように働かねばならないという啓示においてだ。妻のマリの狂気を「私」が引きうけるのはこういう地点においてである。そのとき、この小説はすでに精神病の問題などから遠くはなれて宗教的な高みに到達しているといってよい。

(『文藝』1972年1月)

1972.1

『心的現象論序説』

吉本隆明

本書は『試行』掲載中から幾度も読みかえし関連文献も読んできたが、おいそれと「書評」しうる本だとは思えない。だから、ここではスペースの許すかぎり、一つの感想を述べるにとどめておくほかはない。

吉本隆明は、自らの身体と現実的環界のいずれからも乖離し疎外された構造として心的領域をとらえる。それはもはや前者には還元しえないものであり、《原生的疎外》と呼ばれる。その結果、人間は自然体として存在しているにもかかわらず、同時に、いまあるという時間性（自己抽象づけ）とここにあるという空間性（自己関係づけ）において存在するという二重性をもつ。たとえば、カントは時間・空間を悟性の先験的形式として考えたが、吉本氏は古典哲学の感性、悟性、理性といった段階をこわしてしまう。それらは空間化と時間化の度合として位置づけられるのである。心的「異常」の可能性は、このような度合が不安定で、どんな異化結合も可能であるということに根拠をもっている。

けれども、「病的」な心的現象が生じるためには、たとえば自己の意志をこえた何かに動かされたり作為されているということがなければならない。そのためには、《原生的疎外》としての心的領域そのものを対自化しうる、したがってまだ身体や環界との一次的対応性を保存している心的領域そのものから疎外された心的領域がなければならない。それは、いってみれば《原生的疎外》そのものを「自然」とみなすような、したがってあたかも何の対象性もなしに自立しうるかのような心的領域であって、吉本氏はこれを

《純粋疎外》と名づけている。《純粋疎外》においてはじめて、知覚とは全く別の、想像、夢、幻覚その他の一見自立した心的現象が可能となる。

ところで、《純粋疎外》は《原生的疎外》の内にあるのでも外にあるのでもない。ただ後者の「ベクトル変容」として異質化された構造であるにすぎない……これはどう説明しても難解であることに違いはないが、次のような比喩をもってくれば、吉本氏のモチーフがわかりやすくなるかもしれない。《原生的疎外》としての心的領域をたとえば「大衆」であるとしよう。前者に対する異和(疎外)として形成され、卑近な現実との直接的接触を失った分だけ遠隔的な対象を問題としうるような領域とは、つまり「知識人」である。だが知識人もまた大衆存在であり、たんにそこから生れた「異和」であるとすれば、吉本氏が《純粋疎外》を《原生的疎外》の内にも外にも見出さずただそれのベクトル変容として且つそれにまといつく「異和」として解した意味ははっきりする。

しかし、知識人は大衆からみれば無意味で空疎な観念に引き寄せられて死ぬことがある。つまり自分の生みだした観念が現実から独立して彼を占有するということがありうる。心的現象において類推してみれば、これが「病的」といわれる現象である。次に、知識人は、習慣的にただ生きている状態への異和として疎外された意識であるが、疎外は疎外の打ち消しをふくんでいるから一次的な直接性への回帰を志向している。吉本氏が想像力について、「もし、わたしたちが〈心像〉の意識のように、非感性的な世界の対象を、感性的な世界の領域にひき込もうとする衝動をもつとすれば、この衝動の奥には、非感性的な世界にたいする不安が存在している。比喩的にいえば眼のまえで確かめられないものは信じられないというように〈心像〉の意識はたえずつぶやいているのだ」というのは、この意味である。

むろん、厳密にいえば、こんな類推は正しくない。正しくないにもかかわらずある程度あてはまるのは、吉本氏の発想の根本がいかなる学問分野にも貫徹されているからだ。吉本氏が心理学の領域で現象学的還元(方法)を拒み、「わたしが〈心的〉というとき上層では〈意識〉そのものを意味するが、下層では情動やまつわりつく心的雰囲気をもふくんでいる」というのも、「知識人が大衆の原像を絶対としてとりこむ」という課題の一形態であり、同じモチーフに根ざしているからである。

ところで、私にとって最も興味深く示唆的だったのは、失語症と夢についての論考である。たとえば、失語については、われわれが日常「喋言ることがたくさんあるのにそうするのは空しいからやめる」と感じるような正常な経験もふくめて考察されている。つまり、発語(表出)は沈黙の全体性からみられるべきものなので、失語症は後者における構造的な障害と考えられる。くわしく書く余裕はないが、重要なのは吉本氏が心的現象を考えるばあいに、いつもそれをこの世界における人間の存在の仕方と切りはなしていないことである。それはとくに夢の意味について論じる部分において独創的に示されている。夢が記憶されるためには、覚醒時の心的な体験によってなんらかの意味で現実的に裏付けられなければならない。こういう認識は吉本氏にとっては自明のことである。

何といふ記憶! 固定されてしまった記憶はまがふかたなく現在の苦悩の象徴に外ならないことを知つたとき私は別にいまある場所を逃れやうとは思はなくなつたのである。(『固有時との対話』一九五〇年)

すでに『固有時との対話』は「病的」な世界を描いていたが、失語についても次のようなことがいわれていた。

——ひとびとはわたしの表現することのなかつた沈黙を感じ得ないとするならば、或はわたしの魂の惨苦を語りきかせることは無意味なのだ。

吉本氏は「類型夢」の一例として「試験に落ちる夢」をあげ、これを心的な共同世界における自己抽象づけの障害、つまり共同世界における自己の位置づけの不安であるといい、試験は未開種族の成人式と同じ本質を象徴するといっている。そして、この類型夢は個人の固有夢としては、高所から墜落する夢としてあらわれるだろうが、フロイトやビンスワンガーの解釈とは異なり、やはり共同性に対する個体の不安を意味するという。こういうところに、吉本氏の文学者としての自己省察の深さが滲み出ているのである。

最後に、たぶん多くの人が躓くにちがいない本書の用語法《ターミノロジー》についていっておきたい。私は本書における特異な造語が一般化されるとは思わないし、吉本氏もそれを望んでいるわけではあるまい。ただわれわれは新しく名づけるほかしようがないものを氏がみつめていたことを了解すればよい。小林秀雄は、西田幾多郎について、この優れた哲学者はデッド・ロックの発明も征服も全く独力でやらねばならなかったが、この孤独は健全ではない、と書いたことがある。本書もまたそういう性質を帯びているので、実は恐ろしく孤独な本というべきだ。だが、この孤独が健全ではない、という資格は私にはない。おそらくわれわれの誰にもないのである。

（『海』１９７２年１月）

1972.3.20

『冒険と日和見』

花田清輝

花田清輝のエッセイは、過去に関するものが面白く、現在及び将来に関するものは面白くない、という印象を私は抱いている。かつて『復興期の精神』に感嘆したことのある私は、現情勢について語る花田氏の考察がどうしてこうも色褪せてみえるのか考えてみないわけにはいかなかった。本書にぎっしり収められた花田氏の戦後エッセイは、そのときどきにどんな作用を及ぼしたかを考慮にいれないとすれば、驚くほど当たっていない。私のいう「当たる」という意味は、占師的能力をさすのではなく、どこまで現実への根本的な否定力をもちこたえているかという意味である。

花田氏の考察は、その都度の「現在」にいささかの爪跡もとどめていないので、むしろ氏の思考パターンがその上をなでて通ってきたような観がある。たとえば、一九五九年に花田氏は「いったい、かれ(吉本隆明)は日本にれっきとして実在している前衛党の役割を無視して、労組や学生組織だけの力で、革命が実現できるとでもおもっているのか。そういうことをいうやつを、ファシストというのである」と書いているが、氏のリアルポリティックスの射程はあまりに貧弱にみえる。最近の評論からとれば、い、い、い、れっきとして実在している中ソ米の国際関係を無視して何ごとも語るなというようなことになる。私の考えでは、れっきとして実在しているものなど何ひとつありはしないのだというところからしかリアリスティックな洞察は生まれないというべきである。

氏の方法は「対立の激化を促しながら対立物相互の均衡を維持し、次第にこれを克服する」ということである。

混沌のなかに脈絡をみいだすためには、まずわれわれは、絶えず雑然と動揺しているものを、対立物の闘争としてとらえなければならないが、これは口でいうほど容易なことではなく、肝心の対立物の姿が、なかなか最初は眼にみえないのだから困る。これがみえるようになるためには、われわれの眼のほうもまた、二つの対立物――心眼と肉眼とにわかれ、両者が闘争の状態に置かれていなければならない。

一口でいえば、花田氏の認識は弁証法的であり、思いがけない「対立物」を発見することである。この点で愚鈍なマルクス主義者とはまったく異っている。氏が見出した「対立物」は、たとえば、前近代と近代、ナショナリズムとコスモポリタニズム、公家的なものと武家的なもの、視聴覚文化と活字文化等々である。こういう戦略が、公式的左翼、モダニストのなかにあって、柳田国男、深沢七郎、三島由紀夫、勝海舟らを評価するユニークな発想を生んだ。それは、彼ら自体を評価するのではなく、「否定的媒介」として評価する戦略にもとづいているのである。

率直にいえば、花田氏の弁証法はヘーゲル的である。否、弁証法というものがすでにヘーゲル的なのだというべきだ。ルイ・アルチュセールがいうように、「矛盾」という概念はヘーゲルの体系構造において存在するのであり、したがって「矛盾」という概念のみを体系を無視してとりだすことはできないし、そうしたとすればヘーゲリズムをひそかに導入していることになる。ヘーゲルの唯物論的転倒などというものはヘーゲリズムにすぎない。

ヘーゲル的とは、いいかえれば、現在を前未来形においてみることである。ルネサンス期の巨匠に関する花田氏のエッセイの驚くべき明察は、彼らの軌跡がすでに「止揚」された過去にほかならなかったからである。だが、花田氏がその都度の「現在」に見出す「対立物」は、むしろ未来を恣意的に想定した戦略からくるのだ。こういう想定ほど、ルネサンスの巨匠たちに無縁だった思考法はないので、彼らの思考が現代においてなお新鮮なのは彼らが「現在」にくいこんだ深度の否定力によるのである。なぜ花田氏の情勢認識は一見卓抜でありながら、芯のない図式的なパターンに終始するか、それはまさに氏の「弁証法」によるものだ。

……要するに、われわれの周囲では、芸術家としての素質のないまったく想像力の欠如した愚直な経験主義者が、かえって芸術至上主義者とみられているのである。「芸術即実生活」の信念の上に立つ私小説の没落しないゆえんであろう。

「芸術家」を「政治家」といいかえても、花田氏のいうとおり、日本の思想風土は依然変わっていない。しかし、「想像力」はどこか愚直なところから生れるのではないか。マキャヴェリやロシュフコーにはそんなところがあったように思われる。彼らは将来を閉ざされ断念したとき、視える眼を獲得したが、花田氏の眼はつねに均等に視えるようである。花田氏の明察力は現実につまづく〝能力〟をうしなうことによって得られたものである。

（『日本読書新聞』1972年3月20日）

『薔薇の眠り』

田久保　英夫

学生時代私は幾人かの「変人」とつきあっていたが、その一人にたえずものに触りたがる男がいた。樹木でも門柱でも電話ボックスでも彼は触り、いささか閉口なことに私たちの躰にも必ず触るのである。のちに入院したらしいが、私はべつに彼が病人だと思っていなかったので、ものに一つ一つ触らずにいられぬ彼の気持が何となくわかるような気がしていたのだ。認識するとは眼で食べることだとサルトルはいっているが、私もこう思う、見るとは眼で触ることだ、と。われわれは結局眼で見たものしか信じることはできないが、これはむしろ眼で触ったものしか信じられないというべきだろう。

本書に収められた作品群を読みながら思ったのはそういうことだった。作者がいうように、「悪い掌」「不在の時」「指の世界」の三篇は盗みを主題にしている。だが、このばあい盗みとはものに触ることにほかならない。

……変な気持だ。盗む気なんかないのに、あの鮮紅の溶《とろ》けそうな球体を、手に触りたかった。触って、見つめていたら、離したくなかった。この手と、皿との間には、果物屋の所有という、目にみえない一線が劃然とあるのだろうか。その線のこっちとむこう側には、光と闇のような異う世界があって、わたしは奇怪なむこう側の闇へ指を浸したのだろうか。（「悪い掌」）

この三篇では、いずれも盗癖のある少女（あるいは少年）と、その秘密を知り彼らに共感する男（あるいは女）との関係が中心となっている。しかしその共感は盗みという行為に対してであって、彼らが盗品をためこむことに対しては嫌悪しか感じない。つまり、主人公の男（女）は、盗みが所有欲と結びつくときあいかわらず所有の世界しか見出さないのである。主人公のこのあいまいさ（両義性）が、盗癖のある少女（少年）からも世間からも受けいれがたいところで、最後に追いつめられるという筋書きになっている。

田久保氏が書こうとしているのは犯罪ではない。ものとの直接的な接触の感覚そのものだ。だが、触るという直接性をわれわれから隔離しているのは、私有感覚や法律だけではない。オレンジという物自体が「オレンジ」という社会的概念によって名づけられるとき、われわれはそれ自体を見る（眼で触る）ことはできなくなっている。これは倒錯だが、この倒錯には長い人類史が横たわっている。けれども、直接的にものに触りたいという願望は、たえず現存するばかりでなく、これこそ想像力の本質的根拠といってもよい。私の友人の狂気は、これはオレンジだというような認識がなにか空疎に感じられてそれ自体に直接触らずにいられない、むしろ正当な欲求からきていたのである。

ところで、「薔薇の眠り」のモチーフにも、この「触る」という感覚がある。ただし、これはものではなく他者に触ること、すなわち「愛」の問題である。「悪い掌」のなかで、たとえば女は次のように考えている。

……あるいは愛とは病気なのかも知れない。（中略）自分が他の人間を不可欠だなんて、そんな依存的な状態が正常と思えない。

依存するということは所有することと結びついている。われわれは他者を所有したがることを「愛」とよんでいるのだ。ひとが誰かに属するということは幻想かもしれないが、この幻想のために何と苦しまねばならないだろう。何という倒錯があることだろう。個々の他者を愛する(触る)かわりに、私たちは人類とかプロレタリアートとか永遠の女性、要するにありもしないものを愛して苦しみ自己を喪失しているのだ。

「薔薇の眠り」の三穂子という女は、盗癖のある少女とどこかで共通したところがある。彼女の夫はいう。《例えば思いあたりませんか。あれは始終私らの躰のどこかへ触るでしょう。あの触り方。あれは自然そのものでしょう。無邪気なんですよ。普通の、つまり正気の人間みたいに余計な意識がないんですよ》。しかし、彼女は愛する(触る)が所有しない。「僕」がつまずくのは結局彼女を所有する(依存する)ことを欲したからで、「自然そのもの」の彼女を侵そうとしたからだ。それなら、彼女から捨てられても「僕」が救いを感じたのはなぜだろうか。

それは、「僕」の希求——これは田久保氏の希求といってもよいが——が次のようなものだからだ。

——そういう長い間の習慣と必要が生んだ、無形のルールなどこわしたい。その黙契で自分とつながる他人などたち切り、一人だけの生命の底へ深海魚のように潜っていきたい。(「指の世界」)

——……自分孤りきりの内面で、他人と通いあえる方法はないだろうか。

……自分の内面が、一つの完結した記憶のように言葉になり、他人の方へ通じたら。そんな風に生きるには、どうしたらいいか。そんな生命の輝きへの小さな出口が、どこかにないか……。（「薔薇の眠り」）

つまり、「僕」は彼女と触れあうことで、「自分孤りきりの内面」を犠牲にすることなく「他者と通いあえる」「小さな出口」を見出したのである。

概して田久保氏の作品には、物語的なプロットが中心でそれを説明的な文体で書いていくという傾向が強く、私はいつも不満だったが、この作品集ではそういう傾向が影をひそめている。むろん私は数多く読んだわけではないが、この作品集によってはじめて田久保氏の繊細な内部に触れたような気がする。しかし、その傾向は拭いさられたというわけでもない。氏の基本的な感覚は各所で鮮やかにきらめいているのだが、依然それを概念的に説明してしまおうとする姿勢があって、全体の印象をそこねていること、私はこのことを氏にとってもユニークなこの作品集のために残念に思ったのである。

（『群像』1972年6月）

『行隠れ』

古井由吉

古井由吉はかくれたものを視る、二重の眼をもった作家だ。重要なのは、氏が人間をかくれた存在構造において直観しようとすることであり、またそれにふさわしい繊細で肉感的な文体をそなえていることである。『行隠れ』は、不具の長姉が妹の結婚式の前日失踪し、その姉とただならぬほど密着していた弟が彼女を求めて彷徨し幻覚のなかで交感するというようなストーリーである。しかし、この作品ではすでに冒頭から「その日のうちに、姉はこの世の人ではなかった」と明示されており、ストーリーの運びとしてはまったく停滞していて、たとえば姉泰子がどのような女でなぜ死んだかというような疑問は第一章に書かれた以上には何ひとつ明らかにされていない。にもかかわらず、この澱んだ時間において、われわれは姉泰子とその家族の姿がある潜在的な輪郭として浮き彫りされてくるのを見出さざるをえない。「姉と弟」との関係は、ここにおいては偶然的・個別的なものではなく、『アンチゴーネ』を論じたヘーゲルが鋭く洞察したような本質的な形相において直観されるのである。

たとえば、結婚式を描いた第二章は「嫁入り」と題されているが、私が「二重の眼」といったのは「結婚式」の基底に「嫁入り」を透視する古井氏の感受性をさしている。

——祝詞の声が止んでしばらくして目を上げると、堀内家の親族たちが顔を祭壇のほうに向けて、揃って喰い入るような目つきで見つめていた。とくに女たちの顔が、堀内の母も妹も叔母たちも、いつのまにか年齢の差を超えて、家のことにあたる女の険しさをひとしく表わし、新郎と新婦の一挙一動を揺ぎのない目で追っていた。たったひとつの顔の悪夢めいた反復に、泰夫は怖気づいた。しかし気がついてみると、自分の並びでも、向う側にひけを取らない力がひとつに固まって、やはり息をこらして祭壇のほうを見つめている様子だった。左右を見まわす自由はなかった。彼自身もここにこうして坐ったまま、その中にはめこまれていた。

このとき彼に「自由」をゆるさず「はめこま」せてしまう力は何であろうか。どの女をも「女たち」として「たった一つの顔」として変容させてしまうこの力は、外見上近代的に且つ恣意的につくりかえた「結婚式」によってはどうにもなるものではない。同じことがこの「姉と弟」についてもいえる。この両者の密着には、たんなる心理的な次元ではとらえることのできない本質がひそんでいるからだ。かつて大衆運動の熱狂のなかに「祭り」の構造を透視した古井氏は、『行隠れ』では、いわば「家族」そのものの骨格を仄暗い界域において照明しようとしているのである。

……そのたびに、泰男は薄い茶のセーターにつつまれた温みのひろがりを、抱き寄せてしまいたいという衝動を覚えた。抱き寄せてしまえば、堪えがたい反復は断ち切られる。姉の軀は不自由な側を泰夫の胸に支えられて、もうはてしない波の動きに揺られることもなく、平らかな流れの上を滑っていける。

こういう文体は、弟と姉との間にただようセンシュアルな情感を心理的にとらえるかわりに、「温み」とか「気配」とかいった触覚的な存在関係としてとらえることを可能にしている。それゆえ、不在の姉はいっそう濃密な存在としていたる所に浸透している。死という事実は姉を消滅させてしまうが、こういう「存在」を打ち消すことはできない。おそらく古代人がひとが死んでもまだ魂がその周辺に残留していると考えたのは、死をたんなる事実性として考えることができなかったからだろう。その意味で、彼女の失踪が「行隠れ」であるように、すでに死んでいた姉と弟との夢や幻覚を通しての交感は古代的な魂乞《たまご》いを想わせるのである。こういう二重性は、たとえば弟の眼に、「前を行く新婦の姿と、後ろに潜む姉の姿とが、またひとつに重な」ってみえ、また彼の恋人良子のなかに姉が乗りうつってみえるところにもあらわれるが、これはたんに弟泰夫の姉への思慕を意味しているのではない。「姉と弟」の関係の本質を存在的にとらえているのである。

この姉が家族のなかでただひとり「仏壇を守る」、いいかえれば「家族神」に仕える女であることも偶然ではない。それは彼女の性格のためでも足が不自由だったからでもない。むしろ古井氏は彼女のなかにアンチゴーネを、あるいはアンチゴーネたることを余儀なくされて嘆いているひとりの少女をみている。いつのまにか彼女は不可避的にこういう姿勢を強いられ、家族は憐れみながら、実は彼女に深く依存しているのである。ひっそりと生きている不幸なこの姉が、にもかかわらずこの家族をかろうじて家族たらしめていた核心なのだ。あるいはこういっていいかもしれない。古井氏は不幸な姉の魂を求める弟を描くことによって、「近代」あるいは「戦後」が恥ずべき抑圧すべきものとして虐げつづけてきた存在への鎮魂を意図しているのだ、と。それは『妹の力』を書いた柳田国男のモチーフに重なるものである。

（『波』1972年6月）

1972.7

『初めてのこと 今のこと』

エリック・ホッファー

ホッファーの著作は、(私が最近訳したばかりのものをいれると)本書によって全部邦訳されたことになる。ホッファーのように同時代的に日本で読まれているアメリカの思想家は稀有である。しかし、もっと読まれた方がよいと私は思う。とりわけ急進主義が熱狂的な昂揚を示した時期に私はそう思っていた。実をいえば、いろんな意味での「急進主義者」だけがホッファーのアフォリズムを、自らの隠された内部を照明する酷薄な自己批評として解しうるので、それ以外の者にはかえってホッファーは面白くもないものだからである。

「沖仲仕の哲学者」ホッファーは、その思索を、彼が移動労働者としてくらしていた一九三〇年代、ファシズムとスターリニズムに両極分解される時代状況のなかではじめた。彼の最初の著作『大衆運動』(一九五一年)は、こういう急進主義的大衆運動を同時代の特異な現象としてでなく一つの精神の形態として、普遍的に考察しているのだが、彼がそこにみたのは「ドラスティックな変化」がもたらすさまざまな試練、即ち変化がもたらすアイデンティティの喪失、不適合(ミスフィット)によって、まったく新しいアイデンティティのなかで、新生しようと欲する「情熱的精神状態」である。ホッファーの考察がオリジナルなのは、革命が変化をもたらすのではなく、変化が革命を、つまり革命的情熱をもたらすということである。ホッファーの考察は「変化」についても「情熱的精神状態」についても、より普遍的になりつつある。本書で試みられている人類史的な考察も、結局は、彼のそういう思考の延長なのである。

本書は一九七一年に出版されたが、彼の著作を一つでも読んだことのある者は、ここに同じ旋律を聞くだろう。彼の思想的骨格は少しも変わっていない。彼はゆっくりと歩いており、しかも時代の推移に意外なほど敏感に反応している。本書の重点が「都市」の問題に傾いているのはその一つのあらわれである。彼の思考は、しかし経験的な観察と自己省察によってのみ動いており、それはわれわれにあれこれの理論を与えるかわりに、ただ「立ちどまって考えること」を強いるのである。

ホッファーは、そのアフォリスティックなスタイル、「ク・セ・ジュ?」という自己省察の鋭さ、自律的な個人であろうとし、ただその困難な道のみを欲する生き方、懐疑的で且つ実際的な智慧、などにおいて、彼の愛読したモンテーニュをはじめとするフランスのモラリストに圧倒的な影響を受けている。彼がいうのはごく平凡なことなのだが、全世界的にわれわれを強いている「ドラスティックな変化」の時代に、こういう常識を持続することがいかに知的緊張と忍耐を要するかは、いうまでもないことである。

ホッファーにとって、《アメリカ》とは困難なこと(自然を人間化すること)を何の苦もなく平凡にやってのけてしまう大衆の国である。つまり、ここでは山を動かす技術があるために山を動かす信仰など不要である。いいかえれば、ここではエリート知識人が難解な理論をもてあそび言葉(スローガン)によって大衆を指導し君臨するというようなことがありえない。

《アメリカ》を軽蔑するのは、《アメリカ化》によってその存在理由をうばわれる知識人なのである。彼の《アメリカ》擁護、「自然への回帰」という発想への断固たる拒否が意味しているのは、こういう「知識人批判」のあらわれであって、本書でとくに彼が「都市」の意義を強調するのは、ヒッピー的な「自然への回帰」

が、人間の精神が自律的であるためにはいかに外的・内的「自然」を支配すべきか、さもなければいかにあっという間に「自然」に支配されてしまうかをみない知的エリートの発想だからである。アメリカの大都市に現在生じているのは、人間の内的な「自然」が跳梁する無法状態であるが、これはすでに「都市」ではない。アメリカはラテン・アメリカ化した、フランス化した、とホッファーはいう。むろん彼がいっているのは《アメリカ》という言葉に象徴された自律的で大衆的で持続的な精神の荒廃と危機である。

(『出版ニュース』1972年7月下旬)

『試みの岸』

小川国夫

小川国夫氏の文体の特性はその甚しく省略された表現にある。それは削られ、削りつくされて、ことばとことばをつないでいる脈絡が消え、ことばは石庭の石のように断片的に孤立してしまっている。この省略が氏の文体を晦渋なものにしているが、おそらく断片的なイメージの鮮明さだけは誰も否認することはできまい。それはちょうど裏腹な関係にあるので、一方だけをとりだすわけにはいかないのである。

小川氏は何ゆえにこのように文章を削りとるのか。そこには一つのメタフィジックがある。それは饒舌に過剰に書く文体にも一種のメタフィジックが秘められているのと同じことである。小川氏が影響を受けたのは志賀直哉やヘミングウェイだが、彼らの文体の根底にあるメタフィジックは小川氏のそれとは実は似て非なるものだ。

志賀直哉にあったのは、自己の感情を抑制して外界に形象化してしまうストイシズムであり、このストイシズムは逆にいえば他者の暗黙の了解を前提している。つまり、志賀直哉の文体はわれわれに、それが直接指示しているものだけでなく、指示していないもの、即ちそれが潜在的にもっているメタフィジックを強いるのである。これに対しては、われわれは拒絶するか受容するか、その二つしかない。この意味では、志賀直哉に太宰治が反撥したのは、そして後者が饒舌体をとったのは、けっして偶然ではない。太宰治はいわば生理的に反撥したのであって、両者の対立の根源には生理的な反撥としてしか表出されえぬメタフィジックの対立があったといえる。それは彼らの作品の意味内容とは違った次元の、むしろそれらの奥にある次元の対立であった。

小川国夫氏にも同じことがいえる。氏の文体は志賀直哉と同じように、しかも彼とはちがったあるメタフィジックをわれわれに強要するからである。観念を強要するのではない。むしろ世界を了解する根本的な姿勢のようなものを強要するので、これに対してわれわれはやはり生理的に反撥するか受容するしかないように思われる。率直にいえば、私は小川氏の作品に対して共感し反撥する。このことは私が志賀直哉と太宰治のいずれにも共感し反撥するのにいくらか似ている。たぶん反撥という形態において、われわれはもっとも相手と親密につながっているのかもしれない。

小川国夫氏における省略は、たとえば「氷山の八分の七を隠す」ことをめざしたヘミングウェイの省略とどこがちがっているだろうか。私の考えでは、ヘミングウェイは「動くもの」(ベルグソン)もとらえようとした。彼の文体には運動感があるが、それは運動をあらわすためには運動を削り隠してしまえばよいという認識によってこそ可能だったのである。

フロイトに、ミケランジェロのモーゼ像に関する面白い分析がある。これまでそのモーゼ像は偶像崇拝に陥ったイスラエルの民に対する怒りのために立ちあがろうとしていると考えられていたが、フロイトは逆にそれはモーゼが怒りをこらえて坐ろうとしたポーズだというのである。この結論の是非に私は関心はない。ただミケランジェロがとらえた「動き」あるいは「時間」が両義性をもったまま凝固してしまっていることが興味深いのである。これは彫刻のばあいだが、文章で「動くもの」をあらわすことが彫刻よりたやすいということはけっしてない。

「飛ぶ矢は飛ばない」という有名な背理がある。これはベルグソンがいうように、言語表現がたえず時間的なものを空間的に置換してしまうために、「持続」をとらえることができないからである。ヘミングウェイの文体の省略は、時間をあらわすためにはむしろ文体は空間的でなければならないということを意味している。たとえていえば、ヘミングウェイは、「矢が飛ぶ」とも「飛ぶ矢がある」とも書かないで、「あそこに矢がある、(次に)ここに矢がある」と書くことで、時間を暗示したのである。書かれていない部分が運動を指し示している。だから、時間的な前後関係を示す表現は「時間」を示すためにこそ省略されねばならないのである。こういう文体上の変化には、一つのメタフィジック、つまり「動くもの」を分析的にでなく直観的にとらえようとする「生の哲学」がひそんでいる。

しかし、小川国夫氏の文体には運動感はない。逆に氏の文体は「動くもの」において「動かぬもの」を目ざしているかにみえる。いいかえれば、「動くもの」をとらえようとしながらさらにその奥に「動かぬもの」を凝視している。これはちょうど、ミケランジェロのモーゼ像のごとくまさに立ちあがろうとしているかにみえながら同時に坐ろうとしているのに似た印象を、小川氏の文体に与えている。したがって、小川氏の小説は、動こうとしながらそのまま凝固した断片からなり、またその「動き」は時間的に(ストーリー的に)構成されることもなく、同じ権利をもって同時的に存在している。小説の筋書きより個々の断片の方がしたがって活きているのである。

(イ)彼は空を仰いだ。太陽は見えなかった。その空は、光を降り灌ぐ空ではなくて、太陽の光を吸収している空だった。丸く切り取られた均一な青は、遠くも近くもなく、距離を失ったように彼には

感じられた。（「修道士の墓地」『生のさ中に』所収）

㋺しかし、十吉は、空と向き合っているうちに、自分が急速に縮まって針で突いた穴に吸い込まれる気持だった。そこへ退いて行く彼を、見ている者がいる気がした。空全部が眼のようにも、彼には思えた。（「試みの岸」）

㋑が示すのは距離感の喪失である。逆にいえば時間意識の無化であり、「時間」が静止したときの一瞬の事物の表情がここに定着されている。㋺では、心理的なもの、時間的なものが「空全部が眼のように」みえるというふうに変容されている。

ここに寓意を読みとるべきではない。重要なのは小川国夫氏が抱いているカトリック的な認識ではなく、氏のスタイル自体を支えているメタフィジックなのだ。私が反撥し共感するのは、氏のスタイルが強いる何ものかなのである。それはいわば「飛ぶ矢が在る」という在り方と「私が在る」という在り方に通底する存在、隈なく遍在する光もたえず暗示しており、またそれを暗示するために文章が削られ、省略されている。ここでは何らかのキリスト教的観念が語られているわけではない。そうではなく、われわれの肉感、あるいはわれわれの受感の構造に直接迫るのである。私はほとんど本能的に「否」と叫んでいる。にもかかわらず、やはり魅かれてもいるのである。

＊

小川国夫氏の文体における省略は、むしろ変容と名づけた方がよい。たとえば、氏は次のようにいっている。

心のない外界が、ある意味を帯びてきて人間を不安がらせるということは、その人が逆境に立った場合とか、悲観的な考えに陥入った場合に起こると思います。〈私は今悲観的な考えに陥入っている。だから、海がこんなふうにみえる〉というふうにすれば論理的だけれども、説明ははぶいてしまって、〈海がこんなふうに見える〉とだけいった方が、私の見方では、より小説的に思えます。そこをもう一歩おし進めれば、〈実際に海はこんなことを考えている〉というフィクションになると思えるのです。

(「インタビュー」『一房の葡萄』所収)

これはたんなる省略ではなく、文体的な変容である。さしあたり、「海がこんなふうに見える」と書くのを第一のレベル、「海はこんなことを考えている」と書くのを第二のレベルと呼ぶことにすれば、三部作『試みの岸』のなかで、「試みの岸」が第一のレベル、「黒馬に新しい日を」が第二のレベルで書かれていることは明らかである。

第一部の「試みの岸」では、十吉という馬喰の青年が山から海に降りてきて、難破船を買ってもうけようとするが、金目の部品を全部剥ぎとられて借財を背負いこむ。盗んだ男の老母が彼に警察へ連れていけというが、十吉はそれを赦してしまう。しかし、老母の息子とその仲間が彼を襲い、十吉は格闘の末、息子を防波堤から突きおとし、その下に居た老母もろとも死なせてしまう。

この作品はストーリーとしてもわかりやすいが、それは省略が第一のレベルにあるためである。たとえば殺人の場面は次のように書かれている。

五メートル程度の階段を、海側から登って来る者があった。十吉は、彼を半六だと確かめた。彼は平な防波堤の上面へ顔を出して、十吉の方を見ていた。十吉は立ち上り、跛を引いてそっちへ歩いて行った。半六はそれを見ていながら、動かなかった。どう反応しようとも、考えていないようだった。十吉は歩きながら、人間というより物体に近づく気持に落ち込みそうだった。で、十吉も歩幅を決められた様子で彼の眼の上へ行って、頭を蹴った。その時はじめて、十吉の足には犀利に神経が働き、彼は自分の闘いの意志が生き返ったのを感じた。

半六は十吉の足頸に一瞬絡まった。そして、下の闇に紛れて行きながら妙な動き方をするのが、十吉には見えた。階段は防波堤に沿っていたから、半六は宙に落ちて行ったのだ。十吉は階段を駆け下り、引き返す方向にコンクリートの棚を走った。半六がその棚より更に下へ落ちて、角が磨滅したブロックの谷間へ倒れているのが見えた。まだ仰向けになっていて、立とうとして膝を曲げていた。しかし、頭は上げようとしないで、脚でむずかっている子供の恰好だった。そこは堤の影の周辺で、白い波の反映が仄明るかった。そして影に包まれたコンクリートの棚に、半六が倒れながら落し物をして行ったように、ロクが横たわっていた。十吉は足が触れるとすぐに、彼女だ、と思って、しゃがんだ。

すでに述べたように、右の文では十吉の心理的な経過が一切省略されており、動きは切断された事実の叙述のあいだに封じこまれている。そして、心理的なものは風景のなかに、いわば「海はこんなふうに見える」というかたちで形象化されている。

十吉はある内的な暗さを感じており、「陰へ陰へと退いて行く」性格をもっている。しかし、小川氏は、この内的な暗さを風景の暗さにおいて示そうとはしない。その逆に、内的な暗さは視界の途方もない明るさとしてあらわれる。この点において、小川氏は志賀直哉のような感情移入型とは異質である。またここに小川国夫氏の文学が抽象性を感じさせる理由がある。

馬喰の十吉が山から海へ降りてくるということには、富士山を中心とする山岳信仰にもとづく聖なる場所からウェイストランドの海辺に降りてくるという風土的な背景がある。山と海についてのこの感覚は、おそらく東海地方のものというべきであろう。われわれは「試み」とか「赦し」という言葉が示唆する「聖書」的な意味をここに重ね合わせる必要はない。寓意を読みこむことはたやすいが、そう思われたならこの作品はむしろ失敗しているのである。

私は小川国夫氏の感受性が、「海」に暗さと肉的な罪を感じる風土からきているのではないかと思う。私自身はそんなふうに感じたことはなく、「山」の方が不気味なのだが、視界が明るいほど内部は暗いというような逆説的な感受性は、キリスト教そのものとは直接縁がないように思われる。

第二部の「黒馬に新しい日を」では、十吉の弟で余一という少年が馬に変身する。むろんカフカの『変身』を想起させるものだ。注意すべきことは、こういう変身が「海がこんなふうにみえる」から「海はこんなことを考えている」という省略のレベルへの転移にほかならないということである。カフカの『変身』も実はそうなので、Kは甲虫のように感じるかわりに甲虫そのものになるのである。

余一が馬になったということは、したがって次のような意味の極度に省略された表現である。「私はこんな気持だから馬がこんなふうにみえる」──→「馬がこんなふうにみえる」──→「私は馬だ」、こういう凝縮こそ「変身」の意味するもので、この小説は古来からある変身譚とはちがう。余一が馬に変身するのは、小川氏の表現的な変容(省略)にほかならないのである。

馬になった余一は、「もう事を企てる気持はなかった。そして、大部分の企ては空しいことに感じられ」るようになる。《たとえ死がやって来ても、反抗はしない。せいぜい涙ぐむくらいなものだ。僕が人間だった時、どうして生き抜こうとしてあんなに苦しんだのか》。

「馬」は何も象徴していない。余一は馬そのものになったのだからである。しかし、あえてそこに意味を見出そうとすれば、余一がただ馬のように「穏やかな単純な気持」になったという意味である。むろんそういう意味に還元することはすでにできないのだが。

Kは甲虫になり、余一は馬になる。しかし、『変身』と「黒馬に新しい日を」との差異は別のところにある。たとえば、Kが甲虫になったことを家族の者は驚きもしないで了解するが、余一は馬になったことを誰にも知られないのである。馬は馬にすぎない、とひとびとは思いこんでおり、誰も疑おうともしない。

空の青がだんだん透明になって、朝日が映った。大井川の河原に黄金《きん》色の帯が見えた。余一という馬にとっては最初の朝だった。それに続く一日が、いつものように単純だとは彼には思えなかった。橙色の空の下に現れて来た風景も人と動物が存在することも、彼らの生き死にも、太古からそれとして定っているだけで、疑いを呼び起こすキッカケを持っていないということが、彼の恐怖だった。当り前な形にかくれて途方もないことがある。僕はこれから、だれも立ち止まったことのない場所に、だ

れかが立ち止まることを待つ。僕をいぶかしげに眺める眼を、多くの眼の中に探す、と余一は思った。そして、祖父をはじめだれかれの眼を思い描いた。母が生きていたら……、とも思った。だが結局あてのない望みだった。実は彼自身変化したことを疑えなかったのだ。

この部分はいろんな意味に解しうる。余一がおちこんでいる出口のない状態に誰も気づいてくれないが、「空全部が眼のような」あの眼だけは視ている、というように。しかし、すでに述べたように、余一が馬であるということは、どんな寓意にも還元することはできない。

第三部の「静南村」では、少女のころから十吉を愛し、彼を待ちつづけ、彼が自分にふさわしくあるためには懲役人になってくれた方がよいと思うような娘佐枝子が主人公である。「黒馬に新しい日を」の最後の条りで、彼女は「おかしい場所へ入り込んで出口がなくなった」という書置きをして、静南《しずなみ》の蟹戸《かにと》にある崖から落ちて自殺したことになっている。

「静南村」の冒頭は、「わたし」(佐枝子)とわたし自身の影との対話にはじまる。わたしはまだ生きているのだが、あたかも死んでから生をふりかえるようなところにいる。

——でも、佐枝子は死んでいないじゃんか。

——それなら、なぜ、わたしがさっき静南の部落を見ていた時に、だれもわたしみたいにならなくてもいいみたい、って思ったのかしら。わたしは静南の人たちと一緒にいたんじゃあない。むこうとこっちの間に境があったのよ。いく人かの眼がこっちを向いたけど、木を見るみたいにわたしを見たわ。

――だから、わたしは、静南の人たちを見て、だれも死ななくてもいいみたいにゆっくり働いたり歩いたりしている、って思ったのよ。あそこにはわたしがいなかった。そうして、当り前なことだけど、わたしがいなくなったら静南は明るくなっていた。

わたしは「境」を確かに越えたところ、いわば、他界から生を見かえしている。これは、彼女が内的に追いつめられ死を志向している状態を、逆に死の向う側から「明るくなった」生を眺めているというふうに転移させた表現であるといってもよい。

佐枝子がなぜ「えたいの知れない淵」におちこんでいるのかわからない。小川氏はそれを書かずに、書物や風景の表情を書くのである。佐枝子という女の内感は、もっぱら視界の明るさと翳りとしてあらわれる。たとえば、彼女は海辺で、死んだ余一に出会う。しかし、十吉はそれを信じてくれないし、「疑ってさえくれない」。

――……さっき蟹戸で余一ちゃんと出会った時の爽かな波の音と混り気のない光を思い出して、今、わたしのまわりがこうなって来たことを、十吉さんに気づかせなきゃあいけない、と感じた。

「わたしのまわり」はどうなってきたのだろうか、またなぜ十吉にそれを気づかせなければならないのだろうか。「省略の構造」を考えてみるならば、わたしが死んだ余一に会ったのは、わたし自身がすでに「境」を越えかけていること、そしてそこまでわたしが追いつめられていることを意味している。むろんそのことは「爽かな波の音」が聞え、「混り気のない光」が視えはじめるイメージとしてしか提示されない。

したがって、佐枝子にとって死んだ余一に会ったということは切迫した危機にほかならない。しかし、彼女が救いを求めている十吉は、そのことを信じもしないし、いぶかしくも思わない。どの眼も「木を見るみたいに」彼女を見るだけだ。

これは、余一が馬になったときと同じことである。あるいは第一部の「試みの岸」における十吉についてさえ、そういうことができるだろう。

三部作の主人公はそれぞれ十吉、余一、佐枝子だが、ほとんど彼らは同一の人間のようにみえる。それぞれがあまりに小川国夫氏の内面を共有してしまっているからである。だから、ある意味ではそれらを別個の作品として読めばよく、そうしたばあいには、やはり「試みの岸」がもっともすぐれていると私は思う。しかし、三部作として読むとき、それぞれの世界が相対化され、人間と人間との「劇」がおのずと浮んでくることは疑えない。

彼ら三人は各々暗くえたいの知れぬ出口のない淵におちこんでいるのだが、しかも彼ら自身は互いに孤絶して気づかない。彼らは互いにみており求めあってもいるのだが、実は彼らの眼は互いをみることができないのである。《身内の人間にさえ、見ようとすると見えなくなり、聞こうとすると聞えなくなるものがある》(「黒馬に新しい日を」)。

この根本的な無関心とそこから生じる相互的な孤絶。だが、小川国夫氏はたぶんそういう彼ら自身をみている「眼」をひそかに暗示している。この三部作が、時間的な構成とつながりをほとんど欠き、ばらばらに平面的にひろがっているようにみえるのは、逆にそういう遍在的で垂直な「眼」を暗示させるためだといってもよい。この「眼」は「神」というような観念ではない。いうまでもなく、ここに小川国夫氏のメタフィジックがあり、結局、私はある違和を強く感じながら、そういう「眼」にみられていることをやはり感じないわけにはいかない。

(『文學界』 1972年9月)

『文学論集』

北原武夫

小説家は小説に専念せよ、などと言っているのではない。誤解しないで欲しい。国家が危急に瀕しても小説家は小説だけを書いていればいゝのだ、などと言っているのでもない。分り難いかも知れぬが、おのれの仕事の生命が表現の世界にあると信ずることと行為の世界にあると信ずることとは、まるで覚悟が違っているという簡単明瞭なことを僕は言っているのだ。そして併せて、武人や志士や孔子のような人の書を文学的に読むことの危険と、実行の世界の基準によって文学書を解することの誤謬とを警告しているに過ぎぬ。（中略）生きた跡がどんなに曖昧に見え、どんなに不可解に見えようとも、残された表現の世界には何等曖昧なものはない。芸術家にあっては、実行の問題が、すべて表現の問題にかかり、表現の世界で、表現によってのみ解決されているからだ。何の迷うところがあろう。

（「薔薇について」）

これは昭和十八年に書かれたエッセイの一節だが、少しも色褪せたところがない。北原氏はここで、戦争期の文学者の「覚悟」を語ったが、こういう「覚悟」に時代の差異があるはずがないのだ。戦後においても、このことは少しも「簡単明瞭なこと」になってはいない。たとえば「政治と文学」といった論争を考えてみてもよい。われわれは、実践の尻尾をちらつかせていなければ一人前でないような表現者と、理窟や弁解がなければ半人前の実践家との、対立と相補のヴァリエーションを依然として見つづけている。いったい何が変わったといえるだろうか。北原氏の認識が時代の変化を貫いて新鮮なのは、そういう「覚悟」がきわめて明晰な意志にもとづいているからである。

「何の迷うところがあろう」と、氏は書いている。これもけっして分りやすい言葉ではない、もしわれわれが迷いと懐疑を混同するならば。氏は懐疑を放棄したのではない。その逆である。真の懐疑はむしろ断定の形式をとってあらわれる。北原氏のここ三十年にわたるエッセイが感じさせるのは、思考を思考以外のあらゆる情念的なものから鋭く区別しようとするストイックな精神である。

……孤独というのは、この作者が異国にいて感じた孤独感というような、感情的なまたは情念的なものではなく、もっと意志的なものだと思っている。もっとはっきりいえば、孤独とは、おのれの意志の工夫と鍛練によって割り出された、自由で自在で確乎とした、いわば一つの積極的な境地だ……(「中村真一郎「孤独」について」)。

……感動とは、そのためには自分独特の一種の鍛練と工夫の要る高級な精神作業だ。(「現代文学青年の不幸」)

すべてが自発的な精神に依拠していること、これは事実でないにしても、ともかく一度はこう考えてみることが重要だ。「われわれの決意や誓いは思考に属する。これに反して、気分の動きは断じて思考には入らない。本能の反応は断じて思考には入らない。疲労も思考ではない」とアランはいったが、こういう二元論は理論とか学説とかいったものではない。むしろあらゆる理論こそ、明晰な意志としての思考にもとづいているのである。われわれは、精神の名に値しないものが精神とよばれ、さまざまな時代思潮にあわせて感動とか孤独とか懐疑とかがいともたやすく表白される時代に生きているが、北原氏はこのような傾向に最もきびしく異議をとなえてきた文学者である。たとえば、氏は次のように書いている。

作家の内部には、あらゆる芸術家がそうであるように、女性の部分と男性の部分が両棲している。女性の部分が孕み、男性の部分が産む。大切なことは、孕むのはどんな女性にせよ、産むのは男性だというこの後者の方で、産んだ者の手の刻印のはっきり捺されていない作品はない。そしてもっと大切なことは、一流の作品には、産んだ男性の顔はいつもはっきり現われているが、それを孕んだその作者の女性の部分は、いずれも何重にも慎重に隠されていて、いつも模糊としているということだ。作品の奥深さはそこから来るので、いかに巧みに表わすかということよりいかに巧みに隠蔽するかということに、表現の要諦があるのも、無論この理由に他ならない。(「アヌイという作家」)

ここで「男性の部分」が精神(批評)を、「女性の部分」が情念を意味していることはいうまでもない。北原氏は事実、女流作家に手きびしいが、べつに女は作家になれぬなどといっているわけではない。ただ、生理、情動、異常感覚の所産にすぎぬものを独創的な思考や想像力と錯覚する、女流作家にありがちなナルシシズムに氏は耐えられないだけだ。もとより、このことは女流に限らない。ジャン・アヌイについて、氏は「男性の部分」が欠けているために二流作家たらざるをえないといっている。逆に興味深いのは、氏が自らの創作について「男性の部分」が克ちすぎていると反省している条りである。

思うに、右の文は批評文の要諦について語っているともいえる。〝一流の批評〟はその女性の部分を慎重に隠していなければならない。だが、女性の部分がもともとなければ批評は成り立たないのだ。批評の難しさも本当はここにある。

冒頭に引用した「薔薇について」や敗戦後に書かれた「愛情について」が私の胸を打つのも、それらのストイックで寡黙な表現の背後に慎重に隠された強いパッションのためである。氏の「覚悟」は、たとえば何を隠していたか。

……彼等は今になって、今次戦争の真相というものを口にし、こういう過ちを二度と繰り返さぬために、日本という国を今度は慎重に再建しなければならぬ、などと叫んでいる。何という空々しい口調だろう。祖国の運命を直ちに自己の運命とは観じ得ず、日本人全体が受けざるを得なかった試煉を単に避け難い災難だと傍観していたような心に、再建とか再起とかということがどうして真底から感じられるだろう。第一祖国というような観念が、そういう心の何処に宿り得るだろう。真に回復を願う心は、真に傷ついたものだけが知っていることだ。（「愛情について」）

いいかえれば、「一輪の薔薇の美しさを描くことは男子一生の仕事に足るのだ」と戦時下に書いた北原氏は、「祖国の運命」を「自己の運命」と観じた庶民と同じ位相で戦争を生き、そうしてそのために敗戦によって真に傷ついた人間であった。以後氏はこのような文章を書いていないが、アランやデカルトなら出会うはずがないこういう魂の劇が戦後の北原氏の内部にどんな陰翳を与えたか、私はただ想像することができるだけである。

（『海』1972年10月）

『小林秀雄論』

亀井秀雄

小林秀雄論は無数にあるが、本書のユニークなところは、小林秀雄とマルクスの関係に焦点を据え、そこからこの批評家の歩んだ道程を考察しなおしている点である。小林秀雄とマルクス主義者との関係はしばしば論じられてきたが、よく見積っても小林秀雄はマルクスを最も正確に読みこんでいたというような評価がなされているのみである。亀井氏はこれをさらに転倒して、小林秀雄はすでに『様々なる意匠』においてマルクスから本質的な影響を受けていたのだという。あるいは、それなくして批評家小林秀雄の誕生はありえなかったといっていいほどに、マルクスとの交渉は重要だったというのである。これが新鮮な主張であることはいうまでもない。

……現在でも小林秀雄の理論志向とその中で占めたマルクスの比重は、なかなか正確には認識されていない。結果的には、当時のマルクス主義者のアキレス腱を狙うために小林秀雄はマルクスを読んだのであって、そのかぎりでは理解も鋭く、引用も適切に行うことのできた批評家であったという程度の理解で、なんとなく納得されてしまっている有様である。もっと露骨に言えば、小林秀雄が理論的に詰めて行ったところをおなじように理論的に詰めてみるだけの自信がない、そういう情けない実情が私たちの側に存在する。自信がないために、小林秀雄の洩した苦痛の言葉の方を借りて来てかれの内面をのぞき見したり、生活史上の出来事を拾い出しては興味をつなぎとめたり、かれのキイ・ワードをカッコづきで幾つも幾つも置き並べながらアクロバティックな文章を作って目先きを誤魔かして行ったり、文壇情勢の実証的調査に没頭したり、そのいずれかの方法に逃げこんでしまうという傾向さえ現在あらわれてきている。しかし小林秀雄について考えるとは、かれの批評上の理論的な達成について考えることである。

「おなじように理論的に詰めてみる」という亀井氏の自負は、たしかに誇張ではない。戦中から戦後にかけての小林秀雄の動向の原因を、大衆的生活者あるいは古典の美に完璧さを想定して戦争を生きてきた彼がそういう絶対的信頼を失ってしまったところに見出した上で、それを彼の理論そのものの問題として検証する条りは、きわめて示唆的である。このあたりの問題に正面から取り組んだ論考はほかに見当らないからである。

ただ、本書の弱点は、小林秀雄によるマルクスの〝発見〟がたんに「マルクスから学んだ」というふうに見なされていることである。つまり、批評家の誕生――むしろ日本における批評の誕生とすらいってよい――という最も重大な事件が軽視されていて、かわりにマルクスの「理論」が前提されているのである。私は、小林秀雄にとってマルクスは大きな存在であったと考えているけれども、やはり「マルクスの比重」は小さいというべきだろうと思う。というのは、小林秀雄がマルクスを読む読み方は、彼がその他の思想的・文学的巨匠を読むそれとほぼ相似しているからであり、結局それは小林秀雄がマルクスに出会う前にあった思考形態に求めるほかないのである。

小林秀雄の『ドイツ・イデオロギー』に関する読みは、かえって今日において注目すべきものである。われわれは戦前の日本では知られていなかった『経哲草稿』を知っておりむしろ疎外論が汎濫しているが、マルクスがそこから出て『ドイツ・イデオロギー』を書いた劃期性が重視されるようになったのはごく最近のことである。たしかにその間には〝知的クーデター〟のようなものがあった。それはけっしてエンゲルスの影響などといってはすませられないのである。ところが、すでに小林秀雄は『ドイツ・イデオロギー』という書物だけからその〝知的クーデター〟をかぎとっていたようにみえる。マルクスという男は、どこかから知性上の兇行によって出てきたにちがいない、さもなければこんな言葉を吐くはずがない……小林秀雄はそう直観していたように思われる。マルクスはどこから出てきたか。自己に始まって自己に終る世界、「客観的」ではあるが本当の「客観」にはけっして出会わないような世界、すなわちヘーゲルの世界(むろんフォイエルバッハも『経哲草稿』も基本的にはそこにふくまれる)からである。

小林秀雄がこのように直観したのは、彼自身「自意識の不思議な球体」を破砕して出てきたからである。マルクスの影響によってではない。われわれはそこに、小林秀雄の内部で演じられた知性上の劇を見なければならない。そして、彼はそれをランボーに、マルクスに、パスカルに、ドストエフスキーに、近代画家に投射する。要するに、マルクスは彼らのうちの一人である。小林秀雄が書いてきたのは、「不思議な球体」を破砕して「客観」(あるいは「自然」)そのものに到達しようとするその過程である。彼自身はマルクスが経済学をやりセザンヌが絵を描くようには、「客観」そのものについて書いたことがない。「小林秀雄は宣長を論ずる。しかし小林秀雄は、宣長を出て『古事記』へ向うことはしない」という亀井氏の批判はその意味で適確であろう。これはすべてについていえることである。

しかし、肝心なことは小林秀雄が敢行した〝知的クーデター〟であり、さらに彼が生活上・現実上の経験とは別次元に「知性上の悪闘」が存するという事実をはじめて確信したことである。このことは「マルクスから学んだ」ではすまない。むしろ、そのような眼がマルクスを読み、極言すれば亀井氏自身も（間接的にであれ）小林秀雄を通した眼でマルクスを読んでいるのである。本書はマルクスに基づく言語理論からはじめられ「批評とはなにか」という問いが執拗に問われているが、欠けているのは小林秀雄という批評家の誕生の秘密である。いいかえれば、「批評家とは何であり何をなすべきか」ということは周到に書かれているが、亀井秀雄という批評家の姿が浮んでこないのである。

（『群像』1973年3月）

1973.6

『水』

古井由吉

古井氏の作品の中で私がもっとも好きな作品は「雪の下の蟹」である。氏はそのなかで、「重い甲羅を引きずって、まるで生きていることがそのまま一種の病いのように、見るからに苦しそうに這いまわっている」蟹のイメージを描いている。これは古井氏の、人間の生に対する基本的なイメージであって、個体の内部に閉じこめられ他人と交感することもできず、やがて「内にたまった死によって、内に閉じこめられて死ぬ」(「影」)ような存在の苦痛が、やはりこの作品集の底から、声にならない叫びとしてひしひしと伝わってくるように感じられる。

「影」という作品の「私」が眠れないときに思い浮べるイメージは、「夜の森を歩む野獣の姿」であり、さらに無気力な夜には、「海の底にへばりついて触手をゆらめかすイソギンチャクの仲間、半透明のクラゲの浮游、水の動きとほとんど区別のつかない生命たち」である、これらの動物や植物と一体になる想像において、「私」ははじめて安らぎ眠りに就くことができる。古井氏は勝手な固定観念をならべているのではない。重要なことは、氏がいつも人間の実存を、こういう動物や植物のような「自然」との対比において、というよりむしろ「自然」それ自体の自己異和のようなものとして感受していることである。人間という存在は、氏においては、野獣とかイソギンチャクのような存在、生と死、個と類の境目がはっきりしないような存在と、絶対的に区別されていない。氏は人間の〝意識〟をべつに特別なものとはみないので、ただこういう〝存在〟から生じた裂け目、ねじれのようなものとしてみているのである。

「水」という作品では、動物や植物を通りこして、無機物のイメージから人間の存在を照らし出している。

……水はまだゆらめいている。とりとめもなく動く水を、とりとめもない気持で眺める。そういう時間を幾度か重ねて、年を取っていく。何年かに一度ずつ、判で捺したように同じ気持で水を眺める自分が繰返され、それからいつか、存在しなくなってしまう。それでもこの放心の状態の中には、物憂い永遠の感じがたしかになにがしかふくまれている。(「水」)

マルクスは、「人間の肉体的および精神的生活が自然と連関しているということは、自然が自然自身と連関していること以外のなにごとも意味しない。というのは、人間は自然の一部だからである」と書いたが、古井氏の認識にはなにかそういう根本的な逆倒がひそんでいるように思われる。水、イソギンチャク、野獣と同じ「自然」だが、ただ「自己自身に関係する自然」であるがゆえに、いつも怖れとあやふやな不安のなかにひとりひとり閉じこめられている……それが古井氏のゆらめくような文体が探りあてる人間という生存の構造である。古井由吉という作家が重要なのは、たとえば埴谷雄高がきわめて抽象的な、存在論的な言葉で語ったことのその実質を、細部に充実した肉感的なイメージで語りうるところにあるが、その新鮮さはまだ本当に理解されているとはいえない。「人間」が中心であるような小説がほとんどだからである。そして、そういう「人間」、観念とか心理をもち明瞭な主体の輪郭をそなえた「人間」こそ仮構にすぎないので、古井氏のもつような認識がいわゆる物語・小説的な体裁を破壊して頭も尻尾もない作品をつくり出すのはほとんど不可避的である。これは誰がどういおうと、古井氏が自身行きつくところまで行きつくほかないような質のものである。

もしかすると、水を畏れるご先祖たちのこころがいまこの酔いざめのからだの中にだしぬけに蘇って、怪しげな禁忌の反応となって手肢を押えつけている、そんなこともあるのかもしれない。生命にとってあまりにも大切なものなので、無い時にはその一滴にも死ぬほど焦れるので、あり余る時でも、濫りに堪能することを忌み慎しむ。それに、いったん溢れ出すと暴虐のかぎりを尽すので、濫りに汲んでその力を誘いだすことを畏れる。(「水」)

こうして、古井氏は水に関するイメージを次々と展開しながら、「水を畏れる」前時代の人間の禁忌に到達する。しかし、民俗学的なモチーフがあるというわけではない。ただ、ほとんど水からできていて水なくして生存できない人間が、水という存在から最も隔絶しているというアイロニーが、なにか時代をこえて存する人間の条件を浮き彫りにするのである。ここで喚起される「歴史」は、いわば「自然史」のようなものなので、記録に残った歴史ではありえない。

したがって、「衣」や「狐」に出てくる女、あるいは男女の関係が王朝期のそれのように感じられるのもそのためである。身勝手で移り気な男と、ひたすら受身で待っている女がいる。そういうありふれた関係が心理的なレベルでとらえられないで、「性」という自然の場所からとらえられている。つまり、身勝手で移り気なようにみえる男がかかえこんでいる不安と、受身で凝と待っている女の不安が微妙に交錯しあって、いつのまにか立場が逆転する。女が「鬼」のようにみえてくるのはそのときである。男は女が子供を投げだしてどこかへ失踪してしまいそうな予感におそわれる。

「谷」では、投身自殺したが死にそこなって微笑しながらひき上げていった女を目撃した男が、女恐怖症になりようやく結婚したけれども、癌を病んで「死にたくない、俺ひとり、死にたくない」と泣き叫んで死んでいく。女はしぶとくて男は脆いというようなことではない。男も女も「自然」から乖離しているが、その乖離の質が異っておりそのために一見社会的には別のようにみえる関係がある地点で逆転してしまう。現代の男女を描きながら、古井氏の作品がなにか原型的な感触を与えるのは、男女をつねに「自然史」の側から視ようとしているからである。

ところで、この短篇集には、師や友人や肉親その他の死者が数多くあらわれる。それに対して、「私」は生きのびる人間であるが、死者と生者とのこの関係には、悲嘆もうしろめたさもなく、優位も劣位もない。それは、生とは閉ざされた緩慢な死にほかならないという「私」の異和感が、無機物に解消されていく死者に対してある怖れとつながりを感じているためだろう。死者は水に似ているのである。けれども、生きている者同士はまた別である。私は、次のような言葉を、古井氏の孤独な魂が発信するメッセージとしてたしかに聞きとった。

……見も知らない人間との間にも、瞬間的な共振れというものはあるものだ。私は自分の内側でも同じ叫びが動きかけたのを感じた。それぞれ内にこもって死ぬ定めの人間にとって出来ることは、叫び立て、叫びかわすことだけなのだという思いが、ここひと月ばかり私の中に淀んでいた陰鬱な気分をいちどに吹き払った。(「影」)

(『文藝』1973年6月号)

『一族再会』

江藤 淳

『一族再会』は江藤淳の「母を恋うるの記」だと藤枝静男が書いている。私はそれに同感だが、いくらか違ったことを感じている。たとえば江藤氏がここで書いている母は、やはり幼い頃に母を亡くしている女性である。つまり昭和の初期に懸命に生きている一人の若い女であり、江藤氏と対等な他者であって、すこしも超越的な存在ではない。同じように、祖母、祖父、曾祖父、母方の祖父もまたそのような姿で描き出されている。彼らは完了形で描かれず、たえず生きようとする現在形において描写されている。重要なのは、〝描写〟されているということである。

母を恋うること、あるいは安息と沈黙の世界へ遡行しようとすること、それは表現を生む原初的な衝迫である。しかし、死者を彼らが生きていた場所によみがえらせようとすること、つまり描写することは、それとは別の違った意志であり姿勢である。むしろ前者の衝迫をどこかで否定し転倒しなければ出てこないような姿勢である。それは甘美な思い出に浸ることではなく、死者をもう一度生き直させることである。一族の霊を喚びあつめるとは、彼らをその生きた姿のままに解放すること、むしろ「私」の思い出からすら自由にしてやることではないだろうか。

『一族再会』から私が感じたのは、血縁と言葉に澱む暗く深い領域に触れようとする欲求あるいは「妣の国」へ遡行しようとする欲求と、それとは逆にひとりひとりの死者をのっぴきならない生の形態において喚起しようとする相反的な姿勢であって、このたえざる両義性が『一族再会』を不思議な性質の作品にしているのだと思われる。

以前に江藤氏は次のように語ったことがある。

たとえば小林さんには歴史について「子を失った母の悲しみ」という有名なアフォリズムがある。それから母親というものはいちばんこわい批評家で、何も文句をつけない、ただ黙ってみているという言葉もありますね。

ぼくはああいう言葉をかみしめることができます。そういう体験はたしかに記憶にのこっている。(中略)しかしそれにしても母親を早く亡くしているので非常に稀薄な思い出しかないわけで、ああいう言葉にうらやましさを感じもするんです。(吉田熙生との対談「國文學」46年1月)

江藤氏のいう意味はよくわかる。たしかに、小林氏には、というより漱石を例外とする日本の多くの文学者には、根源的に安らぎうる場所、錨をおろしうる場所がある。江藤氏はおそらくそれに対する羨望と反撥、具体的にいえば漱石への共感と小林秀雄への反撥から書きはじめたといってもよい。この作品でも、そういう両義感情の根拠が「私」に即して、あるいは肉親に即して検証されている。

しかし、右の発言に関するかぎり、江藤氏は小林秀雄の言葉をとりちがえている。小林氏は、結局批評家は母親のような眼をもつべきだといっているのであり、そのことの難しさをいっているのだからである。が、実は小林秀雄の解釈は問題ではなく、現に江藤氏が『一族再会』で実行していることが問題である。私がいいたいのは、江藤氏が本書において、いわば「子を失った母の悲しみ」を以って死者たちを想起しようとしていることだ。「何も文句をつけない、ただ黙ってみている」ということだ。「母を失った子の悲しみ」と同時に、「子を失った母の悲しみ」が『一族再会』を立体的なものにしているのである。もとよりこれはたんに肉親に対してだけではない。ここに登場するあらゆる人物に対して、氏は母親の眼を注いでいる。それは自分の一族を中心に扱うということからくる配慮だとはいえない。私はここに、何かしら江藤氏の〝歴史〟あるいは〝人間〟に関する洞察の変化を感じるのである。

――……歴史を生かしているのは実現されなかった恨みの集積である。それは「正義」でもなければ「不義」でもない。人間が人間でしかない以上どうすることもできぬある暗い力の所産である。

歴史は「正義」でも「不義」でもないということは誰でもいえるが、「人間が人間でしかない以上どうすることもできぬある暗い力の所産」をそこにみるのはまったく別の認識である。たとえばヘーゲルは、彼がつくった体系とはべつに、そういう「暗い力」をみていたような気がする。それは「理念」というようなものではなかったはずである。

『一族再会』には、たとえば母と祖母にあった暗い確執が浮かんでくる。祖母がまちがっている、母が悪いということのできないものがそこにある。彼らはそれぞれ「どうすることもできない」過去を背負っていて、その限りでは彼らの暗闇にはなにか絶対的なものの軋みがある。それなら、これは「開国派」と「攘夷派」の対立、あるいはその延長にあるもろもろの確執についてもいえないだろうか。むろんいい得るのである。

『一族再会』に登場する人物はそれぞれ暗い部分を共有している。失意、挫折、そこからくる内的な逆行や自閉がある。それを江藤氏はどうしようもない〝必然〟として浮かびあがらせる。氏は断罪しない。断罪できないような不可避的ななにものかがあり、それはわれわれのなかにもあるからである。『一族再会』における家族の歴史には、因縁という言葉がふさわしいような性質がある。たとえば、母の死や結核がこの一族につきまとっている。江藤氏はおそらくこういう〝因縁〟を信じている。それは迷信ではない。ひとを動かし結びつけている暗い必然的な力を、私はかりに因縁とよんだまでである。

『一族再会』がとらえているのは、そういう〝必然〟のように思われる。それは「歴史的必然」というような軽々しい観念ではない。そもそも、ヘーゲルにしてもマルクスにしてもそんなちゃちな観念をもてあそんだことはなかったのである。この〝必然〟は、まずわれわれの手前勝手な過去への裁断を捨て去らねば視えてこない。あるいは、「人間が人間である」という条件への自己省察なくしては視えてこない。

『一族再会』の江藤氏は、人間と人間の行きがかりを窮極的に肯定しようとしている。おそらく、それは行きがかりを越えてある何かを感じとっているからである。それが何であるかは書かれていないが、この作品自体がそれを感じさせている。もとより誰もそれを明示することなどできはしないし、明示する必要もない。江藤氏の書いたもののなかで『一族再会』が画期的な意義をもつとすれば、それは、それぞれの人物に内在する〝必然〟を時代というもう一つの〝必然〟のなかに照明しようとしたこと、そしてそこにある「暗い力」を鎮め、それらを越えてある一つの感覚を啓示しようとしたこと、そういう、認識というよりは〝祈り〟のなかにあるといってよいかも知れない。

だからひとりの人間のなかでおこっていることの切実さを、実状に即してとらえようとするなら、むしろ彼のなかに内在する問題が、私たちが「時代」とか「社会」と呼んでいるものの力で、どのような表現をとることを余儀なくされたかという角度からとらえなければなるまい。それはいわば人間を、歴史を超えたものと歴史との交点としてとらえようとすることである。

実は、難しいのはこういう「交点」をとらえることだ。この交点は、いいかえれば、現実のなかであるいは公的な世界のなかで関係づけられて生きている自己と、それらと別に在る「私」自身、つまり内側からみたときしか視えてこないような「私」との交点である。

たとえば、祖父江頭安太郎がみた夢について、江藤氏は次のように書いている。

……彼はそのころよく暗い海を白い船が自分の方に向って来る夢を見た。船は海面をすべるように近づいて来るが、彼の眼の前まで来たとき突然かき消すように闇に呑まれてしまう。そして安太郎は絶えて感じたことのない重い不安のなかに眼覚めた。彼は全身に汗をかいていた。あらゆる輝かしさに包まれているかに見える彼の未来も、夢の白い船のようににわかに暗い波に呑みこまれてしまうかも知れない。彼の生命が「国家」に結びつけられている以上、この暗い波は彼個人だけではなく「国家」をも呑みこむかも知れない。しかし安太郎は一瞬のちにはこの象徴的な夢をふりすてた。それはあまりに不吉な予兆と思われたからである。のちに同じ夢が、彼の生涯の転機に繰返して現れたことを見れば、それを彼の存在の深い部分に触れたなにかだったと解釈することも可能であろう。

こういう記述に、江藤氏独得の直観的方法があると私は思う。氏はさりげなく「白い船」を「国家」と結びつける。この〝芸〟に私は感心する。そんなはずはないという気持を何となく萎えさせるような具合に、氏は論理を運ぶからである。おそらくインヴィジブルな「交点」が暗示されるのは、こういう微妙な連関においてのみである。

私自身についていえば、評論を書くときこの「交点」を書くことの困難を痛切に感じている。したがって、しばしば私は外側の部分を完全に捨象するほかない。右の夢についていえば、「彼の存在の深い部分に触れたなにか」としてのみ論じるだろう。それはそれでやむをえないと私は思っている。というのは、ひとが「時代と個人」とかいったふうに簡単に処理している「交点」は、私にはまったく疑わしく思われるし、その鈍感さに耐えられないからである。

江藤氏は、厳密にいえば、「時代」そのものについて書いていないし、「個人」そのものについても書いていない。そのインヴィジブルな「交点」をめざして書こうとしているのである。この手さばきは微妙なもので、真似ができない。真似をすると、何一つつかまえない見取り図のようなものができあがるのが落ちである。なぜなら、この、「交点」は静止した点にあるのではなく、運動が一瞬のぞかせる表情のようなものだからである。それを静止させれば、個人の内面と時代の状況を短絡させる図式に陥いるほかない。『一族再会』にあるのは、一種のダイアレクティックな運動、「母を亡くした子の悲しみ」と「子を亡くした母の悲しみ」が交錯しあう運動であって、個々の指摘、個々の事実が読後に消えてしまってなにかをたしかに経験したという感触だけが残る。「個人」でも「時代」でもなく、それらの根源にある何か必然的なものが感じられるのである。そこでは、江藤淳という目ざわりな「私」も消えてしまう。
不思議なのは、私的な事柄だけを書いた『一族再会』という作品が、すこしも私的な印象を与えないこと、読者に向かって開かれているということである。たとえば、「私をこえた〈私〉」とかエクリチュールとかを唱える批評文には皮肉なことに「私」が露出している。つまり、書き手の顔がそこに割りこんでくるのである。

……曾祖父嘉蔵は、私の「言葉」の源泉なのだろうか。それが私の「故郷」であり、私に忠誠を要求し、私という個体を否定し、「個人」という観念が虚構にすぎないことを思い出させる重苦しくうっとうしい沈黙なのだろうか。おそらくそうである。そして私のなかに嘉蔵が存在し、現在の日本の現実のなかにいまだに無数の嘉蔵たちが存在しているかぎり、私は決して「個人」になることはなく、したがって単なる「私」ではあり得ない。「私は……」、あるいは「私が……」と書くとき、われわれの感じる一種のうしろめたさは、実は「私」がわれわれにとって、仮構以上のものではあり得ないところから来る直感的な反射作用にほかならない。

江藤氏は手放しで、「私」は仮構だといっているのではない。われわれはフランス人がやっているようには、この問題を単純に扱うことができないのである。いいかえれば、「私」を虚構だとする構造主義でさえも、われわれのなかでは、たえずあの〃うしろめたさ〃と結びついているからである。『一族再会』にあるのは、「私」という虚構を保持することによって孤立と存在喪失を余儀なくされることと、虚構を拒否することで自己絶対化に陥いるがその代償として「存在の深い部分」を所有し得ることとの、ほとんど反射的に揺れ動く微妙な関係である。

たとえば、江頭淳夫という少年は、母という「言葉」の源泉にある沈黙から絶たれて、父と義母とその子供たちから成る家族のなかで、長男としての役割を完璧に果たしてみせる。虚構を虚構というのはたやすいが、それは「家」というよりもっと濃密な肉感的なものを所有しえた者だけがもつ特権にすぎないのである。異質の他者と共存するためには、この虚構を保持していくほかはない。それは自己欺瞞ではなく、倫理的な意志である。が、同時にまた、この少年がしばしばいいようのない癇癪をおこして、たとえば祖母に日本刀をふりあげ、「切ってやる。それに直れ」と叫んだことも忘れてはならない。それは、「不完全な『言葉』――『言葉』になりそこねた言葉であり、かならず自他の個体を破壊しようとする衝動をともなう。」

おそらく、江戸末期以来の日本は、この少年の生い立ちとパラレルだといってよい。なぜなら、われわれは好んで「近代国家」を建設しようとしたのではなく、西欧諸国の到来と圧迫の前にいやいや自己を外に、「海」に向かって開き、源泉としての「言葉」を絶つことによって生存を保持しようとしたからである。そして、われわれは幾度も、今日においてもなお、「切ってやる。それに直れ」という不完全な言葉――すなわち暴力的な衝動を禁じ得ないのである。

しかし、くりかえしていえば、『一族再会』は他の評論と異なり、この衝動を断罪していない。ある意味では、江藤氏はこの衝動におびやかされた人物に加担し、そこから「不完全な言葉」を聞きとろうとしている。江藤新平という人物は、つねに「海」に向かったこの「一族」の影の部分、あるいは「実現されなかった恨み」を象徴している。だが、この「恨み」をどこかで鎮めてやらないかぎり、われわれはわれわれ自身から解放されないだろう。「近代日本」という悲劇をわれわれは依然として共有しているからである。しかし、たんにそれは思想史的問題ではありえない。「人間が人間である」ということそのものに根ざした、どうすることもできない悲劇としてそれを了解するのでなければ、歴史には誤謬と限界しか見出せまい。いかに思想史的な批判、概観を書きならべても、ひとりの生きた人間の劇がみえない。ひとりの人間の劇がみえなければ、「近代の虚妄・倒錯」といった批判も空疎な言葉にすぎない。しかもひとりの人間の劇をみるためには、まず何よりも「私」自身をみなければならない。おそらく、『一族再会』はそういうモチーフ、内的な〝必然〟に根ざしているのである。

……軍人に似合わず、彼は敗けた人間のほうが好きであった。勝利の快感より、敗北の悲哀のほうが彼に馴染《なじみ》の深い感情だったからである。いずれにせよ彼は、佐賀藩という敗けた国の人間であった。そして彼は、江頭嘉蔵という人生に失敗した下級武士の息子であった。

「敗けた国の人間」といえば、以前フォークナーが来日したとき、私は日本人の気持がよくわかる、われわれも合衆国に敗れたのだから、という意味のことを語ったそうである。フォークナーの作品に「前衛的実験」をみていた当時のアメリカ文学者がそれに当惑したのはいうまでもない。フォークナーもまた、合衆国という虚構の下に抑圧された「南部」に沈澱している言葉以前の〝存在〟を解き放つために書いたのである。彼の作品が一見前衛的にみえたとすれば、「私」という個体を否定するような「言葉」の源泉から物語ろうとしたからだろう。彼がそうしたのは、「土着思想」を発掘するというような辺境趣味からではなく、合衆国という〝虚構〟を否定するためでもなく、二度ととりもどすことができない肉感的な「言葉」をまさに言葉の上でのみ招集しようとしたためであろう。そうでなければ、この「言葉」は、ハイデッガーのいう「言葉」がナチズムとして奔出したように、分離主義として奔出するかもしれないものである。

江藤氏のアメリカ体験には、どこかフォークナーと似たところがある。合衆国に適応すればするほど、ある深い空虚にみまわれる。適応しえないよりも、適応しうる方が恐ろしい。彼を引きとめる力はなにもないからである。そのとき、たしかに江藤氏は「沈黙の言語」としての日本語以外に自分を日本につなぎとめるものはないと書いたはずである。「自分の生涯のひとつの危機」と江藤氏がいうのは、たぶん「言葉」の源泉から切り離された者の飢渇であろう。私の記憶では当時の江藤氏のエッセイのあるものはなにか狂気を感じさせたほどである。

しかし、江藤氏が『一族再会』を構想した一九六六年前後には、われわれもまた一様に物狂おしいような空白感にとらわれていたと思う。それは、ある意味でわれわれが曲がりなりにも「近代化」という目標を達成し、ほっと一息ついたときに生じたエア・ポケット状態である。江藤氏のいう「批評言語の形骸化」は、そういう虚脱感においてにわかに目立ちはじめた。それからまもなく突発した急進的学生運動は、実質的には、「近代」を嘲笑し源泉にある「言葉」を回復しようとする衝動に根ざしていたように思われる。むろんそれは不完全な言葉すなわち暴力として奔出したのである。江藤氏の『一族再会』はけっしてそれと内的に無縁ではない。ただ「不完全な言葉」としてでなく、それを言葉として回復しようとする意志が、『一族再会』という一種マニアックな作品を他者に開かれたものにしているのである。それがこの作品の、われわれにとっての contemporary な意義である。

(『季刊芸術』1973年夏号)

1973.7.16

『柏原兵三作品集』

最近、柏原兵三の作品集（潮出版社、全七巻）が刊行されはじめたが、私はその第一回配本の「仮の栖」と「ベルリン漂泊」を再読して、また新たな味わいを感じた。二度三度読んで一向退屈を感じさせない小説はめったにありはしないが、それなら柏原の小説のどこが面白いのかといえば、これといった特質をあげることもできないのである。しいていえば、柏原の小説に描かれている事物なり人間なりの細部が活きていて、読むたびに違った相貌をみせるからだといえる。作家の主題とか思想とかいったものはすぐにひとを厭きさせてしまうが、柏原の小説には、いわば事物そのものが描かれているようなところがあって、読者にそういう厭きをおこさせないのである。

私が漠然と思ったのは、平易で明快な内容にもかかわらず、柏原の作品にはなにか〝わかりにくい〟ものが基底にあるということである。事物をみる柏原の眼に、それが微妙にあらわれている。「ベルリン漂泊」においても、一つ一つの借屋さがしが明確に書かれていて、何のあいまいさも暗喩的な意味もない。にもかかわらず、この作品には、どういう大げさな観念とも無縁であるが、ぼんやりと滲み出てくるような漂泊感がある。むろん借家さがしは、しょせん借屋さがしにすぎず、大げさな不安や焦燥になるはずはないので、柏原もその点で何の誇張もしていない。だから、漂泊感は作品の表面からではなく、その背後から滲み出てくるのである。

それが何なのかは、私には本当のところはわからないのである。たとえば、それを柏原が高校時代からかかえていた高血圧という危険な持病、つまり死の不安とただちに結びつけることはできない。そこにおいてさえ、柏原には、〝わかりにくい〟部分を秘めていたからである。

柏原と親しかった批評家、西尾幹二氏が次のように書いている。《柏原君はおよそ対決型の人間ではなかった。それにも拘らず近づく死の不安は水の底にたえずあったと見るべきだろう。それでいて、生命への執着というようなものが稀薄である。覚悟が出来ていたわけではない。できるだけ死との対決を避けようとしていた。かといって、生命を保つための努力に熱心であったわけではない。私は最近にわかに柏原という人がわからなくなってきた》。

柏原の人柄をよく知る西尾氏が「わからなくなってきた」というのは興味深いが、彼の作品にもそれとまったく類似した要素がある。「ベルリン漂泊」という小説に、柏原の「死の不安」が直接影響しているかどうかは問題ではない。重要なのは、死に対する柏原の姿勢に似たものが、「ベルリン漂泊」の人物の下宿さがしの姿勢にあるということである。そう考えると、この作品に漂っている漂泊感の秘密がわかるような気がするが、それなら柏原がどうしてそういう姿勢をとっていたのかといえば、私には依然としてわからないのである。

たとえば、なぜ彼は悲鳴をあげなかったか。つまり〝不安〟とか〝苦悩〟とかを表白しなかったか。あるいは、もし彼がそういう幼児性と無縁な達者な生活人なら、なぜ、たかが下宿さがしのような事柄に手こずるのか。結局そういう疑問が押しよせてきて、私は一義的な答えを次々と放棄するほかないのである。

柏原の文学は「生活人の文学」だといわれている。しかし、彼が「知識人の文学」を拒絶する自覚的な意志をもっていたとはいえない。さりとてまったく無自覚だったわけでもない。その辺がひどくあいまいで、柏原の方法がどこまで意識的なのか私には見当がつかないのである。彼は手放しに抜け抜けと、自分の秀才ぶりや一家一族の自慢を書いたりしたが、たしかにいえることは、柏原には日本の知識人が共有している屈折した自意識がほとんどなかったということである。文学者には大概その底にねじくれた悪意のようなものがあって、たとえどんなに「生活人」であり「常識」をそなえていても、その自意識が柏原兵三のような無邪気さをチェックするのがつねである。ところが、柏原はそこにおいてきわめて自然だった。この自然さは、彼の死に対する姿勢にあるものと基本的に変わりがないことに注意すべきであろう。

　彼の小説は「知識人の文学」とは相いれないが、にもかかわらず彼には「反知識人」といういっそうこみいった自意識もまたなかったのであり、要するに彼の《自然さ》がかえって私には謎めいてみえるのである。

　中学の初めから柏原が小説家を志していて、現にそうなったということもなにか奇妙である。これは子供のころ汽車が好きで長じて機関士になったというのに案外似ている。柏原には、早くから作家を目ざしながら、〝文学〟というものに病んだり傷ついたり放棄したりするという曲折がすこしもなかったように思われるのである。小説を書きながら、彼はいっこう美的倒錯にも陥らず、常識人としての健全さもうしなわず、そのまま成長してきたようにみえる。私はどんな異端作家もおそれないが、柏原の《自然さ》がふくんでいる、ある奇怪さには一種のおそれを感じざるをえないのである。

　柏原の《自然さ》はおそらく彼の根本にある「自己肯定」からきていると思う。それは自己愛《ナルシシズム》ではない。自己愛はむしろ過大な自己嫌悪、あるいは絶対的な自己否定や他者否定としてあらわれるのであって、柏原こそ、そういう自己愛をまぬかれていた。実は自己を愛するということほど困難なものはないので、柏原が一風変わっていたのは、現にあるがままの自己を受けいれることができた点にあるといってよいかもしれない。おそらく彼がねじゆがんだ自意識、極端な自意識から無縁だったのもそのためで、そういう精神が知らず知らずに、あるがままの事物(人間)をあるがままに書こうとする方向へ彼の創作を進ませていったように思われる。柏原はかつて、「主観を、描こうとする対象の選択にのみ局限した、まったく透明な文体を獲得したい」と書いたが、その意味では「ベルリン漂泊」という作品は、「主観」が次第に消えうせるある一つの透明な世界を呈示しているといってよいと思う。

(『読売新聞』1973年7月16日)

『雨の音』

宇野千代

私が宇野氏の作品を愛読してきたのは、そこに何か私を立ちどまらせる認識があったからである。それは平淡で、深遠そうにも深刻そうにもみえない。しかし、私が立ちどまるのは、なんの誇張もない平明な文章のなかに動いている精確な知性を感じとるからである。こういう知性は、一見知的に見える作品にはむしろ見出すことができない。

『雨の音』は私小説なのだが、私のしたこと、経験したことを回想しているのでも告白しているのでもない。この作品で作者が見出し描こうとしているのは、そういう意味での自分ではなく、ありふれた何でもない《私》という存在のように思われる。

たとえば、『雨の音』の「私」は、思いたったらすぐ実行する人間であり、また嫉妬に対しても、「私はいつでも、何事かにかまけて、そのことを思ひ出さないやうにした。さう言ふことにかけては、私は天才であつた」というような人間である。彼女は恐しいものを見ないようにし、それを本能的に回避してきた。こう書くと、あたかも宇野氏はそれを自らの気質であるかのように書いている。だが、必ずしもそうとはいいがたい。

故北原武夫が次のように述べていたのを、私は思いだす。《アランを読むことは、僕が彼女に教えたのだが、「思い立ったら、考えるより先に、足を先ず一歩、前に出すことだ」という、あのアランの思想の要諦は、彼女の方が、僕よりも遙かに彼女の方がものにしていたらしい。》

これはまず疑いのないことである。宇野氏の気質は一つの思想であり、逆にいえば氏の思想は一つの気質なのである。そこに、宇野氏の独自の声が発せられる場所がある。独自というのは、特殊という意味ではない。気質という面からのみみれば、それは特殊であり宇野千代は風変りな女性だということになるであろう。だが、そこには紛れもなく、どの人間にもある、そして人間という抽象物よりももっとリアルで精確なものに、達しようとする思想がある。

……私にも、また、若いとき、平気で蜻蛉の羽をちよんぎつたやうな記憶が、いくつかある。それらの記憶は、良心の呵責をともなはず、悔悟の種にすらならないのを、不思議な気持で思ひ出す。或いはそれらの行動が、心の作用をともなはないほどに素早く、本人自身にも信じられないくらゐの間に、行はれて了つてゐた、そのことによるのであらうか。（傍点柄谷）

ある特定の行動ではなく、行動というものがもともとそうなのではないのか。背後に「心の作用」があるのでもなく、「本心」があるのでもない。それらは行動のあとに考え出されるものにすぎない。それは『雨の音』全体にある思考であって、それが伝統的な心理小説とこの作品を区別している。たとえば、「私」と別れた夫とのあいだには、スタイル社という事業が介在する。この事業は、戦後まもない時期に急激に膨張し、やがて世の中が落ち着くと、借財を残して倒産する。本当に不透明なのは、彼らの心理ではなく、彼らがやっている事業というものの動きであって、彼らはそれに蹂躙され、また破産と厖大な債務が彼らをかろうじて結びつける。否、それだけが彼らを結びつけているということも、彼らにはわかっていない。彼らは借金を返すために何でもやる。

……私たちは、それを、豆腐屋が豆腐を作り、魚屋が魚を売るのと同じやうに、生きて行くための当然の仕事として、思ひ拵へたのであつた。この経験はそれからながい間続いた。私たちの本心がどこにあつたか、探すことは出来なかつた。

彼らはなぜそうするのか、何の目的でそうするのか考えたりはしない。「生きて行くための当然の仕事として」、そうするのである。『雨の音』が異様に透明なのは、〝主体〟が行動するのではなく、行動が〝主体〟を生みだすという転倒が根底にあり、彼らの生存のための理由や意味が排除されているからである。むろん宇野氏はそれをべつのやり方で書くことができたであろう。しかし、われわれがつねにやっている過去を物語化する自己欺瞞、すなわちそのとき気づかなかったことをもあらかじめ気づいていたかのように書く自己欺瞞を、氏は潔癖にしりぞけている。それは気質ではなく、氏の厳密な思考なので、『雨の音』には、かくて自分のやっていることが何であるのか、どんな意味をもつのかを知らない人間たちが描かれる。だが、この「無知」は行動そのものの不透過性からくるのだ。『雨の音』は、なにげなく書かれているが、私小説にはほとんど見当らぬ、ある知的な厳密さをそなえている。

次のような認識は、世界をこのようにみる者にとってのみあらわれる。

いまになると、この間の、時間の関係が、惨酷なほどに、はつきりと分るのだ。そのときには隠れて見えなかつたことが、いまは、はつきりと、まるで表《へう》に書き現はされたもののやうにはつきりと、眼に見えるのだ。それにしても、そのとき隠れて見えなかつたと言ふことは、何と言ふ仕合せなこ

——とだつたか。

……一つのことだけではなく、たくさんのことが隠されたままで、人の眼にふれないのは、神さまの恩沢である。それでなくて、どうして私たちのやうな弱い人間が生きて行かれるか。私はさう思ふのである。

ここでいわれている〝神〟はキリスト教的な神ではなく、むしろ機械仕掛けの神のようにみえる。偶然とは、ここでは、たんに隠された必然性にすぎないのである。しかし、「私」はけっして無知の仕合せをいっているのではない。なぜなら、彼女はすでにそれらのことを知っているからであり、ただふりかえって見出した生存の危うさに慄然としているのだからである。

『雨の音』は、ほとんど近代小説とは異質な世界、たとえば『オイディプス王』のような世界を想わせる。「私」はそれが何たるかを知らないで、「平気で蜻蛉の羽をちよんぎつたやうな」ことをやり、また男を刺そうとしたこともある。それは無知という仕合せであるより無知という罪である。むろんそれは罪意識と結びつかない。が、ここには、思いたったらすぐ実行する、想像の病いなどを拒絶する、そういう人間において、はじめてみえてくるなにかいいようのない透明な悲哀と自己認識がある。

『雨の音』の淡々とした文体は、宇野千代のことも北原武夫のこともはなれて、自分のやっていることが何たるかを本当は知らないで生きるほかない人間の窮極的な姿をわれわれに感じさせるように思われる。

（『文藝』1974年5月号）

1974.8

『海舟余波』

江藤　淳

私は勝海舟に関心をもっていたが、海舟の著作をほとんど読んでいない。明治維新の過程についても通り一遍の知識があるだけで、『海舟余波』を正面から書評するに足る蓄積は私にはない。昨今の「海舟ブーム」に対して、私は妙に苛々して腹を立てていた。それは、「ブームとはかかわりなく書かれたこの本」を、雑誌連載中に読んでいたせいかもしれない。私の海舟に関するイメージは、実をいえばこの本からくる。だから、海舟像がよくとらえられているなどというのはおこがましいので、私が疑いなくいいうることは、本書からうかがわれる江藤淳像についてである。

私は、江藤淳という〝批評家〟について幾度か論じてきたが、その都度不可解なものがのこっていた。書かれていることは明快であり、何ら疑問の余地はない。それなのに、いつも不可解なものがあるのはなぜだろうか。それを考えてみると、私は結局江藤氏の気質のような部分に触れようとして、触れられないのだというほかない。

むろん説明がつかぬことはない。しかし、たとえば、幼年期に母をなくすということが、どうして江藤淳という固有の存在を説明しうるだろうか。そんな人間はたくさんいるが、江藤氏とは似ても似つかぬ。あるいは、江藤氏自身が書いているさまざまな体験についても同じことがいえる。

たとえば、『成熟と喪失』には心理学者の理論と共通する部分が多くあるし、『海舟余波』には政治学者の認識と重なるところが随分ある。だが、どこかそれらとは似ても似つかぬ部分があり、そこには必ず処女作『夏目漱石』にあったものと同じ音色がきこえ、同じ風景がみえるのである。

江藤氏は常識を説く。だが、その内奥にはなにか気違いじみたものがある。それは、反常識的な文学者の奥に常識がちんまりすわっているものとはまったく逆である。江藤氏は「成熟」を説く。だが、氏は世間でいう成熟とは程遠く、いわば幼児的なものが濃厚に残っている。私は、それをむしろ病理的な性質のものだと考えた方があやまたないと思う。漱石がそうだったように、江藤氏のなかにはどんな分析(自己自析)も及ばないような何かがあるからである。

……それは彼という特殊な存在の孤独さのしるしであり、その孤独な人間をなおかつ生かした不思議な勇気と生命力の源泉でもある。あるいは彼がしばしばこれほど孤立しなければならなかったのは、海舟が自らそれとは知らぬ間にある思想を生きてしまうような人間だったからかも知れない。逆にいえば、それとは知らぬ間に思想を生きているような人間だったからこそ、海舟はこのような全的な崩壊のなかでなお且つ生きつづけられたのかも知れない。(『海舟余波』)

江藤氏はべつに「新思想」をもってあらわれたわけではない。氏がその都度採用しているさまざまな新理論は、かえってそこをあいまいにしている。私は「江藤淳という特殊な存在の孤独さ」を思わないわけにはいかない。とにかく、戦後の文学者のなかで、江藤氏のようなかたちで孤立している人はいない。一見そうはみえないが、それはなかば錯覚にもとづいている。氏が孤立しているというのは、氏が根本的に異質な原理をもった人間であること、かつその原理が「近代」とか「西欧」といったことばで普遍化しえないような何か、すなわち思想というより存在感覚の次元で異質な何かをもっているということである。

『海舟余波』について、これは政治的人間の研究である、と氏はいっている。政治的人間とは必ずしも政治家と同義ではない。むしろ、江藤氏のなかでは、政治的人間とは人間の条件をまともに引きうける者の謂である。政治的人間にとって、歴史は非完結的であるという。だが、それは人間にとって、歴史は非完結的であるというのと同じことだ。

江藤氏は本書のなかで、文学者、思想家、批評家、革命家といったカテゴリーを「政治的人間」と対照的に使い分けているが、それらの区別は本書の文脈においてのみ活きている。人間はけっして理解しあえぬ他者と共存して生きねばならない以上、本質的に政治的人間である。おそらく江藤氏はそう考えている。そして、そこから絶対的なもの、完結的なものへ遁走することを、〝文学〟あるいは〝思想〟という名でよんでいる。しかし、べつの著作でなら、江藤氏はそれを詩と散文というふうに区別したし、また『小林秀雄』においては批評家こそそのような「政治的人間」にほかならなかったのである。

海舟は、人が動かし人を動かす現実の重層的構造のなかで、ある「作品」を書こうとする作家として考えられている。だから、広い意味では、これは作家論だといえる。海舟という現実の政治家は、「政治的人間」としてとらえられたとき、江藤氏のむしろ形而上的な問いかけのなかに包みこまれる。

――みんなを「敵」としておいて、そのどの「敵」とも時と場合に応じて「正心誠意」合従を企てる。それが海舟のよって立つフィロソフィーであった。

> なぜなら政治的人間とは、かりに愛することがあっても愛されることを断念しつつ生きることに決めた人間だからである。だからこそ彼は、海舟のようにその「跡を消」そうとする。少くとも民衆の憎悪が、自己の遺骸を白日の下に曝すのを避けるためである。このような人間を救うことができるのは、神のほかには後世の追憶と共感だけではないか。

これらはほぼ同じことをいっている。つまり、江藤氏は海舟のリアル・ポリティックスを近代政治学者のようにいっているのではなく、そこにひそむフィロソフィー、いいかえれば海舟の倫理性をいっているのだ。それは、絶対的・完結的なもの(神)がない場所で、それでも他者になにかを与えて生きようとする人間の倫理である。

海舟は地獄をみていた、と江藤氏はべつの文章でいっている。地獄は、しかし、政治的世界にだけあるのではない。この意味では、江藤氏は「政治的人間」である。つまり、政治的にふるまうとか政治に関与するという以前に、存在的に「政治的人間」である。しかし、江藤氏が批評家なのは、そのことに明確な論理——他者に通じる——を与えたからだが、それは依然として「特殊な存在の孤独さ」たることをまぬかれない。江藤氏が書いているのは、思想ではなく、まして理論ではないからである。

「あとがき」に、「幕府をも朝廷をも超越した国家を構想しようとした海舟は、当然国家を超える価値の存在をも感じていなければならなかった。その感覚なしには、おそらく国家の構想そのものが不可能であった。……これは、きわめて誘惑的な推論である。しかし、惜しむらくは、千葉氏の論文を読んだのが今年になってからであったので、この本のなかにはこの重要な機軸をとり入れることができなかった」とある。たしかにこれは重要な機軸であって、これがとり入れられていたら、『海舟余波』はいくらか変わっていたかもしれない。しかし、注意して読むと、江藤氏は「信仰」といわずに「感覚」といっている。超越性は「信じられる」ものではなく「感じられる」ものでなければならないのである。そして、「時代は崩れ、人は死んで行く、それが歴史だ」という認識は、ある永続的なもの——われわれはその一コマを生きている——への感覚に裏打ちされて、はじめてみえてくるものだというべきである。

（『文藝』1974年8月号）

1974.12

『藁のおとし穴』

坂上 弘

「藁のおとし穴」は、東南アジアに出張する会社員の話だが、現地に即した宣伝政策をとるべきだという議論に対して、「私」は次のように考える。

「これからのわが課はコミュニケをよくしなくてはだめなんですね」と彼の部下にはしたり顔をするものもいたが、彼には通じるということがそんなに大事なことか、感じとれなかった。通じることよりも、自分ひとりの意見をもつことの方がはるかに大事だった。

会社だけでなく、こういう議論は国際問題に関してつねに吐かれる「したり顔」の反省である。だが、「通じるということがそんなに大事なことか」という坂上弘の反撥は、〝通じる〟ということそのものがどういうことなのかという疑いにある。そして、この疑いは、ある意味で坂上氏の明確な思考の骨格に根ざしている。すでに若くして、「もし家族とか人々のつながりというものが虚構だと気がつけば彼は幸いだったろうね、そのあとではその一つ一つをたしかめて行くことが生きて行くことになるんだからね」(『ある秋の出来事』)と書いたとき、坂上氏は基本的に変りようのない成熟した視点を固有していたのである。言葉の真の意味において、それは坂上氏の「方法」である。

たとえば、「売る男」という作品に、次のような条りがある。

物を売るというのは実際にどのように解釈していいのかわからないくらいやりきれないところがある。その物を造る側も売ることを考えて造るわけではないし、買わされる方も不意に土足でずかずか上りこまれたように思いながらなぜそうされるのかわからない。

「売る男」という作品は、売買という行為にある本質的な奇怪さを、そしてその奇怪さのなかで生きていることが付与するもう一つの奇怪な生存をとらえている。客が買ってくれるのは〝通じた〟からではない。全然別の事柄なのである。だが、そこには紛れもなく人間と人間の結びつきがある。逆にむしろ結びつきとはそのようなものではないのか、というのが坂上氏の苛酷な眼だ。それは、このような関係が恣意的な虚構であり真実がべつにあるということではなく、この奇妙な関係を、いいかえれば「不意に土足でずかずか上りこまれたように思いながらなぜそうされるのかわからない」関係を直視することにほかならない。売買をこのようにみる坂上氏の視線は、家族をみる場合とすこしもちがわない。

……私に人知れぬ不安があるとしたらあの従兄のような存在だ。いつやって来るか分らないものの存在だ。(中略)

だが、この侵入者とは一体何だろうか。

結局、われわれの生活とは〝誰か〟がやってくる生活にちがいない。その〝誰か〟は父であり母であり、弟であり従兄であったわけだ。（「夏の朝」）

坂上氏が「会社は家庭に似ている」と書くとき、それは日本の会社が家族主義的だということではない。むしろ家庭は会社に似ているといいかえてもかまわない。つまり、坂上氏は人間が「ふれあう」場所というものを根底的にみているのである。《……肉親嫌いというのはこうした肉親の一人一人が対象なのではなく、肉親の場が、かならずしも快適というわけには行かないからなのだ》。

坂上氏の文章が照明するのは、つねにこのような「場」である。この「場」からひとはのがれることはできず、またそれが何であるかはわからない。「とにかく親というものがわからない」のは、いわばこの「場」がわからないということなので、坂上氏が私小説的な素材のなかでくりかえし問いなおしているのはそのことだ。現在の生活に書くことがなくなったから少年期を書く、あるいはそこにしかリアリティがないというような批判は、坂上氏に関してはまったく見当違いというほかはない。この〝私小説家〟においては、そういう「場」が強いる「その一つ一つをたしかめて行くことが生きて行くこと」だからである。

私は会社員がどういうものなのか知らない。しかし私がわからないのは、その職種や機構ではなく、そのような仕事もしくは状態の持続が意識に累積させる影のような部分である。それなら似たような部分が、私のなかにもある。むしろ私たちは、その職業が私たちのなかに堆積させる、なにかあいまいだが確実な陰影をこそ、「生活」とよんでいるような気がする。だから、生活が失われたとかそれを求めるというような言葉はほとんど無意味に近いのだ。

《これに引き換えたしかに週末の方がサラリーマンである自分をつよく意識するものだ》（「週末」）。いいかえれば、サラリーマンであることが「生活」なのではなく、「意識」に沈澱しているものがそうなのだ。大方の企業小説がつまらないのは、私たちの一日の大半を占めている生活であるにもかかわらず、そのこと自体にはなんら「生活」は存しないからである。

> それから去年のことだが、私はだれもいない公園の夏の繁りのなかで子供に無理に草や虫をつかませようとした。
>
> そして自分ながら不思議な考えにとらわれた。一体、おれは、子供なのか、大人なのか。こうして子供に、子供の頃の感覚を教えている。だが、夏になるとこうして虫をみたり植物をみたりしているのは昔の自分をたしかめているだけなのだ。こういうところへ集約されてしまう自分の生活――これは一体どういうものだろうか。（「夏の朝」）

このように書くとき、坂上氏はいわば「意識」というものにおいてものをとらえている。先にのべた「場」は、実際にはもう消滅してしまったのちでさえ、「意識の恐怖」として残存する。それが「生活」だといってもよい。私は、草木や風景を凝《じっ》とみている坂上氏の眼差を恐ろしく思ったことがあるが、そのこともまた、たんに「自然が好きだ」というようなことではなく、氏の「意識」と深くかかわっている。

この作品集から全体として私が感じたのは、ある年月、あるいは時間の経過であるが、その厚みは「子供なのか大人なのか」区別のつけようのない「意識」の相において把握されている。たとえば、「藁のおとし穴」では、「私」は、同じ疎開者として知り合った友人で、今は東南アジアでユートピア的な実験をしている男に会いに行く。この男は、子供のときに疎開先で反抗してあみだした「いたずらの精神」で今でもやっているという。「私」はこの男のいわゆる「思想」に同調しない。《思想といってもそれは生活の仕方だ。誰でも自分のできる生活をしようとし、思想のために生活しているのではない》。たしかに、この男の「思想」はいかがわしい。しかし、そこにも〝十六年〟という歳月が淀んでいる。「私」が会社に入ってからの〝十六年〟と同じように。だが、彼は疎開先での「いたずらの精神」を語り、「私」と〝通じる〟ことができると思っている。そんなことはありえない。しかし、「私」自身にとってもまた、〝十六年〟は一つの謎としてあるほかないものなのである。

（『文藝』1974年12月）

『放屁抄』

安岡章太郎

故郷は、なまあたたかくなじみ深いと同時に滑稽で恥ずかしいものであるという点で、屁に似ているといってよい。すくなくともわれわれにとってはそうだが、外国人、ことに西洋人が「故郷」についても、「屁」についても何か異なる感覚をもっていることは疑いない。

安岡氏は「放屁抄」という短編のなかで、サドが娼婦たちに催屁剤入りのボンボンを食わせた廉《かど》で一三年牢獄にいれられた事例に注目し、ヨーロッパ人とわれわれとでは、「屁についての観念、もしくは感覚が非常に異っている」のではないかという。彼らにとっては、屁は生理的現象にすぎず、したがってそれを強制することは肉体的な暴力行為になるのに対して、日本人にとって、「屁はもっと精神的なひろがりを持つ何者かである」。安岡氏が引用している明治初年の新聞記事によれば、花嫁が思わずおならをしてしまったことから、次々と三人の男女が自殺してしまった事件がある。ここでもやはり「屁」が暴力として働いている。しかし、「その暴力は、サドの用いた催屁剤入りボンボンのそれとは何と異質であることか」。

これはおそらく「故郷」についてもあてはまるだろう。私がいいたいのは、むろんそのような類比ではなく、『放屁抄』という短編集が、「故郷」や「屁」という喩として開示され同時に隠されてしまうような一つの世界を固有しているということである。安岡氏が意味する「故郷」はそれ自体特殊なニュアンスをもっている。それは、たとえば土佐藩であったり、南方の離島(西表島)やカナダのケベック州であったりする。それぞれの歴史的・地理的な背景はちがっていても、それらに共通しているのは差別の構造が厳しく存在するということである。むろん、安岡氏はそれらを同一視するわけではない。氏の「故郷」はやはり土佐の郷士たちの世界であって、それはかつて鷗外も書いた「堺事件」に関する解釈(「切腹」)によく示されている。フランス士官たちに吐き気を催さしめた土佐藩士の壮絶な切腹は、鷗外が考えたような武士の「意地」というよりも、足軽が士格の身分を獲得する絶好の機会だったからで、それは「滑稽なだけに哀れ」なのである。

こうした滑稽さ＝哀れさは、花嫁のおならで三人が自殺したという事件にも通じるが、その背後には、いうまでもなく一つの制度的な「暴力」がひそんでいる。しかし、それは西洋社会の根源にある暴力とはあくまで〝異質〟なのだということを、安岡氏は承知している。たとえば、「ケベックの雨」で、日本語のたくみなアメリカ人の青年に「わたしのサトへ行ってみませんか」といわれたとき、「私」は「顔が上げられないような気持」になってしまう。青年のいう「サト」には安岡氏が感じるようなニュアンスはまったくない。同様に、カナダにおけるフランス系の差別にも、日本におけるそれとは〝異質〟な原理が働いているといわねばならない。にもかかわらず、安岡氏は差別されたケベックの人々に魅かれる。彼らの「単調な生活」に、濃密な生を感じとる。いうならば、彼はそこに「故郷」を感受するのである。

安岡氏は「故郷喪失者」だという。しかし、「故郷」が右のようなものだとすれば、故郷喪失は小林秀雄やハイデッガーのいうようなものではありえないし、また、故郷(ルーツ)の探求は、ほとんどつねにイデオロギーに帰結する(ヘイリーの『ルーツ』も例外ではない)のに対して、安岡氏の場合は非神話化であるほかない。なぜなら、それは差別構造に回帰することであり、暴力的なものに抵触することだからである。にもかかわらず、安岡氏にとって、それはやはり「故郷」、つまり至福状態でもあるのだ。屁に関する批評的考察である「放屁抄」の最後に「私」が遊廓で放屁する光景がある。

……すると私は、不意につまらないことを口走っていた。

「ああ、おならがしたくなっちゃったな」

私は狼狽して、思わず女を振りかえった。女は蒲団の中から顔を上げて、こちらを見ていた。そして何か、疲れた母親のような眼差しになりながら、東北訛りの言葉でいった。

「いいわよ、落すても……」

私は一瞬、体の中が熱くなるような感動をおぼえ、眼の下にまたたいている街燈が何処までも遠くつらなっているもののように眺めていた。（「放屁抄」）

おそらくこの「感動」は、ケベックの「単調な生活」に感じた濃密な生の感覚と類似しているといえる。安岡氏の差別問題への固執を、他のヒューマニスチックな作家と区別するのは、そこに一種ねじれた転倒が存在するということである。エッセーふうに叙述された作品のそれぞれが〝小説〟に転化する瞬間に、私は、土佐やケベックが喩に転化し、そこに羞恥と快楽、残酷なものと滑稽なものが逆接するような生の源泉が開示されるのを感じる。

（『朝日ジャーナル』1980年1月25日号）

『オリエンタリズム』
エドワード・W・サイード

『オリエンタリズム』は、一九七八年に刊行されて以来、日本学をふくめて、アメリカでの非西洋研究に最も影響を与えた書物である。たとえば、それまで東洋趣味や東洋学といった意味をもっていた「オリエンタリズム」という語が、本書によって変えられたといっても過言ではない。今や「オリエンタリスト」とは、非西洋圏を、西洋にとって異質で固定的な実体であるかのような表象システムのもとに見る者を指すようになっている。つまり、それは否定的な意味でしか用いられないのである。

サイードが論じる「オリエント」は、厳密にはイスラム圏に限定されている。しかし、それは、彼がパレスティナ出身でありイスラム圏の歴史に通暁しているというだけではない。ヨーロッパがヨーロッパとして自己同一性を確立してきたのが、遠いアジアではなく、「近東」のイスラム圏に対してだからであり、ある意味で、その他の「東洋」はそのヴァリアントにほかならないからである。サイードがこのように「近い」ものを選んだことは重要である。

イスラム圏は、空間的にヨーロッパと近接しているのみならず、旧約聖書とギリシャ文化にかんしてヨーロッパと同じ起源をもち、近世にいたるまで、むしろヨーロッパに優越するものであった。ヨーロッパ人がヨーロッパ人として自己同一性を確認してきたのは、何よりもイスラムに対してであり、また、精神分析的にいえば、この近親性のためにこそ、イスラムを絶対的な異者として外在化してしまう必要があった。要するに、遠い「東洋」ではなく、近い、というよりほとんど自己の一部であるような「東洋」にかんする西洋人の表象にこそ焦点を当てなければならない。

同様に、サイードは、オリエンタリスト、あるいはアラブの民族主義者のように、歴史的に「遠い」過去に遡行しない。それは、近代のオリエンタリズムが生み出す物語であり、またたんにそれを補強するだけだからである。彼が焦点を当てるのは、およそ一七八〇年代以後の知的・文学的・政治的歴史環境であり、そこにオリエンタリズムの「起源」を見るのである。それは、もはやたんなる「東方」に対するイメージではなく、現実の政治的・経済的な支配のなかで形成された言説体系にほかならない。彼は、とくに十九世紀に、それがイメージではなく、科学的な言説のもとに確固とした制度と化したことを強調している。

われわれはあまり遠い過去に遡行してはいけないと、フーコーはいっている。実際、サイードは、オリエンタリズムを言説空間として見ること、そしてそこに知と権力の問題を見ることを、フーコーから学んだという。だが、それ以上に、サイードは、政治社会における権力の支配と、市民社会における文化的支配(ヘゲモニー)を区別したグラムシの影響を受けているといえるだろう。オリエンタリズムの言説は文化的ヘゲモニーの問題であり、それは経済的・軍事的な植民地支配の深化とともに変質するが、それ自身自律的に作動する位相をもっている。サイードによれば、そこでは、フーコーが西洋の言説空間の歴史において見たものとは違って、個々のオリエンタリストやテクストの役割が大きい。というのも、「オリエンタリズム」とは、結局著作と著者を引用するシステムなのである」。「オリエント」という表象は、そうしたインター・テクスチュアルな重層のなかで形成されている。そこでは、とりわけ文学的テクストが強く機能している。

オリエンタリズムは、たしかに「西洋のオリエント支配」によって形成されたものだが、そのことはオリエンタリストがそれに積極的に加担したということを意味しない。むしろ、彼らはそうした支配に反対し、真のオリエントを知ろうとし、また彼らのために活動したりしたのである。しかし、東洋が何であるかを知るのは西洋人のみであり、また、東洋の復権のために語りうるのは西洋人のみだという考え方こそ、オリエンタリズムなのである。だが、他方で、サイードは、東洋人を知るのは東洋人だけだという考え方の危険を警告している。それは、西洋側の表象に対して形成された、裏返しの表象にすぎない。

こうした表象の系譜学的批判において、サイードがめざすのは、東洋と西洋という区分そのものの廃棄であり、具体的な社会関係のなかにある個々の人間を見いだすことである。つぎのような問いに、彼のヒューマニズムを見なければならない。《人間的現実を画然と幾つかの文化・歴史・伝統・社会に、はては幾つかの人種にさえ、分割して、しかもその分割の結果にもかかわらず人間らしく生きるということが、はたして我々に可能なのであろうか。》《人間をいわば「我々」(西洋人)と「彼ら」(東洋人)とに分割することに示される敵対を回避する道があるのか》。

(『國文學　臨時増刊号』1993年11月)

第III部
文庫・全集解説
1971—2002年

『わが子キリスト』（講談社文庫解説、1971年11月刊）

武田泰淳

I

「武田泰淳は小説に於ては、『司馬遷』ほどの成績をあげていない。これが衆議一決した意見である。（中略）これは、今後まだ当分は小説を書いて行こうとする私にとって、にがにがしきかぎりである」（『司馬遷』第三版序文）と、武田泰淳は幾分自嘲的に書いている。しかし、『司馬遷』に対する大方の評価は別に武田氏の小説をおとしめるものではなく、それほどに卓越した評論であるということを意味するのみである。むしろ注目すべきことは、武田氏がまずすぐれた批評家（散文家）として出発したことだ。氏が小説家になるには、内的にも外的にも一つの契機が必要であった。おそらくその変貌の過程を探ることは、そのまま武田氏の小説の本質を照明することにひとしいといっていいほどである。『司馬遷』の書き出しはすでに有名である。

司馬遷は生き恥さらした男である。士人として普通なら生きながらえる筈のない場合に、この男は生き残った。口惜しい、残念至極、情なや、進退谷《きわ》まった、と知りながら、おめおめと生きていた。腐刑と言い宮刑と言う、耳にするだにけがらわしい、性格まで変るとされた刑罰を受けた後、日中夜中身にしみるやるせなさを、噛みしめるようにして、生き続けたのである。そして執念深く「史記」を書いていた。「史記」を書くのは恥ずかしさを消すためではあるが、書くにつれかえって恥ずかしさは増していたと思われる。

武田氏が『司馬遷』を構想し執筆したのは昭和十四年から十七年にかけてである。「司馬遷は生き恥さらした男である」と書き出したとき、氏が左翼からの転向体験や戦場体験の「生き恥」をここにこめていることは疑いないが、たぶんそれだけではない。「生きているという事全体の恥ずかしさ」は、武田氏が幼時から育んできたある存在感覚にほかならないのである。右の文体には明らかに太宰治のエコーが感じられる。だが、私たちが区別すべきことは、まず太宰治の「恥ずかしさ」が終始自意識にかかわるものだったのに対して、武田泰淳のそれがむしろ肉感的に濃密などろりとした存在感に発しているという点である。そこには自意識の痛ましく空しい自虐はない。逆に、「生きているのが恥ずかしいという苦しみは、もう致命的で自分も他人もどうする事も出来ない。このどうする事も出来ない苦しみにとりつかれると、人は時たま徹底的に大きな事を考えたくなるらしい」と書いたように、武田氏は「絶体絶命」の地点から「世界全体」を認識すべく居直ったのである。

司馬遷は「窮して志を述べた」。そして、この歴史家にとって述志とはただ記録することである。武田氏はいう、「記録というとごく簡単に考える人があるが、私は、記録は実に恐ろしいと思う。記録が大がかりになれば世界の記録になるし、世界の記録をなすものは自然、世界を見なおし考えなおすことになるからである」と。いいかえれば、記録するとは批評することだ。だが、所詮歴史家は「無為」であり、あらゆる行為を断念せざるをえない恥ずべき存在であることにちがいはない。「書く」ことは恥ずかしく、書けば書くほど恥ずかしい。そういうときに、武田氏は「歴史家は無為である。また為さざること無し、とも言える」という、ぎりぎりの地点で「書く」意味を確認するのである。なぜ書くか、ということについて諸々の文学者は勝手な説を述べている。しかし、武田泰淳ほどに「書く」ことの恥ずかしさを自覚している文学者はいないといってよい。「書く」ことで行動(政治)に参加する、というような知識人には、「書く」ことの恐しさも「政治」の恐しさもけっしてわかりはしないのである。

司馬遷はあらゆる権力および権力者を相対化し、また彼を処刑した漢の武帝をも相対化する。しかしすべての権力者の崩壊を書くだけなら、栄枯盛衰の理を、あるいは諸行無常を書くにすぎないので、そこになにかが加わらねばならない。すなわち、たんに時間的な変転、部分的滅亡や部分的非持続ではなく、「世界全体という一つの空間」の構成を物理的に認識するものでなければならない。武田氏は、司馬遷には黄老的考え方があり、それゆえ「史記的世界全体の絶対持続」が根底にあるため部分的滅亡や非持続をなんの感傷もなく冷静に物理的に考察しうるのだ、といっている。このことは、仏門(浄土宗)に生れ一時は僧侶にもなった武田氏についていえば、黄老的であるより次のような「空観」によるというべきであろう。

龍樹の空観なるものは、当時の自然科学によって達成された確固たる最高の体系である。それは冷静無比な自然弁証法であって、善男善女にはちょっと近寄りがたく、いわんや無常を看板に涙をさそい、あわれをもよおさせるような、仕組にはできていない。日本では万世一系その他、縦のつながり、時間の移りかわりに気をとられる習慣があるが、仏教は元来、宇宙を空間的に把握し、物理

科学的にたしかめ、かたよったドグマを排せんとして出発したのであるから、平家物語的詠嘆などは、ごく気の弱い、気の狭い人々の思いすごしにすぎない。（岡本かの子『生々流転』解説）

「かたよったドグマ」とは、たとえば「歴史」をみるときにひそかにもちこまれる理念や観念である。あらゆる権力（者）は理念をまとってあらわれる。むしろ理念が勝利したかのようにすら考えられる。ヘーゲルが考えたのはそういう理念の歴史にほかならない。ところで、司馬遷（武田泰淳）が理念的なものを捨象して権力（者）そのものの実質をみきわめるためには、まず肉体的な人間から出発しなければならない。すなわち、人間を「政治的人間」としてとらえるところからはじめねばならない。

『史記』にあらわれるのは「政治的人間」のみであり、孔子にしても例外ではない。「政治的人間」として以外には、その世界では一瞬たりとも存在しえないのだ。人間を「政治的人間」としてとらえることは、「人間は政治《ポリス》的動物である」（アリストテレス）といった定義とはまったく異なる。武田氏が意味しているのは、あらゆる理念とか価値とかいったものをはぎとったのちにみえる裸形の、むき出しの人間の殺意や権力意志にほかならない。それは歴史を時間的にとらえるときには抽象されてしまう、人間存在の原形質なのである。

それはいいかえれば、人間を「自然状態」（ホッブス）においてとらえることだ。それがいかに血なまぐさいものであったとしても、武田氏はまるごとそれを肯定する。暴虐よし、殺戮よし、謀略よし、酒池肉林よし、氏はただ「政治的人間」がその渦のなかでいかに勝利し挫折し滅亡していったかを、アモラルな物理的な眼で考察するだけである。たぶん、武田氏のばあい、そういう視点は、人間は善も悪もなしえぬ、人間のなしうる善も悪もたかが知れている……という浄土宗派の認識を基底においているといっていいだろう。

しかし、こういった認識は必ずしも仏教からきたとはいえない。さきに述べたように、これは武田氏の「どうする事もできない」存在感覚に発している。氏にとって、他者は意識されるよりも感じられる。つまり他者が傍にいるということすら氏の存在を縮小させるのだが、それはけっして自意識ではない。むしろ、ある距離より内側に他者が入りこんできたとき敏感に身構える動物の感覚である。

氏が感じるのは、サルトルのいう眼差ではなく、何よりも他者の肉体、皮膚や体温や体臭といったものである。私たちは他者の眼差には耐えられる、だが他者の肉体には耐えられるだろうか。それは私たちの意識を否定するかわりに、私たちの肉体を否定しようとする殺意である。「窮する」とは意識の自虐ではなく、文字通り存在する空間をもちえぬことだ。「生き恥をさらす」とは、そういう他者に占有された場所のなかで亀のように身をすぼめて生きることだ。すでに「生きている事全体」が恥ずかしいのである。他者の眼差なら隠れることもできようが、武田氏のこの存在感覚には逃げ場がないのだ。

たとえば、氏は『滅亡について』のなかで次のように書いている。

……彼ら(日本人)は滅亡に対してはいまだ処女であった。処女でないにしても、家庭内においての性交だけの経験に守られていたのである。

これにひきくらべ中国は、滅亡に対して、はるかに全的経験が深かったようである。中国は数回の離縁、数回の姦淫によって、複雑な成熟した情慾を育くまれた女体のように見える。(中略)処女を失って青ざめた日本の文化人たちは、この見なれぬ「男性」の暴力を、どのようなやさしさ、はげしさ、

——どのような肉の戦慄をもって享受するであろうか。

こういう性的な比喩は、たんに武田氏が上海の居留地で敗戦を迎え異民族の直接の支配下にあったという現実体験からきているというより、氏が他者との関係に対して抱く根源的な感覚からきているように思われる。たとえば、『うまれかわり物語』の中の「夢」に、中年の恩師の学者と男同志の性交を行う話がでてくる。《今こそ彼は強健無比な絶対的な支配者である。学者はその正体をあらわして組み伏せられた快楽にうめいている。これが真の彼と恩師の関係なのだ。これが正しいのだ。こうやって男の肉の中へ男の肉を乱暴に刺し入れてやることが。この熱、このこすれ方、このまっさかさまの墜落。えい、やかましいやい、動くな、騒ぐな、そんなに嬉しがるな……》

支配し、支配される関係を、武田氏がつねに肉の関係として了解していることに注意すべきだろう。たとえば、司馬遷は宮刑(去勢)を受けたのだが、武田氏はそれを明らかに武帝という「絶対的な支配者」から強姦されたかのように感じているのだ。右の夢は「生き恥さらした男」の見る逆説的な夢である。「彼」と「恩師」との立場はいつでもいれかわりうるのであり、そこに武田氏のアンビヴァレントな衝動がひそんでいる。かりに「恩師」を中国としてみれば、この夢は武田氏の中国コンプレックスの裏返された表現であるということができる。あるいは「彼」の方を中国としてみてもかまわない。武田氏自身は中国を侵略する者の立場にも支配される者の立場にも立ったからである。重要なのは、「中国」という経験にかかわりなく、武田氏が根源的にもっている感覚の方だ。

『蝮のすえ』、『異形の者』、『流人島にて』などで、主人公(「私」)は権力をもった獣めいた男と殺すか殺されるかというのっぴきならぬ関係に追いこまれる。『蝮のすえ』の辛島、『異形の者』の穴山というような男らを、なぜ「私」は殺そうとするのか。「私」には正義感とか道徳観などはみじんもないのだ。にもかかわらず、「私」は彼らと決然と対決するのである。それは、実は彼らが主人公にとってなんらかの正義や観念によって打倒すべき者としてあるからではなく、脂ぎった醜悪で巨大な肉塊のようにたちふさがり主人公の存在を威圧し縮小させる彼らをはねかえして逆に犯すほかに、主人公は真に存在することができなかったからなのである。これらの小説に重くたちこめているのは、「私」の存在、「私」の空間そのものを否定せずにおかない殺意であり、それはほとんど象徴的な高まりにおいて「私」をとりまいている。

武田氏にとって真の処女作といえる『蝮のすえ』には、『司馬遷』の著者とはちがったなにかがあらわれている。それは武田氏が殺意の下に「無為なる記録者」として身をひそめる姿勢を拒みはじめたということにほかならない。

……私は正義が存在するとは思っていなかった。しかし、私は事件から身をひくことは自分がゼロになることであることに気づいていた。昨夜、辛島と会見した時、まだ自分は漠然とした反抗心しかなかった。しかし今日は自分が立っている位置がハッキリ、生まれてからこの方経験しないほどハッキリ認知された。私はゼロになることはできなかった。私はただ生きているだけだと考えていた。しかしただ生きているだけにも、その形式と内容はかならずあるものであった。それが彼女の涙でしめった指先を握っているうちに、私には肉感となって、そこから認知された。私は自分がゼロになるのを拒否する人間だという発見に驚いた。そして冷水の中に坐り込んだような特別の緊張を感じた。殺

されるかもしれない、殺されても仕方がないのだ。といつか自分に言いきかせていた。(『蝮のすえ』)

「自分はゼロになるのを拒否する人間だという発見に驚いた」と書くとき、武田氏はすでに「無為」のなかで息をひそめていた記録者ではない。『蝮のすえ』は、それゆえ武田氏が記録者から小説家へと荒々しく変貌していったプロセス自体をもあかしている。記録者(歴史家)は自分をゼロにすることによって、あらゆる絶対的な支配者を逆に相対化してしまう。ところが、自分をゼロにするということもまた、ある意味では自己絶対化なのである。戦後、武田氏のかかる自己絶対性を根幹から揺すぶり相対化し、氏をふたたび不確定な茫漠とした「生」にさまよいださせたのは何であろうか。それは敗戦という外的な契機だけではない。もっとも内的に重要なのは「女性」の出現という契機である。たとえば、『蝮のすえ』の主人公を「ただ生きているだけ」だが確実に存在している場所からあいまいな世界にひきずり出したのは、「女性」である。それゆえ武田氏の小説のなかで、「女性」はきわめて重要な意味を負うており、その重量は優に「政治的人間」に匹敵する。

たとえば『わが子キリスト』のマリアのなかに、われわれは武田文学における「女性」像の結晶をみることができる。一般のマリア崇拝は、マリアのなかに理想的女性を見出している。その意味では、武田氏もマリアのなかに、氏自身の「女性」像を凝縮させているのだが、それはいかに一般のマリア像と異っていることか。マリアは「すべての女の威力といやらしさを一身に吸収しているように」みえるのである。ちゃらんぽらんに、しかし単純明快に生きていたローマ兵士の「おれ」は、このマリアによって、思いがけない行動者に変貌し、生の重苦しさを感じはじめる。

『わが子キリスト』他二篇を論じる前に、私が武田氏の初期作品をひとわたり論じてきたのは、ほかでもない、『わが子キリスト』の世界が『司馬遷』と『蝮のすえ』が逆接するような世界だからである。つまり、「世界全体」を物理的に見ることと、同時にそういう眼自体が相対化されて闇のなかにのみこまれていくということ、この二重構造を武田氏は福音書を素材にしてとらえようとしているのである。

II

『わが子キリスト』における武田氏の福音書解釈は、むろん現代聖書学の実証的研究の水準からみれば、荒唐無稽の説といえなくはない。だが、それは今日の歴史学の水準からみて、『史記』が不正確な史書であるというのと大差はない。新約聖書を下敷きにした小説・戯曲は内外無数にあるけれども、『わが子キリスト』のユニークなところは、何よりも武田氏がここで『史記』と同様に「世界全体の空間的構成」を考えている点にある。

キリスト教は「世界宗教」だが、それが生れた場所はローマ帝国の内部であり、ローマ帝国に支配されたユダヤ人のなかにおいてである。当時ローマ帝国が「世界」であり、ローマ皇帝が「世界の中心」なのであって、それ以外に「世界」というものは考えられなかった。新約聖書の記述はのちにキリスト教がローマ帝国の国教にのしあがったためか、あるいはユダヤ人への近親憎悪のみを強調したためか、彼らがそのなかで存在していた「世界」の身に突きさきるきびしさをあえて黙殺している。武田氏はまずユダヤ人のあいだで発生したこの宗教運動を、彼らを統治している帝国という「世界全体」のなかにおいてみせた。そのことによって「聖なる書」を相対化したのである。ある意味で、このことは「史記の世界」が孔子(儒教が漢帝国の「国教」のようになっていたにもかかわらず)を相対化してしまったのと似ている。たとえば、武田氏は次のように書いた。

「孔子世家」は、史記的世界の批判者として、独自の意義を持ち、それによって史記世界に存在し得たのであるが、「孔子世家」の中には、また逆に、孔子批判も含まれていることを、忘れてはならない。孔子は世界の批判者ではあったが、世界全体ではない。世界もまた、孔子の批判者である。孔子が批判者たることにより、この「世家」は、史記的世界と関連したのであるが、また孔子を批判することにより、史記的世界が、「孔子世家」の中へ入り込んでいるのである。(『司馬遷』)

したがって、『わが子キリスト』に出てくる人物はすべて「政治的人間」である。「政治的」というのは、自らの思惟や行為をローマ帝国という「世界」からかたときも切りはなすことができないという意味である。それらと切りはなされたところで「生」について考えているイエスは、この小説空間では、たんに抽象的な宗教家(倫理家)にすぎないので、実は彼を背後で支えている「政治的人間」たちが一切の重荷を背負っているのである。では、このような「政治的人間」たち自身は、いったい何に動かされ、あるいは何によって耐えていたのか。それがキリスト信仰でないのは当然である。キリスト演出者たちは何によって動かされ何によって耐えていたのか、武田氏の問いはこのときキリスト教的な思考からはるかにはみ出してしまっているのだ。

ユダヤ人の支配者である顧問官は、彼らをより巧妙に支配するために、「最新式の政治学の尖端」を行って、「まぼろしの指導者、まぼろしの予言者」をつくり出そうとする。そのために多くの新興宗教のなかからイエス(当人は知らされない)が選び出される。一方で、ユダはユダヤ民族の救済という全く逆の目的から、この企て、イエスを神の子キリストたらしめる企てに献身するのである。

イエスは観念的な世間知らずの坊ちゃんで、ユダこそそれを実質的、経済的に支える男だったという発想は、すでに太宰治の『駈込み訴え』に出ている。太宰治はこれによってユダの裏切りを正当化しようとしたのだが、武田氏はさらにそれを徹底させる。『わが子キリスト』のユダは、自ら最悪の裏切り者であるかのように自演することによって、実際にイエスを裏切った弟子たちの罪悪感を相対化し無化してしまうのである。おそらく武田氏は、ユダ、最大限の罪悪を一身に背負うことによって、あらゆる者の罪悪を相対化し赦してしまうユダこそキリストではないか、といっているのだ。

こういうキリスト観が最初に描かれたのは『ひかりごけ』(昭和二十九年)であろう。『ひかりごけ』は大岡昇平の『野火』と同じく、人肉を食う事件を扱っている。『野火』の人物は一度は人肉を口にしながら吐き出し「僕は殺したが食べなかった」というのであるが、殺すことはまだ善で、食うことは悪だというのは奇妙な論理である。しかし、この奇妙な論理が、実際は私たちの社会秩序におけるあいまいな中途半端な倫理を支えているのである。武田氏は「殺す」ことと「食う」ことを区別して安心する中途半端な倫理を空無化すべく、あえて積極的に人肉を食った男(船長)を創造する。

裁判において、船長は人肉を食った者には首のうしろに光の輪がともるという。そうすると、裁判長以下傍聴の男女にも光の輪がつくのだが、互いにだれも気がつかない。しかし、武田氏はたんに人間は互いに人肉を食いあう存在だということ(ここには先に述べたように男が男を強姦する夢に似た武田氏の存在感覚があらわれており、ただの比喩ではない)を暴露しているのではない。何を考えているのかと問われて「我慢しています」としか答えない船長は、あえて人肉を食うという「極悪」を実行することによって、彼以外の者の「悪」を相対化し赦してしまうのである。かくて、船長はキリストのごとく見えてくるのだ。《裁判長、検事、弁護人、傍聴の男女の一部、船長の周囲に集まる。そのむらがる姿、処刑のためゴルゴダの丘に運ばれるキリストを取巻く見物人に似たり》。

『わが子キリスト』のユダは、明らかにこの船長のイメージを継いでいる。ユダ自身は何を考えているのか。武田氏は書いていないが、たぶん「我慢しています」と答えるのではないだろうか。何を我慢しているのか、それはおそらく「生きていること全体の恥ずかしさ」であろう。

ところで、顧問官の情熱もまた異様である。彼はたんに権力をもって支配するのではなく、ユダヤ人の精神そのものを内発的に支配しようとしているのであって、いわばそれは「絶対的な支配者」たらんとする企てにほかならない。彼のそういう異様な情熱は、だから「おれ」の眼に次のように映らざるをえない。《だんだんとおれには、有望な政略をさずけてくれる顧問官自身が、地面から足がはなれ、宙にうかんでいるような、夢想の情熱にもえあがって万事を忘れている、部落民のまぼろしの指導者たちに似かよってくるような気がしたのだ》。

顧問官やユダはそれぞれの意味で「絶対的」たらんとする男である。が、彼らのような絶対的意志もないのに、ある偶然の因縁から彼ら自身には「どうする事も出来ない」関係にまきこまれて「政治的人間」になり、神の子イエスを実現させようとした男たちがいる。それは「おれ」とマリアの夫ヨゼフである。「おれ」はマリアを強姦してイエスを生ませたローマ兵士である。支配するとは異民族をほしいままに強姦しうることだ、というような条りは、侵略者として中国に行きまた戦後被支配者として中国で生きた、武田氏のアンビヴァレントな体験が重ね合わさっているといってよい。同じことは、『王者と異族の美姫たち』についてもいえる。

それゆえ、マリアをめぐって結びつけられた「おれ」とヨゼフの暗い三角関係は、上海を舞台に書かれた『蝮のすえ』を想起させるのである。マリアという女は、すでに言及したように、「女性」の本質そのものであり、「政治的人間」たちと優に拮抗しうる存在である。この不可思議な女性像を表現しえただけでも、『わが子キリスト』のオリジナリティがあるといって過言ではない。この女によって重苦しい関係にまきこまれていった「おれ」は、ついには死んだイエスに変装して復活を演ずるのだが、その行為を支えている情熱は彼自身にもわからない。それは明らかに顧問官やユダとはちがったものである。

……おれが誰の命令によってそんなばかばかしい「実行」をやっているのか、誰にもわかるはずはあるまい。最高顧問官どのか、裏切者ユダか、母マリアか、それともおまえの意志がそうさせたのか、そんなことは判明したところで何の意味もありはしなかった。

四つの傷の痛みにはげまされてではなくて、ますますおれが普通の人間でなくなって行くという恍惚感だけで、おれはだらだらの斜面をのぼり、マリアの小屋にたどりついた。

復活したイエスとは「おれ」自身である。顧問官でもユダでもない。あるいは武田氏は、「どうする事も出来ない」力に押されて「特別な人間」になってしまった「おれ」をこそ、キリストだといっているのかもしれない。

顧問官やユダは「歴史」を演出しようとした。だが、そこには彼らの意志をこえた何か奇怪なものが働いているといわねばならない。だれも「歴史」を演出することはできない、なぜなら演出をこえ、演出者たちをもまきこんでしまう何ものかが「歴史」だからだ。「歴史」とは何か、そう武田氏は直接に問うてはいない。が、活きた人間を描くことによって、武田氏はそういう「歴史」の意味を私たちに開示してみせたのである。

さて、『王者と異族の美姫たち』に出てくるのも、すべて「政治的人間」であり、あるいはそうであることを否応なく強いられた者たちである。ここでも、「異族」と「女性」がやはり重要な主題となっている。征服された異族の女、驪姫は、復讐のために晋の国を乗取ろうとしている。こういう恐るべき政治的女性については、すでに武田氏は『司馬遷』で呂后を書き、『淫女と豪傑』で武則天を書いており、すでにおなじみのイメージである。

私が注目するのは、主人公の重耳を叱咤し激励して「政治」に復帰させようとする「異族の美姫たち」の方である。重耳(のちの文公)は「政治的人間」であることからたえず逃亡しようとしている。彼が望んでいるのは孤独であり無為である。「女性」はまさに彼のひそかな願望を否定すべくあらわれる。つまり彼は政治世界を相対的に冷ややかに眺めようとしているのだが、「女性」は彼のいわば「記録者」的姿勢を根本的に許さないのである。

「そんな小さな道理より、もっと大きな道理がこの世にはあるのでございます」
「たとえ、あったにしても、ぼくは小さな道理の方をえらぶのだ。身のほど知らずに、そんなわけのわからぬ大きな道理に身をまかせるなんて、まっぴらだ」

「たとえ、おきらいになっても、大きな道理があるのは、どうしようもないことなのです」
「いいか。どうあっても、ぼくは別れないぞ」

重耳はやがて王者となる。だが、「王者」であるとはどういうことなのか。それは人間が生きるとはどういうことなのか、ということと同じだ。「王者の本質」は「とうてい不可解」であり、「明らかすぎる」と思うのは錯覚にすぎないのだ、と書いて武田氏は小説をしめくくっている。だが、私たちはおぼろげながら、武田氏の暗示するものをこの小説から汲みとることができるであろう。何ものかに動かされて王者となった重耳は、抗いがたい力に動かされて復活したキリストとなった「おれ」と同類である。彼らにとって世界は不透明であり不可解である。「『文公』という、最上の称号をおくられて、彼はいとも幸福そうに一生をおわった」というアイロニーは、重耳のいいようのない「我慢」を私たちに示唆するのである。

『揚州の老虎』は、辛亥革命(一九一一年)の際、革命家たちが権力確立の過程で次々と失脚し殺されていくなかを、しぶとく老獪に生きのびるしたたかな商人たちが実は主人公である。つまり、彼らの方が「政治的人間」としてスケールが大きいのである。それは、彼らのなかには死への情熱(革命的情熱にはそれがある)がみじんもないからだ。このことは、情熱的に生きようとする革命勢力がその破壊的エネルギーによって次々と死に突入し、かえって否定さるべき旧秩序の側の者たちがリアルにいきいきと生きているという逆説であって、これは武田氏においては、『士魂商才』、『貴族の階段』などの一連の系譜に位置づけられる作品であるといえよう。

『古山高麗雄集』

（河出書房新社・解説、1972年7月刊）

たとえば四十八歳になる男が突然小説を書きはじめた。われわれははじめて彼の「声」を聞き、はじめて彼の「存在」を知る。そして彼を小説家のなかにいれ、その作品を論じはじめる。だが、こういう手続きは奇妙なことのように思われる。もし彼が苦節三十年ようやく世に認められたのなら、それも不自然ではない。しかし四十八歳になって突然小説を書きはじめた男、つまり古山高麗雄に関しては、「作家と作品」についてのもっともらしい議論がどうにもちぐはぐにみえてしまうのである。文学に関係する者にはある種の前提が暗黙のうちにある。それはまず何よりも作品が書かれなければならず書かれなければ何も存在しないし沈黙もまた存在しないというような前提であるが、古山高麗雄はわれわれに、いったいひとが「書く」のはどういうことなのか、あるいはひとが書きまたは書かないということの境目はどこにあるのか、といった問いを迫らずにいないのである。

古山氏は四十八歳まで何も書かなかった。何も書かなかったのは、やがて書こうという目的やあてがあってのことではない。また、氏が書きはじめたのは、どうしても書かねばならないことがあったからではない。しばしばもの書きはこの辺の事情についてもっともらしい自己説明を加えるが、私にはあまり信じられない。

たしかにどうしても書かねばならないようなことがあるにはちがいない。古山氏は戦争裁判にかけられ戦犯になっている。ひとが深刻ぶっていう「戦争体験」としてはぎりぎりの局面まで、氏は経験してきたのである。だからといって、それは「どうしても書かねばならない」ことになるだろうか。そうではない。われわれが書きそして証明せずにいられないのは、自己の経験ではなく、ほかならぬ自己自身であって、いいかえれば自分の存在こそもっとも重要であり意味があるのだとする自尊心のためなのである。この点において古山高麗雄ははっきり違っている。

古山氏は戦争と戦後の二十数年間をどのように生きてきたか。次のようなエッセイはその間の古山氏の精神の姿勢を示すものである。

……たぶん、私は青年時代の自分を、嫌厭をこめて、いとおしんでいるのだろう。この情感はべたべたとして不快なものである。だが私は、逃げ出してはいけないのだと思う。逆に、入り込んで行かなければいけないのだと思う。そういえば小説を書かなかったころの私は、過去を切り捨てる生き方をしてきた。むぞうさにそうしてきていた。ところがいまは、ことごとに意欲的に過去にもぐり込もうとしているところがある。小説を書きはじめたことで、私のある部分が変わり始めた。この年になって、こんなことになるというのも変なものだが、しかしこれは、年には関係のないことかもしれない――。(「窓辺の景色」)

「むぞうさに」「過去を切り捨てる」生活をしてきた、と氏はいっている。「過去を切り捨てる」とは、過去を頬被りすることではない。自己を、あるいは自己に固執する自意識を切りすてることである。いいかえれば、自己の存在に特別な意味づけをせずにいられぬ自意識、また自己の経験に特別な意味を与えずにいられない自意識を切りすてることである。つまり、右のエッセイや小説全般が感じさせるのは、古山高麗雄という個人におけるある《自己放棄》のかたちである。

氏は「むぞうさに」生きてきた。ノンシャランに生きてきたといってもよい。くりかえしていえば、古山氏はどうしても書かねばならぬことがあって書きはじめたのではない。氏の戦争小説にはそんな気負いはすこしもない。また、他人も自分もいつわって「代弁者」を気どりはじめる気配もまったくない。「代弁者」が書いたような戦争小説ならいくらでもある。だが、たとえば死者にかわって、というような口吻のなかには、微妙だが明らかに自己欺瞞がある。そんなことは私が戦争をろくに知らない世代だということと関係なくわかるのである。なぜなら、戦争体験につづいて、一寸刻みの政治的体験が戦後たえまなく流行しており、またそれに応じた小説や評論が無数に書かれてきたからである。体験の深刻さは、ただそれを深刻に思おうとする意識に由来しているというべきではないだろうか。

古山高麗雄にはそういうものは笑止に思われたかもしれない。だが、深刻さを競って何になるだろう。われわれは古山氏がむぞうさに生きてきたというのを額面通り受けとってよいのだ。では、なぜ氏は小説を書きはじめたのか。たぶんそれは偶然の契機によるので、氏がたまたま編集者として他人の作品を読みつづけてきたからだといってよいし、そういう契機がなければ、古山氏はそのまま沈黙していたかもしれない。沈黙といういい方は不正確である。それは作家古山高麗雄をすでに前提してしまったいい方だ。古山氏にとって、ものを書かないということは何ら沈黙を意味していなかった。同時にまた、ものを書くということも何ら沈黙を破ることを意味していない。この意味では、ものを書きはじめてからも、古山氏はすこしも変わっていないのである。氏にとっては書くのも書かぬのも同じことである。その境目にはただ偶然性しかない。そしてそれは、生きることの偶然性といいかえてもよい。

こういう認識あるいは《自己放棄》のかたちは、しかしとくに戦争体験によって生じたものとはいえない。われわれの知りうるかぎりでは、氏の姿勢はすでに中学生のころからあまり変わっていないのである。氏が芥川賞を受賞した直後の雑誌で「弱者の文学」と題する安岡章太郎との対談を読んだとき、私は安岡氏の『悪い仲間』に出てくる藤井高麗彦という男が古山氏をモデルにしていたことを知って驚いたおぼえがある。この小説は、戦争前の暗い雰囲気のなかで、学校を放擲していわばヒッピーのようにドロップアウトして生きようとしていた「悪い仲間」の生活と、そのリーダー格で実際に三高を中退して行きつくところまで行ってしまった藤井高麗彦に対して怯え仲間から逃げだしてしまう「私」(安岡)の心理過程を描いている。私は十年ほど前この小説を愛読していて、これが私小説だとすれば、高麗彦という奇妙な名をもった男、揶揄的に描かれているが不思議な魅力をそなえたこの男の行末はどうなったのだろうかと考えたことがあったのである。それが古山高麗雄だった！　私が驚いたのはそれだけではない。

『私がヒッピーだったころ』という古山氏のエッセイには、この間の経緯がかなりくわしく書かれている。注目すべきことは、古山氏がこの「悪い仲間」のなかで最後にひとりぼっちになってしまったということである。安岡氏には裏切りの意識があるが、一方古山氏は最後まで残ったということに何の自負心も抱いていないようにみえる。なぜかなるべくしてそうなったといった感があり、べつに歯をくいしばって耐えたといった気負いがうかがえないのである。また安岡氏は自分を弱者として自虐的に描こうとしてきたが、私がそこに見出すのは強い自己執着であって、古山氏にはなぜかそういうものが一切欠けているのである。両氏を「弱者の文学」として一緒に括るのはおかしいので、たとえば「プレオー8の夜明け」の「私」は、状況はちがうがやはり最後まで残っている。逃げようと思えば逃げられるところで、彼は逃げないし、また彼が逃げなかった理由も明瞭ではない。

なぜその理由は曖昧にみえるのだろうか。そこにはヒロイズムがあり、臆病があり、破れかぶれの気分があり、その他諸々の動機があったかもしれない。しかし、その一つをとりだせば、虚偽である。つまり、理由が曖昧にみえるのは、古山氏の自己を視る眼がどんな虚偽をも自分に関して許そうとしないためにほかならない。

これは自己正当化とは程遠い感受性である。自己正当化は結局他人をあてにしている。あるいは「社会」をあてにしている。しかし、他人や社会が変われば、この自己正当化もまた変わらなければならない。実際ひとびとは戦後あっというまに「考え」を転換したが、それはやはり社会に応じて自己正当化を試みたにすぎないので、しかもそれによって過去の自分をもほとんど無自覚にいつわっているのである。

たとえば、詩人鮎川信夫は、「私は、軍隊とか戦争とかに対して、かなり強い否定の意識を持っていたが、このことと私が優秀な兵隊になってみせようと志したこととは少しも抵触しなかった」と書いている。これは矛盾しているかもしれないが、自己に正直であろうとすれば、誰がこういう矛盾をまぬかれるだろうか。しかし正直であることはけっしてたやすいわざではない。《だが、この意味での「正直」は、どんな詩人にとっても難事にちがいない。すくなくとも自分はいつも正直だとおもっているようなおめでたい詩人の正直とは、何の関係もないことはたしかである。それはいかに「正直」を志しても、人間はどこかで不正直に陥ち込むほかはないという、苦しい認識に立って辛うじて口にすることができるといった Virtue なのである。》(鮎川信夫『歴史におけるイロニー』所収)。

古山氏の言行のばあい、とくに困るのはそれがほとんど美談になってしまうことだ。少くとも戦後社会からみれば、古山氏の行為はすべて美談である。氏が「過去を切り捨て」てしまった理由の一つは、たぶんここにある。美談は社会的なものであり、社会によって相対的なものである。しかし、古山氏が自己の行為の根底においているものは、対他的なものではなく自己自身だけである。それゆえ古山氏はただ自己自身に対してのみ正直であろうとしてきたのであり、そのとき氏は「美談」とは無縁な自己の内実だけをみつめてきたのである。

『プレオー8の夜明け』に、たとえば次のような条りがある。戦犯容疑者の収容所では、水浴の往復の際、列のシンガリがフランス兵に細竹で尻を叩かれるのだが、「私」はいつもビリを勤める。

……確かに私は、第十五号のビリを勤めた。いつも尻を打たれていた。私の場合は、わざとビリを勤めていたのだった。白石は、わざとじゃない。鈍重だからビリになるのだ。私は、わざとなんて気障だと思った。だが、全部が、わざとというわけではなかった。水浴のときの尻叩き、あれは実は痛くなかったのだ。先を争って逃げるに値しない痛さだったのだ。白石が大仰に、ウェーと悲鳴をあげたのも、痛かったからではないだろう。興じていたのかも知れないのである。——だが、にもかかわらず私は、あの尻叩きで点数をかせいだ。監獄にほうり込まれて以来、よく私は、間違って賞められる。「あんたは、ビリを買って出ておるんじゃのう。みんなのために犠牲になってくれとるんじゃのう」と憲兵の一人から言われた。「そんなわけじゃありませんよ」と私は言う。するとますますいい恰好になる。その種のことが多かったたな。

「よく私は、間違って賞められる」。だが、どこがまちがっているのか。ほめた方はけっしてまちがってはいない。「私」が点数かせぎにやっているのではないことを、また今さら点数をかせいでも無意味な場所であることを彼らはわかっていたはずだ。

次のような条りがある。「私」が収容所のなかで芝居をやっていることについて、こう考える条りである。

……実は私は、退屈しのぎだの何だのと言っているけれど、それだけではなくて、みんなのため、という気持がないわけではなかったんだ。それを、口には出さず、こっそり、そういう気持を持ち続けようと思っていた。（中略）だがみんなで何かを作るということが、私の狙いだったし、私は〃作る〃生活のリーダーだったんだ。ところが、いまや、少なくとも芝居は、ホモの温床になってしまった。私自身、ずるずるとはまり込んでしまった。

一見ノンシャランな文体だが、その一つ一つのひだに鋭敏な意識がひそんでいる。それは他人にどう思われるかということに対しては全く働かないが、自己欺瞞に対しては苛酷なほどに働くような自意識である。「私」がまちがってほめられたというのは、必ずしも事実にあわない。ただ、「まちがっている」という内部の声がどこからかやってくることを古山氏には避けがたいのだ。それはどこからくるのだろうか。

班長からは〃お荷物〃と呼ばれ、軍医からは〃お得意さん〃と呼ばれていた弱卒であるにもかかわらず、「だが私は、弾丸の下では割合に勇敢だった」のであり、しかし「もっとも観念と生理とは一致しない」で「弾が落ちてくると歯がガタガタ鳴る」のである。古山氏の文体は注意して読めばこのように周到に自己をとらえようとしているのだが、むろんここには自らをおとしめてわざと戯画化しようとする気配はみじんもない。

卑小な動機を告白すれば、ひとはそれを「正直」とよぶ。しかし、古山氏はそういう意味で正直なのではないし、また卑小な動機もありはしなかった。氏が「まちがっている」と感じるのは、ほめられるにせよけなされるにせよ、そういう言葉が氏自身の内実と程遠いところにあるということなのだ。だが、自分でそれを述べるなら正確だということにはならない。それは「おめでたい」連中のやる告白にすぎない。古山氏が困惑しているのは、むしろ「言葉」そのものが自己とずれてしまい嘘になってしまうという問題である。嘘をつくつもりはない、にもかかわらずそれが嘘になる。「まちがっている」と氏が思うのはそのことだが、このとき古山氏は誰をも責めてはいない。それは誰をも責めることができない、ほとんど人間の条件といってよい虚偽性だからである。

古山氏は『言葉への自戒』というエッセイのなかで次のように述べている。

> 過日、大岡昇平さんと対談したとき、私は学校をやめたいきさつを話しました。「遠因は反戦ですが、近因は放蕩ですね」しかし、こんな言い方では説明にならないと思って、敷衍《ふえん》しました。その言葉をそのまま引用すると長くなりますから要約しますと、修身の時間に、校長が大東亜共栄圏の説明をした、私がそれに反論すると校長がうつむいてしまったので、私は教育に絶望した。それから学校に行かずに放蕩を始めた、ということを言いました。その一句一句をとりあげると、まあ放蕩という言葉が、実はそんな言葉がふさわしいほどのものではなくて、単にだらしなく、ずるずると身

を持ち崩しだしたというほどのちゃちなものではなかったか、という言葉づかいへの反省はありますが、そのほかは、確かにその通りなのです。ところが、確かにその通りの一句一句がつながると、もう嘘が出て来ます。右のようなことを言ってみても、やはり、私の退学の理由や事情を、正確に説明したことにはなりません。

言葉というものは、どんなふうに言ってみても、違ったものが生じ、何かを残してしまうものだと思わないではいられません。にもかかわらず、うまく使えば、微妙なところまで伝えることができるという信頼をも担ってもいるわけで、結局、違ったものを生み、何かを残したまま、人を説得していくことになります。私の退学の理由などというものは、べつに正確に説明しなくても、どうってこともないわけですが、犯罪を犯して裁判にかかるような場合には、さぞ言葉ではつらい思いをすることであろうと思われます。被告ばかりでなく、検事も、判事も、弁護士も。裁判官や弁護士などがいちいちそんなことを苦にしていたら商売にならないでしょうが、被告は大変もどかしい思いにさいなまれることでしょう。しまいにはあきらめて、大体のところでイエスかノーかを言って済ましてしまうことになるのではないでしょうか。

自分をうまく説明できない人に代わって、その説明できない部分を説明してやっているような文章が横行していますが、書くほうにも読むほうにも、言葉では掬いきれないものへの自覚がなければ、言葉はものを通じさせることにはならないでしょう。（『小説の題』所収）

古山氏が裁判にかけられたのは、捕虜収容所で仲間の病人に対して注射を打とうともしないフランス人の軍医を思わず殴ってしまったという「捕虜虐待」によるのである。戦争裁判の正体はまったく政治的なも

のである。だが、古山氏は必ずしもそれを告発しようとはしない。なぜなら、氏が問題としているのは、裁判が政治となり、そのため有罪となっても無罪となっても、かえって「罪」を彼自身の内部の問題として考えることができなくなってしまうということだからである。これは裁判を政治だと考えたときに陥いるわなである。古山氏が自戒したのはそういうわなであり、そういう逃避である。

不条理なのは古山氏を戦犯にさせた罪がまったく無実なものであるのに対して、実際に氏が加担した「戦争犯罪」に関しては何も問われなかったことだ。この奇妙な背理こそ古山氏を沈黙に追いこんだものだといってもよい。

『白い田圃』では、「私」は無関係な民間のビルマ人の女をゲリラの容疑で拷問するのを強制される。「私」は女をつりあげる縄を本気で引張らないが、そういう微々たる抵抗がいったい何であろうか。

……そう思ってみても私は、キンピーに手伝って、マメチュイの足を押しているのだ。こんなことなら、掠奪を嫌って残るのではなかった。だが、こうなってからそんなことを言っても、愚痴だ。それにこういうことは、自分だけ逃げればいい、と割り切ってしまうわけにもいかないのだ。——

もはや、表情も動かなくなってしまったマメチュイが、また空中を往復した。

「兵隊さん」と憲兵は私に言った。「縄を引いてください。ぎゅんと気合入れて。こいつをもっと高く吊り上げてください。一人じゃだめだな。あんたも手伝って」と憲兵は、野川一等兵に指を向けた。

私は、こめかみが冷えたような、熱くなってきたような、異様な生理になりながら言った。

「はい」（傍点柄谷）

すでに述べたように、古山氏はこの罪を問われなかった。そのかわり、ささいなことで戦犯にされたのだが、むしろ問われなかった事柄が氏自身の内部に深く沈みこんできたのであり、古山氏はここから逃れることはできなかった。

問題は外面的な罪ではない。しかし内面的な良心の問題でもない。良心は「しかたがなかったのだ」とささやきかけるだろう。しかし古山氏がこのとき視たのは、われわれが生きているかぎり回避することのできない《罪》である。誰がこれをまぬかれうるか。《こういうことは、自分だけ逃げればいい、と割り切ってしまうわけにもいかないのだ》。ここには、問題を戦争にあるいは政治に帰してしまうことのできない何かがある。また、私は加害者でしたと告解してすますことのできない何かがある。どうすることもできない何かがあるのだ。

私は古山高麗雄は自分自身に対して正直であると述べた。だが、なぜひとは正直であらねばならないのか。あるいは、いったいひとは何に対して正直であろうとしているのか。神に対して、というなら話は簡単だ。しかし実は少しも簡単ではない。われわれは神の名においてどんなことでもやってのけることができるし、事実やってのけてきたのだ。

古山高麗雄はおそらく右のような問いを幾度も問うたにちがいない。本当はひとは何をやってもいいのだ。それを責めるのはたかだか「社会」の法にすぎない。自分がこうするということにはいかなる大義名分もないし、それを他人に強いる根拠もない。にもかかわらず私はこうする、それは私がこうせざるをえないからだ。誰が命じたのでもない。また私の思想や観念が命じたのでもない。それなら、私がこうせざるをえないという促しはどこからくるのだろうか。古山氏にはわかっている、だがそれをいうことはできない。たとえば三高を中退した理由一つをとっても結局曖昧なことしかいえないのである。しかし、われわれには、古山氏が一見ノンシャランにみえながらあの「促し」に対してたえず忠実に生きてきたということは疑う余地がないのである。

> 死にたいと思っていても、弾が落ちて来ると歯がガタガタ鳴る話、確かこのあいだ書きましたね。でもね、やっぱり僕は死にたいと思っている。ここはね、ある意味では、とても自由なところだと言えるかも知れない。そんなもの、自由じゃない、と言われるかも知れないけれど、とにかくここには何もない。歩け、と言われたら歩かなきゃならないし、穴を掘れ、と言われたら、穴を掘らなきゃならない。だから、みんな、束縛されてると思うだろ。そういう意味では、束縛されているんだよね、確かに。けれどもここでは、僕はほんとにひとりぼっちなんだよね。なんにもないんだ。だから、どんな生き方だってできるんだよね。外側だけ、みんなに似せておきさえすれば、かなり自分流にやっていけるんだ。被甲のことで山藤班長は、作戦が終わったら、そのときまだ僕が生きていたら、軍法会議にまわすと言っていた。しかしもう、僕はこわくない。僕は死ぬ気でいるのだもの。
>
> 軍隊監獄にほうり込まれたって、僕は自分流に生きてやろうと思っている。軍隊って、そうするよりほかにすることなんてないじゃないか。（『蟻の自由』）（傍点柄谷）

そうするほかないのは、軍隊においてだけではない。古山氏がひとりぼっちなのは、今にはじまったことではないのだ。古山氏の孤独は強い個性だけがもっているものであって、それはけっして目立たない。誇示すべき孤独などというものは、氏には無縁である。かりに古山氏が小説を書かなかったら、われわれは戦後二十数年間このように孤独に生きてきた人間の存在を知らずにいただろう。けれども、たまたま古山高麗雄という人物に接触したとき、暖かい空気に触れたように感じなかった者はおそらくいまいと私は思う。氏の孤独とはそういうものだ。

古山氏がここでいっている「自由」というのもまたそのようなものである。氏は「自由」をリベラリズムのようなものとしていっているのではない。また、躰は強制されているが内面は自由だといっているわけでもない。その種の二元論は、良心的な知識人が戦争中逃げこんだ自己正当化にすぎないが、古山氏のいう「自由」には、これ以上人間が後退することがありえないようなぎりぎりの核をつかんだ能動性がある。つまり、古山氏は、どんな「社会」も侵しつくすことのできない、そして私自身にとってさえ謎であるような「私」というものを、「自由」と名づけたのだ。

言葉は「社会」に属しており、私の内面もまた「社会」に属している。この意味では、ひとを強制するのは軍隊だけではない。「社会」というものが個人に強制するのだ。「自由」とはそれらに対してどこからか否という声であり、それは少しもポジティヴな内容をもたない。ポジティヴなものは社会的なものに属しているからである。それなら、古山氏はあの拷問に加担した行為において何を視たのだろうか。先に、私はそれは個人が生きているかぎり回避することのできない「罪」だと述べた。私の考えでは、おそらく古山氏はそのとき「自分が死んでしまえば」片がつくというようなものでなく、また勇気があればまぬかれうるというようなものでもない問題にはじめて出会ったのだ。それまでの氏は、結局ひとりぼっちになりさえすればよかった。むろんそれは強い精神に支えられなければ不可能なことだが、ここで古山氏が出会った矛盾はそれとはちがっている。この矛盾は、死にたいと思っていながら弾が落ちてくると歯がガタガタ鳴るのに似た、意志によってはどうすることのできないものだ。こういう認識をもった人間に「美談」などありうるわけがないのである。それはもはや「わが心の善くて殺さぬにはあらず」とでもいうほかないものだ。

古山氏は内的な人間である。内的というのは、衰弱した神経や傷つきやすい自意識を露呈することではない。そういうものがわれわれの間では文学的感受性と錯覚されているが、私のいう内的な人間はむしろその逆である。彼は他人を意識して動揺することはない。彼は一見弱いが、さまざまな仮象をとりさってしまえば、誰の眼にもその強さは疑いなく感受されるのである。

『ジョーカーをつけてワンペアー』や『サチ住むと人の言う』以下のコミカルな軽妙な小説には、一種の男性的な優しさがある。われわれには錯覚があって、横暴で専制的に威張っているのを「男性的」だと考える傾向があるのだが、しかし強さとはそういうものではない。

『プレオー8の夜明け』に書かれているように、軍隊の機構のなかで勇ましく男らしくみえた連中は、それが解体してしまった場所つまり収容所において完全に変貌する。〝女〟になってしまった金井中尉がその典型である。古山氏のエッセイによれば、こういう事態は軍隊ではありふれたことだったらしい。しかし、男だけの監禁された世界が一時的な性倒錯をもたらすことは当然だとしても、そのとき「私」のような弱い兵隊が、性的にもっとも「男性的」な側にまわってしまうのはなぜか。それは「私」のなかに、社会的身分や権威をはぎとられて無力になった者たちが自然に屈服し依存していかねばならない何かがあったからだ。つまり「私」の強さは、どんな諸々の外的権威によっても護られておらず、何にも依存していなかったからだ。

しかし、こういう変貌はたんにこの収容所のなかでだけ生じたのではない。日本人全体がアメリカに対していわばオカマのようになってしまったからである。戦後「父」が失墜し「男性」が弱くなったといわれるが、私はべつにそうは思わない。失墜すべきものは失墜すればよいので、それは「男性的」ということの本質とは無関係なのである。

戦後太宰治は、彼を訪問した吉本隆明らの学生に向って、「男性の本質はマザーシップだよ」といったそうだが、古山氏のなかにあるのもそういうマザーシップである。『ジョーカーをつけてワンペアー』以下の作品が「男性的」だというのは、したがって逆説ではない。これらの作品におけるノンシャランスはふてぶてしいが、そこには悪意のかげりがない。

それをいいかえれば、古山氏の小説にはどんな自己憐憫もない、つまりどんなかたちであれ自己の存在をいとおしむという意識がないということである。自虐もまた自己憐憫の形態にほかならないので、いわゆる「弱者の文学」が秘めているのは自虐を通して優位を獲得しようとする悪意であるが、古山氏の作品が示すのはある優しさである。この優しさはどこからくるのだろうか。いうまでもなく氏の《自己放棄》からくるのである。

たとえば、『ジョーカーをつけてワンペアー』では、「私」はどんな仕事に手を出してもうまくいかない。実業家の伝記を書く仕事にありついたが、連日マージャンのつきあいを強いられるだけで一向らちがあかない。滑稽で屈辱的な生活だが、古山氏の筆致はこの成金実業家とその変な家族を何となく魅力あるものにみえさせる。

いくらマージャンで負けているからといって、親子丼ぐらいのことで、あれほどまでは言わなくてもよさそうなものである。それにしても、大変な迫力である。あれは単に野卑ということではなくて、気魄と言うべきものであろうか。あるいは、あのような気魄にささえられて、伝吉氏は一介の丁稚から身を起こし、何十億もの財産家になりあがったのかもしれない。むろん私には、ああいった気魄はない。したがって私は金持にはならないだろうが、それはかまわない。六百八十里の茨の道を、伝吉氏は、終始茨をふみしだきながら進めばいい。私は足を血だらけにしてよたよたと歩き続けるしかない。そうするのが私らしい生き方というもんだ。──

古山氏は自嘲していないし、他人を嗤ってもいない。自嘲することも他人を嗤うこともたやすいが、氏の小説のヒューモアの質はそういうものとは異っている。それは自己を突きはなして見ることの自在さといってもよい。それは他人を見る眼が高すぎも低すぎもしないということにあらわれている。そこにはどんなこわばりもない。なぜなら氏は他方からどう思われるかということに関して、つまり他者からみられた自分というものに関してほとんど無頓着だからである。

さらにわれわれが注目すべきなのは、古山氏における知性である。私は難解な本を読んで学びとるようなものを知性と呼んでいるのではない。「自由」ということばが、空疎な観念としてでなく、まぎれもない個性として刻みこまれている人間、そしてそれが目立たず、いかなる主張ともならず、ネガティヴだが強靭な「知性」として働いている人間、そういう人間はわれわれの知る「知識人」のなかでは稀有である。

その意味では知性なき知識人がわれわれの風土のなかで依然支配的である。

古山氏の知性はたとえば現実の情況にふれたルポルタージュにおいてきわだっている。それはべつに難しいことをいっているわけではない。また奇怪なことをいっているわけでもない。ただごく自明のこと、しかし個人であろうと欲し且つ個人であることの困難と苦渋をよく知った者だけが知る自明の理を語っているだけだ。たとえば古山氏が書いた沖縄問題や横井庄一事件に関するエッセイは、私があれこれ読んだ範囲でもっとも優れたものであった。古山氏は、同情されたり英雄視されたりする人間をただの個人としてみようとしている。いいかえれば、氏は他者や社会にかかわらぬ内的な「自由」から発想する。氏の発想の根拠は、自己の「自由」以外に何ものにも仮託せずまた欺瞞しないということにある。だが、氏が仮借ないのは自分自身に対してだけであって、それは他者に対してはマザーシップとしてあらわれ、けっして勇ましい正義の告発というかたちをとらないのである。その根底には、窮極のところひとが救うことのできるのは辛うじて自分だけだというような認識が秘められている。

私がいいたいのは、日本のインテリがこういう「知性」を知性として認めたことがないということだ。知的貧困とはまさにそういう光景をさしていうべきことばではないだろうか。反戦・自立の思想は誰もが口にするが、この「老いたるヒッピー」のように確固として生きている者はわずかだ。最初に私は、古山高麗雄にはどうしても書かねばならぬものはないのだと述べた。しかし、だからこそ、私にとって氏の声はどうしても聞きたい声なのである。

『野火』（講談社文庫解説、1972年10月刊）

大岡昇平

『野火』は狂人の手記である。だが、なぜ手記者は狂人でなければならないのだろうか。あるいは、なぜ彼は発狂しなければならなかったのだろうか。これは先に『俘虜記』という作品を読んだ者が感じる最大の疑問のはずである。『俘虜記』第一章「捉まるまで」と、『野火』との主たる違いは、後者に「人肉喰い」のモチーフがあるという点である。しかし、「人肉喰い」という極限状況があるために主人公が狂人とならねばならぬということはない。

大岡氏はむしろ最初から『野火』の手記者を狂人にする必要があったのだ、と私は思う。彼は精神病院のなかで次のように記す。《誰も私にもう一度戦場で死ぬのを強制することは出来ないと同様、方針の部分品として、街頭に倒れることを強制することも出来ない。誰も私にいやなことをさせることは出来ないのである》。

これは別に狂人の言辞でなくともよい。事実「私」は狂人であることを認めない。むしろ狂っているのは外界であり戦後の社会だと考えている。だが、彼が狂人であるゆえんはまさにここにある。なぜなら、彼はたんに他者を否定しているのではなく、彼が今ここに在るという現存性を根源的に否認しているからである。彼はある時点にとどまりつづけている。彼はけっして「現在」を受けいれない。そして、この「現在」を受けいれないという根源的な否認が、戦後社会と人間一般に対する拒絶としてあらわれている。大岡氏は『野火』の最後の手記で、戦後社会を批判しようとしたのではない。批判はそこで共存することを前提する。むしろ大岡氏はそこに参入することを全面的に拒んだのである。むろん大岡氏が、ではない。氏自身はそこに一見難なく入りこむ。しかしけっしてそこに入りこめない部分があり、それが拡大されたとき『野火』の狂人が必然的にあらわれたのである。

『俘虜記』のなかに、一人の狂人が出てくる。大岡氏がこの狂った兵士を『野火』のモデルにしたことは疑いがない。

精神そのものを傷《いた》められている患者もいた。一人は二十四五の若い兵士で、食事に当って一種の儀式を行う。毎食皿の前に端坐し、暫し瞑想してから深く叩頭《こうとう》しそれから初めて匙《さじ》を取る。山中で飢餓に悩んだ名残であろう。

この兵士が儀式を行うのは、たんにかつて飢餓に悩んだからではあるまい。食糧の乏しかった時期をしのんで現在の豊かな食事を感謝してから食べるというような光景ではない。彼は「現在」を受けいれることができないのである。「現在」に同化できないだけではない。彼は「現在」を拒んでいるのだ。彼は山中にいたある時点にとどまっており、それが彼を狂気たらしめているのである。なぜこのようなことが彼に生じたかはわからない。われわれにわかるのは、『野火』の主人公に生じた狂気の意味である。

私はかつて初めて『俘虜記』を読んだとき、これは大岡昇平の「死の家の記録」ではないかと思ったことがある。俘虜収容所のなかで、底辺の人間たちの陋劣さと高邁さをあるがままにみつめ且つ愛し、そのなかでいわば「魂の更生」が静かに語られているという印象が、私にドストエフスキーの『死の家の記録』を想起させたのである。類推に意味はないが、『俘虜記』が一種の「魂の更生」の記録であることはたしかである。「私」は戦後の社会へ徐々に復帰していく。それはスムーズではないが、まず収容所という「社会」へ入りこむことによって、徐々に同化して行くのである。

『野火』はそうではない。「どうでもよろしい。男がみな人喰い人種であるように、女はみな淫売である。各自そのなすべきことをなせばよいのである」という主人公は、はげしく人間と社会を嫌悪し呪咀している。『俘虜記』が人間と社会に関するスタンダール的解剖をふくんでいるとすれば、ここには全面的な拒絶しかない。したがって、『俘虜記』が「死の家の記録」だとすれば、『野火』はあたかも「地下生活者の手記」のように存在している。だが、いずれも同じ作者の手で書かれたということが重要なのだ。たとえ根は同一だとしても、『野火』と『俘虜記』とでは明瞭に作者の精神の姿勢が異るのである。

「デ・プロフンディス」

昨夜夢で私自身の口から聞いた言葉が響き渡った。私は振り向いた。声は背後階上の、合唱隊席から来たように思われたからである。

しかし眼は声の主を探しながら、私はそれが私の幻聴であるのを意識していた。その声は誰かたしかに、私の知っている人の声だと私は感じたが、その時誰であるかは思い出せなかった。

今では知っている。それは昂奮した時の私自身の声だったのである。もし現在私が狂っているとすれば、それはこの時からである。(『野火』)

かつて服部達は、『俘虜記』の文体を分析して、ヨーロッパ語流にいえば現在形・過去形・過去進行形・大過去という少なくとも四つの時称を感じることができる、と書いた。そして、この時称観念の豊富さが、認識者と行動者の距離性を保証しており、見たところ私小説風な『俘虜記』を私小説から区別している、という。

右のような『野火』の文体についても同じことがいえる。過去の自分に関する精確な記述と、さらに現在からみたより精確な推理と分析とが二重にあるからだ。しかし、いうまでもないが、『野火』の主体は狂人であり、『俘虜記』はそうではない。これは何を意味するだろうか。大岡氏が狂人の手記として『野火』を書いたのは、『俘虜記』における認識者がもつような自己絶対性を奪いとらねばならなかったからである。いいかえれば、『野火』では、『俘虜記』では一貫していた認識者の眼が根底的に揺らいでいる。『俘虜記』が徹底的にデカルトの眼で書かれているとしたら、『野火』にはいわばパスカルの眼があらわれている。たとえば『野火』でも次のように書かれている。

名状しがたいものが私を駆っていた。行く手に死と惨禍のほか何もないのは、すでに明らかであったが、熱帯の野の人知れぬ一隅で死に絶えるまでも、最後の息を引き取るその瞬間まで、私自身の孤独と絶望を見究《みきわ》めようという、暗い好奇心かも知れなかった。

「私」は肉体的衰弱、死への恐怖などをいささかも顧慮しない。感覚の混乱におそわれても、それに溺

れるかわりに分析し認識する。そして、その認識だけが彼の存在理由なのである。彼が拠っているのは、「情念」を思考と混同すまいとするモラリストの意志であり自負心である。「私自身の孤独と絶望」は何ものでもない。それは彼をくつがえしはしない。それを「見究めようという暗い好奇心」、目的も効用もないが窮極の自由として彼が保持する自尊心に、いかなる外界の状況も内面の状況も匹敵しえないのだ。『野火』の人物もまたこれをつらぬく。あるいはつらぬいているかにみえる。認識者の誇りを最後まで捨てない。たとえば、「神」の問題に対しても、「いや、神は何者でもない。神は我々が信じてやらなければ存在し得ないほど弱い存在である」という認識者の自尊心を最後までつらぬこうとしている。それにもかかわらず、というより、それだからこそ『野火』における認識者の動揺、自己解体はきわだってみえるのである。『俘虜記』の主体にはこんなことは生じない。それは一貫して理性的な眼を保っている。

すでに述べたように、『野火』の主人公が狂人であるのは、一つは彼が「現在」を否認しているためであり、もう一つは認識者としての自己同一性を根本的に損壊させられてしまったためである。しかし、これらは結局同じことを意味する。そして、ここにひそんでいるのは明晰でシニカルな認識者が出会った解きがたい「謎」である。この「謎」の前にたたずむかぎり、彼は「現在」に生きることはできない。だが、「謎」が彼にたたずむことを強いる。なぜなら、それは彼の意志をこえて向うからやってきたからである。

戦争の実際、これは私には想像するほかないが、大岡氏がもった体験は大なり小なり戦死を覚悟して生き残った他の人々もまた所有している。違うところは、死を覚悟することと生きのびてしまうこととの間にひらいた深淵を凝視しつづけるか否かにある。そして、この過程全体がどこまで明晰に自覚されているか否かにある。この深淵をたやすく踏みこえたとき、彼は『野火』の主人公が嫌悪した戦後社会の人間としてやすやすと生きていくことができるだろう。いうまでもなく、戦後文学者の大半はこれを踏みこえた。踏みこえられなかったのは『野火』の狂人であり、大岡氏のなかの本質的な部分である。

私は最も極端な例を思い浮べる。それは死刑執行一分前に刑を減じられたドストエフスキーである。これはツァー権力のやった残酷きわまる実験だが、ドストエフスキーの内部に生じたのは権力が想到しなかった精神の一事件である。「戦場で権力の恣意《しい》に曝《さら》された」大岡氏にも、同じようなことがおこった。私は『俘虜記』を「大岡氏の死の家の記録」だといったが、それはまだ氏が精神の振幅を極限まで実験さ、せ、ら、れ、たあの体験を書いてはいない。『俘虜記』は治癒と省察の記録であり、それに対して『野火』は精神におこった極限的な事件の記録である。もとより極限的なのは人肉喰いという設定ではない。

死を覚悟しそれを思想的に検証することと、敗戦によって突然生きなければならなくなったこととの間の越えがたいずれに固執した文学者に吉本隆明がいる。氏はこう書いている。

戦争中、じぶんはとうに〈死〉の覚悟がついているとおもっていました。そして主観のこちら側では、そのことに虚偽はないとおもっていました。突然敗戦がやってきたとき、この覚悟は少しも変貌したとおもわないのに、現実のほうが変貌したとき、なしくずしにずるずると〈生き〉てしまったようにおもいました。あのときのち、ぐ、は、ぐ、さは決して忘れられません。つまり〈死〉は、主観的な覚悟にたいして、いつも正面から応じてくれるとはかぎらず、しばしば、肩すかしを喰わせるものだというこ とです。人間は現実からそれ以外には方法がないというように追いつめられたときしか〈死〉ねないようにおもいます。それ以外のばあいには〈死〉の覚悟性は、たぶん主観のうちにとどまっています。現実

のほうが肩すかしを喰わせたら、この主観的な〈死〉の覚悟は、白けたまま、なしくずしに崩壊させられてしまいます。

むろん大岡氏が経験したことは、吉本氏とは明らかに違う。一つは、大岡氏が実際に戦場で生死の境を彷徨したことである。死の覚悟は主観のうちにとどまるとはいえ、戦場に立つことと安全な場所にいることとは異らざるをえないのだ。

違いは、さらに大岡氏は若い学生だった吉本氏のように死を理論的に意味づけることがなかった点である。吉本氏における「現実の肩すかし」は、自己の死を意味づけた戦争理念や世界認識の崩壊や錯誤とそのまま結びついている。吉本氏の戦後のスタートがそれらをふくめて総体的なものでなければならなかった所以である。

しかし大岡氏はすでに知的に成熟した大人だった。氏は死を覚悟していたが、そこにはどんな「意味」もふくまれていなかった。むしろ意味づけを拒否するところに、大岡氏の「暗い好奇心」があり、ネガティヴな「自由」があったのである。

私はすでに日本の勝利を信じていなかった。私は祖国をこんな絶望的な戦いに引きずりこんだ軍部をにくんでいたが、彼らによって与えられた運命に抗議する権利はないと思われた。(『俘虜記』)

大岡氏は《なぜ》という問いを問わない。そういう問いを、氏はすでに「文学的青春」期に扼殺してしまったからである。氏はあまりに醒めており、この醒め方はあらゆる情念や抒情を追放させる。情念や抒情はむろんおしよせてくるが、氏はそれを冷ややかにあしらうことにむしろ快感さえおぼえているかのようだ。『野火』のなかで、比島人の男女を射つ条りをみてもよい。《男が何か喚いた。片手を前に挙げて、のろのろと後ずさりするその姿勢の、ドストエフスキイの描いたリーザとの著しい類似が、さらに私を駆った》。これは奇妙な表現である。「私」は男が後ずさりする姿勢に「文学」を見出して腹を立てているのである。大岡氏の自負心が、むしろ「文学」を軽蔑するところにあったことに注目すべきだろう。《戦場には行為と事実があるだけである。あとは作戦とか物語である》《行動に到らない不確定な人間心理については心理小説家に任せる》。(『俘虜記』)

要するに大岡氏は醒めきっている。この醒めきった精神は、自己の中の「文学的なもの」を科学者のメスで切りさばくことにむしろ冷たく暗い喜びを感じているかにみえる。氏の硬質で明確そのものを期した文体は、ある意味では「文学」に対する報復行為にほかならないのである。

戦場に立ったのはこのような精神である。それは、「或る行為をしたいと欲し、結果の確率が不明の場合、私はいつもやってみることにしていた」(『野火』)といいきる無償の行動者であり、抒情や意味づけを侮蔑し「行為と事実」以外に何ものも認めない無償の認識者である。彼にとっては、神もまた「物語」であり「文学」にすぎない。自己の意志に発せざる何ごとも彼には存在しない。存在してはならない。

だが、それにもかかわらず、吉本隆明のいう〝肩すかし〟あるいは〝ちぐはぐ〟が彼に生じたのである。吉本氏のばあいと意味が異ることはいうまでもないが、やはりそれは大岡氏を襲ったのである。氏はこの「謎」にとらえられる。『俘虜記』における「なぜ射たなかったのか」という問いがそれだ。

おそらくふつうの兵士にとって、これは何でもない。偶然であり、あるいはさまざまの心理的・思想的理由からだといえばそれですむ。しかし、あの醒めきった精神には、自己の中のこの一瞬の空白を認めることができない。さらに、射たなかったために今ここに生きているとすればなおさらだ。いいかえれば、「なぜ射たなかったのか」という疑問はたんにその場面だけの疑問ではありえず、アメリカ兵を射ち且つ自分も死ぬつもりでいたにもかかわらずここに今現存しているという、あの〃ちぐはぐ〃にかかわっているのである。また、この〃ちぐはぐ〃は、自律性を誇っていた精神をくつがえすに足るものであり、狂気をもたらすに足るものである。そして、これは人間という存在にとって最も本質的な「謎」とよぶべきものだ。

『野火』の大岡氏は、『俘虜記』におけるような解明に満足していない。「なぜ射たなかったか」という問いは、氏をモラリスト流の分析にとどまらせず、意識の一瞬の空白にひそむ「人間の条件」(パスカル)への問いへと引きずりこむ。それは一見狂気であり一見宗教であるようにみえる。だが、そういう見方は『野火』のなかで大岡氏が問うたものを見誤るだけだ。

ここで、私は『野火』の人物が感じた〃ちぐはぐ〃について、もう少し詳しく述べなければならない。『野火』の主人公田村一等兵は、部隊から見棄てられ原野を彷徨しはじめてからしばしば「奇妙な感覚の混乱」に悩まされる。むろん輸送船上に乗って以来この感覚異常にはなれているのだが。たとえば、「この道は私が生れて初めて通る道であるにも拘らず、私は二度と通らないであろう」というような「奇怪な観念」が彼をおそう。また、彼は初めての場所にもかかわらず、「ふと前にもこんな風に歩いていたことがあった」と感じる。いわゆる既視体験である。

大岡氏は、疲労や衰弱が生みだす異常感覚を書いているのではない。こういう感覚の混乱の中にある〃ちぐはぐさ〃を、何とか把握しようとしているのだ。「私」はこれを理論的に解こうとし、解きえたと思うとき「満足」をおぼえる。しかし、彼の解答は不充分というべきであろう。また、彼がどう納得してもこの〃ちぐはぐ〃は消滅しない。

「死の観念はしかしこころよい観念である」(『俘虜記』)と、大岡氏は書いている。つまり死は観念だ。そして、いかに死が客観的に確実だとみえても、個体にとってはあくまで観念なのである。「私」が奇怪に感じざるをえないのは、死が確実に迫っているにもかかわらずそれはどこまでいっても観念であり、現に今ここに在るということとの〃ずれ〃がどうしても埋まらないからである。「奇妙な感覚の混乱」はここから生じる。そして、これはたんなる感覚の混乱ではすまないのである。

彼は積極的に生きようとしていないが、同じく積極的に死のうともしていない。ただ「死ぬまでの時間を、思うままに過ごすことが出来るという、無意味な自由だけが私の所有」なのだ。彼が「奇怪な観念」におそわれるのは、このような「無意味な自由」の状態にあることと関連する。なぜなら、確実な死という観念は彼を支配しているが、具体的な死の危険はまだどこにもないからだ。いわば彼は戦場の兵士ではなく、熱帯の風景のなかを彷徨する単独者なのである。「私」はこのことを次のように分析する。

こうして自然の中で絶えず増大して行く快感は、私の死が近づいた確実なしるしであると思われた。私は死の前にこうして生の氾濫を見せてくれた偶然に感謝した。(中略)明らかにこうした観念と感覚の混乱は、私が戦うために海を越えて運ばれながら、私に少しも戦う意志がないため、意識と外界の均衡が破れた結果であった。歩兵は自然を必要の一点から見なければならない職業である。

土地の些細な凸凹も、彼にとって弾丸から身を守る避難所を意味し、美しい緑の原野も、彼にはただ素速く越えねばならぬ危険な距離と映《うつ》る。

要するに、彼が「感覚の混乱」にみまわれたり「生の氾濫」を感じたりするのは、彼がすでに兵士すなわち「われわれ」の一員ではなく「わたし」だったからであり、また敵に出会わなかったからだということになる。敵に出会ったとき、『俘虜記』の人物は射たないが、『野火』の田村一等兵は比島人の女を射殺する。

後悔はなかった。戦場では殺人は日常茶飯事にすぎない。私が殺人者となったのは偶然である。私が潜《ひそ》んでいた家へ、彼女が男と共に入って来た、という偶然のため、彼女は死んだのである。なぜ私は射ったか。女が叫んだからである。しかしこれも私に引金を引かす動機ではあっても、その原因ではなかった。弾丸が彼女の胸の致命的な部分に当ったのも、偶然であった。私はほとんどねらわなかった。これは事故であった。しかし事故ならなぜ私はこんなに悲しいのか。

女を射殺したのは事故だと彼はいう。彼らがそこに居なければよかったのだし、あるいは女が叫ばなければ、あるいは彼が銃をもっていなければよかったのだ。しかし、事故ならなぜ彼はこんなに悲しいのか。おそらくこの「悲しみ」は、生きるつもりもなかった男が気がついたら人を殺して生きていたという〝ちぐはぐ〟から立ちのぼってくる。自己の意志を裏切る「一瞬の空白」から押しよせてくるのだ。

しかしこのとき彼は「なぜ射ったのか」とは問わない。《なぜ》と問うかわりに、「事実」のみを見る。女を射ったのは何はともあれ彼が銃を持っていたという事実によるのであり、彼は銃を棄てる。いいかえれば、彼は兵士たることを放棄するのである。彼の「悲しみ」は、こうして現実的に処理される。彼は山中に引き返す。

> 私は孤独であった。恐ろしいほど孤独であった。この孤独を抱いて、なぜ私は帰らなければならないのか。
> 　この道は昨夜は二度と帰ることはあるまいと思っていた道であった。その道を逆に通ることは、通らないことより、一層奇怪であった。
> 　山の畠の何本かの芋に限られた私の生は、果して生きるに価するだろうか。しかし死もまた死ぬに値しないとすれば、私はやはり生きねばならぬ。少なくともあの芋のあるところまで、私が歩くのを止めるものはこの世にはない。私には私自身の足取りがよく見えた。

　彼が「一層奇怪な」観念におそわれたことに注意すべきだ。これはもはや死が確実であるにもかかわらずここに今現存しているという〝ずれ〟の意識ではなく、一層奇怪なことには自分には積極的に生きつづけようとする意志がなかったにもかかわらずここに今生きているという〝ちぐはぐ〟の意識である。こういうところに「悲しみ」が押しよせてくるのだ。

「ただ死なないから生きているにすぎない」彼は、以前と同じように彷徨しながら、違ったものを感じる。それは誰かに「見られている」という意識である。おそらくこれは、彼が彼自身を意志的に処理しえなくなったために、その困難さが彼の自発的意志を奪いはじめた最初の徴候であって、やがて彼は「誰かに動かされている」という作為感をもつようになる。だが、それは「人肉喰い」の局面まで待たなければならない。彼は友兵から猿の肉(実は人肉)をもらって食べる。

いいようのない悲しみが、私の心を貫いた。それでは私のこれまでの抑制も、決意も、みんな幻想にすぎなかったのであろうか。僚友に会い、好意という手続きによれば、私は何の反省もなく喰べている。しかもそれは私が一番自分に禁じていた、動物の肉である。

「悲しみ」はここに窮まっている。「抑制」も「決意」も、現に彼が喰っているという行為の前には何の意味もなさない。認識者としての自負はもろくも崩れ去るほかはない。《なぜ》こうなのだろうか。《なぜ》人間の自律性はこのように裏切られざるをえないのか。この問いはしかし最後まで引きのばされる。大岡氏は『俘虜記』のなかで次のように書いている。

私がこの間撃たないという私の決意を保持していたかどうか明瞭でなかった。そして私がこの時の自分の心理を内省すればするほど、意志を人間の意識の根本形式とする通説にも拘らず、その決意の影は薄くなるのである。しかし最初私が身を殺しても相手を撃つまいと思った時の私の内部の一種の緊張に比べて、それに続く状態について私の容認しなければならない空虚は堪え難かった。その時神が現われた。

だが、ここにあらわれた神は観念であり、彼が容認しえない「空虚」を埋めるべくあみだしたさまざまな説明の一つにすぎない。戦場の経験から人間の行為における「心理的連続性」がいたるところで損われてしまうのを見た大岡氏は、ここで氏自身の「物語」をつくっているのであり、この説明を信じているわけではない。ただ「神の観念」がこの際必要だといっているので、いわばデカルトが神を必要としたのと同じ意味合いにおいてである。

しかし、『野火』の主人公は、人肉喰いの二人の兵士を神の代理人として射殺する。主観的に代行したのではなく、作為体験としてそうするのだ。彼は天使であり、「神の怒り」を代行しなければならない。もはやここには彼の自発性はまったくない。自律的に自己を処理しえなくなった極限において、彼はいわば操り人形のようになる。そして、そのあとの記憶は途切れ、彼は今ここに生きているのである。

彼は記憶の空白を推理するのだが、天使となった彼をみまうあの「悲しみ」は何であろうか。《私、不遜なる人間は暗い欲情に駆られ、この永遠を横切って歩いて行く。銃を肩に、まるで飢えてなぞいないかのように取りつくろった足取である。どこへ行く。野火へ向い、あの比島人がいるところへ行きつつある。すべてこの神に向い縦に並んだ地球の上を、横に匍って、神を苦しめている人間どもを、懲《こら》しめに行くのだ。しかしもし私が天使なら、なぜ私はこう悲しいのであろう。もはや地上の何者にも縛られないはずの私の中が、なぜこう不安と恐怖に充たされているのであろう。何か間違いがなければよいが》。

この「悲しみ」は彼が天使ではなく人間だったからである。彼が出かけようとしていたのは野火、すなわち人間のいる場所であり、また出かけようとしたのは彼らを喰うためにほかならなかった。そのとき彼は後頭部を何者かに殴られて気絶する。

『野火』は、この何者かが神だとすれば、「神に栄えあれ」と絶唱するところで終る。しかし、われわれはその少し手前で立ちどまらなければならない。この狂人の手記は矛盾にみちみちているからである。「神は何者でもない」という彼が、同時に「神に栄えあれ」といっているのだ。これが矛盾だとすれば、われわれはこの矛盾をどう解すればよいのだろうか。

ここにあるのは、自己を至上物とする「近代人」の精神と、自己自身の根拠に空無しか見出せない精神とのアンビヴァレンスにほかならない。大岡氏の誠実さは、このアンビヴァレンスをたやすくのりこえなかったところにある。この誠実さは、パスカルの回心を非難したヴァレリー、あの「近代人」の権化の誠実さにつながる。『野火』の「私」は躓いたヴァレリーだといえなくもない。しかし、彼はけっしてたやすく「神」とはいわぬ。「近代人」としての自負はけっして譲らないのである。

人間の根拠にはついに空無しかない、それなら存在しないもの(神)が彼を支えているのだというべきではないか。『野火』の人物が出会ったのはこの問いにほかならないが、私は大岡氏がこの根本的な問いに対してとった周到な配慮に共感する。たとえば、氏は人物を狂人にせざるをえなかった。「狂人」としてしか、大岡氏は「神に栄えあれ」ということができなかったのである。氏のなかの「近代人」は、素面でこんな言葉を吐く人間の空々しさに堪えられなかったのだといってもよい。

『野火』は置きざりにされた一兵士の魂の彷徨であると同時に、一個の「近代的精神」の彷徨を意味している。そして、この「近代的精神」の破綻を、ひとびとはもっと安易なものにすりかえて〝解決〟する。戦後文学者でいえば、野間宏はコミュニズムに、椎名麟三はキリスト教に。

たやすく癒える者は、たやすく滅びる者にすぎない。『野火』における大岡昇平の誠実さは、このたやすさを拒んだところにある。氏の極度に近代的な知性と、戦場体験の苛烈さが、どんな〝解決〟をも容認しえなかったというべきだろうか。

『野火』の「私」は次のように語る。

> 不本意ながらこの世へ帰って来て以来、私の生活はすべて任意のものとなった。戦争へ行くまで、私の生活は個人的必要によって、少なくとも私にとっては必然であった。それが一度戦場で権力の恣意《しい》に曝《さら》されて以来、すべてが偶然となった。生還も偶然であった。その結果たる現在の私の生活もみな偶然である。今私の目の前にある木製の椅子を、私は全然見ることが出来なかったかも知れないのである。
>
> しかし人間は偶然を容認することは出来ないらしい。偶然の系列、つまり永遠に堪えるほど我々の精神は強くない。出生の偶然と死の偶然の間にはさまれた我々の生活の間に、我々は意志と自称するものによって生起した少数の事件を数え、その結果我々の裡《うち》に生じた一貫したものを、性格とかわが生涯とか呼んで自ら慰めている。ほかに考えようがないからだ。

たしかにこういう事態を強いたのは権力であるが、そういってしまえば「戦争を繰り返すな」という唱和をもって万事が終る。また、人間の実存はもともと偶然性でしかないといってしまえば、これもまた不毛な一般論に終るほかはない。

重要なことは、「私」のいう〃不本意〃、いいかえればあの〃ちぐはぐ〃の意味を問うことだ。この断層を問いつめていくならば、われわれは「戦争体験」の奥により普遍的な問題を見出さないわけにいかない。おそらくそれは、自律的な意志と、その意志をこえて向うからやってくる現実とのねじれた構造を見きわめることである。われわれの存在を〃ちぐはぐ〃たらしめている構造を見きわめることである。

『野火』の「私」はさらにいう。《もし私の現在の偶然を必然と変える術ありとすれば、それはあの権力のために偶然を強制された生活と、現在の生活とを繋げることであろう。だから私はこの手記を書いているのである》。「書く」ことの意味はまさにここにある。それは「繋げる」ことだ。たんに結びつけることではない。ねじれたものを「繋げる」こと、それが「書く」ことの意味である。

『江藤淳著作集 続3』（講談社・解説、1973年4月刊）

最近私は、江藤氏が二十二歳の時に書いた評論『夏目漱石』を読みかえして、これまでとは何か違った印象を受けた。思想家には、もし彼が真の思想家であるならば、彼がさまざまの時代や社会の偶然に強いられてとる表現や行為の背後に、それとは別の一つの内的な「可能性の中心」というべきものがある。『夏目漱石』という評論があらためて私に感じさせたのは、そこに一人の青年がぎりぎりのかたちで敢行した知性上の劇が浮き彫りにされているということであり、そしてそれこそが江藤氏の批評の「可能性の中心」にほかならないということである。

この評論はたんに知的早熟というようなものではない。早熟であることはたしかだが、それはむしろ『夏目漱石』以前に書かれたものについてふさわしい形容である。つまり早熟というものはしばしば凡庸なものであるが、『夏目漱石』には早熟な青年が感受性のおもむくままに表出しそれが結果的に彼自身の基本的な調べを呈示しているというような危なかしさは微塵もない。『夏目漱石』において、江藤氏は自分が何であるか、あるいは何であらざるをえないかをすでに充分に自覚しており、そういう透明な自己認識が、「窮して志を述べる」というべき切迫した且つ確固として揺ぎのない表現を生み出しているのである。この評論に漂っている一種の憤怒と悲哀の情感は、けっして孤独で早熟な青年の抱く類のものではない。それは生についての疑いようのない核心を把んだ者の示す表情である。

くりかえしていえば、江藤氏は『夏目漱石』を書く過程ないしその直前に、何かはげしい知的クーデターのようなものを経験したにちがいない。これは江藤氏自身が書いているような、幼年期や戦後の青春期における固有の体験とはおそらく関係がない。むしろどんな〝体験〟からも自分を切り離して、思考を極限まで追いつめるような経験がそこになければ、批評家江藤淳というものは存在しなかったとすらいえる。

評伝の達人である江藤氏は承知しているにちがいない。生活史を追跡しても書かれたものを追跡しても、おそらくこういう内的な〝事件〟だけはとらえ難いことを。たとえば、『成熟と喪失』というような評論から江藤氏の経験を推量することはできないのであって、「父」とか「母」といったタームは誰でも模倣することができるが、それを以て江藤氏をみるわけにはいかない。なぜなら、どういう言葉を批評の枠組に用いようが、それは氏の認識の核心から出てくるものであり、あるいはその核心をたえずさまざまなコンテクストにおいて示そうとする動的な過程の所産にほかならないからである。江藤氏の批評理論なり方法なりをスタティックな形態でとり出しても無意味である。われわれがみるべきものは、一見矛盾したり背反したりする表現の奥をつらぬいている「可能性の中心」であって、それは紛れもなく『夏目漱石』という評論のなかに鮮明な輪郭を以て刻印されているのである。

江藤氏はかつて、自分が文学批評に導入しえたのは「他者」という概念だと述べたことがある。けれども、それは誤解されやすい言い方である。というのは、江藤氏にとって「他者」とは、〝導入〟したりしなかったりできるようなものではなく、また〝概念〟であったりするようなものではないからである。

たとえば、氏は『夏目漱石』のなかで次のように書いている。

——手っとり早くいえば、勝手なことをした人間が、勝手に苦しむのはその人間の勝手である。しかし現実に社会生活を営む以上、ぼくらは勝手なことなど出来ない。そこに他人がいて、ぼくらを束縛するではないか。そしてなお、他人は自分でなく、結局何一つ理解など出来ぬ存在ではないのか……「道草」に描かれているのは、このような非私小説的世界である。

こう書いたとき、江藤氏は「社会生活」とか「社会的現実」とかを尊重すべきだといっているのではない。その逆に、氏は「社会的現実」というような貧寒な概念的射影図を拒絶し、「社会生活」という世間の慣習を切断してしまっているのである。それらをラディカルに切断したとき、確実なのは自分がいまここに在ることだけである。にもかかわらず、「我あり」というコギトの場所に、同時にその「我」を邪魔する「何一つ理解できない他人」が立っていることも確実だといわねばならない。一見すればこれは自明のことのようにみえるが、重要なのはそういう結論ではなく、社会というものを根本的に疑う知性が、疑いようのないものとして「社会」を発見して行ったプロセスである。「社会」は発見されねばならないものだ、すなわちそれはいわゆる社会を全面的に疑いうる勁《つよ》い知性のみが獲得しうる認識である、というのが、『夏目漱石』において「社会」と「自然」という概念を通して江藤氏が示した逆説なのである。

〝成熟〟するということは、いわゆる世間の常識を受けいれていくことではない。江藤氏の批評にはもっと毒があり悪意がある。氏が〝成熟〟とよぶのは、心理学的なあるいは社会学的な概念ではなくて、ただ社会を拒絶して「社会」を発見し、常識を拒絶して「常識」を発見する、そういう精神の明晰なプロセスにほかならない。江藤氏の批評とは、まさにそういう知性が戦後日本社会のなかでたえず何かを発見しなおして行く過程の総体であって、氏の眼はつねに通念をはぎとる野蛮さをうしなったことはない。だが、通念をはぎとる荒々しく初々しい眼が見出すのは、自分がおり且つ「何一つ理解できない他人」がその自分の前に立ちふさがっているという〝地獄〟であって、そういう場所で生きて行くことは何でありまた何に耐えねばならないかという問い、もっとも原初的な問いが、暗い旋律のように文章の行間に鳴っていることを忘れてはならないのである。

……運命的な、得体の知れぬ力が、常に人間の期待を拒否する。その力に合体も出来ず、さりとて、その前で自らを否定することも出来ぬ故に、人間は、自らの呪わしい、どうすることも出来ぬ「我」の存在をひっさげて立ちつくしていなければならぬ。こうして、「夢十夜」でひそかに自らの内部世界を展開している漱石は、
〈Le silence éternel de ces espaces infinis m'effraye.〉
といった時の、パスカルを思わせる人間である。しかし、パスカルはこの名文句の「恐怖」を材料にして、人を神の方へ向き直らせようとした。人が神のもとにおもむく時、このような「恐怖」は消え去る、とおそらくパスカルはいう。ところで、こうした神の方向への転換こそ、漱石の最も承服し難いものであったことをぼくらは忘れてはならない。ここに、又、漱石の最も貴重な誠実さが見うけられるのである。

「神が存在しないとすれば……」という気障《きざ》で空疎になりがちな言葉を、日本人がしかも二十二歳の青年がこれほどのリアリティを帯びて語りえた例は他にあるまい。江藤氏の「倫理性」は、自己と他者との

相互の殺意を承認する意志、それと同時に何ら超越的なものの存在しないその平面で「他者を愛する」意志、何のあても代償も保障もないがただそのことを自覚していることだけが唯一の矜持であり充足であるようなその意志にある。江藤氏は、パスカルが恐怖したその場所から、「神」に向かっても「自然」に向かっても逃避しないことを「貴重な誠実さ」と呼んだが、おそらくその裸形の生存のかたちに耐えようとする意志が江藤氏の批評文に、いいようのない憤怒と悲哀の情感を湛えさせているのである。

たとえば、本書に収録されているエッセイのなかから任意にとり出してみよう。

悪であろうが善であろうが「国家」というものが現存し、人はその上に「正義」を、つまり力を求めるものだという冷厳な事実を直視するところからはじめなければならない。人間について、あるいは国家について、過大な幻想を持つことは倨傲《きょごう》であろう。人間も国家も、時のまわりあわせで善になったり悪になったりすることを知りつつ、賢明に生きようと努めるほかはない。そのほかの思想は、すべて自己弁護でなければ単なる詠嘆である。（「戦後世界の解体」）

ある意味では、これは近代政治学者なら誰でもいいそうなことだが、何かしらここにはありふれたパワー・ポリティックスの認識とは異った音色が聞えてくる。そう思って読めば、江藤氏が少しもパワー・ポリティックスなど提唱していないことは明瞭であろう。氏は、異質の他者と共存して生きることの苦痛について語っているのである。そして、その苦痛に耐え切れずに、超越的な「正義」を求めたり他者を排除して自閉的な幻想に陥いることを「単なる詠嘆」にすぎないといっているのである。

日米関係あるいはヤルタ・ポツダム体制に関して、他にも同じ趣旨のことを語った専門家が大勢いるにちがいない。しかし、「一介の文学者」が書いたこれらの政治情勢論に脈打っているのは、ある沈痛な倫理的覚悟である。氏は、戦後日本を一つの強いられた外界喪失・他者喪失として感受するが、重要なのは政治的な洞察よりもそのことを自己の存在に照らして感じる、氏の〃感受性〃である。なぜなら、この感受性は、外界に自己を露出せねばならなくなった時そこから遁走しようとする精神の妖しい傾斜に自ら共鳴する部分を確かに持っているからであり、持っているからこそそれを拒絶する批評文にスリリングな緊張感を与えているのである。本書のエッセイは政治論の文脈で語られているけれども、われわれはそれが江藤氏の生とじかに結びついていることを容易に見てとることができる。つまり、一種の文芸評論として読むことができるのである。

たとえば、勝海舟について書かれた次のような文章は、江藤氏が『夏目漱石』で記したあの窮極的な問いをあらためて確認するもののようにみえる。

……海舟の書きのこしたものをいろいろと読み漁り、その「行蔵」の背景を探るうちに、私は次第に彼がこうしてしゃんと立っていられたのは、慶喜も明治天皇も、いわんや福沢も見たことのない〃地獄〃をいつも見ていたからではないか、と思うようになって来た。

この〃地獄〃は、もとより、なんとか峠に地獄を見た、というような調子の、抒情的な地獄ではない。なにひとつ完結するものがなく、しかもすべてが緊密にからみあった重層的な構造をなしていて、それをたえず動かし、かつそれに動かされてしなければならないという、政治的人間の背負わねばならぬ〝地獄〟のことである。

いや、政治的人間だけではない。人間はすべてそういう〝地獄〟を背負わされているのだが、そのことを認めるのが怖いので、いろいろな歌を歌ってしまうのである。たとえば江戸城の開城は、海舟と西郷との肚芸で決ったのだというような。あるいは、人は「瘠我慢」をするのだというような。私は、福沢諭吉の用いた「瘠我慢」という言葉の、「瘠」という字が気に入らない。そこに得もいわれないベタつきと、隠微な甘えとがこめられているからである。

「瘠我慢」などする必要はない。ただ人は「我慢」すればよいのだ。そうすることが人をふるい立たせるとすれば、それは「我慢」することのなかに、おそらく人の到達し得るもっとも正確な認識が秘められていて、その認識が心をいつも躍動させるからである。(「勝海舟と私」)


「いや、政治的人間だけではない。人間はすべてそういう〝地獄〟を背負わされている……」というところに、江藤氏の政治認識というよりは痛切な自己認識がある。瘠我慢は他人をあてにすることである。いいかえれば、それは世間をあてにすることであるが、世間の基準などはどう変るか知れたものではない。そんなものをあてにしては、海舟は何もできなかっただろう。海舟の政治的想像力はあの「社会」を発見したところから生じているので、おそらくその認識ほど同時代の社会に対して軋み音をたてたものはなかった。福沢諭吉の非難はそれを代弁するものにすぎない。

それなら、他人をあてにせず後世の歴史家などというものもあてにせず、しかも「神」を信じていない人間が何かをやるということは一体何を意味するのだろうか。海舟に共感している江藤氏は、現在の局面と類似ししかもより困難であった国際的・国内的危機を切りぬけた政治的人間の手腕をみているのではない。批評家江藤氏は、そこにあの孤独と殺意の場所で、いかなる神も超越的な「正義」もなく、「ただの我慢」をしなければならなかった勝海舟の姿、というより一個の人間の姿をみているのである。《ただひとは「我慢」すればよいのだ》。これは恐ろしい言葉であって、ひとが〃不条理〃とか〃ニヒリズム〃とかいい立てるのはここからであるが、おそらく江藤氏はこの問題を『夏目漱石』以来たえまなく反芻してきたのである。江藤氏の倫理は、結局そこに自分とは異質の他者がいるという認識にはじまりそこに還ってくる。たとえ意味があろうとなかろうと、そこに他者がいる以上ひとは自分を投げ与えて生きるほかはない。なぜなら、自分の生存が無意味なら他人の生存も無意味だというのは倨傲な越権にほかならないからである。

興味深いのは、海舟ほどではないが、江藤氏自身も「変節漢」呼ばわりされてきたという事実である。むろん福沢諭吉のそれよりもっと愚劣な非難にすぎないが、江藤氏が海舟に関心を寄せた時期はたぶん氏自身が非難にさらされた時期にあたっている。

かつて、「社会」という場所から自己絶対的=自己滅却的な「自然」へ遁走しようとしながら、しかもつねにその肉体が「社会」に属していた漱石を評価し、小林秀雄を「負の文体」として否定した江藤氏は、その本質においては少しも変わっていない。評伝『小林秀雄』は依然として否定的に小林氏をとらえている。ただそういう過程を歩まざるをえなかった小林氏の〃悲劇〃は、けっして単純に否定しえないという認識が加わっている。江藤氏はそのとき、「社会」を発見し得たすぐれた知性が、にもかかわらず「自然」に向かって閉じて行かざるを得なかった危うい過程を自分の事のように感じていたにちがいないのである。

つまり、江藤氏は奔放多彩な動きを示しながらある一点では少しも動いていない。逆に、自分の「立場」を守ってきたと信じている者の方がたえず実質的に変節してきているのである。しかし、ひとは、究極的に自分の行為の規準をどこに求めるべきだろうか。「ひとはたんに〝我慢〟すればよいのだ」と書くとき、われわれは江藤氏の文体の表情がその言葉とは裏腹に不思議に明るいことに気づくだろう。江藤氏は少しも深刻ぶってはいないのである。その秘密は次のような文章にひそんでいる。

……「良心」が社会通念と背馳すれば、批評家は自らの「良心」の命じるところに従わねばなりません。なぜなら「良心」とは、自己の外側にある党派、イデオロギー、「民衆」あるいは「読者」等々ではなく、それらすべての地上的な、あるいは相対的な行きがかりを超えたものだからです。この「良心」を支えるものは、自分を超えるなにものかがあり、現在を超える時間があるという感覚です。そういう「心」を貫くことが、私にとっての節操の意味です。（「週刊読書人」一九六七年十一月六日）（傍点柄谷）

いうまでもないが、「現在を超えてある時間」を信じることと感じることとはまったく別である。そして、この感覚が氏にニヒリズムを免れさせているといってよい。勝海舟が生活を楽しむことを知っていたように、江藤氏も「信仰の人」ではなく「官能の人」である。それが、〝地獄〟を照らし出そうとする氏の文体に、何かそういうすべての拘束から解放された生のヴィジョンを付与し、〝地獄〟の熱風よりもさわやかな五月の微風を感じさせる所以であろう。

『斜陽』（新潮文庫解説、１９７４年２月筆）

太宰 治

『斜陽』は、たとえば「斜陽族」というような流行語を生んだ作品だが、むしろ斜陽という題名はそれとは縁がないように思われる。この作品は太宰治が愛読していたチェーホフの『桜の園』を下敷きにしているといってよいが、そのなかに次のようなせりふがある。『斜陽』でいえばかず子に対応する娘が、母に向って次のようにいう。

……わたし、お祝いを言いたいの。桜の園は売られました、もうなくなってしまいました。それは本当よ、本当よ。でも泣かないでね、ママ、あなたには、まだ先の生活があるわ。そのやさしい、清らかな心もあるわ。……さ、一緒に行きましょう、出て行きましょうよ、ねえ、ママ、ここから！……わたしたち、新しい庭を作りましょう、これよりずっと立派なのをね。それをご覧になったら、ああそうかと、おわかりになるわ。そして悦びが――静かな、ふかい悦びが、まるで夕方の太陽のように、あなたの胸に射しこんできて、きっとニッコリお笑いになるわ、ママ！ 行きましょう、ね、大事なママ！ 行きましょうよ！ ……（神西清訳）

チェーホフが朝日のようにといわずに、夕方の太陽（斜陽）のようにと書いていることに注意すべきである。

〃斜陽〃という題名がここからとられたかどうかはわからないが、すくなくとも太宰のチェーホフへの親近は、斜陽の方に「静かなふかい悦び」を見出す感受性を共有していたからだといえる。

斜陽は明るい。真昼の太陽とちがって、そこには陰影がありあるいは陰影の気配があって、それが一層明るさをきわ立たせる。『斜陽』という作品が感じさせるのは、そういう微妙な一瞬の感覚であって、私はそれが太宰の定着したかったものだと考えている。

もともと太宰は明るさと暗さを対立的にとらえるのではなく、暗さの中に明るさを、明るさの中に暗さをみる眼をもっていた。戦時中の傑作『右大臣実朝』の中で、彼はこう書いている。《平家ハ、アカルイ》《アカルサハ、ホロビノ姿デアロウカ。人モ家モ、暗イウチハマダ滅亡セヌ》。

実朝の「明るさ」は実は底知れない暗さを背負ったものだ。『斜陽』の母、すなわち「日本で最後の貴婦人」は同様に明るく描かれている。この明るさは、かぼそく今にもくずおれそうな存在の外見であり、斜陽のような明るさなのである。だが、そこに芯の勁《つよ》いものが感じられるのは、彼女が自分の滅びることを避け難いものとして受けいれており、最後の光の中で輝いているからである。

対照的に暗いのは上原であるが、「僕は貴族は、きらいなんだ。どうしても、どこかに鼻持ちならない傲慢なところがある」という彼にとって、デカダンスはむしろ階級的な復讐を意味しており、そのためそこにはむしろ「百姓の子」の旺盛な生活力が感じられる。かず子の家族にはそういう活力がなく、生命力がない。かず子が上原の子を欲したのは、彼のデカダンスにひそむ活力を漠然と嗅ぎとっていたからのように思われる。弟の直治は死んでも、上原が滅びることはけっしてないのである。

上原はいっている。

駄目です。何を書いても、ばかばかしくって、そうして、ただもう、悲しくって仕様が無いんだ。
いのちの黄昏。芸術の黄昏。人類の黄昏。それも、キザだね。

むろん、『斜陽』はたんにこのような黄昏ではない。明るさが暗さを喚起し、暗さが明るさを喚起する世界、四人の人物が交錯しあうときに生じる微妙な光と影の世界である。この四人の人物はそれぞれ太宰の分身ともいえ、これまでの作品の綜合ともいえるが、それらがあるバランスを以て拮抗しあっているところにこの作品の静かな緊張感がある。

『斜陽』が書かれたのは昭和二十二年であるが、その前年に太宰は次のように書いている。

一、十年一日の如き不変の政治思想などは迷夢にすぎない。二十年目にシャバに出て、この新現実に号令しようたって、そりゃ無理だ。(下略)
一、いまのジャーナリズム、大醜態なり、新型便乗というものなり。(下略)
一、戦時の苦労を全部否定するな。
一、いま叫ばれている何々主義、何々主義は、すべて一時の間に合せものなるゆえを以て、次にまったく新しい思潮の擡頭《たいとう》を待望せよ。
一、保守派になれ。保守は反動に非ず、現実派なり。チェホフを思え。「桜の園」を思い出せ。
一、若し文献があったら、アナキズムの研究をはじめよ。(下略)
一、天皇は倫理の儀表として之を支持せよ。恋いしたう対象なければ、倫理は宙に迷うおそれあり。

――（昭和二十一年一月二十五日堤重久宛書簡）

これらの「明確な指針」（太宰）は、一見すれば支離滅裂で錯乱しているかのようにみえる。しかし、どのことばも太宰にとって真実だったことは疑いないので、このように異様な屈折のなかで太宰の戦後がはじまったことを忘れてはならない。

こういう屈折は、ある意味で、「ナチスの占領下においてわれわれは自由だった」と書いたサルトルに似ている。彼は、占領下の極限状況において、レジスタンスに参加するにせよしないにせよ、人々が一人一人明瞭な決断を迫られた時期には「自由」であったが、解放後は惰性と盲目的な追随しかなくなってしまったというのである。太宰もまた、『右大臣実朝』が象徴するように、死と滅亡にさらされた生存に於てこそ「自由」を確証しようとしていたのであって、戦後の自由は彼に最初から異和感しか与えなかった。彼の心が、あえて滅びる側へ加担するか、あるいはより徹底的な革命をめざすか、その両極に揺れ動いているのはそのためである。

かず子は次のようにいう。

> 革命は、いったい、どこで行われているのでしょう。すくなくとも、私たちの身のまわりに於いては、古い道徳はやっぱりそのまま、みじんも変らず、私たちの行く手をさえぎっています。海の表面の波は何やら騒いでいても、その底の海水は、革命どころか、みじろぎもせず、狸寝入りで寝そべっているんですもの。

こういう洞察は昭和二十二年においては最も本質的なものだったといってよい。人々が民主主義や共産主義を唱えて騒ぎ立てていたとき、太宰はそれをたんに戦前からの表層だけの変化であり、「時局便乗」にすぎず実質は何も変っていないとみなしていたのである。彼は次のように書いたことがある。《じぶんで、したことは、そのように、はっきり言わなければ、かくめいも何も、おこなわれません。じぶんで、そうしても、他のおこないをしたく思って、にんげんは、こうしなければならぬ、などとおっしゃっているうちは、にんげんの底からの革命が、いつまでも、できないのです》

かず子がめざしている「道徳革命」とは、いわば「にんげんの底からの革命」のことである。むろん、太宰は必ずしもかず子にのみ可能性をみているわけではない。彼女は、先に引用した項目の一部にすぎないので、『斜陽』の四人の人物はほぼ均等な重みを帯びて存在しているのである。「『桜の園』を思い出」させる貴族の母親も、「人間はみな同じものだ」という〝平等主義〟の合唱に反撥する弟の直治も、太宰の思念を確実に投影しているのである。

……この言葉は、実に猥せつで、不気味で、ひとは互いにおびえ、あらゆる思想が姦せられ、努力は嘲笑せられ、幸福は否定せられ、美貌はけがされ、光栄は引きずりおろされ、所謂「世紀の不安」は、この不思議な一語からはっしている。

しかし、私の印象ではむしろかず子の方が他の三人に比べて生彩がないようにみえる。それはおそらく「道徳革命」が観念的なものであるのに、滅亡は現実的なものだったからであろう。しかし、かず子が次

のようにいうとき、それは「道徳革命」というより、何かもっと原型的な場所に降りようとしているように思われる。

……この世の中に、戦争だの平和だの貿易だの組合だの政治だののがあるのは、なんのためだか、このごろ私にもわかって来ました。あなたは、ご存じないでしょう。だから、いつまでも不幸なのですわ。それはね、教えてあげますわ、女がよい子を生むためです。

「女がよい子を生む」ということは、どんな時代・社会にかかわらず、戦争や政治や貿易などといったあらゆる人為的なもの、幻想的なものの底にある〝自然〟である。彼女はむしろそこから「意味」に憑かれた世界を見返している。チェーホフの『三人姉妹』のなかに、太宰が好んだせりふとして、「意味ですって、いま雪が降っている、それに何の意味がありますか?」という条りがある。よい子を生む、それはちょうど雪が降っているようなものだ。何の意味もないが、無意味でもない。おそらくかず子はそういう地平に降りて「孤独に微笑」している。彼女は新生に賭けた者であるが、しかし滅びる者と対照的に区別されているのではない。作品の全体において、それらが互いに反照しあって、〝斜陽〟の一瞬を永遠に定着させているようにみえるのである。

『パンのみに非ず』（角川文庫解説、1974年8月刊）

後藤明生

後藤明生は昭和七年朝鮮に生れ、十三歳のとき敗戦を迎えている。「無名中尉の息子」に書かれているように、敗戦の前に陸軍中尉だった父を亡くしている。むろんこういう知識は、彼の作品を読むときには必要ではない。しかし、彼の作品が大なり小なり、この経験を対象化していることも事実である。

後藤明生が体験したのは、〝故郷〟がいきなり〝外国〟になるということである。これはべつに彼だけの体験ではなく、日本の海外領土に生れ育った者に共通したものだ。たしかに、これは小説の素材としても興味深いものだが、彼はそのこと自体に特別の意味を与えていない。ひとはこのような経験を後生大事に抱えて生活するものではない。むしろそれを忘れようとし、事実それを忘れて成長する。なぜなら、内地へ引き揚げてきた人間は、そこに〝同化〟することに懸命であって、それがなにか特権的な経験のようにみえるのは文学者の場合だけだからである。

後藤明生もごくふつうに生きようとしていた青年であったにちがいない。しかし、彼のなかには他者あるいは世界に対する奇妙な異和感がある。それが、このような体験だけによって形成されたのかどうかは疑わしい。彼自身がそう説明したとしても疑わしいのである。後藤明生の小説は、むしろ彼自身にも不可解な存在感覚を検証しようとするところに発している。

その一つは、自己にとって外界は、つねに偶然で唐突だという感覚である。おそらく、これは自分の生を自分の意志で選択しえないような時期に、父の死、敗戦という出来事が突然襲いかかってきたということとかかわっている。彼は戦争を外側からみられるほどの年齢に達していなかったので、これらの出来事は〝歴史〟というよりも、彼自身の生存に不条理性を与えるものだったといえる。不条理性《アブサーディティ》とは、べつの意味ではバカバカしさとかデタラメさということだが、「笑い地獄」のような作品にはそれがよくあらわれている。

この主人公は、肝心なときには眠りこけてしまう癖がある。これは一見すれば逃避のようにみえるが、そうではない。なにかをしようとするときに必ず障害が入る、あるいは自分自身がそれをつくってしまうということである。こういう障害感は、自分自身の生と、それをとりかこむ外界とがどこかで決定的にくいちがう、あるいはくいちがわざるをえないという意識である。これは、後藤明生の固定観念のようなものだが、私はそれを、彼の戦争体験によって片づけることのできない、つまりそれよりももっと深い層にある問題だと思う。

注目すべきことは、彼がこういう障害感を悲劇的なものとしてでなく、バカバカしく滑稽なものとして書いていることである。そして、彼は自分がこの世界に在ることのちぐはぐさを、むしろ根本的な条件のように受けとっている。この相対的な眼は、不条理を唱える文学者より、不条理に深入りしているといえる。彼の文体、真剣であり且つ真剣であるために滑稽にみえるといったふうな文体は、けっして「笑い」をめざしているのではなく、そういう二重性を人間の条件のようにみなす眼から生じている。

さらに、後藤明生の存在感覚は次のような認識においてあらわれている。

果たしてわたしが現代を捉えようとしているのか。あるいは現代がわたしを捉えようとしているのか。現代とわたしとの結びつきはそのような形において成り立っているのであって、わたしはもはやただ一点を中心とする自己完結的な円としては存在できない。互いに全く価値感を異にする二つの中心によって形造られる楕円形の世界。その二つの中心は互いに対立し、侮辱しあい、笑いあい、批しあい、そして問いを発しあい続けてやめようとはしない。何というグロテスクな楕円だろう！（「現代にとって文学とは何か」）

これは先にのべたことと別のことではない。つまり、彼は彼をおびやかす外界あるいは他者を、もう一つの「中心」として承認しているのであって、「グロテスクな楕円」とは、理論的な認識というより、彼が自分と世界との「関係」に関して固有する存在感覚の形象である。

「笑い地獄」には、「笑う者は、笑われている他者によって笑われているという力学」がある。「地獄とは他者だ」とサルトルがいっており、後藤明生のいう地獄もそういうものだが、彼がちがっているのは、一つにはそれを「笑う」ということばで形容しなければならなかった点にある。それは、たんなる自己と他者との相克ではなく、そこにつねにちぐはぐさ、根本的なずれをみてしまうところからきている。つまり、「笑い地獄」の作者には、「地獄」の滑稽さもまたみえているといってもよい。

本書に収録されているべつの作品で、後藤明生は、それを敗戦によって突然異民族の支配下におかれるという経験にもとめている。支配する者は支配されるという逆転がそこにある。しかし、それは現実を成人の眼でみれば自明の理にすぎないが、なにもよくわかっていない少年に突きつけられた逆転としてみるとき、きわめてグロテスクな経験となるはずだ。後藤明生は、「笑う⇅笑われる」ことを、自他の相克という意識においてでなく、それより下にある肉感的なものの側から感受している。それは、彼が武田泰淳や小島信夫のような作家に親近感をおぼえていることからもうかがわれる。彼らに共通しているのは、人間と人間の関係を意識の次元でなく、肉感的なせめぎ合いの感覚においてみることだからである。後藤明生の文体が分泌する、ねっとりと執拗にからみついてくる粘液の秘密はそういうところにあるのかもしれない。彼の小説はいわば歯切れがわるいが、それは歯切れのわるいなにかを対象化しようとする文体の動きそのものなのである。

　以上は、「笑い地獄」や「無名中尉の息子」について述べたことだが、他の作品についてもすこし述べておきたい。表題作の「パンのみに非ず」は、断食道場を舞台にした寓話作品で、おそらくカフカの「断食行者」という小品が下敷にある。この作品から「意味」を引き出すことはたやすいが、同時につまらないことですらある。この小説の面白さは、岡部という男が断食道場から逃げ出す奇妙なおかしさにある。逃げ出す必要はないのに逃げ出す彼と、彼をつかまえてなぐる見張人の「わたし」との関係は、とくになにかを寓喩しているわけではない。むしろそうみえたら、この作品は失敗している。ただ、断食道場という世界、自由意志によって自己を拘束されることを欲する人々の秩序のなかで、この男の不可解な行為はグロテスクにみえる。そのちぐはぐさが、後藤明生のとらえたかったものだといえる。日常的世界を一度逆転した世界のなかで、さらにそれが逆転されるのである。

　「嫉妬」は右の作品とほぼ同時期に書かれたものだが、質的にかなりちがっている。それは、ここでは、「わたしと彼女の関係」が、それ自体としてあるのではなく、嫉妬ということばによってしか存在しないという認識があるからだ。《しかしながら果して、いままでわたしが書き綴ってきたのは、本当に彼女に関する記憶だろうか？　それともすべては嫉妬によって描き出された、単なるわたしの空想だったのだろうか？》。しかも、嫉妬とは、わたしが抱いた感情ではなく、ことばによって生じたものにすぎない。現実とはむしろことばにすぎないのではないか、それならわたしとはなになのかという問いが、この作品以後の一連の作品に存在する。つまり、後藤明生は、私と他者という関係から、方向を私自身に向けはじめたのであって、ちょうどその時期同世代の作家たちと一緒に「内向の世代」という名を与えられたのだが、これは彼が「関係」の問題をより内面化する意味において不可欠な過程だったといわねばならない。

『ある秋の出来事』（旺文社文庫解説、1974年9月刊）

坂上　弘

1

坂上弘の小説はわかりにくい。それは難解な観念や意匠があるからではない。むしろ平明すぎるほど平明であり、きわめて透明な文体なのだが、それでいて不透明な感じがのこる。その意味が今にもつかまえられそうな予感がするが、その予感のままで終ってしまう。いいかえれば、坂上弘の小説を〝読む〟とは、読者がもう一度それを作りなおしてみることだといってよいかもしれない。

……家々は荒廃し失われて行くのを待っているのだと私は思う、しかしその荒廃の先にあるもの、いわば初めに与えられたものとはなんであったろう。それがわかれば私は私たちのつくり上げたものから出て行くことだってできるだろう。なぜなら(これを私は小室に話したことがある)家々の中では、私たちはもう中途半端な曖昧な誠実さにたよってしかいないのだから。私が出て行くというのもそのためだ。そうしなかったら私はある瞬間ある機会に、それは正確に言えば日常生活の暑さや停滞や狂躁のなかで自らをあざむいてしまうだろう。（ぼくたちには、と小室は言った。このごろわかりかけたんだがある種の能力が欠けているよ。それは確信とか挫折とか失墜のようなものについて理解する能力なんだ。）（「ある秋の出来事」）

右の文がわかりにくいのは、ほとんど一センテンスか二センテンスで視点が転換されており、また時間が転換されているからである。ここには家の問題だけが書かれているのではなく、失楽園というべき状態が暗喩されており、且つまた時代状況にかかわる青年の姿が暗示されているようにもみえる。しかし、そうだと明確にいえない余剰がのこるのは、作者がたんに事物や観念を書くのではなく、彼がそのつどつかんだ〝世界〟を書いているからである。

これはこの作品だけでなく全体にいえることであり、坂上弘の文体、あるいは思考のリズムは、こういう〝転換〟が恣意でなく一つの必然としてあるところからきているといえる。すくなくともそれは彼の方法的自覚からくるので、その点について彼は次のように説明している。

これまで考えられてきた時間についての不信は、実は、これまで考えられてきた様々な事態(あるいは事実)のあり方への不信などだ。もっと正確に云うならば、その事態(又は事実)が理解されていた古いパターンへの不信なのだということができる。たとえば、いま、AがBを殺した、という事態をとるとする。この事態は、実に多くのパターンで表現される。「AがBを殺した」という表現はこれまでの私たちの言葉の約束によって述べられた一番簡単なパターンだが、小説のなかでは、この事態を、このような簡単な表現では殆ど書かれない。むしろ作家はその事態に更に多くの色々な意味を与えるために筆をとるのだろう。それでは「Aは嫉妬のためにBを殺した」という表現にしたらどうだろう。かりに、一般にその表現が嘘でないと考えられるのなら、その表現に満足しなければならない。そこで、私たちの不信がでてくる。AがBを嫉妬のために殺した、というのは、どういうことだろう。また、それが一般に嘘でないと考えられる、ということは、どういうことだろう。私たちは、どのような表現のパターンとどのような事態とが、正しく対応しているということを決める基準を、なにも持っていないことに気がついたまでなのだ。そして私たちはその基準が、本来唯一のものとしてあるとは思わない。どんな小さな一つの基準ですら、その規準をつかう人の倫理的な規範と無関係ではないと思うし、その規準は、結局その人がもっている仮説なのだ、といってもおかしくないだろう。この、事態と表現のパターンの対応を決める事柄は、私たちの試みの勇気を必要とする自由の一つなのではないだろうか。

自分の経験した事態を、どのような表現のパターン、どのような時間、或はどのような文体で充足させて行くかは、その作者の事態(あるいは事実)に関する考え方にあるように思う。(中略)

それでも私たちの望みは、言語をつかう小説というパターンが、人間そのものがフィクションだということを明らかにしたうえで、もう一人の人間をつくることにあるのだ。(「『小説』のイメージ」)

事態(あるいは事実)といういい方はヴィトゲンシュタインの用語であって、これはいかにも哲学科で分析哲学を専攻した坂上弘らしい厳密な表現だが、彼がいっているのは、たとえば「AがBを殺した」というのは、事態そのものではなく、最も単純な表現パターンにほかならないということである。ひとびとがふつう事実とよんでいるものは、事態そのものではなく、実はある表現形式にすぎない。たとえば、新聞記事には「Aは嫉妬のためにBを殺した」という類の表現しかないが、それが事実とみなされている。坂上弘

の小説「裁判」では、まさにその種の事実において、義父を殺した女が裁かれ、あるいは「情状酌量」される。しかし、わずかの想像力があれば、その惨劇の〝事態〟がそういう表現形式ではみたしえないものとしてみえてくることは確実である。

「ある秋の出来事」を例にとれば、あるブルジョア家庭の息子が親に反抗し、女と同棲するために家を出る……たとえばこういうことが〝事態〟なのではない。もちろんそれはだれも否定できないことかもしれないが、たんにそういう表現形式以上のものではない。事実とはそれ自体表現形式すなわち虚構に属している。この認識は、「私小説」作家における虚構と事実という問題を根本的にくつがえすだろう。なぜなら、作家が実際に体験した〝事態〟を書こうとすれば、ひとびとのいう事実(単純な表現形式)とはちがった表現形式をとることは不可避的であり、作家自身がどう考えていようと、彼は嘘を書いたことにもありの儘を書いたことにもならないからである。

坂上弘はそのような事実を斥けるが、それは実は日常的な表現形式を斥けるということにほかならない。いうまでもなく、それは彼が実生活とはべつなところに小説を仮構しようとしたということを意味しない。彼はむしろ「私小説」作家であって、その点は彼が二十歳で書いた長篇「澄んだ日」や諸短篇から、十数年後の今日にいたるまで変わっていない。彼がいわば実生活とはちがった〝世界〟を作品のなかにつくり出したかのようにみえるとすれば、それは彼の仮構力によってではなく、もともと実生活そのものを一つの虚構とみる彼の眼によってである。実生活そのものが、そのなかにいる人間にとって了解しがたいものとしてあるからだ。

実生活を信じるとは、結局虚構(表現形式)であるものを事実と考えることである。たとえば「海は青い」というのは言葉の約束であって、リアリティではない。「海は青い」という仮構を事実そのものとみなすなら、ひとはもう海をみているのでなく、言葉しかみていない。海をみるということは、それを客観物としてみるのではなく、それがいわば私のなかで体験されるということである。つまり、そのとき海は対象物などではなく、一つの出来事（事態）であって、元来それは「我在り《スム》」ということと切りはなすことができない。

坂上弘が日常的な表現パターン（事実）や時間を拒絶することで開示しようとしたのは、そのような出来事つまり体験される世界そのものだ。「ある秋の出来事」で彼が極度にデフォルメされた〝世界〟を提示しているのは、なにも実際の経験を変形したかったからではない。それは「人間」をも一つのフィクションとみる眼が、その向うに見とどけようとする〝出来事〟なのである。

2

「ある秋の出来事」のなかに次のような条りがある。

……葬式が終ったあとだったと思うが、死んだ友人の親友だという学生が、どうして自殺をしなければならなかったと思いますかと言った。その学生は本気で、自殺の原因というやつを思想的葛藤のせいだと思うと父親をつかまえて喋っていた。その男が頭をたたきながら思想というとき私はそいつの思想には場所さえあるんだと思った。父親はただ酔った頭でありがとうございますありがとうございますと繰り返していた。もし家族とか人々のつながりというものが虚構だと気がつけば彼は幸いだったろうね、そのあとではその一つ一つをたしかめて行くことが生きて行くことになるんだからね、と私は言い、きみがどうして死んだ友だちのかあいそうなおとうさんやおかあさんを憎んでいるのかわからないよ、とその学生は言った。私はその男をなぐりつけてやりたかった。なぜって憎悪とはどんなことなのかをその男は考えてみたこともないんだと思ったから。

……だがどうすればいいんだい、ぼくたちが過去のひろがりのなかからある一つの愛か憎悪か思想を忘れずに覚えていて選びとってしまったら、と私は言い、それはそのことだってやっぱりぼくたちにとっては仮説なんだよたぶん寓話なんだよ、と小室は言った。しかしぼくが兄と妹をもったことは寓話なんだろうかそうするときみにはぼくの寓話はわからないだろうきみは長男だからさ、と私は言う。

一見すれば、この二つの文は矛盾しているかにみえる。前者では、家族とか人々のつながりというものは虚構だといっており、後者ではたとえそれが仮説であり寓話なのだとしても、自分はその寓話をのがれることはできないといっているからである。だが、実はそれは同じことなので、坂上弘は〝虚構〟というとき、それが人工的なものだとか、あるいはそのほかに真実があるとかいった意味をいささかもふくんでいない。たとえば、われわれが父を憎み争うとする。しかし、われわれが争っているのは、「父と子」という寓話においてであって、父とよばれているもう一人の他者と愛し合ったり憎み合っているのではない。むしろわれわれはその他者を知ることもできないし、まして愛することはできない。それは互いに隔絶した個と個

の間柄である。もしそのことを知ってしまえば、「父と子」の争いは、ただそのようにして出会っている互いの自己確認として〝誠実〟な関係をとりうるかもしれない。

しかし、われわれは「父と子」という寓話からのがれられない。もっと正確にいえば、われわれが父や子として互いに存在する場所からのがれることはできない。父という事実があるのではなく、子という事実があるのではない。「父と子」という相互性の場所——むろん「母と子」も同様だ——があり、それはわれわれが意識の上でどう断ち切ったとしても深層においてつきまとってくる。それは神話だといってもよいが、われわれが神話をつくったのではなく、逆に神話のなかにわれわれが生れてくるのだ。それが虚構であり幻想であるとしても、われわれはそこからのがれることはできない。

……私はただ父について考えるだけだ、父をわかろうとするのではない、まして父に自分をわかってもらおうと思うのでもない。父と私のあいだにはそれまで暗黙の了解といったものがあったのかもしれない。父の声は私が兄のことを言い出したときに低くなにかを隠蔽するように口早だった。(中略)私はちょっと父を騙したのだ。すると愛情を背負わされたような気がした。いわばそのとき私は父を裏切り父に興味を感じはじめたのだが、父は煙草をもみ消して立ち上った。私は顔を上げた。父の背中には汗がしみていた。私たちの考える家庭とか、父とか、兄弟や私自身などというものが単なる形骸にすぎないものに思えてくる場合でもなお存在し続けるものは、それらが落して行った影にあたるようなところなのだ。そこは遠い小さな場所であってごく当り前の憎悪とか愛とかが一種の恐怖にまで変形されている。(「ある秋の出来事」)

「父と子」が形骸にすぎなくなったとしても残るのは、それが落としていった影のような部分である。それを「私」は「恐怖」とよんでいる。「恐怖」とは、憎悪や愛とならぶ一つの感情のことではない。むしろ、それはひとが他者と共存する場所での根本的な存在感のことであって、憎悪や愛という心理的レベルよりもっと深いところにある。あるいは、こういってもよい。それは、「私」が父をたんなる他者として認識し、もはや憎悪や愛という感情から自由になっても残存する、否そうなればなるほどいよいよその輪郭が浮き彫りにされる一つの存在感だ、と。

3

本書に収録された作品で、比較的近作に属する「農家」のなかで、坂上弘は次のように書いている。

私のなかでは母の田舎に対する恐怖がなかなか消えない。（中略）ところが、この母の田舎への恐しさうとましさが、どうやら私の中では帰化人という得体の知れない古さまで遡って行かねばならないような気にさせられる。小さい頃は母に連れられて行き、敗戦の年の一年間程は祖父の農家に疎開して住んでいたというだけで、大人になるに従って、ますます関係がないのにもかかわらず、田舎という、いつまでもどろどろと息づいているものについて、自分が悪戦苦闘しているのだ。

坂上弘にとって、「田舎」とはこのようなものだ。それは、意識的にはますます無縁になっていくにもかかわらず、「恐怖」としてはいまなお「悪戦苦闘」せねばならないほどに息づいているなにかである。彼は「田舎」に、うしなわれた故郷あるいはアイデンティティを求めているのではない。その逆に、「田舎」は彼にとって得体の知れない「恐怖」として現存している。むしろ坂上弘は彼自身のそのような存在感に「田舎」という名を付したのだといえなくもない。なぜなら、それは彼の過去というより、現在だからである。それは、われわれが「我思う《コギト》」という意識によって存在する以前に投げこまれている世界、すなわち「共同世界」(ビンスワンガー)に対する個体の不安だといってもよい。

いずれにしても、坂上弘の感受性が、意識の上ではもはやなんの痕跡もとどめていないそうした存在構造をつねに嗅ぎあてていることに注目すべきである。この意味で、「野菜売りの声」は間然するところのない短篇であって、周到な計算が一見そうはみえないほどに働いている。

たとえば、冒頭に野菜売りの女たちの声がきこえてくる。彼はそのとき「妙にホッとする」のだが、彼の安堵が彼らが「田舎」を背負っているからだということは、恋人の美代子と寝る場面で読者に知らされる。《彼女の生地である東北の片田舎が、どんなふうな土地かは想像もつかなかったが、彼女の躰から、土くれに似たような臭いがしている。それは彼の家に、陽気な野菜売りの声がきこえた瞬間、彼が感ずる、あの安堵と同じものをよびおこしてくれる。》

また彼は、「一家四人惨殺、ひどいことをするよう!」とどこかの農村でおこった人殺しの記事を読みあげる母親が、ひそかに息子に予防線をはっているのではないかと疑う。だが、彼らのあいだにはそのような気配はみじんもない。なぜならそこにいるのは、「日向に片頰をむけて、のんびりしている見慣れた卵型の顔」にすぎず、彼はそれを「自分の内部で殺してしまった」「つまり自分の観念の死骸のような、母親でもなんでもないもの」のように、ただの他人のようにみている。

彼にとって、すでに母はそのような存在にすぎないが、しかし「母と子の寓話」は美代子との関係のなかに再現されるのである。

いずれにせよ、彼が母親を無視できないのは、彼が美代子の薄い腰を抱きしめながら、思わず、「オカアサン」と口走ってしまったことからもわかる。美代子は、

「あたしのおかあさんは、決してあなたを嫌わないわよ」

と健気な子供がするように、彼を強く抱き返した。

けれども、この作品の眼目は、美代子と野菜売りの女が争う最後の場面にある。「彼」のために流産した美代子が、駅の階段で野菜売りの女に衝突しそのまま行きすぎようとするとき、老婆のかみつくようなしわがれ声がひびく。

「そんな態度でいいと思ってるのか、よう、なんだい、済ましくさって。田舎もん、田舎もん」

信一は老婆の田舎者ということばにびっくりした。余程腹にすえかねたのだろうが、偶然おこったことではないか。しかも美代子の方は病みあがりで謝る余裕もなく精一杯に歩いていたのだ。そう思いながらも、信一は、その滑稽なことばに、むしろ老婆と美代子の、絆のような類似をみてとり、

いさかいにびくびくして入って行けなかった。

美代子はついに振り向かざるをえなくなった。それもすごい形相をして――。

「こら、田舎もん。そんなちゃらちゃらした服を着てたって、お前は田舎もんだ、人にあいさつもできないじゃないか」

「なにイ――」

これは美代子の歯を食いしばった口から出た声だった。とたんにピシャリという音がして老婆の手が美代子の頬を打った。

それから後は覚えていない。信一は、駅前の商店街の人混みにぶつかりながら兎のように走って行く美代子のあとを、白い脹脛に眼を落して追いかけて行きながら、何も追いつかなくてもこのままでいいんだ、という気持がしはじめていた。……

この場面で、彼が安堵をおぼえる存在だった美代子も野菜売りの女も一変してしまう。美代子は「すごい形相」をして、「なにイ――」といい、彼は彼女らのいさかいに対して「びくびくして入って行けなかった」。もしこういってよければ、坂上弘はここで田舎において母や伯父らのいさかいを、おびえながら見まもっていた「子」の恐怖を形象化している。「春の埋葬」や「朝の村」のような作品はそれを直接に描いているが、この作品ではそれは一つの暗喩である。

衝撃的なのはむしろ美代子の変貌かもしれない。彼は安堵を感じていた彼女に恐ろしいものを感じるのだ。それはいくらか滑稽でもあるが、この滑稽さは、恐怖とともに、彼がそのなかに「入って行けない」ような疎隔感をもたらしている。彼が「すこしも罪悪感をもたない」で、「このままでいいんだ」と思うのは、おそらくこの「田舎もん」同士のいさかいに、けっして介入できず、また介入することを許されないように自分を感じるからだ。

この作品の一見みなれたおだやかな日常風景は、最後にいたってその存在構造を仄暗く浮かびあがらせる。この作品の初めと終りにあらわれる野菜売りの女たちは、ちょうどギリシャ悲劇のコロスのように、人物の背後にあり、彼ら個人をみつめ、あるときは「共犯者」として、あるときは裁く者としてあらわれている。坂上弘は、たとえば初期の「同棲」で個人と個人の愛もしくはその不毛を描いたのとはちがって、ここでそういう都会風な主題の背後に共同世界への不安感を、ダブル・ヴィジョンとして定着しえている。

4

「裁判」では、それは次のような表現において示される。

> その被告は、義父を殺害したといわれる女だった。その義父はどこかの片田舎で農業を営んでいた。その女は事件のおこるしばらくまえから都会に出て喫茶店につとめていた。だから茂雄にはこの事件の背景に、牧歌的であるべき田舎の、砂利のころがった道のつぶやきのようなものが感じられた。

それは「土くれの臭い」といいかえてもよいので、裁判を傍聴にいった茂雄が義父殺しの事件に、日常的な、新聞や裁判でもちいる表現すなわち事実といわれるものの向うに感受するのは、あの老婆と美代子のいさかいに似たもの、あるいは「どうにもこうにも仕様がない」ぬきさしならぬ生存の場所である。

茂雄は、殺された義父の話から、田舎でみた、発作をおこして荒れ狂う男を想い起すのだが、これは坂上弘自身の経験の核にあるものだといってよいだろう。「春の埋葬」における伯父、「農家」や「朝の村」における従兄がそれである。むろん事実を詮索してもつまらないので、重要なのは坂上弘がこのような「暴力」に、表面上では片づかない、いわくいいがたい意味を感じとっているということである。たとえば、「ある秋の出来事」の兄は、なぜあのように凶暴なのか。おそらくそこには絶望があり、しかも絶望していることを知らない者の絶望がある。彼らの「行為」は一つの表現であるが、それは言表されないし言表しえないからこそ暴力として表現されたのである。そして、そこには「どろどろと息づいている」ものがある。

そのような暴力を最も見事に描き出したのは、フォークナーという作家であって、坂上弘はそれを次のようにいっている。

学生時代はじめてこの『響きと怒り』を読んだときにはこのクウェンティン青年の方に興味が湧いたのは、青年の父子関係にあるわからなさと一緒に親近感があったからである。この青年は、近親相姦の罪の記憶から自殺するようにかかれているが、本当の理由はわからない。自分の妹との関係を父に告げ、父にゆるしを乞うているが、父の方はそれを容認してしまう。そして人間とは風土や体験や不幸の総和なのであって、お前を苦しめているものはじつはそうしたものなのだと教える。この教えは、息子にとって絶望的であり、虚無的だ。このせいで息子は自殺から救われないのだと考えた方がよさ

そうである。

フォークナーの人物たちの意識は、それがどれもこうした《不幸の総和》であるために、いつも恐怖にみちた様相を帯びてくる。おそらくフォークナーは、意識の恐怖をもっともよく書いた作家だろう。『あの夕陽』や『野性の棕櫚』にみられる待つ意識の深い恐怖感は、同世代のヘミングウェイの描く死のそれの比ではないであろう。（「Quentin」）


「ある秋の出来事」には疑いなくフォークナーの影響がある。もちろんそれは技法上のそれではなく、意識を、たんなる心理的なものとしてでなく、「不幸の総和」としてみるところに、坂上弘が感じとった類縁性があるというべきだ。

フォークナーがしばしば旧約聖書を下敷きにしたように、この作品もなんらかのかたちでカインの神話を念頭においているかもしれない。しかし、私が「ある秋の出来事」からカインの話を連想するのは、たんに兄弟の争い、あるいは「殺す」ことが共通しているからではない。旧約の記述においては、カインがなぜ弟を殺さねばならないのかわからない。だが、彼はただそうするほかないかのように殺し、土地を出て行く。それは、たとえば父に愛される弟と愛されない兄というような心理的解釈（『エデンの東』のような）を許さない。それが今日なお抗しがたい迫力をもっているのは、カインがほかにどうすることもできないかのように弟を殺してしまうからである。

注目すべきことは、坂上弘が凶暴な人物たちとそれを殺そうとする人物との争いについて、どんな心理的解釈もしていないことである。彼らはまるで争うべく生れてきたかのように争っている。いわば彼らは

「恐怖」というべき場所におかれていて、そこからのがれることができないのだ。

たとえば、「ある秋の出来事」の兄の暴力は恋人の西方を堕胎させる(と思われる)場面にきわまっているが、しかしそれはぼんやりと示唆されるのみである。《それまで見ていたものが影だったとしても兄が持ち上げた白い塊は洗面器で西方でないとわかるくらいの影なのであり私には自分がなにかを見たということがはっきりしていたのだ》。

結局何がおこっているのかは読者にははっきりしない。さらに、句読点のない文章では、妹との近親相姦が暗示されている。なぜ作者はそのことを暗示するだけなのか。一つは、暴力あるいは恐怖は、むき出されたところにではなく、秘匿されるところにこそ存するからである。そして、これが重要なのだが、彼らの〝暴力〟にはいわば心理的な動機が存在しない。彼らは明らかに絶望しているのだが、そのことをぼんやりとしか意識していない。それは、いわば「風土や体験や不幸の総和」からくるのであり、彼らはどうしようもなくそうすることによって、逆にそういう累積されてきた存在構造を照らし出すのだ。それは彼らには責任の負いようがなく、したがって彼らはむしろ無罪なのだが、もしそのことに気がつけば、彼らはクェンティンのようにそのために自殺しなければならないのかもしれない。

「裁判」の女は、義父を殺した。義父の暴力が避けがたいものであるように、彼女の暴力もまた避けがたく、《彼女にのこされた道は、相手を殺すか、自分をおとなしさの中にとじこめてしまうことだけ》だった。「ある秋の出来事」の「私」もまた、兄に対してそのような選択を迫られる。彼は殺さない。しかし、「殺さないという悪」を所有するのである。

「殺さないという悪」は、「裁判」という作品では次のように書かれている。

彼は自分が何一つ犯罪めいたことを行ったわけでもないのに、すでに罪深い人間なのだという気がして、みじめになり、自分自身に語りきかせた。

『(中略)少年よ、おまえがいまもっているものは、すぐとんで行ってしまう風船だ。おまえはどこへ行くにしても仮りの時をすごしているがよい。しかし今後生きつづけるかぎり、きっとあの女を襲った空白が、執念深くかえってくるのだ。そのときおまえは解決してくれるものがないので、泣くのだ』

ここでいう「空白」とは、どうするすべもなく義父を殺した女が意識していない、しかし彼女の行為に潜在する「風土や体験や不幸の総和」というべきものだろう。少年よ、お前はそのことを知らないで「仮りの時」をすごしているがよい、しかしやがてお前がそのことに気づいたとき、《解決してくれるものがないので、泣くのだ》。このように書くとき、坂上弘は、自意識の不幸などとは無縁な、ある底深い不幸をいっているのだ。それは、《私にとっては存在することが恐怖や憎悪や愛なのかもしれない、なにものかがそれらにとってかわるのを待つことが忍耐ということになろう》(「ある秋の出来事」)というような「忍耐」の姿勢によってしかいやしえない。

「ある秋の出来事」の「私」は自殺した友人、分裂病者であり世界が遠のき〝自我〟が孤絶してしまう体験に苦しんでいる友人に、「自我なんていうのがあるとわかるのか?」とききき、また、「きみは恨みに思うことはないかい、例えばきみのおとうさんなんかを」と問う。たぶんこういう質問は見当はずれであるが、彼はその友人の孤独感のなかにも、「家」という寓話を見出さずにいられないのである。「ある秋の出来事」

において、坂上弘ははじめて、人間がそれぞれ単独者であるという一つの極と、その反対の極——つまり諸個人が肉親という寓話のなかに、あるいは「恐怖」という存在構造のなかに投げ出されているという極とを結びつけた。この作品は、したがって、彼の実質的な処女作だといえる。それは、作者自身の体験とは似て非なるものであって、父・母・兄・弟・妹という寓話がそれ自体の構造を示すようなかたちで現前している。私は読みかえしてみて、かつて読んだとき以上にそう感じる。それは時が経ち、この作品の背後にある時代状況のようなものが消えてしまうことによって、そのかたちがますます明瞭に映ってきたからである。

『北原武夫文学全集 第三巻』

（講談社・解説、１９７５年１月刊）

1

たとえば『モラリストの文学』というようなエッセイを読むと、北原武夫がフランスの心理小説からなにをつかんできたのか、またなぜそれが氏の文学だけでなく生き方そのものにおいて、深く氏を震撼させたかということが、理解できるように思われる。北原氏がそこで強調しているのは、モラリストが目ざしているのは一切の可変な要素を抽象したはてにみえてくる「人間の探究」であり、しかもそれを「私」自身の内省によってなすことであり、またとりわけそれを「男と女の世界」を考察することにおいて果すということである。これはその通り北原氏のつらぬいた姿勢だといえるのだが、そこにひとが考えがちなハイカラな発想はない。北原氏を動かしたのは、実は知性上の問題だった。というより、北原氏はそれが〝問題〟であることを発見した少数の文学者の一人だったのであり、ある意味では今なおそうである。

たとえば北原武夫の倫理性ということをいうとき、われわれは実際はそこで熟考すべき問題を見落してしまいがちである。いうまでもなく、倫理と思想と美を同義語のようにみなしていた北原のいう倫理《モラル》は、その日常的な意味とは無縁である。それはちょうどモラリストというフランス語が、英語でいうモラリストと異質なのに似ている。

最近私は本居宣長の『源氏物語玉の小櫛』を読んだのだが、そのとき感じたのは、宣長がいかに〝モラリスト〟であるか、さらに彼によって理解される『源氏物語』の作者がいかに〝モラリスト〟であるかということである。

たとえば、宣長はこういっている。

物語は、儒仏などの、したたかなる道のやうに、まよひをはなれて、さとりに入べきのりにもあらず、又国をも家をも身をも、をさむべきをしへにもあらず、たゞよの中のものがたりなるがゆゑに、さるすぢの善悪の論は、しばらくさしおきて、さしもかはらず、たゞ物のあはれをしれるかたのよきを、とりたてゝよしとはしたる也。

「物のあはれは恋にこそきはまれる」というとき、宣長は儒教・仏教の観念では不倫にほかならない恋において、「道《モラル》」を見きわめようとしていた。すなわち彼は、あらゆる人為的観念を洗いおとして、あるがままの人間的「事実」をみようとしたのである。

北原氏が小説を書きはじめた時期に立っていたのは——今日でもやはり同じだが——、似たような位置だったといえる。彼のまわりにひしめいていたのは、「国をも家をも身をも、をさむべきをしへ」や、「まよひをはなれて、さとりに入べきのり」を説く文学だったからである。北原氏はそれに対して反・道徳的だったのではない。そうではなく、「道《モラル》」をそれらのいずれともちがったところから探究しようとしていた。その意味で北原氏は一貫して「求道的」だったのだが、そこになんら抹香くさいものや公的な身構えがないのは当然のことである。

そういう「求道者」としての北原氏が容易に理解されたはずはない。モラリストの文学は日本の私小説に類似していると北原氏はいっているが、決定的にちがうのは、私小説家にとっては書くことがつねに自己救済だった点である。そこには、自己を突きはなす眼、すなわち自己というものを一つの観察素材として普遍的な「事実」に至ろうとするディタッチメントがない。北原氏のことばでいえば、「思想」がない。だが、この「思想」ということばも躓きの石である。北原氏がいっているのは、倫理というかたちで存在する倫理ではなく、思想というかたちで存在する思想ではなかった。

……僕の心には、もはや話される思想や書かれた思想はちっとも慰めにはならない、と云うんじゃない。思想というものがそういうかたちで存在していることが、僕にはもう何だか我慢ができないのだ。

(「献身」)

思想であれ倫理であれ、その人間(私)が実際にいかに在るかという省察なしには何の意味もない。そして、どうしようもなく在る人間的事実をこそ、北原氏は思想・倫理・美というような言葉でよんだのである。

2

「「桜ホテル」ノート」は昭和十五年に書かれたエッセイだが、北原氏の創作上の秘密をよく明かしている。むしろこれほど自作に対する明確な批評意識はかえって有害ではないかと考えたくなるほどだが、そのなかで、「作中の『私』という人物に意識的にもある種の軽薄さを附加し、『私』という人物と作者とを、作中でも混同させるように努力した」という一節がある。そして、氏はこうつづけている。《正直のことを云えば、そういう努力は、私にとってあんまりいい気持ではなかった。だが私は、それでも仕方がないと思った。というのは、ある種の文学作品には読者の誤解というものも大切であって、時にはそれが作者と協力するものであるし、そしてそれが、そもそも小説というものの一つの機能でもあると、私は信じているからである。》

以前は私自身うかつにも〝誤解〟していたおぼえがあるので、こういう文章には耳が痛い。しかし、北原氏の作品がこの意識的な〝混同〟の上に成ることは事実であり、のみならずそれは北原氏自身の生活にさえ及んでいた。

「ほんとはわたし、あなたを誘惑したかったのよ。でもあなたには負けたわ。あなたはやっぱりその道の達人ね、こんなに自然にわたしと寝ちゃうなんて」

「…………」

「でも、嬉しかったわ、わたし。まだ何だか夢でも見てるようだわ」

それから永い間、一人でうっとりしたように黙りこんだ女の様子を見て、男は女が、彼の書くものなどから世間の一部で噂しているような種類の人間だと、彼のことを頭から固く信じこんでいるだけでなく、それがこれまでの女のやや奇異な行動のすべての動機になっていたことに、はじめて思い当った。（「霧雨」）

北原武夫はつねにそのような「誤解と混同」のなかにいたのであり、しかも意識的にそうしたのである。それがはたしてよかったかどうか、私にはわからない。しかし、北原氏の文学が「軽薄さ」ということの探求だと考えるとき、それは不可避的だったといわねばならない。

たとえば、『帰郷記』では、国民義勇隊に召集され壕掘りの仕事をやらされるとき、「私」はうす汚れたふだんの仕事着でやってくる農夫たちの間に、新品のシャベルと地下足袋、それに運動帽とセーターにレインコートといういでたちであらわれ、彼らの無言の敵意と軽蔑を買う。そういう姿を書くとき、北原氏は明らかに意識的に軽薄さを附加している。しかし、それは何のためなのか。

「軽薄さ」について、北原氏は次のようにいっている。

……貴方が、常識的な文芸批評家の言葉に従って、もし生じっかな健康さに留まったなら、貴方の作品の一番悪い所である厭らしさや軽薄さは除かれるであろうが、貴方の一番大切なものも、同時に消え失せるであろう。失礼を顧みずに云わせて貰えば、貴方にとっては、貴方の作品のもつ軽薄さをもっと偉大な軽薄さに高めることが、むしろ今日の急務である。人間の軽薄さを尊重することは、作家にとって、決して軽薄な仕事ではない。第一、人間の軽薄さを尊重できるということは、そのこと自身、その作家がすでに軽薄な人間ではないということの何よりの証拠ではないか。（「軽薄論」）

ここで北原氏が「軽薄さをもっと偉大な軽薄さに高めること」といっているのは、いいかえれば軽薄さを一つの人間の条件としてみることである。たとえば、ハイデッガーは、現存在は、お喋りや好奇心によって、たえず「死にかかわる存在」としての本来性から頽落している、といっている。そして、現存在は自分の死というものを考えることはできず、考えられるのはただ他者の死だけであり、死について考えているときも実は他人《ひと》ごとにすぎないのだ、と。ハイデッガーが指摘しているのは、いわば人間という存在に固有の「軽薄さ」にほかならない。

しかし、モラリストなら同じことをもっと軽妙にいうだろう。《死と太陽はながく見つめていられない》（ラ・ロシュフコー）。おそらくこの表現は、ハイデッガーの重々しさに比べれば軽薄にみえるだろう。が、重要なのは、ひとがハイデッガーのいうようなことを口にするとき、もっとも軽薄にならざるをえないというそのことなのだ。それについて考えるときこそつねにそこから逃れているという「軽薄さ」を、実存主義やキリスト教の作家はほとんど理解していない。重々しげな身ぶりで自分をも他人をも瞞着しているにすぎないのである。北原武夫の〝意識的な軽薄さ〟は、疑いなくこの〝軽薄さの自己意識〟に発している。

『渇いた歳月』のなかで、子供を生ませた女に結婚を迫られたときの男を、北原氏は次のように書いている。

何か形容のできない煮え湯のようなもので口許までいっぱいに詰まって、彼は永い間ものが言えなかった。やっと彼が人心地がついたようになったのは、その言いようのない思いの中に、自分の子の可愛さというよりも、不本意な人間の間に生れた子供の哀れさという他人ごとのような観念の方が強く含まれているのに気がついて、ハッとした時だった。

彼は自分でも世にも哀れだと思われる、惨めな曖昧な顔をして、ただうつろに、無心に寝入っている小さい一つの寝顔の上に自分の顔を差しのべていた。心の中では、この女のいる家から、この女とこの子供のいる家から、この地獄から、一刻も早く逃れ出て外の冷々とした空気の中を歩きたいと、ただそれだけを懸命に考えながら。（傍点柄谷）

彼は自分の子供の問題を他人ごととしか考えないのではない。他人ごととしか考えられない自分に驚いているのだ。今まさに考えるべき、直面すべき「地獄」がどうしても他人ごとになってしまうそのことを、北原氏は書いているのである。たしかにこの人物は軽薄にみえるのだが、北原氏が抉りだす「軽薄さ」は、根本的「事実」に対してけっして立ち向かえない、ここにあらんとするときつねにここにはいない、そういう意識の在り方であり、いわば人間の条件である。しかし、この軽薄さは実際上の軽薄さと別々にあるものではない。北原氏の小説は、その紛らわしさをぎりぎりに活用しているといってもよい。

3

戦時中の力作『マタイ伝』は、おそらく『渇いた歳月』に書かれた経験を間接的に投影している。北原氏は、イエスの傍にいる弟子たちがもっとも信じていないこと、しかも「信じる」といえばいうほど信じていないにもかかわらず、そのためにますます信じることを誓わねばいられない在り方を描いている。いいかえれば、「信じる」と明言するときにただちに訪れるあの自分自身からの距離を、北原氏は弟子たちの拭い難い「軽薄さ」においてみようとしているのである。

ペテロはイエスを三度裏切る。そして、それが自分が断固として否定したイエスの予言通りであることに気づいたとき、彼は泣くほかはない。しかし、マタイはイエスの死ぬ瞬間をみとどけながら、「みじろぎもせずに立って」いる。この茫然と立ちつくす姿は、のちに述べるように、北原氏の作品の窮極のイメージである。

ところで、『棘』という小品は、少年期の経験を書いたものだが、そこに北原氏の不幸な「意識」が原型的に示されているといえる。

たとえば、小学生のとき、ある泰西名画を真似して描いた絵がクラスで一等になるが、実際は彼は、二等になった少年の絵の方がずっとよいのだと思っている。ところが、彼はその少年の絵をほめようとして、あれは西洋の偉い画家のスケッチを真似したのだといってしまうのである。

彼は、急に哀しくなった。第一、わけが分らなかった彼は、黙っていればそのまま済んでしまうことだったが、自分のしたことが胸につかえていたので、多くの級友の前で、自分の絵よりも彼の描いた絵の方を褒めようと思い、そのつもりで口を開いたのに、実際に彼の言い出したことは、それとはまるっ切り違った、まるで考えてもいなかったことだったからだ。どうしてこんなことになったのか、全く彼には分らなかった。

何か言い出すだろうと思った相手の少年は、その場では、とうとう一ト言もものを言わなかった。(中略)その代り、彼は、その少年の眼の中に、一生経っても決して彼を許すまいとしているような、或るはげしい蔑みの色を、もうはっきりと見た……。

なぜそんなことをいってしまったのか。なぜ自分の意識とくいちがった言葉が口から出てしまったのか。それがわからない。心というものがわからない。そして、五十三歳になった「男」は、今でもそのことを思い出すと、「身体中のそこらじゅうに棘が刺さったような、苛立しい心持にさせられてしまう」。「一体いつ、何処から、そんな棘が出てきたのか」という問いは、おそらく北原氏がくりかえし書くことになる一つの重要な問題につながっている。

名画を真似た絵を提出するとき、この少年はこつこつと自力で絵を描いてくる少年に比べて、軽薄そのものである。だが、その軽薄さを恥じる心が全くその逆の言葉を表出してしまう「軽薄さ」には、もはやどうするすべもない。ペテロならそこで泣くだろう。だが、マタイは泣きはしないし祈りもしない。ただ「みじろぎもせず立って」いる。彼が立っているのは、身体中に突き刺さってくる棘のなかにおいてである。この「棘」は罪の意識ではない。罪の意識には、どこか甘美な、つまり「罪」ということによってただちにそこから逃れてしまえる安易さがある。だが、けっして逃げ道のないような意識において、ひとは茫然と立ちつくすほかはない。

この立ちつくす姿は、北原氏の作品の多くにあらわれるが、たとえば、『暗い水面』では、堕胎させた女の下腹部から薄赤くにじみ出ているしみをみたときの、男の姿が次のように描かれている。

　今見たものを見なかったように思おうとする咄嗟の彼の努力も無駄だった。そこから眼を反けることもできず、手早く衣類を直してもとのように蒲団をかけることも忘れて、ちょっとの間彼はぼんやりとなって突ッ立っていた。この一点の薄い汚染《しみ》のひろがりは、彼女が流すべきものではなく本来別の人間が流すべきものなのに、それなのに彼女が流したのだという思いが彼を揺すぶって、焼鏝《ごて》の熱さで彼の心臓を緊めつけて来るまで。

最後のこの条りは、小説『マタイ伝』の終りと異なるものではない。だが、それがほとんど極点に達する透明さと鮮明さをもって書かれているのは、何といっても『霧雨』であろう。というのは、そこで書かれているのは「還暦を目前にした男」であり、つまり老いと死を身近に感じている男だからである。また、ここでは、男はもう女にいいように牛耳られる存在だからである。彼はもはや棘のようなものにおびやかされていないが、老いと死という事実性からたえず逃れようとする意識を釘刺しにされるのだ。

そのうちに、ふと男は、自分の心のうちで、その自分の心の深いところに根を下ろしていて、こんな時、その気はなくとも、そうすると何かが助かるような気がして、最後は自分の穴の中に逃げこむ動物のようにいつもその中に自分が逃げこむことにしていた、自分の死に方などを深刻に考えているあの何やら暗くて陰欝な想念のようなものが、今は見事に霧散してしまっていて、どうやら跡も止《とど》めていないようなのに気がついた。

男は、不意に、自分自身で招いた、ごまかしようのない正真正銘の寂しさが、ひしひしと心に沁み渡るのを覚えた。それは、その最中にふっと湧いた、六十年の間自分は一体何を考え何をして来たのかという自嘲めいた感慨などは、湧くと同時に吸い取ってしまうほどの、確かな手答えと固く動じない冷やかさがあった。男はその瞬間、力なく横たわったままの自分の姿に、文字通りの一個の石塊

——を感じた。(「霧雨」)

自分を一個の石塊と感じる。死について考えることも孤独を感じることも、そんな思念がすべて幻影にすぎないという意識において、彼はどんな「軽薄さ」もありえない、「正真正銘の寂しさ」を、一個の石塊にほかならない自己を見出すのである。そこで祈ることも泣くこともできない。それは北原武夫というモラリストが、窮極的に表現しえた人間的「事実」だといってもよい。

4

しばしば誤解されているが、「心理小説」がつかもうとしたのは、実は心理ではない。むしろそれは心理というものを疑うところにこそ成立している。われわれの心を率直にみるならば、たとえば「愛する」という状態が何であるかはわからない。それは「愛している」という言葉によってはじめて存在する。自分の心のなかをのぞいても、それは存在しない。悲しいから涙が出るのではない、涙が出るから悲しいのだとアランはいっているが、それは「悲しみ」という感情が「悲しみ」という言葉によってはじめて実在するという意味である。「心理小説家」が、恋愛心理を通して解明したのは、心の作用ではなく、言葉の作用——感情に一つの名を与えることで感情を現出させ、同時にそのことによって虚像をつくりあげてしまうわなだったといってよいかもしれない。

たとえばペテロは「裏切らない」と断言するが、実はその言葉が彼に「裏切らない」かのように思いこませるのであり、彼は自分で自分を説得したにすぎない。いざとなったときに出てくるのはべつの言葉だ。しかし、彼は嘘をついたのでも裏切ったのでもない。ただ彼は自分の心のありかがわからなかったのだ。

北原氏の作品は、たえまなくそういう言葉のわなに陥ちこんでしまうほかない心の精密な分析である。たとえば、『霧雨』では、男は女を愛しているのではなく、ただ未練があるだけなのだが、その〝未練〟の感情があたかも〝愛〟の外見を呈するのである。しかし、それが未練であり、あるいは肉体への欲望だけなのだということを思い知るときには、すべてが終っている。つまり、彼は自分の心の正体が最後までわからないのだ。

「お前は誤解してるようだが、僕はあの女を愛してなんかいないよ。それだけは絶対に確かだ。第一、僕を愛してるというあの女の気持も、僕は信じちゃアいないんだからね」

「でも、その女の人と今すぐ別れる気はあなたにはないんでしょう?」

「うん、ないね」

「じゃ、それは、どういうわけ?」

「僕にも分らないよ……」

妻が涙を浮べたまま不可解そうな顔をしたので、「いや、これはほんとなんだ!」と、男は改めて声を強めてそう言ったが、そう言った途端、何とも言えぬ空しいものに打つかって、男はそれッ切り黙ってしまった。現在の自分の気持を納得ゆくまで説明してやるには、妻が一番不適当な相手であり、今が一番不適当な時期だということに、男はすぐ気がついたからだ。（「霧雨」）

あらためていえば、北原氏が「男と女の世界」を通して描いたのは、「女」でも「男」でもなく、たえず自己自身から遁れ行き、けっして事実性に向きあうことのない「意識」というものであり、あるいはそうであるほかない人間の悲哀である。

ところで、北原氏の小説には「男と女の世界」と無関係なものがあり、私はそのなかで『帰郷記』がもっともすぐれた作品だと思う。

これは、北原氏が宇野千代と一緒に、戦時中父の郷里に疎開しそこで終戦を迎えたときの経験を書いた小説である。田舎町で東京からやってきた小説家夫婦が他所者《よそ》として目立つのは当然だが、『帰郷記』という作品世界では、それがむしろアンリアルなかたちに変容されている。「私」たちは、軽薄な雰囲気をもった異人種として町の人々から敬遠され斥けられて、近づいてくるのは闇屋のような連中だけである。

この町の農夫と自分とは、どう考えても一つ川の両岸に立っている人間だということ、何処の何者とも知れぬ闇の行商人の方が、自分にとっては遙かに異邦人ではないことを、私が悟ったのはその時だが……(下略)

しかし、注目すべきなのは、このように書くとき、作者がたとえば「芸術家と市民」とか、あるいは芸術家のアウトサイダー意識といったものをいささかも意味していないことだ。北原氏がとらえているのは、なぜか理由なく他者から斥けられ、またそれを脱しようとする努力がすべてちぐはぐになってしまうような生存の滑稽さである。つまり、北原氏は、嘉村礒多をのぞいて私小説家が疑ったことのない芸術家としての自負をまったく相対化しており、そしてその上で、異物としての自己の存在を書いているのである。

北原氏がそのために、「私」に「意識的にある種の軽薄さを附加」していることは明らかである。たとえば、「私」は、「今の国民一般には愛国心というものがない」と慷慨する父親に対して、ムキになって、愛国心はどの国民でも自然にもっているものなのに、その自然な思いを「天皇陛下万歳」といわせないと気がすまないところに、戦争指導者の大きなまちがいと弱点がある、という。これは、批評家北原武夫として当然のすぐれた批評でもあるのだが、この作品ではそのようにいう彼自身が「いつもの説教癖」を出す男にしかみえないように書かれている。それは、戦争イデオローグに対する彼の批判そのものが、〝銃後で戦う〟ということへの、なにがしかの自己正当化をふくんでおり、それもやはり自分の心とはよそよそしい言葉にすぎなくなるからである。

この点は、『世間』という作品でも同様なので、最もふつうの単純な人間こそ最も奇怪で理解しがたいという認識が、たんに一つの「説教」にすぎずそれ自体軽薄にみえるような場所に、「私」をおくのである。

……人間の奇怪さ、——それも狂人や変質者などという、いわば本式に公然と狂っている人たちでなく、煙草屋のお神さんとか、八百屋の亭主とかという、世間普通の人たちの中でも最も世間普通の人たちこそ、実は最も奇妙で理解し難いものを持っているのだという、あの人間の奇怪さを、私は私なりに理解しているつもりだったが、しかしそれが実地に当ってみると、これほどのものだとは思っていなかった。私の貧弱な人間理解などは、この何でもない、極く当り前の顔をした堂々たる奇怪さ

――の前で、殆んど完全に消し飛んでしまった。(「世間」)

こう書くとき、北原氏は認識者としての自分を相対化し、実際に他者に囲まれて存在する場所にひきずりおろしているのである。『世間』では、火事をおこした「芸術家」夫婦に対して、警察や隣近所から実に奇怪な要求や介入がつぎつぎとなされる。だが、そこで北原氏が書こうとしているのは、認識者としての自分がきえてしまって、ただ他者に理由なく疎隔され迫害され、それに対してうろたえるほかない生存の姿である。

『帰郷記』が映しだすのも、そういう生存の姿であって、おそらく現実にそうあった姿ではない。「意識的にある種の軽薄さを附加」することによって、北原氏は生存すること自体にある基本的な障害感覚を照らし出す。

それは、先に引用した『棘』のなかでは、少年期の経験として原型的に表現されているものである。たとえば、最も親密につきあい文学を語りあっている友人が、彼をはずして、さほど親しそうでもなかった学生たちと同人誌を出してしまう話。なぜそうされたか彼にはついにわからない。もう一つは、軍人あがりの軍事教練の教師に疎んじられる話。その教師に抗議するストライキの執行部から彼ははずされ、また彼もストの意義を認めなかったが、処分もなくうやむやにストが終ってしまうと、対立していたはずの教師と学生たちは親和的であり、ストに参加しないことでひそかに教師の好感を期待していた彼は以前にましてその教師から疎んじられる。

ここにうかがわれる、北原氏のいう「奇妙な疎外のされ方」は、あくまで〃奇妙〃なのであって、どこにも明確な理由はない。『帰郷記』が感じさせるのは、奇妙で滑稽さをともなう恐怖である。たとえば、いまいましい顔つきで壕掘りにやってくる農夫たちと、運動帽、セーター、レインコート、新品のシャベルと地下足袋といういでたちの「私」と、さらに号令をかける元教師の狂人らが、共同で働いている光景は、きわめてグロテスクである。この光景のグロテスクさは、彼らの作業が結局無意味な徒労にすぎないことだけでなく、なにか〝意味〟そのものを抜いたときにみえてくる、支離滅裂なノンセンスの感覚からきている。

彼らの作業がどうしてもノンセンスになってしまうのは、たぶん〝銃後で戦う〟ということ自体の背理にもとづいている。それは〝戦い〟ではなく、かといってただの労働でもない。農夫たちにとっては、こんな壕掘りの仕事はたやすいことだが、生活の必要とは無関係な無意味な労働にすぎない。

北原氏が知っていたのは、戦争は戦場にしかなく兵士にしかないという事実であって、それ以外のどんな言葉も仕事も、われわれだって戦っているのだという自己説得やイデオロギーにすぎないということである。そこに言葉というもののわながある。そういう認識が、戦地からはなれた安全な場所にいる人間たちの言行を、自らもふくめて、ただグロテスクな不条理な光景として描く眼を北原氏に与えた。

そのときあざやかに浮んでくるのは、退役軍医の父親の姿である。この父親もまた、自分の存在理由を見出すことができないのであり、そのために一種のイデオローグと化すほかはない。しかも実際は、息子夫婦に影響されて〝軽薄さ〟を漂わしているのである。北原氏が見事にとらえているのは、この父親のなかにある不安定感であって、それは敗戦と同時に唐突な行動として露呈する。すなわち、これまで愛国心を説いていた父親は玉音放送を聞いたあとに、にわかに郵便貯金をおろしに出かけるのだ。どんな思念がその間にあったのか。

「私」はそれにほとんど驚いている。この町の人々も父親と類似した態度をとったことはいうまでもない。たんに戦争が終ったというだけのことで、何のしこりもこだわりもそこにはない。これはいってみれば当然のことだが、「私」に理解しがたいのは、まさに「最も世間普通の人たち」がとるこの行動なのである。

彼の驚きが憤怒に変わるのは、徹底抗戦を呼びかけるビラを手にしたときであり、彼はむしろ「厭がらせや復讐心」から、自分で蹶起をよびかけるビラを書き町の人の目につきやすいところに貼る。むろん何の反応もない。ビラに応じてすぐにやってきたのは、元教師の例の狂人だけである。いわば、「本式に公然と狂っている人」(「世間」)だけが、彼の呼びかけにこたえるのである。

そのとき、彼の心に、あのいいようのない「棘」がおしよせてくる。


……今までそこだけは誰にも負けないつもりで、充分な自信をもって取っておいた私の心の或る部分に、いきなり思わぬ方向からずかずかと踏みこまれたような、異様な狼狽に圧倒されて、私は一ト言もものが言えず、ただそこに茫然と突っ立ッていた。

「私の心の或る部分」とは何だろうか。それは、たとえば、外見はどうだろうと国を愛しているという心である。ところが、そのことをビラとして積極的に言明したとたんに、ただちにある空々しさがそこにつきまとってくる。狂人にはそれがない。というより、このような乖離を感じないで、一つの観念と合体してしまっている状態が狂気なのだといってもよい。したがって、その狂人が彼を訪れ、「蹶起すると決まったら、僕は何でもやります。先ず第一番に、何をしたらいいんですか、先生?」といったとき、彼がのぞきこんだのは、狂人の口から吐かれている彼自身の言葉とはうらはらな心である。そこにはいわば〝愛〟(愛国心)はなく、ただ何かしら〝未練〟があるだけなのだ。自分自身の虚偽性を自覚したとき、彼は絶句する。

ここで彼が自分自身のなかに見出した「軽薄さ」は、重々しい表情をしながら、しかも実際はなんのこだわりも抵抗もなく事態の成行きのままにすべって行く人々の軽薄さとは異質なものである。それはもうどこにも逃げ場がなく、もはや他者に向けられる批評など成立しない。彼は、言葉をうしなって「ただそこに茫然と突っ立ッて」いるほかはない。彼はそのとき自己のなかに「一個の石塊」をみたのだといってもよい。

敗戦が北原武夫に与えた傷の深さは、おそらくさまざまなかたちでそれをいいたてる〝銃後で戦った〟人たちとちがって、ほとんど表面にはあらわれていない。なぜなら、それは北原武夫にとって、〝立ちつくす〟経験にほかならなかったからである。そして、この苛酷で容赦のないモラリストが見出した窮極の人間的事実の名状しがたい悲しみに、私は胸を打たれるのである。

『ニーチェ全集』第I期第9巻(月報・白水社、1980年1月刊)

「主観が主観に関して直接問いたずねること、また精神のあらゆる自己反省は危険なことである。……それゆえ私たちは身体に問いたずねる」(『権力への意志』)と、ニーチェはいっている。このようにいうとき、彼は意識への問い、すなわち内省からはじまった「哲学」がすでに一つの決定的な隠蔽の下にあることを告げている。意識に直接問いたずねることによる、直接的な現前性・明証性こそが、「哲学」の盲目性を不可避的にするからだが、同時にニーチェは「意識に直接問わない」ような方法を斥けるだろう。たとえば、彼が「身体と生理学とに出発点をとること」を提唱するとしても、それは意識を意識にとって外的な事実から説明するということではない。というのは、そうした外的な事実は意識の原因ではなく結果であって、すでに「意識」にからめとられてしまっているからだ。

周知のように、フッサールは、そのような自然主義・心理主義を批判し、外的な対象性を還元することによって、意識体験を純粋に注視するような「態度変更」を提唱した。このような現象学的還元のなかでの新たな還元(形相的還元・超越論的還元)によって、フッサールはイデア的同一性の《起源》にむかって遡行しようとした。つまり、フッサールの遡行的《リトロスペクティヴ》問いは内省的《イントロスペクティヴ》な還元のなかでなされている。そして、彼は超越論的なものあるいは理性を、生活世界や歴史の基底に見出している。フッサールの方法と帰結からふりかえってみると、逆にニーチェの「身体に問いたずねる」という方法の特異性が明瞭になるだろう。むろんわれわれは「身体に問いたずねる」ことはできないし、実際「問いたずねる」ということはすでに内省的なのである。が、ニーチェにおいて、「問いたずねられる」のは「意識」ではなくて、やはり「身体」でなければならない。これは何を意味するか。それは、ニーチェが一方で現象学的に「意識」に問いながら、同時にそれを拒否しているということである。彼のいう「身体」は、現象学が明らかにするような身体性ではなく、現象学的還元が見出すような「超越論的自我」がすでに隠蔽・抑圧でしかないことを示すようなものでなければならない。「身体に問いたずねる」ことによって、ニーチェはつぎのようにのべる。

> 主観を一つだけ想定する必然性はおそらくあるまい。おそらく多数の主観を想定してもさしつかえあるまい。それら諸主観の協調や闘争が私たちの思考や、総じて私たちの意識の根底にあるかもしれない。……主観を多数とみなす私の仮説。

> 「統一」として意識されるにいたるすべてのものはすでにおそろしく複合化している。私たちはつねに統一の見せかけをもつにすぎない。（「権力への意志」）

フッサールのいう「超越論的自我」は、右のような多数の主観（主体）あるいは諸権力の関係・闘争の「中心化」として派生したものだとみられる。ニーチェのこうした考察に特徴的なのは、「仮説」「想定」「手引き」「比喩」というような言葉に示される留保である。それは、ニーチェがもはや明証的でも経験的でもない領域、しかも明証性や客観性がその派生物でしかないようなカオス的領域へ遡行《リトロスペクト》していることを示している。彼はもはや明示しえないものを明示しようとするだけでなく、そのことによって、内省的な明証性そのものを「誤謬」として明示する。だが、彼は明示せねばならず、かつ何一つ明示してはならない。明示することは、彼を彼が拒絶する当のものにただちに送りかえしてしまうからだ。

「真理とは、それなくしては特定種の生物が生きることができないかもしれないような種類の誤謬である。生にとっての価値が結局は決定的である。」(「権力への意志」)しかし、このような断定は、あたかも真理を誤謬とみなしうるようなもう一つの「真理」を措定してしまうだろう。たとえば生物学が「真理」であるかにみえる。が、実際には、彼にとって生物学は一つの「手引き」にすぎず、べつの断片では生物学を「生」の意味を先取りしているものとして否定する。物理学についても同様である。この目まぐるしい移動がニーチェの著述を特徴づけている。

おそらくニーチェのテクストほど《背理》にみちたものはないが、それこそニーチェのはじめた「問い」がいかなるものかを告げている。何が問われているかということよりも、彼の問い方そのものが重要なのだ。ニーチェにおける系譜学的遡行は「内省」においてなされねばならず、且つそのことの「危険」を回避せねばならない。「意識に直接問いたずねる」のをやめることは、外的な経験的な事実・自然科学に訴えることではありえない。たとえ彼がいつもそうしているかのようにみえても、それは「手引き」にすぎない。ニーチェの戦略は、意識に問いながらそこから身をかわしてすりぬけること、中心を解体しながらその解体作業が暗黙に前提してしまう《中心》をさらに解体することである。「権力への意志」であれ、何であれ、彼が提示するのは窮極的にはメタファーである。それが比喩でしかないこと、あるいは彼のテクストが背理にみちていることは、非難さるべきことではない。なぜなら、哲学的言語が一義性・同一性をめざすものであり、また矛盾律をつらぬくものである以上、それへの徹底的批判は、自らメタファーたらざるをえないからである。

たとえば、ニーチェのメタファーを存在論的にすなわち一義的に解釈しなおしたハイデガーは、ニーチェをプラトン主義の「たんなる一つの反転」であり西欧形而上学の完成者だという。しかし、ニーチェのテクストはそれ自身非中心化であって、そこに読まれるべきなのは、「一つの反転」ではなく、一つの場所にとどまることのない反転に次ぐ反転なのである。それは「哲学」の解体のためにとられざるをえない戦略的迂回であって、われわれはニーチェの「哲学」などをとり出すのではなく、彼の「問い」によって先取られた地点に立っていることを認めるところからはじめるほかはない。

1982.2

『改訂新版 言語にとって美とはなにか』

（角川文庫解説、1982年2月刊）

吉本隆明

1

『言語にとって美とはなにか』は、孤独な書物である。それは読者をもたなかったということでもなく、学問的に批判・継承されなかったということでもない。実際に多くの読者をもったし、若手の国文学者にとって基礎的な文献となっており、また〝西洋派〟の記号論者もまじめに本書を検討している。にもかかわらず、『言語にとって美とはなにか』は孤独な書物である。それは、私がかつて抱いた第一印象であり、現在も変わらない。変わったのは、〝孤独〟という語の意味合いである。本書の中味にふれる前に、そのことについて語っておきたい。

たとえば一九六一年の夏、まだ安保闘争の余燼のさめやらぬころ、同人誌『試行』の創刊号に『言語にとって美とはなにか』を見出したとき、私はそう感じた。それはそのとき私が聞きたかったような声とは縁遠いものであった。正直にいって、十九歳の私にはなぜこのような仕事がこのときになされねばならないのかを理解する能力もなかったが、たぶん他の人々にとってもそうみえたような気がする。そこには、当時の政治状況や文学状況とは根本的に異質な、出所不明の異形《いぎょう》の意志があった。六〇年代後半に、吉本隆明の著作が熱狂的に読まれるようになったときでも、『言語にとって美とはなにか』のような仕事における吉本氏は、そのような読者と本当は疎遠な場所に立っていたのだと思う。
また、一九七〇年代に入って、吉本氏の体系的な仕事の全貌がはっきりしはじめ、且つ私自身もそれを理解できるようになったとき、私はまた違った意味でこの書物を孤独だと思った。私は一九七二年に『心的現象論序説』を書評し、最後にこうつけ加えている(実は『吉本隆明を〈読む〉』(現代企画室)という本に収録されるまで、書いたことさえ忘れてしまっていたのだが)。

最後に、たぶん多くの人が躓くにちがいない本書の用語法《ターミノロジー》についていっておきたい。私は本書における特異な造語が一般化されるとは思わないし、吉本氏もそれを望んでいるわけではあるまい。ただわれわれは新しく名づけるほかしようがないものを氏がみつめていたことを了解すればよい。小林秀雄は、西田幾多郎について、この優れた哲学者はデッド・ロックの発明も征服も全く独力でやらねばならなかったが、この孤独は健全ではない、と書いたことがある。本書もまたそういう性質を帯びているので、実は恐ろしく孤独な本というべきだ。だが、この孤独が健全ではない、という資格は私にはない。おそらくわれわれの誰にもないのである。(「孤独なる征覇」)

これは『心的現象論序説』についてのべた文章だが、デッド・ロックそのものを自ら発明し且つ征服するという意味では、むしろ最初の著作『言語にとって美とはなにか』にこそあてはまるだろう。だが、右のように書いたとき、たぶん私はこの「孤独」に、他者を過度に引きよせるか過度に排除してしまう吉本氏の言説に、〃不健全〃なものを感じていたと思う。吉本氏と衝突するようになったのはそのためだった。だが、その時点では、私はこのような「孤独」を何か意志的に回避できるもののように考えていたのだった。

私がそれを身に沁みるように感じたのは、アメリカに滞在し、いつのまにか自分自身手に負えない途方もない理論的仕事に没入しはじめた時期だった。私はそのころ突然、夏目漱石がロンドンで『文学論』を構想したころ、あるいは吉本隆明が『言語にとって美とはなにか』を企てたころ、私とほぼ同年齢であったという、〝事実〟に気づいた。むろんそれは必ずしも年齢の問題ではないし、また私自身を彼らと同一視《アイデンティファイ》しようと思ったわけではない。むしろその逆であった。が、夏目漱石が「自己本位」といったり、吉本隆明が「自立」といったことが文字通り腑に落ちるように思えたのである。それらはスローガンになるような言葉ではありえない。それらが意味するのは、どこにもアイデンティティを求めることを拒絶したあげく、もう何のためでも誰のためでもない、ただ自分の気がすむまでやるほかないというようなことではないのか。そうでなければ、デッド・ロックを自ら発明し自ら克服するというような途方もない仕事が企てられるものではない。そのとき、私は〝健全な〟小林秀雄の批評より、〝不健全な〟夏目漱石の『文学論』や吉本隆明の『言語にとって美とはなにか』の「孤独」を選びとろうと思ったのである。そのときまた、『言語にとって美とはなにか』という本そのものもまったく違った相貌であらわれた。

吉本隆明は次のようにいっている。《わたしが文学について理論めいたことを語るとすれば巨匠のように語るか、あるいは普遍的に語る以外にないことをプロレタリア文学理論を検討する不毛な日々の果てが体験的におしえた。わたしはまだ若く巨匠のように語ることができない。そうだとすれば後者のみちをえらぶよりほかにないのである》（『言語にとって美とはなにか』序）。前後の文脈からみれば、〝巨匠〟はヴァレリーを指しているようにみえるが、「巨匠のように語る」とは、たとえば次のように語ることである。

若しマルクスが「資本論」の代りに「芸術論」を書いたとすれば、彼はプレハノフの様にトルストイの「芸術とは何ぞや」の解析からは始めなかつたらう。率直に「アンナ・カレニナ」から、いや言葉の分析から始めたであらう。こんな仮定は勿論愚かである。問題はたゞ、芸術の社会的等価発見の困難を深刻に悟るか、軽薄に眺めるかの一点にかゝると言つたのである。困難は現実の同義語であり、現実は努力の同義語である。だがこの可能を否定するのはもつと愚かだ。併し又、かゝる理論的天国を夢想し説教するのは更に愚かな事である。私はエンゲルスにならつて言ふのみだ。「文芸の科学は可能であると同時に不可能である。そしてこれが必要のすべてである」と。（小林秀雄「マルクスの悟達」）

プロレタリア文学の全盛期に書かれたこの文章は、今からみても信じがたいほど正確であると同時に空疎である。明瞭なのは、マルクスが「芸術論」を書いたら、言葉の分析から始めただろうという省察にもかかわらず、小林秀雄自身はけっしてそれをやらないだろうということだ。たとえば、夏目漱石は『文学論』で「文芸の科学」を企てた。彼はF＋fという形式によって文学をみようとした。それは彼が「文芸の科学」が可能だと思ったからではなく、当時の西洋人が自明とみなし普遍的とみなす「文学」を受けいれるわけにはいかなかったからだ。いいかえれば、漱石は吉本隆明がいう意味で〝普遍的に語る〟ほかなかったのである。日本の批評家は、このような漱石の企てを、小説家以前の野暮ったい仕事としてしかみてこなかった。漱石自身もそれを好まなかったし、彼の企てはいわば日本の批評における突然変異として淘汰されてしまったのである。

おそらく吉本隆明の『言語にとって美とはなにか』は、その隔世遺伝だといってもよい。それはF＋fが自己表出性と指示表出性に似ているという意味ではない。〝巨匠〟のように、すなわち「文学」と居心地よく馴れあうような姿勢をとらなかったし、とりえなかったという「孤独」においてのみ、両者は似ているのである。吉本隆明は、小林秀雄が巨匠のように語ったそのことを文字通り実行しようとした。《わたしは、文学は言語でつくった芸術だという、それだけではだれも不服をとなえることができない地点から出発し、現在まで流布されてきた文学の理論を、体験や欲求の意味しかもたないものとして疑問符のなかにたたきこむことにした》(序)。これは今からみれば何でもないことのようにみえる。しかし、ロンドンで『文学論』に専念していた漱石が〝発狂〟を伝えられたことからいえば、それはほとんど気違いじみた企てである。一九六〇年のあとに、吉本隆明はありとあらゆる者と絶縁してよいと決意したのだろうが、逆にいえばそれほど追いつめられていたのだろう。数多くはないが熱心な読者がいたその当時、その一人である私にはとうていそのように見えなかったとしても。

だが、『言語にとって美とはなにか』には政治的な孤立感などから説明しようのない、異形の意志がある。それは、「だれも不服をとなえることができない地点から出発」することによって、一つのシステムを構築しようとする「建築への意志」である。それは文学理論などという代物ではありえない。私が本書を「孤独な書物」とよぶのは、一九六〇年代とか七〇年代といった視野においてではなく、そのような建築への意志がけっして貫徹されたことのない日本の思想・文学の歴史的パースペクティヴにおいてである。吉本隆明は日本の思想家の「歴史的宿命」を自覚していた。

――わたしたちの詩歌の歴史は、いつかどこかでとてつもない思いちがえをしてしまったらしい。これは、たえず優位な文化から岸辺を洗われてきた辺境の島国という歴史的な宿命を負ってきたことを考えると、痛いほど身に沁みて感じられることである。わが国では、文化的な影響をうけるという意味は、取捨選択の問題ではなく、嵐に吹きまくられて正体を見失うということであった。そして、やっと後始末をして、掘立小屋でも建てると、まだ土台もしっかりしていないうちに、つぎの嵐に見舞われて、吹き払われるということであった。もちろん、その度ごとに飛躍的な高さに文化はひきあげられた。でも、その高さを狐につままれたように、実感の薄いままに踏襲しなければならなかった。

(『初期歌謡論』)

『言語にとって美とはなにか』が出版された時点で、すでにそれを「古ぼけたもの」と嘲笑する人々がいたが、むろん彼らはフランスの新しい動向に依存していたのである。現在吉本隆明の本よりむしろ、最初から構造主義や記号論になじんでいるような若い読者は、なおさらそう思うかもしれない。が、本書をあざ笑う者は自分をあざ笑うことになるのだということを覚悟していなければならない。実際あとでのべるように、かつて本書を嘲笑した人々は、今からみて読みかえすに耐えない仕事しか残していない。あざ笑う者の視点からいえば、『言語にとって美とはなにか』は、マルクス主義という「嵐に吹きまくられて正体を見失った」あと、やっと後始末をして建てた「掘立小屋」である。だが、歴史的に、どれほどの日本人が「掘立小屋」すら建てようとしたことがあるだろうか。つねに本当は「嵐に吹きまくられて正体を見失って」いるにすぎないのに、立派な建物を建てたと思いこむ連中がいただけではないか。あるいは、建築性・原理性に耐えられないことを反建築・反体系的な思想ととりちがえてきた連中がいただけではないか。

『言語にとって美とはなにか』に対してどんな批判をしようと、またその批判が正当であるとしても、われわれはその分だけ夏目漱石や吉本隆明が負わされていた何か宿命的な条件を引きうけるほかない。われわれは本書をある程度距離をもって読みうる状態にあるが、右にのべたような意味では、その条件は何一つ変わっていないのである。

2

『言語にとって美とはなにか』は、すでに著者の意図をはなれて存在している。現在の読者にとって重要なのは、本書がかつてどのように読まれたか、どのような役割を果したかではなく、今そこに何を読みうるかということである。その場合、注意すべきことは、本書が体系的な著作だということである。いうまでもなく、この体系性は、あれこれの原理をとりいれて折衷したり総合したりするのではなく、真の意味において〞原理的〟たらんとすることが要求するような体系性である。いいかえれば、それは何らかの原理や体系を確立するのではなく、その逆にそのような諸原理・諸体系を「疑問符のなかにたたきこむ」ためにこそ体系的なのだ。さらに、そのことと関連するが、本書の叙述は『資本論』と同じく弁証法的な叙述である。それは、本書の論理的展開を、歴史的な展開と混同してはならないということ、また本書の一部分を孤立的に取り出すことはできないということを意味する。たとえば、吉本隆明は次のようにいっている。

> 言語は、動物的な段階では現実的な反射であり、その反射がしだいに意識のさわりを含むようになり、それが発達して自己表出として指示性をもつようになったとき、はじめて言語とよばれるべ

き条件を獲取した。この状態は、「生存のために自分に必要な手段を生産」する段階におおざっぱに対応している。言語が現実的な反射であったとき、人類はどんな人間的意識ももつことがなかった。やや高度になった段階でこの現実的反射において、人間はさわりのようなものを感じ、やがて意識的にこの現実的反射が自己表出されるようになって、はじめて言語はそれを発した人間のために存在し、また他のために存在することとなった。

たとえば狩猟人が、ある日はじめて海岸に迷いでて、ひろびろと青い海をみたとする。人間の意識が現実的反射の段階にあったとしたら、海が視覚に反映したときある叫びを〈う〉なら〈う〉と発するはずである。また、さわりの段階にあるとすれば、海が視覚に映ったとき意識はあるさわりをおぼえ〈う〉なら〈う〉という有節音を発するだろう。このとき〈う〉という有節音は海を器官が視覚的に反映したことにたいする反映的な指示音声であるが、この指示音声のなかに意識のさわりがこめられることになる。また狩猟人が自己表出のできる意識を獲取しているとすれば〈海《う》〉という有節音は自己表出として発せられて、眼前の海を直接的にではなく象徴的(記号的)に指示することとなる。このとき、〈海《う》〉という有節音は言語としての条件を完全にそなえることになる。

こういう言語としての最小の条件をもったとき、有節音はそれを発したものにとって、自己をふくみながら自己にたいする存在となりそのことによって他にたいする存在となる。反対に、他のための存在であることによって自己にたいする存在となり、それは自己自体をはらむといってもよい。

なぜならば、他のための存在という面で言語の本質が拡張されることによって交通の手段、生活のための語り言葉や記号論理は発達してきたし、自己にたいする存在という面で言語の本質を拡張し

――たとき言語の芸術(文学)が発生したからである。

たしかにこのような部分だけをとりだせば、発生論的あるいは歴史的考察のようにみえる。しかし、この部分は、順序としては後に述べられる「表現」についての考察からふりかえって読まれなければならない。そうでなければ、この部分はかつてそう読まれたようにロマン派的な文学論のごとくみえてしまうだろう。むろん、注意深く読めば、この部分においても、吉本氏のまわりくどい叙述が、たとえば「自己表現」というブルジョア的イデオロギーを斥けていることは明らかである。つまり、最初に「自己」があるのではなく、「表出」の内的な反射(反省)として「自己」が生じるのであり、のみならず、その「自己」はすでに対他的な関係において存する。

いいかえれば、吉本氏は、対他的な交通《コミュニケーション》の手段としての言語という見方を批判しているだけではなく、ロマン派的な「自己表現」という考えをも批判しているのである。それらはいずれも、「結果を原因と混同する誤謬」(ニーチェ)にもとづいているのである。この部分から読みとるべきなのは、言語は「自己表出」だというようなことではなく、「自己」そのものがいわば「表出」の結果としてあるということ、また対他的なコミュニケーションは「自己表出」の前にあるのでもなければ後にあるのでもなく、「自己表出」の形成と同時的だということである。吉本氏は、すでに出来あがった現在の意識から出発して言語を定義しようとする考え――それは大ざっぱにいえば言語道具説と「自己表現」説という対立としてあらわれる――が、派生的なものであり且つ隠蔽的であることをいっているのである。

あらためて引用するが、つぎのようないい方に注意すべきである。《こういう言語としての最小の条件をもったとき、有節音はそれを発したものにとって、自己をふくみながら自己にたいする存在となりそのことによって他にたいする存在となる。反対に、他のための存在であることによって自己にたいする存在となり、それは自己自体をはらむといってよい》。このようないい方は、『資本論』のマルクスが好んで用いた、というより用いるほかなかったいい方と同じである。つまり、あるものの形成を発生論的に(順序的に)語ると同時に、そのような順序関係がそのものの形成の結果から想定されたものでしかないことを告げなければならないからだ。言語が言語となったその時点で見うしなわれる、一つの〝結節〟を解きほぐすこと。まさにそのために弁証法的叙述が不可欠となる。

ヘーゲルがいうように、はじまりは終りに媒介されており、直接的なものは抽象的である。その意味でも、「表出」という概念はまだ抽象的なものであって、〝終り〟からみられねばならず、けっして歴史的な始元として読まれてはならない。だが、ヘーゲルにおける弁証法的な叙述が、いつもあの〝結節〟を発展として合理化するものであるのに対して、マルクスのそれはそこに転倒と隠蔽をみようとする。吉本隆明の場合も同じである。「自己表出と指示表出」というとき、疑いなく吉本隆明は『資本論』における「価値と使用価値」という概念を意識している。しかし、私の考えでは、吉本氏は、『資本論』においてマルクスが価値を価値形態(形式)としてみることによって、「使用価値と価値」という、古典経済学の二項対立的概念を派生的なものとして批判していることに気づいていないように思われる。

「使用価値と価値」という二項対立は、それ自体価値形態(形式)——相対的価値形態《シニフィアン》と等価形態《シニフィエ》——の結果であるにもかかわらずそのことをおおいかくす貨幣形態にもとづいている。要するに、古典経済学は「貨幣」を暗黙に前提しながら、それを二次的なものであるかのようにみなしたのであり、マルクスの自負は、その前提そのものにある隠蔽と転倒を見出したところにあった。したがって、マルクスの場合、「価値と使用価値」というタームは、議論を「簡略にするために」(マルクス)用いられているにすぎず、それをアナロジーとして言語論に転化するときには、よほど注意深くなければならない。この点については、あとでソシュール言語学と『言語にとって美とはなにか』の関係にふれるとき、のべるだろう。

とはいえ、マルクス自身の叙述がきわめて紛わしく、ほとんど古典経済学の枠内で読まれてしまうほかないことも確かである。たとえば、マルクスは「使用価値と価値の矛盾」を止揚するものとして貨幣の必然性を説いているかのように読まれる。実はその逆であって、貨幣形態こそが「使用価値と価値」というような対立があるかのようにみえさせるのだ。注目すべきことは、吉本隆明が『資本論』との表面的なアナロジーにもとづきながらも、実際は言語論の文脈においてその核心に迫っていることである。たとえば、吉本隆明は自己表出と指示表出をけっして分離できない構造体のなかでみようとしている。ただ、叙述の順序がそれらを分離させたり優劣をつけたりするようにみえるだけだ。その意味で、「表出」という概念がそれだけ単独にとりだされることはできないのである。

もうひとつは、げんみつにいえば、人間的意識の表出という概念は、言語概念であっても、げんみつには、言語概念の範囲をでられないが、この〈よみ人知らず〉の歌、一般には文学芸術は表現であり、したがって表出という概念は、表出と表現という二重の分化としてかんがえるべきではないかということである。そして、たしかに、文学芸術の表現は、狭い意味での表出(Ausdrückung)ではなく、この二重分化としての表出(produzierer)という概念なしには、かんがえることができない。しかし、わたし

たちは、ここでは対象的な意識として言語を組上にのぼせているのである。言語表現としての表出は、げんみつにいえば、文学の成立によって、はじめて成立する。文学の成立によって、表出は、表出と表現とに分化するのだが、この本質は、けっしてちがったものではないことを、後にとりあげることができるだろう。

文字の成立によってほんとうの意味で、表出は、意識の表出と表現とに分離する。あるいは表出過程が、表出と表現との二重の過程をもつといってもよい。言語は意識の表出であるが、言語表現が意識に還元できない要素は、**文字**によってはじめて完全な意味でうまれるのである。**文字**にかかれることによって言語表出は、対象化された自己像が、自己の内ばかりではなく外に自己と対話するという二重の要素が可能となる。

ここでも、一見すると、文字による歴史的な「発展」が書かれているようにみえる。つまり、最初に直接的な音声的表出があり、文字によってそれが固定され「言語についての言語」という反省が可能になったかのように。しかし、くりかえしていうように、本書は体系的なものとして、すなわち弁証法的な叙述として読まれるべきである。そうすれば、歴史的な順序として音声的表出から文字表現への発展が書かれているかのようにみえながら、そのような順序そのものが文字表現の結果にすぎないといわれていることがわかるはずだ。いいかえれば、「自己表出と指示表出」が織りなす構造は、文字表現によってはじめて表象しうるものであり、けっして歴史的な直接性・始元性としてあるのではない。まるで純粋な音声表出がかつてあっ

たかのようなロマン派的、あるいはプラトニックな幻想(形而上学)が、ここで批判されているのだといっても、べつに私の強引な解釈ではない。それは十数年後に書かれた『初期歌謡論』を読めば明らかである。

本居宣長は、『古事記』の歌謡は唱われたものであり、歌謡の祖形だとみなした。しかし、吉本隆明は、賀茂真淵が指摘したように、それらは祖形であるどころか、すでに高度なレベルにあるという。吉本氏の考えでは、歌の発生、あるいは韻律化はそもそも漢字を契機としている。宣長が祖形とみなすような「記」、「紀」の歌謡は、文字を媒介しなければありえないような段階にある。それは音声で唱われたとしても、すでに文字によってのみ可能な構成をもっている、というのである。だが、これはシナから漢字を導入した日本の歴史的事実に限定されることだろうか。吉本隆明はむしろ「はじめに文字《エクリチュール》ありき」といっているようにさえみえる。何はともあれ、純粋で直接的な「表出」なるものは、政治的にも機能する形而上学だといわねばならない。そして、そのような幻想こそ「文字」の結果なのである。

『言語にとって美とはなにか』における「表出」概念をロマン派的に受けとめた者は、『初期歌謡論』になにか決定的な転回を見出すかもしれない。しかし、『言語にとって美とはなにか』は、音声が先か文字が先かなどという問題そのものが「文字表現」の派生物にすぎないという認識をすでにもっている。それは本書の弁証法的な叙述のなかでのみ可能なのだ。

古典経済学は(新古典派も結局同じだが)、貨幣形態に暗黙にもとづきながら、ほかならぬ貨幣を無視して考える。それはちょうど言語学がまさに文字によって可能であるのに、文字を二次的なものとみなすのと同じことである。この認識論的な盲目性は、何を意味するだろうか。それはもはや狭義の文字の問題ではありえない。言語に対する考察は言語によってなされるが、それを可能にするような言語の性質はいつもそれについての考察から排除され捨象されてしまうほかない。言語がすでに言語についての言語であるという事実は、最終的に消去できないパラドックスとして残る。われわれは何かを犠牲にすることなくして、言語について語ることはできないし、最終的なメタレベルに立つこともできない。しかも、それが可能であるかのように考えさせるものこそ文字(貨幣)なのだ。たとえば、マルクスは、一般的等価物(貨幣)が出現するとき、ライオンや虎や兎などと一緒に「動物」があらわれるのと同じような奇怪な事態が生じると語っているが、このパラドックスに立ちどまることは、それを無視したところに成立するいかなる言語論・記号論の〝根拠〟をもおのずからつきこわすことになるだろう。

吉本隆明は、文字表現から、さらに「複雑な過程」へ上向しようとするが、そして、事実それによって後半の「構成論」の如きそれ自体興味深い理論的建築がなされているが、私はあえてここで立ちどまりたい。そうでなければ、「言語は意識の表出であるが、言語表現が意識に還元できない要素は、文字によってはじめて完全な意味でうまれる」という認識、あるいは「表現」を「表出」と区別する認識がはらんでいる問題の困難さが無視されてしまうだろう。そして、「表現」(テクスト)を「表出」に還元する仕事がなされるだろう。それは、ヘーゲル的・古典経済学的な「本質論」、つまり吉本氏がいうような、誰でもある作品を百回読めば唯一の本質的解釈に到達するというような考えに到達するだろう。そんなことは〝本質的に〟ありえない。たとえば、マルクスは商品の「内在的価値」なるものを価値形態論において批判し、また商品が貨幣と交換されるためには「命がけの飛躍」が要ることを指摘しているにもかかわらず、「複雑な過程」を論じるとき、本質的な「価値」が現象的な「価格」を通して実現されるという考えをとった。しかし、このような「本質論」はたんに方法的にとられただけであり、古典的な確率論(大数の法則)にもとづいている。

たとえば、ケインズは数学者として確率論の研究からはじめ、いわば不可避的な「不確定性」を経済行為に見出し、マルクスとはべつの観点からやはり「貨幣」の重大さを認めた。学生時代に遠山啓の講義「量子力学の数学的基礎」に震憾されたという吉本隆明が、方法的にでなく、形而上学的に「本質論」をとるということは考えられない。実際に、吉本氏は、言語の自己表出性と指示表出性を、光の粒子性と波動性になぞらえているのであって、そこに一定の確率論的な処理が前提されていると考えてよい。したがって、たとえば「表現転移論」は、一つの方法的な企てとして読まれるべきである。要するに、ここで吉本隆明は、恣意的な個別的な活動としてみられているものが構造的な規制の下にあることを強調しているのであり、それはロマン派的であるどころかまさに構造主義的なのである。

そのような意味で、科学者としての吉本氏の本領が発揮されるのは、自己表出と指示表出の構造を、ベクトル空間として表示しようとした点にある。現代数学のベクトル概念からいえば、このような図示はすこしも奇異ではない。この点をもって本書を自然科学的とよぶなら、私はあとでのべるように、むしろ吉本氏はもっと露骨に自然科学的にやっても構わなかったと思っている。というのは、現在支配的な「文学理論」は基本的に自然科学(サイバネティックス)にもとづいており、しかも生かじりのものだからである。記号論をやっている人々が、記号論理学や数学基礎論について無知なままでいるのは奇妙というほかない。丸山圭三郎がいうように、ソシュールの考えでは、言語は記号ではない。いいかえれば、記号論という科学は言語によって可能なのであり、そこに記号論によってはけっして到達しえない「言語」の問題がある。このことは、むしろ徹底的に自然科学的であろうとしたときに逆に明らかになるだろう。

3

私はここまでソシュールについても時枝誠記についてもふれず、もっぱら『資本論』との比較において語ってきた。それは本書が「プロレタリア文学理論を検討する不毛な日々の果て」に書かれたからではない。そもそも本書は「政治と文学」の如き議論とは次元がちがうし、また「上部構造の相対的自律性」などという大ざっぱな理窟とちがって、「言語の分析」から上向して言語芸術の総体をとらえようとする企てであるがゆえに、マルクス的なのである。この点において、本書はソシュールや時枝誠記に言及し、また多くを負うているようにみえるとしても、基本的に無関係だといってよい。

吉本隆明が「言語にとって美とはなにか」という問題に関して予備的研究をしていた一九五〇年代後半において、フランスではソシュールに依拠する言語・文学論が盛んになっていた。それについての情報を欠いていたことは、学問的には不幸である。たとえば、吉本隆明はソシュールを時枝誠記による批判を通してしか読んでいない。しかし、実は誰もソシュールを読んではいなかったのだ。丸山圭三郎はいっている。《……ゴデルの『原資料』が出版される一九五七年までは、『講義』すなわち《ソシュール理論》という前提を、これに賛同する側も批判する側も共通して受け入れており、編者たちが忠実に師の思想を表わしているかに関してはごくわずかな例外を除けば誰一人疑ってもみなかった……》(『ソシュールの思想』)。

したがって、小林英夫訳の『一般言語学講義』を読んで、時枝誠記が、ソシュールは言語を「人間的事実の中において」とらえず、「自然科学的な原子的構成観を以て」とらえていると批判したのは、無理もないし、またまちがってもいない。弟子の編集した『一般言語学講義』が、さらに致命的な誤訳をはらむ小林英夫の翻訳が、ソシュール自身の考えだと受けとられていたのに対して、実際には、逆にソシュールは時枝がいうように言語を「人間的事実の中において」見ようとしていたのであり、ついに一冊の本も刊行できないような困難に直面しつづけたのである(ついでにいえば、マルクスもエンゲルスが政治的な戦略からせき立てなければ『資本論』第一巻さえ出版せずに終っただろう)。

しかし、一九五七年に『原資料』が出たことは、フランスの「構造主義」にほとんど何の影響も与えていない。なぜなら、それはソシュールよりも、ヤコブソンやレヴィ=ストロースの仕事によって影響されているからである。言語は価値(形式)であり、差異しかないというソシュールの認識は、彼自身を苦悩させたパラドックスをはらんでいるのに対して、アメリカを経てきたヤコブソンやレヴィ=ストロースの「構造主義」は、すでに情報理論・サイバネティックスを暗黙に前提している。ただ彼らはフランス的な文脈に沿うように戦略的に語ったので、その影響が、のちにレヴィ=ストロース自身が怒りをもって拒絶するような文学の「構造主義」理論をもたらしたのである。このことを当時の日本の〝輸入業者〟は知らなかったし、現在も知らない。「構造主義」という名で語られるものはほとんどサイバネティックスの用語でいいかえられる。多元的決定、構造的因果性、主体の不在……などという認識はべつに驚くべきことでもない。簡単なサーモスタットをみるだけで十分である。しかし、人工知能に関しては、二項対立(0と1または on と off)による構成の段階がいかに高度になろうと、どうしても「人間的事実」に到達できない限界性があり、それはすでにのべた言語や貨幣のパラドックスと関連している。要するに、私がここでいいたいのは、自然科学者としての吉本隆明は、「構造主義」や「文化の記号論」を直接知らなかったとしても、それが窮極的にどのようなものかをべつのかたちで察知していただろうということである。

たとえば、テル・ケル派は、ソシュールのいうシニフィアンとシニフィエを、使用価値と交換価値に対応させた上で、ソシュールを批判し、シニフィアン＝使用価値の復権をとなえる。これは、『一般言語学講義』を編集した弟子が書き加えた、くだらぬ比喩にもとづいているのだから、丸山圭三郎がいうようにソシュールに対する誤解である。しかし、私にいわせれば、それは『資本―経済学批判』という書物の肝心な部分（価値形態論）を読めていないのだから、お話にならない。マルクスの企てが「経済学批判」だとすれば、ソシュールのそれは「言語学批判」だといってもよい。彼らは使用価値と交換価値、シニフィアンとシニフィエを分離する思考そのものを批判したのである。

こうしてみると、吉本隆明が『資本論』からのアナロジーで言語・文学を考察しようとしたとき、むしろソシュールに近かったのだといえるだろう。私が『言語にとって美とはなにか』から受けた最大のヒントは、何よりも言語・文学の問題が『資本論』の問題と通底するということであった。それは言語学を経済学的に考えることでもなければ、経済学を言語学的に考えることでもない。私がそこから考えたのは、『資本論』が真の意味で「経済学批判」であるならば、それを言語学に適用することは真の意味で「言語学批判」たらざるをえないだろうという予感であって、『言語にとって美とはなにか』は、私にとって啓示的な書物であった。

くりかえしていえば、本書は『資本論』と同様に両義的である。この両義性は、たんなる両義性ではなく、互いに排除しあうような両義性である。たとえば、それは自己表現（疎外）であると同時にその否定であり、本質論（ヘーゲル）的であると同時にその否定であり、文学的であると同時に反文学的であって、いずれが優位性をもつかは〝決定不可能〟なのである。しかし、これは「言語」についての考察が本来的にもつ困難と関連しており、誰もそれを避けることはできない。本書は、吉本氏のその後の著作ともちがって、また吉本氏自身の意思をはなれて、われわれの読解を挑発するテクストとしてある。

『仲予』（文春文庫解説、1983年6月刊）

高橋揆一郎

高橋揆一郎の処女作ともいうべき『ぽぷらと軍神』は、次のように書き出されている。

どうしてこう運のわるいことになったのだろう。母親の千代がいうように、よく古《ふ》るしい昔の、まだじぶんというものが生まれない前の、先祖のおこないがたたって、いつまでも運のわるいというひとがあるというけれど顔も知らない先祖のために、じぶんが運がわるいのはなっとくできない。それはどういうふうに運がわるいかというと、四年生になったとたんに加藤ばんじゃあがじぶんの受持ちになったことである。

この作品では、軍国主義者の教師が受持ちになったために、惨憺たる目にあう、戦争中の小学生の日々が描かれているが、そのことによって軍国主義が批判されたり告発されているわけではない。むしろこの教師ばんじゃあは変に魅力的でさえある。はじめに右のように考えた主人公は、最後になっても次のように考えている。《それはやっぱり、四月ごろからじぶんにひっついた、あのわるいうんめいのためなのだった》。

高橋氏は方法的に意識の視野をせばめている。氏の、描く人物たちは、彼らが属している状況を上から(外から)対象化することができないで、それを不可避的なものとして、いわば前世の業《カルマ》や悪い運命として受けいれて行くだけである。それは必ずしも彼らが子供や無知な大衆だからではない。われわれは、戦争であれ何であれ、ある構造的なものに支配され動かされている渦中において、本当はそれを〝上から〟見とおすことなどできはしない、そうできると思いこむことは可能であるとしても。高橋氏が還元(カッコ入れ)してしまうのは、そのような思いこみである。氏が迷信深い大衆を好んでとりあげるとすれば、むしろ余分な意識をカッコにいれて、生の構造を純粋にとりだすためだといってよい。そして、私のいう生の構造は、必ず死あるいは死後の世界をはらんでいる。

〝近代小説〟はそういうものをほとんど切りすてたところに成立している。だから、それに慣れた読者は、高橋氏の作品を読むと、肝心のところではぐらかされたように感じるかもしれない。高橋氏はむしろそれを予想して挑発的に書いているようにさえみえる。実際に、氏の作品は自然主義的リアリズムのようにみえながら、〝近代小説〟の空間に収まらない。それは、たとえばそこで前世の業というような考えがまともに信じられているからではなく、読者にそれが当然であると思わせるような〝語り〟がつらぬかれているからである。

右に引用した書き出しの部分をみれば明らかなように、高橋氏の文体は基本的に〝語り〟の文体である。そこでは、たとえば視点がはっきりしていない。それは主人公の視点でも、作者の視点でもない。いわばそれは〝物語り〟の視点である。つまり、高橋氏の作品は何かはっきりした主体の視点によってではなく、そのような主体が融解してしまうようなある水準で物語られている。そこに出現するのは、近代的な〝知〟が迷信や狂気として片づけてしまうものがそっくり受けいれられているような界域である。いいかえれば、それは〝近代小説〟が排除してしまうような物語りの空間である。そこから土俗的なヒューモアが生れている。

高橋氏の〝語り〟は抜群に巧い。というより、そのような巧さがないかぎり、それは〝近代小説〟の読者を引きよせられないからである。つまり、読者を、この主人公たちが共有している界域に引きよせられないからだ。『伸予』のような作品では、その巧さは、ほとんど読者にそれをリアリズム小説と錯覚させるほどである。そこに、たとえば過去と現在の関係に関する心理的な省察を読むことができる。その意味では、たぶんいろんなかたちで『伸予』のような作品が書かれてきているといえるだろう。過去が、伸予のように実現できなかった恋だけでなく、実現できなかった革命や理想だったとすれば、われわれは似通った作品を数多くもっている。つまり、それは〝近代小説〟の定型なのだ。ところが、『伸予』はそこから決定的に逸脱してしまう。

本当の善吉はどこかまだ別のところにいて、いまだにめぐり合いなど果たしていないのかも知れず、その善吉ならばこの先いくらでも自分の体をつらぬくにちがいない。

ものもいわず鍵を突き返してよこすような無礼な男は、とてもあの善吉ではないのだった。そして、その善吉に狂ったようだった自分もまた、伸予であって伸予ではない。たしかに山姥がいただけだ。その山姥の肉を食いちぎって逃げていった男がいただけだ。

けっきょくのところ過去というものはなにやら宗教みたいなものかも知れないと思った。ねうちを信じたい人はそれにすがるけれども、それを認めない人にはたいした意味もないのだろう。

ここでは、リアリズム空間は物語空間に変容している。かつて女教師であり、今や子供を育て終った現実の伸予が、急に「山姥」の如き存在と化してしまう。過去は「何やら宗教みたいなもの」となる。この作品は、たんに過去の伸予と善吉と、現在の伸予と善吉が交錯しあうところに成立しているのではない。この四者が形成する構造のほかに、もう一つの構造がある。それはすでに示唆したように、〃あの世〃と〃この世〃の構造である。それは、『ぽぷらと軍神』と同様に、作品の空間において最初から存在している。最後の場面でそれがいきなりあらわれたとしても、驚くべきではない。

引きはじめた風邪の熱とバーナーの火のせいだろうか、軽いめまいと共に顔面にこれまでにない不快感が走った。そのとき伸予は人の声を聞いたような気がした。〈こっちを向きなさい〉とその声がいった。つぎの瞬間には目に見えない大きな手のひらで顔面を鷲づかみにされ、横ざまに頬肉を引き据えられていた。

自分の顔の上に起こったことを伸予はそれまで善吉ひとりのしわざだとばかり思い込んでいたのだった。

少年の目をつぶしながら伸予は声を出して

「おとうさぁん」といった。

「かんにんしてよぉ、もうしないから」

ぼたぼたと涙を落としながら、少年の鼻を削り、口をそいでいった。

ここで書かれているのは、伸予の死んだ夫に対する病理的な罪悪感の暗喩ではない。それは、文字通り彼女の顔を鷲づかみにするものでなければならない。また、この部分は、宗教的な超越者を象徴しているわけではない。かりにそれを宗教的とよぶなら、それは〝近代小説〟のなかでいろんなかたちで回復され反復されるような宗教ではなく、「何やら宗教みたいなもの」というべきだろう。

『伸予』において、他界は、過去と同様に、信じられている。というより、他界が彼女の生と共にある。あるいは、他界はこの作品の構造として在るのだといってもよい。『伸予』の世界は、〝あの世〟が〝この世〟と対等の現実性をもって存在する世界であり、それは高橋氏の〝語り〟のなかでのみ実在するのである。

『悪い仲間・海辺の光景』（日本の文学83解説・ほるぷ出版、1985年8月刊）

安岡章太郎

1

安岡章太郎の作品を特徴づけているのは、一言でいえば、境界に対する感受性である。「世界」は境界によって内部と外部に分けられるが、この境界は固定していないし、また実在しているともいいがたい。たとえば、〝家族〟という領域は一つの境界をもち、それによって内部と外部に分かれる。しかし、その境界は、家とは別であり、空間的に実在するわけではない。われわれは、空間的には、どこにも境界線を引けないが、家族の内と外をどこかで明らかに感受している。たとえば、ひとが家族の内と外で、言葉を使いわけるとき、境界を意識している。だが、安岡氏が境界に対する感受性をもつというとき、内と外を区別するということではなく、逆に内部と外部が交叉し融合してしまうような境界領域に近づいてしまうということを意味している。

たとえば、私は小学校の父兄参観日などで、いたたまれぬような名状しがたい不快感を味わったのをおぼえているが、それは学校という外部世界に、家族という内部世界がいきなり混じりこんだからだと思う。そのどちらかにいると、われわれは大なり小なり落着いていられるのに、それらが混合すると、われわれはなすすべもないような困惑を強いられる。安岡氏の「世界」感受は、いつもこのような感覚、つまり、とまどい、恥ずかしさ、ちぐはぐさ、滑稽さがないまぜになった感覚にあり、それをいいかえて、境界への感受性とよぶのである。

くりかえしていうと、この境界はどこにでもある。家族の内部にもありうる。『海辺の光景』では、敗戦後それまで不在だった軍人の父親（外部）が、母と子（内部）のなかに入ってきたときの「得体のしれない動揺」が、次のように描かれている。

> 日華事変の初期からほとんど外地ばかりをまわらされていた父親の信吉と、同じ屋根の下でくらすのは信太郎にとっては十年ぶりのことだった。それは奇妙なものだった。父親というよりは遠い親戚のようにも思えた。親戚の老人が上京したついでに、ちょっと寄ったという恰好だ。この感じは日がたつにつれて更められるどころか、かえって客に居坐りこまれたような気持にさえなってきた。親子三人が食卓をかこむと、暗黙のうちに母と信太郎とが組になって父に対峙するかたちになる。

安岡氏の作品を伝記的に心理学的に読む人は、母子世界とその外部という構造を原型的なものとしてとり出す。しかし、重要なのは、むしろこの「得体の知れない動揺」の気分であり、境界への感受性なのである。それを、たとえばエディポス・コンプレックスやその変形物によって説明したところで、何も得るところはない。この感受性、あるいは境界にいきなり身をおいてしまう資質こそが、安岡氏の作品行為を多方面に展開させているのだから。

たとえば、母と子、家族（父母と子）だけでなく、故郷もそのような「内部」となりうる。主人公自身は故郷をもたないし無視しているにもかかわらず、ある瞬間に彼はその内部に属しており、その「困惑」からのがれられない。

どうして、そんなにまでして郷里をしたうのか？　故郷を棄てるとは、一体どういうことなのか？　それは何かしらの罪に値することになるのだろうか？　その一家の人たちを見るたびに、信太郎は子供心にとまどった。彼にとって、故郷は一つの架空な観念だった。知らないうちに取りかわされた約束がどうしても憶い出せないような、そんなイラ立たしい不安がいつもつきまとう……。そのくせ「故郷を棄てる」という言葉は、聞かされると、それだけでもう自分が何か後暗《うしろぐら》いことをしているような気にさせられる。

そのとまどいは、いま母の病床をまえに、医者や看護人たちに対するときに感ずる困惑と、何とよく似ていることだろうか。（『海辺の光景』）

安岡章太郎は、いわゆる私小説作家である。一般に私小説は、「私」をありのまま告白するものとされている。いいかえると、それは自己のウソに対する自意識を言葉にあらわすことであるかのようにみえる。しかし、安岡氏の場合は逆である。弘前の小学校から東京に転校した主人公は、なまりを気にして学校を休む。《彼が嘘をついて学校を休んだりしはじめたのは、そのころからだ。だから彼は、嘘は自分の言葉を意識することからはじまると確信している。それにしても家と学校とで言葉をつかい分けることは何と重い負担だったろう》（『海辺の光景』）。

つまり、安岡氏にとって、自己意識は、二つの言葉（内と外）の境界に発生している。それは

「得体の知れない動揺」の感覚にほかならない。安岡氏の「私小説」において、「私」は主体ではなく、その感覚・気分こそが主体なのである。そして、その言葉(文体)は、まさにこの世界感受を浮かびあがらせる。安岡氏のヒューモアは、内と外が混じり合うときに生じる感覚を照らし出す文体と表裏一体である。

——彼女は僕をみて、テレたような、だまってオナラした人がするような笑いをうかべた。(『ガラスの靴』)

——貧乏というものが、ある欠乏と云ったものでないことはたしかだ。そいつは、むしろベタベタくっついてくるものだ。(『愛玩』)

一人でいるとき、または家族といるとき、われわれは平気でオナラをするが、他人がいると困惑する。この困惑は、内的なものが外部に突然露出したときの感覚である。貧乏がベタベタくっついてくるものだというときにも、その困惑があらわされている。このようなヒューモアは、あの境界への感受性からくる。処女作の『ガラスの靴』では、主人公は、悦子という娘の両義性に悩まされる。彼女は大人なのか子供なのか、それがはっきりしない。それらが交互に反転するあいまいな境界域に、彼はまきこまれる。

——僕はいつの間にか、悦子のオトギ芝居に片棒かつがされていた。そしてそれが愉しい。彼女の云うことをきいてやることが、かえって僕には、彼女を自分の「持ちもの」にした感じなのだ。(『ガラスの靴』)

《もはや彼女の子供ッポさは完全に彼女の「術」であるはずだ》。それがわかっていても、そこから出られない。そして、彼は、この「もてあますと云うより呪いたいほど厄介だった時間」、夏休みの時間が、残りすくなくなると、すべてが失われるような気がし、偶然に与えられた二日間に、決着をつけようとする。彼女の正体を明らかにしなければならない。だが、それがはっきりしたとき、彼は「何もかも失いつつある」のを感じる。「ダマされていることの面白さ」を失ってしまったのである。

処女作の『ガラスの靴』において、この境界がたんにとまどいだけでなく、一種の快楽でもあることが描かれているのに注目すべきである。安岡氏は、のちにこの「境界」を、日本とアメリカの間に(『アメリカ感情旅行』)、人間と類人猿の間に(『サルが木から下りるとき』)見出すだろう。たとえば、動物学は人間と類人猿を区別する。しかし、ゴリラとつきあってみるとき、その区別が消え、照れくさいような、あいまいな境界域があらわれるはずだ。すくなくとも、安岡氏はそこに立ち、しかもそこに困惑ばかりでなく快楽をも感じている。

安岡氏が、黒人問題からはじめて「差別」問題に深入りするようになったことも、それと無縁ではない。「差別」とは、いわば内と外をはっきり区別し世界を秩序づけることだが、安岡氏はその区別があいまいな境界域、あるいは浮動する差異性におもむくのである。これはたんなるヒューマニズム(人間主義)とはちがう。ヒューマニズムだとしても、それは、ゴリラに対して立てられるヒューマニズム(人間主義)をつきくずしてしまうような種類のものだ。いいかえれば、ヒューマニストが「差別」に対して同一性を主張するのに対して、安岡氏は、「差別」が融解したときにたちあらわれる差異性にこそ、力と快楽を感じとるのである。

『海辺の光景』以後、安岡氏はその「世界」をひろげていく。『流離譚』や『大世紀末サーカス』というような歴史小説にいたるまで。しかし、そこで活きているのは、あの境界（差異）への感覚である。このような感受性を、心理学的な説明（母子関係・甘えの構造）や、社会学的な説明（農耕社会）に還元してしまうのは、わかりやすいとしても、基本的にテクストを無視することになるだろう。たとえば、江藤淳は、『成熟と喪失』において、『海辺の光景』の主人公が母と子の世界から切りはなされた孤独のなかで自立せねばならないことを〝成熟〟とみなしている。つまり、内部を封殺し、外部に立つことを〝成熟〟とすれば、それは内部の〝喪失〟を引きかえにするほかない。それは倫理的行為である。けれども、作家としての倫理性は、そんなところでみられるべきではない。むしろ、その意味では、安岡氏は〝成熟〟を、いいかえれば内と外の区別そのものを拒むだろう。内と外が混じりあい、あるいは区別できない界域に立ちつづけるだろう。安岡章太郎の倫理性は、あるいは知性は、そこにおいて存するのである。

2

母が『海辺の光景』の主人公を困惑させるのは、彼女が母であるだけでなく、女であり、姉でもあり、その「区別」をつけがたいからだ。ちょうど『ガラスの靴』の娘が、少女であるか女であるか区別しがたいように。母がたんに母であるならば、そのような困惑は生じない。母が女（他者）として不意にあらわれるからとまどうのだ。〝母〟とは、このあいまいさそのものであって、主人公が「母から自由になる」ことの困難もそこにある。それは、たんに母子一体であるような幼児の意識（甘え）から出ることではありえない。母であること、息子であることは何なのか？　『海辺の光景』でくりかえされるこの問いにも、実は、あのちぐはぐな境界域の問題がふくまれている。

親和的な内部とそうでない外部との「区別」が困難であるような場所に、安岡氏は立っている。たとえば、『ガラスの靴』の主人公は、娘がその留守番をしている米軍のクレイゴー中佐にむかって、親しげに大声で話しかける。

「グウド・モオニング」
中佐は返辞をしなかった。眉の太い、威厳のある顔を、ケゲンそうにゆがめて、ジロリと僕を見た。それだけで、僕の敗北だった。

また、『放屁抄』(一九七七年)では、「私」は、五、六歳のとき、近所の美人でコケティッシュなK夫人に可愛いがられていた(と信じていた)が、夫人の家に行ったとき、「急に何かせずにいられなく」なって、おならをしてしまう。《「やった!」と私はさけんだ。じつに好い気分だった。まるで大人になったような心持だ》。ところが、夫人は、「よそのうちへきて、おならをする子なんて大ッ嫌いよ」と冷たくいい放つ。

これらは、他者に親和的世界(内部)を想定したとき、そうでないことを露骨に示される、つまり内と外の区別をまちがうことの例である。こうしたとりちがいには、悲劇的なところがある。それが不当であり且つ不可避的であるという意味で。そこに、われわれの意志的な区別や自由な選択といったものが成立しないような領域があるからだ。

『海辺の光景』では、主人公が、正気の側の人間として親しく話し合った看護人が実は軽症の病人であるのを発見して声をあげそうになる場面がある。この男について、信太郎はつぎのように考える。

「ほう」と信太郎はアイヅチを打ちながら、この男が病院や医者に対して敵意をもやすのはどういうわけだろうかと思った。この男が檻《おり》のような病室の中へ自分から扉をあけて入って行ったことは、想い出しても、いかにも奇妙なものだからである。——おそらく、この男は残りの全生涯(といっても僅かなものだろうが)を、この病院で送ることに心を決めているにちがいない。そうだとすれば〝自分みずからの手で人生を選び取る〟などということは、まったく大したことではないようにおもわれる。そんなことを云ってみても所詮は、この男のように自分で自分の檻の扉をあけることにすぎないようだ。

のちにのべるように、この認識が、『海辺の光景』を悲劇的たらしめている。信太郎は自発的に母を〝裏切った〟のだろうか? とすれば、べつの選択が可能だったのだろうか?

その前に、やはり〝裏切り〟を扱った『悪い仲間』という作品をみておこう。これは、戦前のファシズムの時期の、私的な特異な青春を描いているが、今から見ると、人間があるラディカルな観念にひきよせられていく過程のダイナミズムが類例なくみごとにとらえられている。

「僕」が藤井高麗彦にひかれるのは、藤井が「僕」にとって恐怖すべき領域に越境してしまっているようにみえるからだ。さしあたって、それは藤井が女を知っていることである。《いまや僕は、そばに寝ころんでいる藤井と自分との間にハッキリした相違を感じた。彼は未知の国からやってきた人だった》。

もちろん、これは〝女〟でなければならないわけではない。ひとが羨望しながら、近づきがたいような危険な何かであればよい。たとえば、『人間失格』の太宰治にとって、それは〝党〟である。彼が〝党〟に参加するのは、正義感や理論によってではなく、それが危険で自分の安全な領域(内部)をおびやかすものだからだ。安岡章太郎の青春期には、左翼運動の痕跡も残っていなかったのだから、藤井のような人物が最もラディカルに反時代的に映ったといえる。いずれにしても、ここでも主人公は「境界」に魅せられひきよせられていることは明瞭である。しかし、『悪い仲間』には、もっと別の認識がある。

藤井は「僕」の手本である。実は、ここにすでに三角関係が存在している。「僕」はたんに女が欲しいのではなく、藤井の向うにあるような〃女〃が欲しいのだ。だから、実際に女と寝ても、越境することにならない。どんなに藤井を模倣しても彼に及ばないし、彼を聖化している〃徽章〃を身につけることができない。《僕が欲しかったのは一個の徽章だ。他人には見えないが自分にはそれと分る徽章をもらえるものだと思っていた。ところがそれは、もらえたにしても背中か耳の裏にでもぶら下っているものにちがいない。僕は藤井のやったコースをたどりながら、どうもタヨリないのである》。

ルネ・ジラールにしたがえば、「僕」が女に対してもっている「欲求」と、藤井を媒介することでもつ女への「欲望」とは区別されねばならない。漱石の『こゝろ』でいえば、学生時代の〃先生〃が〃お嬢さん〃に対して抱く愛は「欲求」だが、友人のKというライヴァルがあらわれてから抱く愛は「欲望」である。むろん、「僕」と藤井の二人の関係だけでは、この事態はそれ以上進展しない。そこに第三者の倉田があらわれてから、むしろ三角関係の力学が働きはじめる。

「僕」は、倉田に対して、藤井の真似をし驚かせ魅惑しようとするが、まもなくばれてしまう。倉田が藤井と直接に知り合ったからだ。それ以来、倉田は「僕」のライヴァルとなる。藤井もまた、その〃徽章〃を保つために、より危険な方向に深入りしなければならなくなり、三者の競り合いが加速度的に昂進《こうしん》される。

……本物の藤井が現われたために、倉田の眼からみて、やっぱり僕は影のウスイ存在になってしまった。すると僕は藤井にもとり入ろうとする一方、倉田に対しては出来るだけ僕の中にある高麗彦のイメージを保存させるよう努力しなければならなくなった。そして二人から競争して媚びられると、藤井は両方の友を失うまいとして普段の倍以上しゃべらなければならないのである。……こうしてお互いに取り入りたい一心で三人の虚勢はみるみるうちに増大して行った。

こうなると、この三人が形成する〝現実〟は、実際の社会的状況からまったく遊離し自立してしまう。ひとが現実から遊離した危険な観念に引きよせられて行く過程には、大なり小なりこれと似た状況がある。観念が直接にひとを捕縛したりはしない。手本と、それに対する模倣と競争。手本とされる者自身の、そうであるがゆえの過激化。これは、実際的な現実と決定的に背離するまでは昂進し、ある時点で破綻するだろう。この作品では、藤井が三高を中退してしまう時点である。

この「三人」はむろん単純化である。実際にはもっと多数であってもよい。が、その内部で働いているダイナミズムは、基本的にそのようなものだ。われわれに近い例でいえば、連合赤軍のケースがある。これは学生運動が衰微し〝実際には〟大衆的支持をうしないつつあったときに、まさにそれゆえに、より過激で極端な方向へと左翼が相互に競合していった果てにおこった。

この作品では、彼らのふるまいは、時勢の動向と反比例している。彼らはそういう動向を知らないわけではない。が、「悪い仲間」の関係において働いている力は、それとは独立して、彼らをぎりぎりまで追いつめる。それは、外からみると、悪夢のようだが、夢の内部では抗しがたい力である。《この半年間に自分のやってきたことが、みな夢のなかでの事件だったような気もした。が実際は、夢のつもりでやったことに全部、本物の人生が賭かっていたのだ》。

たぶんこうした事態は、どんな時代にも、それぞれの文脈でおこっている、といってよい。とりわけ青春期の人間において。知的なものであれ、暴力的なものであれ、ひとが過激なものに深入りして行く過程には、そういう力学が働いている。ところで、「僕」は、一つの限界点で、二人を裏切る。だが、《裏切りつつある自分の心は僕には解らない》。彼は「怖い」のだが、「何がそんなに怖いのか」わからない。むしろ、彼には、なぜこんな地点まで行きついたのか理解できないのだ。それは自分の本意であっただろうか？自分の選択だっただろうか？　もしそうだとしたら、〝裏切り〟は自分の責任である。ところが、この手本とライヴァルによる相互的累進過程には、そんな確かなものがみあたらない。

たとえば、漱石の『こゝろ』の〝先生〟も友人Kを裏切る。しかし、彼は自発的に女を愛しているようにみえながら、Kとのライヴァル関係によって動かされていたのであって、彼の〝愛〟は、Kの死によって崩壊してしまうほかない。先生は罪悪感によって死ぬというよりも、「ぞっとする様な」空虚によって死ぬといった方がよい。他方、Kの方は、倫理的でストイックな哲学青年だが、その過激さも、先生の手本＝ライヴァルであるがゆえに生じたもので、彼が死んだのは、失恋によってよりも、そのことの空虚を自覚せねばならなかったからだといえる。

『悪い仲間』の裏切りには、もはや罪悪感はありえない。もし彼が自発的な選択としてそこまで至ったのなら、裏切ることは罪である。だが、そうでない以上、彼には、罪よりも耐えがたい空虚が訪れる。おそらく、『海辺の光景』の最後にあらわれるのは、そのような空虚である。

……そもそも母親のために償いをつけるという考えは馬鹿げたことではないか、息子はその母親の子供であるというだけですでに充分償っているのではないだろうか？　母親はその息子を持ったことで償い、息子はその母親の子であることで償う。彼等の間で何が行われようと、どんなことを起そうと、彼等の間だけですべてのことは片が附いてしまう。外側のものからはとやかく云われることは何もないではないか？

子に対して母であること、母に対して子であること、この「運命」は不可避的であり且つ不当なものだ。不可避的な、というのは、それが彼らの意志や選択によるのではないからだ。「責任」を問うなら、母が子を生んだことであり、子が母から去ったことにあるが、それは自然過程ではないのか？　不当な、というのは、それにもかかわらず、どうしてもちぐはぐな感じがつきまとうからだ。それは、罪というよりも、もっと深い「空虚」の感覚である。

主人公の眼に、「海底から浮び上った異様な光景」があらわれる。《歯を立てた櫛のような、墓標のような、杙《くい》の列をながめながら彼は、たしかに一つの〝死〟が自分の手の中に捉えられたのをみた》。彼がつかんだのは、あの「空虚」だといってよい。生の条件としての「空虚」。そして、この悲劇的な認識には、ニヒリズムではなく、生の肯定が暗黙に啓示されている。

『坂口安吾全集1』（ちくま文庫解説、1989年12月刊）

坂口安吾を有名にしたのは「堕落論」であり、また安吾の名は戦後の風俗と結びつけられている。事実また、「堕落論」冒頭の一節は、まぎれもなく「戦後」の状況を指し示している。

半年のうちに世相は変った。醜《しこ》の御盾《みたて》といでたつ我は。大君のへにこそ死なめかえりみはせじ。若者達は花と散ったが、同じ彼等が生き残って闇屋となる。ももとせの命ねがわじいつの日か御盾とゆかん君とちぎりて。けなげな心情で男を送った女達も半年の月日のうちに夫君の位牌にぬかずくことも事務的になるばかりであろうし、やがて新たな面影を胸に宿すのも遠い日のことではない。人間が変ったのではない。人間は元来そういうものであり、変ったのは世相の上皮だけのことだ。

しかし、戦後の風俗や価値の紊乱がこの書を生み出したかのように思うのはまちがっている。実際は、安吾は戦後の混乱など何ほどのことがあろうかといっているのだ。《人間は元来そういうものであり、変ったのは世相の上皮だけのことだ》。「堕落論」でいわれていることは、実はすでに「青春論」(昭和十七年)に書かれている。ただ、そこでは「堕落」ではなくて「淪落」という言葉が使われているが。さらにさかのぼって言えば、「デカダンス」という言葉になるだろう。

むろん「もっと堕ちよ」という安吾の言葉が直接的に人の耳を打ったのは、それまでの道徳からみればまさに堕落でしかないような生活のなかに人が追い込まれていたからだ。しかし、安吾のいう「堕落」はそういう堕落とは異質である。また、「無頼派」と呼ばれた安吾は、従来の文士がもつ無頼性とは無縁なのだ。彼はたとえば永井荷風を「通俗作家」と呼んで、つぎのようにいっている。

荷風は生れながらにして生家の多少の名誉と小金を持っていた人であった。そしてその彼の境遇が他によって脅かされることを憎む心情が彼のモラルの最後のものを決定しており、人間とは如何なるものか、人間は何を求め何を愛するか、そういう誠実な思考に身をささげたことはない。それどころか、自分の境遇の外にも色々の境遇があり、その境遇からの思考があって、それが彼自らの境遇とその思考に対立しているという単純な事実に就いてすらも考えていないのだ。(「通俗作家　荷風」)

安吾が永井荷風を「通俗作家」と呼ぶのは、そこに、「関係や摩擦や葛藤を人間の根底から考究し独自な生き方を見出そうとする努力が本質的に欠如している」がゆえにである。すなわち、そこに他者との関係が本来的に欠如しているがゆえに。安吾において、「堕落」とは他者との関係にさらされるということを意味する。安吾はいつも「人間」について語る。しかし、この「人間」は人間学的のものではないし、フーコーが「人間は死んだ」というあの人間でもない。「人間は変わらない」という安吾の「人間」は、構造ではなく構造以前のものである。それは「他なるもの」の経験そのものにほかならない。

荷風はいわゆる女を知り、人間を知っているであろう。しかし、彼はついに関係を知らず、彼の自意識の外にある差異性を知らない。いいかえれば、「他なるもの」に出会わない。「他なるもの」とは、安吾の言葉でいえば、荷風が安住しているような内面や大事に抱えている自己を「突き放す」ものとしてのみあらわれる。彼はそれを「モラルをこえたもの」と呼んでいる(「文学のふるさと」)。つまり、「堕落」とは、モラルとインモラルの対立を突き抜けるような地点に「堕ちる」ことである。《モラルがないということ自体がモラルであると同じように、救いがないということ自体が救いであります》。

彼が見いだすモラルや救いとは、「他なるもの」に突き放されて在ることにほかならない。しかし、安吾はそのことをもっと別の言葉で語っていたということができる。つまり、その出発点において「ファルス」や「ノンセンス」について語ったとき、彼はすでにそのことをいっていたのである(「ピエロ伝道者」「FARCEに就て」昭和六年)。

安吾によれば、ファルスとは、徹底的に合理的であろうとする精神が、その極限において敗北し(突き放され)、非合理を全面的に肯定することである。とすれば、このように見いだされる非合理は、合理主義でも非合理主義でもない。安吾が、中途半端な合理主義者に対しては非合理主義者としてあらわれるが、中途半端な非合理主義者に対しては徹底的な合理主義者としてあらわれるのは、そのためである。

安吾のいうノンセンスとは、意味でも無意味でもなく、それらの回路の外部であるような非意味である。それは、この時期マルクス主義(意味)からの転向において無意味(ニヒリズム)に直面した者たちが唱えた「シェストフ的不安」なるものとは異質である。無意味は意味を要求する。意味と無意味は同一の回路にあるからだ。それゆえ、彼らはやがて政治的にであれ宗教的にであれ「意味」を回復するにいたった。たとえば、安吾の「日本文化私観」(昭和十七年)は、その時代の「近代の超克」というイデオロギーに対する批判である。「法隆寺も平等院も焼けてしまって一向に困らぬ」という断定は、けっして「近代合理主義者」のものではない。空虚な美の観念あるいは歴史の意味づけに逃れた者たちへの、いわばノンセンスからの批判なのである。

戦後においては再びマルクス主義という政治的「意味」がとってかわる。それに対して、安吾は「堕落論」をつぎの言葉で結んでいる。《堕ちる道を堕ちきることによって、自分自身を発見し、救わなければならない。政治による救いなどは上皮だけの愚にもつかない物である》。むろんこれは政治の拒否や文学の自立などといったものではない。「文学」もまた「意味」としてあるからだ。

だが、安吾のいうノンセンスが昭和初年代の「エロ・グロ・ナンセンス」の風俗と無縁だったように、彼のいう堕落も戦後の風潮とは無縁なのである。いいかえれば、安吾のいうノンセンスや堕落は、その外見とは逆に、日本において稀に見るような知性的な格闘をはらんでいる。安吾において、知性上の問題がそのまま倫理的問題であり、その逆も真である。およそ「無頼派」を名乗る者のなかには、そういうものが欠落している。

だが、それは戦後まで人に知られず、また戦後人に知られたときには別の時代風潮や思潮の中で理解されたのである。われわれは坂口安吾を戦後の風俗から切り離してみなければならないし、またそうしうる時代にある。だが、それは歴史性を捨象することを意味するのではない。安吾は「昭和」の精神的危機をその最深部においてくぐってきたのであり、現在のわれわれはたぶん上げ底の上にしか立っていないのである。

『地の果て 至上の時』

中上健次

（新潮文庫解説、1993年7月刊）

『枯木灘』（一九七八年）が『岬』（一九七五年）の続編であるように、『地の果て 至上の時』（一九八三年）は『枯木灘』の続編である。しかし、たんに続編なのではなく、たえず前作を読み変え批判的に乗り越えるものである。竹原秋幸を主人公とするこの三作、それはまた浜村龍造という人物が登場する三作といいかえてもよいのだが、それらは、『地の果て 至上の時』において、浜村龍造の自殺とともに完結している。むろん、秋幸は生きており、別の観点からみれば、この作品以後の中上健次は、完結しようのない世界に投げ出されたのだともいえる。ともあれ、この三部作が、他の作品群とは違った位置を占めているのは、それらが最も中上自身の「私」を問うているからである。といっても、それは、彼が書いた他の私小説的な作品とは異質である。そもそも、秋幸も、その実父である浜村龍造も虚構の人物だからである。

これらの作品の連続性と差異性を見るには、浜村龍造という人物がどのように形象化されているかを見ればよい。『岬』において、秋幸の実父は「あの男」としてあらわれる。そこでは、秋幸は、男が実母とは別の女に生ませた妹（さと子）と寝る。それが、あたかも「あの男」への復讐であるかのように。《自分が、あの男の子供を犯そうとしている、と思った。あの男そのものを凌辱しようとしている。いや、母も姉たちも兄も、すべて、自分の血につながるものを凌辱しようとしている。おれは、すべてを凌辱してやる》。

しかし、『枯木灘』においては、「あの男」は、そんなことに頓着しない。そこにおいて、「あの男」は、浜村龍造という名をもつ人格としてはじめて登場するといってよい。彼は、悪の権化であると同時に、ある「理想」をもっている。つまり、「浜村孫一」という、鉄砲衆を率い一向宗のために織田信長と闘い敗れた男の伝承を背負い、その「仏の国の理想」を実現しようとしている。それが彼のでっち上げた「物語」にすぎないとしても、この浜村龍造とともに、『枯木灘』の世界は、歴史的な奥行きをもつ。また、それは、材木産業や土建業という資本制構造のなかにおかれた歴史性をもつ。要するに、中上はここで初めて長編小説を書いたのである。

『岬』が中上自身が書いているようにエレクトラ的(兄妹相姦)なものだとしたら、『枯木灘』は、カイン的(兄弟殺し)なものである。むろん、そうしたギリシャやヘブライの古典とは違って、それらは、いずれも「父殺し」の代理としてなされている。しかし、『枯木灘』で、秋幸が「あの男」が生ませた腹違いの弟(秀雄)を殺したとしても、それは、必ずしも龍造には打撃にはならない。《人殺しとして、六年の刑を受け、三十二になった秋幸は買いだ、と男は思った》(『枯木灘』)。つまり、『枯木灘』が最終的に示すのは、浜村龍造が、秋幸の代理的攻撃を許容し吸収してしまうようなメタレベルの存在に上昇してしまうことである。すべてが結果的に浜村龍造に仕組まれていたことになる。その意味では、『枯木灘』は、浜村龍造を「神」のように超越化するものである。

『地の果て　至上の時』では、中上はそれに対してどう立ち向かうだろうか。『枯木灘』の最後に、秋幸は、刑が六年だとしても真面目に勤めれば三年で出所するだろうことが暗示されている。であれば、中上が、つぎに、出所した秋幸について書くだろうことは、『枯木灘』の読者には明らかである。また、その場合、秋幸がもはや代理ではなく、浜村龍造自身を殺すだろうということも予測できることである。事実、秋幸は幾度も父殺しを思い、口にもする。しかし、『地の果て　至上の時』で起こったのは、浜村龍造の自殺である。

かつてこの作品が刊行されたとき、それまでの作品に比べて、評判が悪かった。主人公の行動の遅滞が――それはこの長い作品の進行の遅滞でもあるが――、いわば古典的な緊張と強度をそなえた『枯木灘』のごときものを予期していた読者を失望させたからであろう。しかし、中上自身は、そうした「期待の地平」とは無縁のところにいた。彼が、秋幸に龍造を殺させなかったのは、もうそうした「父殺し」あるいはエディポス的な主題が空疎に見えるような状況を見いだしたからだ。それまでほとんど一気に書いていた中上が、この作品にかぎって、数年の時間と持続の意志を要したことがそれを証している。モダンな小説は、それが明示されていようといまいと、エディポス的なものを核心にもっている。自己あるいは内面そのものがそこに形成されるのだから。しかし、『地の果て　至上の時』では、それが崩壊している。私は、そのころ、この作品を擁護するために長い書評（「物語のエイズ」）を書いたことがあるが、私が見たのは、中上がこの作品において、モダンな小説そのものを自壊させてしまったということである。

たとえば、ここでは、浜村龍造は、秋幸の父としてあらわれるのではない。彼は「秋幸さんはわしの子じゃない。わしの親じゃ」とフサにいう。秋幸もまた、一面でそれに合意している。すなわち、幾度も父殺しが暗示されているにもかかわらず、その「父」は、ほとんど最初から「息子」の子としてあらわれている。いいかえれば、最初から、メタレベルが対象レベルに降りてきている。すでに、父殺しは不可能なのである。この意味で、中上は、『地の果て　至上の時』において、モダンなものの終焉を看取していたということができる。

もちろん、この作品をたんに時代状況の暗喩として見ることはできない。しかし、路地を「消しゴムのように消してしまう」事態が、そして、それに伴うバブル的な狂奔が、七十年代後半(さらに八十年代)にあったこと、それが日本のポストモダン的な状況に対応していることは否定できないだろう。中上は、ほかならぬ新宮の「路地」の開発のなかに、日本、あるいはむしろ世界的な変容を予感していた。事実、中上は、この作品を、日本、韓国、アメリカで書き継いだのである。もはや「父殺し」のような闘争はありえない。たとえば、この作品が刊行された八年後に、ソ連邦が崩壊したが、それは、スターリン主義との闘争によってではなく、また外部からの攻勢によってでもなく、その最高指導者自身がまるで浜村龍造が自殺するように、自壊させたのである。また、この作品で、草原と化した路地の空き地に、ジンギスカンの子孫と名乗るヨシ兄が出てくるのだが、それが彼のシャブ中毒の幻想だとしても、現に、ソ連邦崩壊とともに、モンゴルではジンギスカンが再び英雄として復活している。そう見れば、この作品の予見性は驚くべきものである。

したがって、この作品が書かれて十年以上たった今、再読してみて、私は、かつての見方を否定するよりも、それを再確認したいと思う。しかし、同時に、この作品には、そうした見方に還元できないような、特異な且つ多様な側面がある。おそらくそれは、中上が死んだということ、もはや私にとって同時代者としてあるのではなく、いわば「歴史」として存在しはじめたことと関係しているだろう。

＊

あらためて、私はつぎのように問わねばならない。中上は、なぜ浜村龍造を創り出し、それと格闘したのか。それは、私小説的な事実からは説明できない。たとえば、『地の果て　至上の時』が書き出されるころに、彼が書いた私小説では、実父と会う場面がつぎのように書かれている。

路地の三叉路の脇にある玄関をあけはなした家に入り、初めて実父の家に入って、実父のふところの深さがどのくらいのものか、趣味は、家の暮らしの様子は、と見ているが、さして動じもしないというふうに坐った私に、父親であるとかまえる気など毛頭ないというようにボソボソと話しはじめた実父を見て、私はやりきれなかった。これが私の小説の主人公秋幸が自然そのものの化身とも、蠅の王とも呼んだ浜村龍造かと腹さえ立ち、これでは秋幸という私生児の物語の主人公がかわいそうすぎるじゃないかと、嘲いさえしたのだった。つまり、さながら私は浜村龍造そのものとしてその子秋幸の性根のなさを見た。話はシャブ中毒から来る幻覚だけでなく、元々あるふがいなさがいま身中にうごめいているとしか思えない。(「桜川」『熊野集』所収)

浜村龍造が虚構であることは、もともとわかっていたことである。中上がここで「やりきれない」と言うのは、実父のことではなく、むしろ浜村龍造を創り出してしまった自己自身のことである。中上は、浜村龍造がいわば自分の子であることに気づいている。龍造は、私生児として乞食同然に育った哀れな男である。もはや龍造の行動に謎めいたものはない。《浜村龍造は意味があってそうしたのでない。蟻が巣を作るようにただそうしたかったのだ。意味はむしろ秋幸だった。意味の亡霊のように秋幸は路地跡を誰の所有でもなくし、そこに小屋をつくって住む者らの共有にしようと思っている》。

すべてを仕組んでいたような超越者のごとき龍造は、実は、構造が強いるままに「蟻が巣を作るように」動いていただけである。たとえ、彼が浜村孫一の伝承と結びつける「仏の国の理想」を熱病のように唱えたとしても。むしろ、「意味」の亡霊は、秋幸の側にある。それは、彼の「路地」に対するこだわりそのものにある。三年の受刑後に郷里に帰った秋幸の前に、「秋幸の出所をあかす路地は消しゴムで消されるように消えていた」。しかし、それを仕組んだのは浜村龍造だけでない。それに加担しそこから利益を得ているのは、秋幸の義父たちである。「路地」にこだわるのは、秋幸のみである。秋幸こそ「路地」に「意味」を付与しすぎている。《路地は秋幸だった。秋幸の過去のすべてだった》。

この観点から見れば、『地の果て　至上の時』は、秋幸における路地の「意味」を解体するものである。それは、秋幸の「自己」を解体することにほかならない。そのことはまた、「路地」の空間の構造を見いだすことを意味する。たしかに、路地は、被差別部落として町から疎外されている。しかし、町から見て「外部」あるいは周縁である路地は、それ自体、その内部において、ある排他的な構造をもっている。

どうして浜村龍造がそうまでして路地にこだわり、自分の手の跡を消し、すべて元地主の佐倉がやった事のように演出しなければならないのか、訊けるものなら訊いてみたかった。秋幸は考えた。路地の中でフサの私生児として生れた秋幸とまるっきり違う目で浜村龍造は路地をみていたのだった。路地では文字の読み書きを知らない者らが住み、女らがつつしみを忘れて大手振り交接し平気でテテナシ子を産む。秋幸もテテナシ子として生れた。男らは気力なく幽霊のように生き、人が生き続けるのに必要な誇りや自信など皆無だった。だが秋幸は町の動きからはじき出された者らの分泌する人肌のようなぬくもりの中で育った。他所から流れて来た者には、危害を加える怖れがなく自分より無能なら、あたうる限り優しく親切だったが、知恵があり元気がある者に対しては排除し、閉め出し、あらん限りの噂の種にした。

路地は若い浜村龍造には、道徳のない、嘘や猜疑やねたみの渦巻くところだったし、人間が衝動だけで姦し、親のない子がまた親のない子をつくる繰り返しを平然とやってのける、平べったいただ地面にへばりついた人間をひりだすようなところだった。戦国時代、鉄砲衆の領主として織田信長と、盟約を結び、後に一向宗徒として戦い敗れて熊野の有馬におちた浜村孫一の子孫だと口を開いて、浜村龍造は路地の者の物笑いの種になった。

「路地」は、別の言葉でいえば、母系的な社会である。それは、古来からあるというよりも、「路地」という被差別空間が作ったものであるというべきだろう。出自不明の者であり「路地」のなかで嘲笑される存在でしかなかった浜村龍造は、「路地」を恨み、それを消滅させようとしている。彼の行動は、完全に「父権的な」思考にもとづいている。彼にとって、秋幸が腹違いの弟(秀雄)を殺害したことは、つぎのように、母系制からの反撃として理解される。

「おまえが秀雄を殺したんじゃが、わしはフサが俺の子を殺したんじゃとも思とる。本当に秋幸が殺すんじゃったらこの俺じゃ」浜村龍造は昔の癖を思い出したようにちっと音させて唾を吐いた。
「浜村孫一が浜村龍造をか?」秋幸が言うと浜村龍造は声を立ててわらった。

ここで、秋幸は龍造の空想に従って、自らを「浜村孫一」になぞらえている。いいかえると、彼は自らを「父権的」なものの側に置いているように見える。そのことは、この作品の冒頭においてはっきり示されている。秋幸は、三年の刑を終えて南紀州に戻ってきた冒頭から、「山」に向かう。それは、土建業から材木屋に転じることであり、また母(フサ)のいる竹原家を離れて、浜村龍造に向かうことである。フサは、秋幸を返せと龍造を怒鳴りつける。それは、秋幸が「路地」そのものの内部と外部の境界に立っていることを示している。

『枯木灘』までの作品において、浜村龍造は、母系的な空間において他所者であった。今や、秋幸は、龍造の側にも立っている。それは、彼にとって「人肌のようなぬくもり」である「路地」が、そこに入ってくる者に対して残酷であり、「知恵があり元気がある者」を排除し、「何もかもを引きずり下ろしてしまう習性」があることを、知っているからである。「そう言うおまえら、昔、路地があった頃、他所から来た者を追いだしたじゃろよ。路地がええとこばかりじゃない、俺は他所に住んどったさか分る」と秋幸は言う。

路地の内と外に住んだ秋幸の路地に対する感情は、両価的である。そして、路地の消滅がその両価性を強く喚起する。それは、自らの根拠の消失である。だが、それに加担しているのは、浜村龍造だけでなく、母フサや義父たちである。秋幸はどちらの側にも立つことはできない。そのとき、彼は、自身を「浜村孫一」として見なしはじめる。それは、何を意味するだろうか。

歴史学者の石尾芳久は、被差別部落は、中世以来のものとは異質であり、そうした中世的な構造を解体する浄土真宗(一向宗)の運動を、徹底的に弾圧した信長・秀吉によって、報復的に創り出され、徳川体制によって制度的に確立されたものであると主張している(『一向一揆──被差別部落の起源』三一書房)。たとえば、浜村孫一に率いられた雑賀衆が被差別民にされたことを示す文書がある。とすれば、「孫一」伝説は、被差別民が創り出した幻想ではなく、その逆なのだ。それを幻想とすることこそ、起源の隠蔽である。

その場合、本願寺自体が「転向」し、たとえば、「差別戒名」のごときものを創り出したことに注意すべきである。それは、近代的あるいは世界宗教的な本質の放棄であり、中世的なものを再導入し制度的に固定化したことを意味する。被差別部落を、古代・中世的な起源に見いだすのは、根源的であるかに見えて、こうした近世的起源を隠蔽するものである。

したがって、浜村龍造がいう「仏の国の理想」は、たんなる妄想ではなく、被差別部落の「起源」に直接にかかわっている。そこから見れば、路地の母系的形態は、古代的なものではなく、敗北が生みだした屈従の姿でしかない。龍造がそれを否定するのは、ある意味で当然である。さらに、路地に敵対している地主の佐倉についても類似したことがいえる。彼は、明治末の大逆事件において、紀州グループのリーダーとして処刑された人の甥であった。彼が路地の人間を憎悪しているのは、彼らが路地のために活動していた叔父に対して事件のあと冷淡だったことによる。

すると、路地に対して悪逆であったように見えた、佐倉とその番頭を勤めた浜村龍造にこそ、「何もかも引きずり下ろす路地の習性」に敵対する理由があったといわねばならない。だが、彼らも、歴史的に創り出された被差別部落の構造の産物である。秋幸は、自らをあえて「浜村孫一」と呼ぶとき、「路地」をめぐる母系的なものと父系的なものとの抗争のなかに、それらを生みだした歴史的敗北という「起源」を見いだしているといってもよい。「路地」は、もはや、自然主義的空間でもなく、卑賤さが高貴さとなり、悪が善となり、醜悪さが美となるような民俗学的空間でもない。何よりも、それは、歴史的な空間である。秋幸の闘争の標的は、浜村龍造などではありえない。

くりかえしていえば、『地の果て　至上の時』において、新宮の被差別部落のなかでの家族的確執、すなわち秋幸と浜村龍造とフサらの確執は、もはやローカルなものではありえない。それは、それらが人類学的な普遍性をもつからではなく、歴史的な差別の構造そのものに根ざしているからだ。そして、それが存続するかぎり、近代日本の社会は、なお徳川的体制と地続きであり、そのポストモダニズムとはプレモダニティの別形態でしかない。言ってみれば、それは母系的なものの支配する空間なのである。

中上健次がこの時期こうしたことを考えていたとは思えない。しかし、テクストには、それが書き込まれている。それが非凡な作家の証である。というより、中上自身が、これを書いて初めて「作家」になったという気がしたと語っているのである。秋幸は、路地の側に立ち、且つそれを破壊する側にも立つ。それは、どちらにも立たないということである。この決定不能な揺れが、秋幸の行動を停滞させる。だが、この二重性は、この国においてものを考える者なら避けることができないものである。

中上は、この作品以後、二度と秋幸をめぐって書かなかった。われわれにいいうるのは、中上が、この作品によって、「自己」にかんする問題に決着をつけたことである。彼自身が路地を焼き自殺した、といってもよい。それ以後の彼は、いわばけっして回帰しえない「地の果て」に立っている。路地の消滅は、町と路地という異質な空間をつなげてしまうだけでなく、路地の内部の差異をも消滅させる。そこにはじまるのは、消費社会的な差異化であり均質化である。中上はむしろ、死に至るまでその中に積極的に飛び込むだろう。そこで書かれた作品群を、『枯木灘』のような世界と比較して云々すべきではあるまい。『地の果て至上の時』は、中上がそれ以前の世界と決別するために書かれたのだ。ガンによる死が迫った時期に、彼は再び「秋幸」について書くことを考えた。それがいかなるものになりえたかを、私自身夢想しないわけではない。しかし、口惜しい気持が残りながらも、今、あらためてこの作品の画期性を痛感している。

『大岡昇平全集2』（筑摩書房・解説、1994年10月刊）

1

大岡昇平が戦後『俘虜記』を執筆しはじめるころに有名なエピソードがあった。小林秀雄が魂のことを書けと忠告したのに対して、大岡は、いや俺は事実について書くといったという話である。このエピソードは特に大岡と小林の対立を示すものだとはいえない。しかし、思想上の本質的な対立は、必ずしも論争や喧嘩としてあらわれるものではない。世の中にはもっと派手で露骨な対立があるが、しばしばそれらは同型でしかない。ところが、大岡の小林に対する異議には、どんな激しい対立にもまして、根本的な対立がふくまれている。それは、たとえば、スピノザのデカルトへの対立に似ている。

スピノザが最初に且つ自分の名で発表したのは『デカルトの哲学原理』である。彼はいわばデカルト主義者としてこの本を書きそれによって知られたのである。彼もまたコギトから出発した。しかし、彼は「我思う、ゆえに我あり」を三段論法として読むことを拒否する。デカルトはここから思考主体としての我を実体と見なすことになるが、スピノザはそれを「思惟しつつ、我あり」と読む。出発点が同じであり、またわずかの修正であるにもかかわらず、そこから出てくるものは極端に違ってくる。

デカルトの考えでは、思惟と延長という二つの実体がある。それは、思惟＝精神が延長＝身体から独立していることを意味する。われわれは身体としてあり、それゆえ情念（受動感情）のなかにあるとはいえ、それを制御しうる自由意志をもつ。それはまた、延長＝世界の外部に超越的な神があるという考えともつながっている。しかし、スピノザの考えでは、実体は一つであり、それは世界＝神＝自然である。精神と延長は、そのような実体の二つの様態でしかない。

それによって彼がいうのは、われわれが「自然」の必然性のなかにあること、それを超越することはできないこと、自己主体や超越的な神はたんに想像物でしかないということである。われわれはつねに「自然」の触発のなかにあり、それに規定されている。自然に目的はなく、目的はすべて人間の想像物である。「自由意志」とは、原因が複雑すぎるために知りえないがゆえに想像されてしまうものにすぎないし、また、この世界を越える人格神のようなものは幼年期の家族体験から想像されたものでしかない。

だが、このことはけっして主体性を否定することにはならない。「意志と知性とは同じものである」（『エチカ』第二部・定理四九の系）。われわれが自然に規定されているということ、あるいは自由意志が想像物にすぎないということを認識することは可能であり、そこにのみ自由が存する。もちろん、「十全な認識」は不可能である。だが、たえずそれを深めていくことができるし、そうしなければならない、とスピノザはいうのである。

2

小林秀雄と大岡昇平の関係はデカルトとスピノザの関係に似ている。スピノザがデカルトから出発したように、大岡も若いときから小林の影響下にあった。のみならず、小林はまさにデカルト的なのである。それは小林がデカルトを奉じたという意味ではないし、また、私が小林がデカルト的だというのは、必ずしも否定的な意味ではない。明治以来の日本の哲学においては、つねにデカルトは否定されてきた。文芸批評家とされる小林にこそデカルト的思考があった。小林秀雄は日本の最初の批評家だといわれるが、それはむしろ誤解である。彼は日本で最初のデカルト系の哲学者だったというべきなのだ。大岡は小林に反撥する根拠をスタンダールから得たと主張するかもしれない。もちろんそうだとしても、それは究極的にスピノザ的なものだとみなしうるのである。

小林秀雄がデカルト的だということは、彼がベルグソンに依拠したとしても変わらない。ベルグソンは、一見して反デカルト的であるが、その主意主義においてデカルト的思考の系である。彼は精神＝持続としての時間＝自由を、それを空間化してしまう形而上学から解放せねばならないと考える。小林秀雄はベルグソンにならって、戦争下の状況において「自由」を確保しようとした。それは、精神（時間）を空間的に扱うイデオロギー（ヘーゲル主義）への批判であり、彼にとって自由とは、そうした形而上学を斥けて、戦争という「運命」に能動的に従うことにある。そのような逆転は、自己を強いる外的な「延長」に対して、精神の自律性を確保することである。

ある意味では、大岡の次のようなシニシズムにも、それと似たものがある。

私は既に日本の勝利を信じていなかった。私は祖国をこんな絶望的な戦に引きずりこんだ軍部を憎んでいたが、私がこれまで彼等を阻止すべく何事も賭さなかった以上、今更彼等によって与えられた運命に抗議する権利はないと思われた。一介の無力な市民と、一国の暴力を行使する組織とを対等に置くこうした考え方に私は滑稽を感じたが、今無意味な死に駆り出されて行く自己の愚劣を嗤わないためにも、そう考える必要があったのである。（本巻八頁、以下同）

そして、このように考える「私」の前に、比島の熱帯の風景は異様に美しく映りはじめる。

死の観念はしかし快い観念である。比島の原色の朝焼夕焼、椰子と火焔樹は私を狂喜させた。至る処死の影を見ながら、私はこの植物が動物を圧倒している熱帯の風物を眼で貪った。私は死の前にこうした生の氾濫を見せてくれた運命に感謝した。山へ入ってからの自然には椰子はなく、低地の繁茂に高原性な秩序が取って替ったが、それも私にはますます美しく思われた。こうして自然の懐で絶えず増大して行く快感は、私の最後の時が近づいた確実なしるしであると思われた。(八頁)

おそらくこの条りは小林秀雄の『無常といふ事』の美学に符合するだろう。それはたんに「末期の眼」というよりも、死を運命として自ら選んだと思う者に開示される美である。しかし、そのあとに、大岡は次のように書く。《この死を無理に自ら選んだ死とする倨傲が、一種の自己欺瞞にすぎないことに私は突然思い当った。こんな辺鄙な山中でなすところなく愚劣な作戦の犠牲になって死ぬのは、単に「つまらない」、ただそれだけなのである》。(九頁)

大岡は風景が「美しく思われた」ことを否定しないが、そこに自己意識の「倨傲」あるいは「自己欺瞞」を見いださずにいない。それは、選んだものでもないものを無理に自ら選んだということによって「自己」を想像的に確立することであるから。「無私」を説く小林秀雄の美学にひそむのは、そのような「倨傲」である。近代的思考をどう批判しようと、小林の核にあるのは「主体」の問題である。だが、大岡がいうのは、まさにそれが自己欺瞞にすぎないということだ。

いうまでもなく、『俘虜記』は内省の記録である。しかし、「魂」の記録ではない。それはむしろ「魂の不在」の記録である。といっても、それはたんなる「事実」の記録でもない。『俘虜記』が示すのはスピノザ的な知性＝意志である。それは自律的・自発的な意志がいかに想像的なものでしかないか、それが「諸原因」によっていかに根底的に決定されているかを分析してやまない。だが、そのような分析をする者は主体ではないのか。たしかに、それはデカルトがコギトにおいて最初に開示した主体性である。しかし、それは「思考する主体」という実体ではない。この主体は（デカルトにおいてもそうであったように）、想像的なもののなかにある思考がそれを想像的なものとして見いだす、一瞬の裂け目においてのみある。

大岡はたえず、この裂け目を喚起する。たとえば、熱帯の風物が絶対的な美としてあらわれるとき、それは同時に自己の絶対化である。コギトは、それらが想像物ではないのかと疑う時にのみある。しかし、この疑いはたんに、軍の愚劣な作戦に強いられて彷徨する無力な兵士がいるだけだという「事実」を対置することから来るのではない。それがわかりきっているからこそ、絶対的な美が要請されるのだから。戦争文学あるいは歴史の多くは、この種の「事実」を積み重ねることによって、ロマン派を否定しようとした。だが、それは内在的な批判ではありえない。《すべてこうした日本人が戦争という現実に示した反応は、今日単に「馬鹿だった」と考えられている。しかし自分の過去の事実を否定することほど、今日の自分を愚かにするものはない》。（六四頁）

「馬鹿だった」と言うのは、事後的な物語である。だが、そのように言うこと自体がまた「馬鹿だった」ということになるだろう。われわれが何事かを明瞭に選択することができるという「倨傲」こそが、われわれを「愚かにする」のである。大岡が標的とするのは、そのような物語（ナラティヴ）である。そこに、『俘虜記』という奇怪なテクストが成立する。つまり、それは、内省的でありながら内省の主体とされる自己への否定であり、文学的でありながら文学への否定である。

3

大岡は挑発的なまでに「小説」を攻撃する。《同時に私はこれが「カラマーゾフの兄弟」のイヴァンの二重人格の場合と同じであることに気がついた。この発見は不愉快だった。私はこの生涯の最後の瞬間に、私の個人的たるべき幻覚においてさえ、なお先人に教えられたところに浸透されているのを苦々しく思った》(三〇頁)《で、私がもし小説を作る気ならば、次のように書くことが出来る》。(一三〇頁)《しかし私は自分の物語があまりにも小説的になるのを懼れる。俘虜の生活など無意味な行為に充ちているものである》。(一三一頁)

しかし、この意味での「小説」は、狭義の小説に限定されるものではない。われわれの「体験」を構成しているのは、この種のナラティヴなのだ。しかし、われわれはそれをあらかじめ知ることはできない。大岡が書くのは、自由と見えるわれわれの思考が構造的に決定されているという一般理論ではない。そのことが開示される一瞬の裂け目の反復こそが『俘虜記』を形成している。《精神の能動は、ただ十全な観念のみから生ずる。しかし、精神の受動は非十全な観念のみに依存する》(『エチカ』第三部・定理三)。

この「十全な観念」を獲得しようとする大岡の分析は、極端なほどの「受動」のなかにあった一事件、すなわち若い米兵を射たず、そのために生き延びることができたという事件に向けられている。この分析はあらゆる角度から執拗に進められる。さしあたって、彼はこう考える。米兵を射たなかったのは、彼が

「孤独な敗兵であり、私の行為を自分で選択できたからである」。

要するにこの(筆者注——人を殺すことへの)嫌悪は平和時の感覚であり、私がこの時既に兵士でなかったことを示す。それは私がこの時独りであったからである。戦争とは集団をもってする暴力行為であり、各人の行為は集団の意識によって制約乃至鼓舞される。もしこの時僚友が一人でも隣にいたら、私は私自身の生命の如何に拘らず、猶予なく射っていたろう。(二二頁)

重要なのは、人が置かれているポジションである。それを越えて自由な選択などありえない。しかし、独りの敗兵であるがゆえに「私の行為を自分で選択できた」というのは正しいだろうか。大岡はただちにこうつけ加える。

最初私が米兵を見た時、私は確かに射とうと思わなかった。しかし彼があくまで私に向って前進を続け、二間三間の前に迫って、遂に彼が私を認めたことを私が認めた時、私はなお射たずにいられたろうか。

私は自然に銃の安全装置をはずした手の運動を思い出す。して見ればこの時私が確実に私の決意を実現し得たのは、ひたすら他方で銃声が起り、米兵が歩み去ったという一事に懸っている。これは一つの偶然にすぎない。(二三頁)

この「偶然」は私にとってそう見えるだけである。スピノザ的にいえば、偶然はない。《自然の中には何一つ偶然的なものは存在しない。いっさいは神の本性の必然性から一定の仕方で存在や作用へと決定されている》(『エチカ』第一部・定理二九)。要するに、自分の意志で選択したと思うのは、そうした複雑な諸原因を知らないことから来る想像だということである。しかし、こうした「偶然」が符合したときに、人はそれを作為している人格としての「神」を考えてしまう。スピノザがデカルトを批判したのは、デカルトが自然を越える神とその恩寵を考えたからである。

しかし一方こうして私の心理を見詰めて発見するものはすべて頗る不確定であって、それをいくら重ねても、結局私がこの時「敵」という単純な存在を射たなかったという単純な行為を蔽うに足りないと思われた。ここには何か内省によっては到達出来ない法則が働いているのではあるまいか。そして病院の閑暇と衰弱にあって、この空隙を埋めるために私を訪れた観念は甚だ奇怪なものであった。

即ちあの時私が敵を射つまいと思ったのは私が「神の声」を聞いたのであり、米兵が迫って、私がその声に従うことが出来るか出来ないか不明に立ち到った時、別の方面で銃声を起らせ、米兵をその方へ立ち去らせたのは「神の摂理」ではなかったか、という観念である。(七二頁)

しかし、この「奇怪な観念」はもっともありふれた想像であり、あるいは習慣である。大岡自身が、『俘虜記』第一章の「捉まるまで」のエピグラフに『歎異抄』の「わがこころのよくてころさぬにはあらず」という一節を書き込んでいるが、そこに「神の恩寵」という含意はない。たんに自由な意志はないということが意味されているにすぎない。では、なぜ「神の声」を聞いたという観念が出てきたのか。一つには「病院の閑暇と衰弱にあった」からであり、もう一つは、かつて中学生の時代にキリスト教を信じていたことがあったからである。

ここで言っておきたいのは、人間の理性(理解)を越えたものがあったとき、そこに神の意志を見いだすのは、けっして近代的自我の「倨傲」を否定することではなく、むしろその逆だということである。小林秀雄の批評はつねに、分析のあげくに或る神秘的な超越性を暗示する。しかし、それはデカルト主義を否定するどころか、その典型なのである。もし大岡が「神の声」という観念を受け入れて書いていたなら、『俘虜記』は「魂」の記録になっていただろう。しかし、彼は断固として「事実」について書かねばならない。そして、この「事実」とは、事実性、つまりその「原因」を知ろうとしてもけっしてとどきえないような諸結果である。

4

しかし、大岡昇平はこの事件について一つの「結論」を与える。

日本の資本家が彼等の企業の危機を侵略によって開こうとし、冒険的な日本陸軍がそれに和した結果、私は三八式銃と手榴弾一個を持って比島へ来た。ルーズベルトが世界のデモクラシイを武力によって維持しようと決意した結果、あの無邪気な若者が自動小銃を下げて私の前に現われた。こうして我々の間には個人的に何等殺し合う理由がないにも拘らず、我々は殺し合わねばならぬ。それが国是であるからであるが、しかしこの国是は必ずしも我々が選んだものではない。(中略)

実際には私が国家によって強制された「敵」を撃つことを「放棄」したという一瞬の事実しかなかった。そしてその一瞬を決定したものは、私が最初自分でこの敵を選んだのではなかったからである。すべては私が戦場に出発する前から決定されていた。

この時私に向って来たのは敵ではなかった。敵はほかにいる。（七五—七六頁）

《敵はほかにいる》。この「敵」は、いうまでもなく帝国主義あるいはその段階に達した資本主義である。明らかに、大岡は資本主義を「原因」の最終審級に見いだしている。たとえば、彼はいう。《元来私は我国における哲学の流行について一つの偏見を持っている。つまり流行が経済的繁栄と一致するということである。大正における西田哲学が前大戦後の好景気に伴ったのは、文化向上の一環として納得出来るとして、戦時中一般の知的水準の低下に反した三木哲学の流行は、軍需景気による坊ちゃん連の大量生産と関係なしには考えられない》。（二一〇頁）

のちに大岡は、昭和十年前後のいわゆる「文芸復興」を、軍需生産による完全雇用の状態に帰している。彼は、哲学や文学があたかも自立しているかに見えるとき、それが根本的に経済的下部構造に規定されていることを指摘する。むろん、マルクス主義者なら誰でもそんなことはいえるだろう。だが、マルクス主義者は彼らもまたそれに規定されることを忘れてしまう。重要なのは、マルクス的認識もまたコギトとして、想像的なものの一瞬の裂け目においてあらわれるということであり、また、われわれにとって、最終審級はつねに不透過だということである。マルクス主義は、それが社会（延長）を操作しうる「自由意志」として受けとられるならば、自らに対して盲目的であるほかない。本当は、マルクスの思考はスピノザ的思考の系譜にあるのだし、そうでなければ理性の暴力に帰着する。
《敵はほかにいる》。それは「十全な観念」に到達しようとする認識が見いだしたものであり、そこに無力で受動的である一兵士がもちうる「精神の能動」(自由)がある。注意すべきことは、これが一行為という事実性の「原因」の探究において見いだされたことだ。それは最終的な「結論」ではありえない。大岡が出発するのは、けっして超越できない歴史的「世界」の中での人間存在である。彼は自身の愚かさの事実を描くことなしに他人の愚かさを指摘しない。

5

俘虜収容所は社会の縮図である。『俘虜記』が占領下の日本で執筆された以上、収容所が戦後日本の暗喩となるだろうことは、実際に作者自身が意識していたことだ。しかし、俘虜収容所が社会の縮図となる理由は別にある。もともと近代の軍隊がそうであるが、そこでは通常ならばめったに遭遇しない諸階級の人間が召集され生死をともにするからである。ただ、軍隊においては機能的階級区分によって社会的階級の差異が抑圧されるのに対して、俘虜収容所においてはそれが露呈する。たとえば、外国語ができる大岡は収容所で一種の特権を獲得している。そのような意味で、俘虜収容所ほどに日本人総体を考察するにふさわしい場所はない。

しかし、それは「観察」以上の体験である。なぜなら、それは観察する者をも変化させずにおかないからだ。三十五歳、大正の新興ブルジョアジー出身、大学出の会社員が、一兵卒として各地のさまざまな階級の出身者と共同で生活する機会を強いられるということは、この時期の日本軍以外ではほとんど考えられない。一九六〇年代の中国で知識人・学生が農村に「下放」されたことがあるが、大岡が体験した事態はある意味で「文化革命」なのである。そして、戦後日本の民主主義をもたらしたのは新憲法よりも、むしろそのような体験であるといってよい。

先に述べたように、大岡は人間が置かれているポジション(位置・場所)を重視している。その一つとして、彼は階級的差異——それはむしろ「文化資本」(ブルデュー)の差異であるが——に対して敏感である。むろん、出身階級が一個人の行動をすべて決定するのではない。ところが、大岡はこう記している。《私が軍隊で接触した兵士、少なくとも私に感銘を残した兵士が悉く農民であるのに気が付く。ここには日本軍の構成の統計的原因のほかに、何か彼等と私の間に共感の原理があるに相違ない》。(九六頁)大岡はそれについて掘り下げようとしていない。しかし、この「共感」には別の原因があるはずである。

たとえば、ポジションという観点から、大岡は俘虜を次のように定義する。《私がここでいう俘虜とは、終戦の大勅によって矛を捨てた兵士ではない。彼等は単に抑留されたる者である。俘虜とは日本が戦っていた間に、降服、或いは戦闘力を失うことによって、敵に捕えられた者を指すべきである》。(二〇六頁)この差異が何よりも大岡自身にとって重要であることに注意すべきである。彼にとって、俘虜はどうしても「日本が戦っていた間に——敵に捕えられた者」でなければならない。このことは、大岡がまだ戦っている、あるいは戦って死んだ者を、というよりそれのみを、気にかけているということを意味する。

大岡を驚かしたのは次のような感情である。《今レイテの俘虜病院に着き、新しい俘虜の同僚を見て私の感じたのが激しい羞恥であったのは意外である》。(五七頁)西洋史や国際法に通じていた彼は、「俘虜の地位を日本の軍人が教えるほど恥ずべきだとは思っていなかった」からである。

新しい感情であった。この時私は理解すべきであった。この時の私の衝動は、それまで軍隊にあって、私が彼等と同じ風に祖国を愛し得ないことを恥じ、却って彼等が実は己れを偽っているのではないかと空想して自ら慰めた心の動きと同じであることを。そして今後少なくとも我々がこの柵内にいる限り、我々の関係はこうした私の側の恐怖の上に成り立つほかないということを。そうすれば私はここで様々の珍らしいことを学んだかも知れなかった。しかし私の心はいつまでもこの感情を支えることが出来ず、次第にもとの傲慢に閉じ籠った。羞恥は永続する感情ではない。（五七―五八頁）

しかし、実は、この羞恥は「永続する」というべきであろう。この羞恥は、俘虜になることを恥だと思いながら戦死した僚友たちへの羞恥なのである。とりわけて、それが「農民」であった。彼らは俘虜になることを拒んで死んだか、あるいは俘虜になったことを心底恥じた。そのような他者たちに、大岡は羞恥を感じる。彼らの無知は環境によるものだが、同様に彼の知も意志の産物ではない。大岡は、「羞恥」において、相対的な他者との意志を越えた関係の絶対性を認めている。

この「新しい感情」は本質的にデモクラティックなものである。それは、大衆存在という想像物に帰着する知識人の倒錯的優越感とは無縁である。大岡の『俘虜記』あるいはその後の『レイテ戦記』に一貫しているのはこの「新しい感情」であり、それは新しい倫理である。戦争において大岡は明らかに変わったのだ。その意味で、本書は大岡昇平の「エチカ」である。

（一九九四・八・一五）

『天馬空を行く』（河出文庫解説、1996年5月刊）

冥王まさ子

冥王まさ子はこの作品を一九八四年頃に書きはじめている。書かれた出来事には日付がある。それは一九七六年の夏である。なぜこの年の夏なのか。八年も経って、ヨーロッパ旅行記を書こうとしたのはなぜなのか。私の知るかぎり、彼女は、この旅行において旅行記を書こうとはまったく考えていなかったし、以後もそのような構想をもたなかった。ただ確かなのは、彼女がこの旅行において小説を書くことを考えていたということである。それが実現したのは、数年後に文藝賞を受賞した『ある女のグリンプス』である。

小説を書くこと――は、彼女にとって大きな転換であった。それまで彼女が小説を書いたり書きたがったということは一度もない。むしろ彼女は演劇に関心があり、実際に文学座の養成所に入っていたこともある。樹木希林や小川真由美と同期であった。英文学者になってからもシェークスピアや現代演劇をやっていた。小説に関していえば、修士論文にローレンス・スターンを選び、またアナイス・ニンの小説ではなく「日記」を翻訳していた。要するに、近代の小説という形式にはまったく背を向けていたのである。内面について語らないことを、彼女は原則としていた。その彼女が小説を書くことを決意したのには幾つかの理由がある。

一九七五年、私がイェール大学東アジア学科の客員教授として招かれたとき、彼女も一緒にニューヘイヴンに来た。彼女は数年前に専任の職を大学紛争で辞したあと職がなく、イェールでは教授の配偶者という資格で、私と同年で気鋭のシェークスピア学者ハワード・フェルパリンのセミナーに出ていた。そのような境遇も屈辱的であったし、帰国しても専任職の見込みもないということもあったが、彼女を絶望させたのは何よりもフェルパリンの能力だったと思う。彼女は高校時代、交換留学生としてアメリカで学び、日本人としては抜群に英語ができたが、それが何物でもないということを思い知らされていた。しかも、そんな絶望などと縁のない無能な英文学者(特に男)が日本では大学のポストを独占しているのであってみれば、これは二重の絶望である。さらに、批評や理論は、といえば、身近に私がいる。この一年間に彼女は追いつめられていた。小説を書くこと――が、この夏のヨーロッパ旅行の前に、彼女の心を占めた。この旅行のあと、彼女は子供らと帰国し、私はアメリカに残った。

この作品に書かれていないのは、この旅行中に、彼女が小説の構想を練っていたことである。もう一つ書かれていないのは、この作品の夫のモデルである私が、彼女に劣らぬ危機的状態にあったことである。彼女に比べれば優遇されていたとはいえ、私は日本文学を教えること、あるいはそのような小さな世界に満足することは到底できなかった。一九七五年の秋、フェルパリンの紹介で知り合ったポール・ド・マン(この作品で唯一実名で登場する)に読ませるべく、『資本論』について論文を書いた。この論文は評価され、ド・マンがやっていた雑誌に掲載されることが決まった。ところが、この旅行の前に、私は突然その論文に疑いをもちはじめた。この旅行中、私が考えていたのはそのことである。私はこの論文で『資本論』を言語論的に読みかえることを試みていたが、いったん言語について考えると、哲学上の諸問題をすべて検討しなければならなくなった。私は一からやり直そうと思った。と同時に、私はアメリカで理論的な仕事をやるという野心を強めた。以後帰国しても、私の関心はそこにあり、文学批評の現場からは離れてしまった。むろん、それは冥王まさ子が小説を書きはじめたことと無縁ではない。

つまり、彼女が小説に向かったのと、私が理論に向かったのとは、同じ時期なのである。そして、それがこのヨーロッパ旅行の期間であった。『天馬空を行く』の夫婦は、そんなことを語りもしなければ、考えてもいないように見える。冥王まさ子はこの旅行の日々を綿密に再構成した。それは驚嘆すべき記憶力である。だが、それらが記憶されているのは、彼女がそれを記録しようという気持など毛頭なかったからである。フロイトは、重要な事柄が忘れられどうでもいいような些細な事柄が記憶されているとき、そこに重要な事柄が圧縮されているのだと書いている。今になってわかることだが、このヨーロッパ旅行には、冥王まさ子と私がそれぞれ以前とは違った道を歩みはじめる危機の兆候が存在したのである。しかし、当時私たちは、それが可能な最善の選択だと思っていた。

なぜ彼女は一九八四年にこれを書こうとしたのか。彼女はそれまでに三冊の本を出していた。この三つの長編小説で彼女は初期のモチーフをすべて書いてしまった。しかし、「どうしても書きたい」ことをすべて書いてしまったあとに、ひとは「小説家」になるのだ。たまたま小説を書いたからといって、小説家なのではない。この時期、彼女は或る飛躍を迫られていた。一方、私は理論家としてデッドロックに乗り上げていた。さらに、ド・マンも死んでしまった。彼女は私を助けようとしたが、それは不可能であった。私のやっていることは彼女の理解を越えていたからである。

また、この時期、彼女はもはやこの作品の主人公のように、「息子たち」を率いて進む人物ではありえなかった。小説家として、彼女自身が「娘」になっていたからだ。私もそのことで彼女を助けることはできなかった。私が文壇的に知られた批評家であることは、彼女にとって不利であった。有利と見えることがなおさら不利であった。彼女が小説家であることは、私にとって不利であった。私は文学の現場から離れた抽象的な理論のなかで疲労困憊した。互いの遠慮と拘束が私たちを不自由にしていた。それを敏感に反映して、子供たちもつぎつぎと逆境を経験していた。私はそこから出口を求めて『探究』を書きはじめ、彼女は『天馬空を行く』を書きはじめた。私が家を出たのは、それから数年後である。しかし、この作品の最後にそれが予見されていたと思う。

ことの発端は一九七六年のヨーロッパ旅行にある。しかし、その時点では、彼女も私もその意識はなかった。一九八四年においても、彼女はそのことを明瞭に意識していたわけではない。だが、彼女はあのヨーロッパ旅行の経験をつぶさに記憶していた。細部ではなく、それが記憶されていること自体に意味がある。細部を忠実に再現しようとした『天馬空を行く』は、それによって、別のことを語っている。この作品を読んで、私は初めて彼女が小説家であると思った。『天馬空を行く』には、「聖家族」が描かれている。それは崩壊の寸前にあらわれる一瞬のエピファニー(顕現)である。とはいえ、それは堀辰雄のようにロマンチックなものではなく、また、作者自身を含めたモデルたちとも関係がない。それは一個の独立した世界である。

ある意味で、この作品は漱石の『吾輩は猫である』の世界と似ている。漱石がそれを書いた時期は『道草』に書かれたような時期である。つまり、『道草』的世界に生きていた漱石が『吾輩は猫である』を書いたのだ。『天馬空を行く』が書かれた時点の世界も、『道草』的なものであったといってよい。のみならず、この作品のヒューモアも、漱石的な写生文から生まれている。彼女は漱石の愛読者ではなかった。むしろ、この時に小説家として初めて興味をもったように思われる。特にロンドン塔を見物するあたりに、漱石の写生文への意識が露出している。しかし、彼女は、ローレンス・スターンについて修士論文を書いていたのだから、もともと漱石と縁が深かったはずである。

漱石が写生文について与えた定義、「大人が小供を視るの態度」は、フロイトがヒューモアについて与えた定義と同じものだ。フロイトによれば、ヒューモアは、超自我が苦痛の中にある自我に対してそんなことは何でもないよ、と慰めるものである。フロイトは、さらに、ヒューモアを、誰もがもつものではない、貴重な天分であるといっている。その意味で、『天馬空を行く』の冥王まさ子は、特に女性の作家としては稀有な天分を示している。

『村上龍自選小説集1』（集英社・解説、1997年6月刊）

Ⅰ　想像力のベース

私は一九七六年にイェール大学にいたとき、たまたま村上龍の『限りなく透明に近いブルー』を雑誌で読んだ。ほかに一つも同時代の作品を読んだ記憶がないから、なぜこれだけを読んだのかわからない。とにかく私は読みふけり、文字どおりブルーな気分になった。アメリカ人の友達に、今日は"a basically base novel based upon the base"を読んだので気が滅入っているといったのを覚えている。そして、そのことを翌年帰国して文芸時評に書いたことがある（『反文学論』所収）。

加藤典洋は、江藤淳がこの作品をはねつけ、田中康夫の『なんとなく、クリスタル』を賞賛したことに注目し、その差異を日米関係に対する両者の差異に還元している。その際、彼は私の右の時評文を引用して、江藤淳の反撥の根拠を補強している。《『限りなく透明に近いブルー』が一読後、江藤と柄谷に生理的な拒絶反応を生ぜしめたのは、そこに「ヤンキー・ゴウ・ホーム！」という「情動的なナショナリズムの叫び」が入っていると——彼らには感じられた——からだったろう》（『アメリカの影』）。

この分析は、江藤淳に関しては当たっているかも知れない。というのも、加藤の批評自体が江藤淳の方法の応用だからである。私に関していえば、それははっきりと違う。私はこの作品に「ヤンキー・ゴウ・ホーム！」という叫びなど感じなかった。私が村上の作品に感じたのは、いわば「動物性」の圧倒的優位というようなものである。

動物性という言葉には、若干の注釈が要る。それについては、コジェーヴが『ヘーゲル読解入門』第二版の脚注につけ加えた「〈歴史〉の終りにおける〈人間〉の消滅」という省察が参考になるだろう。コジェーヴは、ポスト歴史的な世界では「アメリカ的生活様式」が支配的となるだろうという。そこでは、(階級)闘争はなく、要求は満たされ、したがって、「〈世界〉や自己を理解する」という思弁的な必要性を持たないがゆえに、人間は「ポスト歴史的な動物」となるといっている。これは、「幸福な国民は精神を持たない」とヴァレリーがいったのと大差はない。

コジェーヴのアメリカ観は、一九五〇年代に私がアメリカに対して持っていたのと同じものである。実際、アメリカ的生活様式とは、アメリカが絶頂期にあった一九五〇年のものであり、そこにはまさに「精神」が欠けていると見えたのである。それは、村上龍が今日そう思われているように、テニスやダイヴィングをやり、セックスや美食にふけり、何も深刻なことは考えないといった姿のイメージである。

私はそれに反撥していたのではない。私はバスケットボールの選手だったし、アメリカ的「動物性」を好んでいた。むしろ「精神」に反撥していた。なぜなら、「精神」は貧困や遅れの、つまり「不幸」の産物だったから。しかし、いうまでもなく、私は本質的には「アメリカ的生活様式」からほど遠かった。達成すべき目標や意味や情熱が私たちにはまだありすぎたからだ。

ところが、一九七五年のアメリカはすでに違っていた。ヴェトナム戦争の後であり、経済的な没落の兆候(ドルの権威の失墜)があった。そして、思想的には、レッド・パージ以後排除されていたヨーロッパ大陸系の思想が全面的に導入されていた。なかでも、私がいたイェール大学は、フランスの哲学・批評の「基地」になっていたのである。私はそのなかでかなり居心地がよかった。(そもそもアメリカで、マルクスについて論文を書くなどということが、その十年前に考えられただろうか。)要するに、アメリカは「精神的」になっていたのだ。私はこれならこの国でもやって行けそうだと思った。

村上龍の『限りなく透明に近いブルー』を読んだのは、そういうときである。これは、私が見ないでいたあのアメリカの「ポスト歴史的な動物性」をまざまざと想起させた。アメリカはもはやこうではないという思いと、しかしやはりそうだという思いが交錯した。「アメリカ」の凄さは、狭い知識人の世界ではなく、やはりあの「動物性」にあるのではないか。それは、ヨーロッパからきたディコンストラクションをさえ無意味化してしまうのではないか。そういう思いが私をブルーにしたのだ、といってもよい。

日本の一九七〇年代後半にポストヒストリカル(ポストモダン)な傾向があらわれたとしたら、その一つは明らかに村上龍にあり、もう一つは村上春樹にある。しかし、この二人は対照的である。春樹が「意味」を空無化するためのアイロニカルな自意識の繊細さを誇示しているのに対して、龍は圧倒的な動物性のなかから「意味」の萌芽を感受するといった感じである。たとえば、『限りなく透明に近いブルー』には、アメリカ的「動物性」に没入しながら、なおそれについて行くことに耐えきれないような「精神」の萌芽がある。

リュウ、あなた変な人よ、可哀そうな人だわ、目を閉じても浮かんでくるいろんな事を見ようってしてるんじゃないの? うまく言えないけど本当に心からさ楽しんでたら、その最中に何かを捜したり考えたりしないはずよ、違う?

あなた何かを見よう見ようってしてるのよ、まるで記録しておいて後でその研究する学者みたいに

――さあ。

これは、たとえば、ローマの詐欺師を主人公にした「ローマの詐欺師」やニューヨークの黒人売春婦をあつかった「ニューヨーク・シティ・マラソン」についてもあてはまる。しかし、日本のポストモダニズムにおいて、村上龍はけっして主流にはならず、村上春樹の「風景」が支配的となった。それに関して、先に引用したコジェーヴの指摘をつけ加えておかねばならない。コジェーヴは一九五九年に日本を訪問した後、ポスト歴史的世界に関して「根本的な意見の変更」をする。すなわち、ポスト歴史的世界は、アメリカ的ではなく、「日本的生活様式」のようになるだろうというのである。

日本で私が目の当たりにすることができたのは、一様な〈社会〉であった。「〈歴史〉の終焉」における――つまり内戦も対外戦争もない――生を三百年にも亙って経験したことがあるのは日本だけだからである。「ポスト・歴史的」な日本の文明は、「アメリカ流」とはまさに正反対の流儀を採った。純粋な形式のスノビズムが、「自然的」あるいは動物的な所与を否定する規律を創出し、それが、日本か他所かを問わず、「歴史的」な〈行動〉から生まれた規律を有効性という点で遥かに凌いだのである。確かに、日本的スノビズムの尖端(能、茶の湯、生け花)が、今もなお貴族や富豪だけに許される特典であるにはちがいない。しかし、政治経済的な不平等が根強く残存しているにもかかわらず、例外なくあらゆる日本人が、全面的に形式化された諸価値――すなわち「歴史的」な意味における一切の「人間的」な内容を完全に欠く価値――に従って生きようとする位置に、現在、いるのである。

したがって、極端な場合には、すべての日本人は、原則として例外なく、全く「無報酬」の自殺を純然たるスノビズムゆえに行なう能力を持っているのであり……しかもそれは、社会的・政治的な内容を備えた「歴史的」な諸価値のために行なわれる〈闘い〉において生命を犠牲にすることなどとは何の関係もないのである。こうした事情があるからには、次のような確信を抱く人間が出てもおかしくはない。最近開始された日本と西洋世界との相互作用が最終的に行き着く先は、日本人が再び野蛮状態に戻ることではなく、(ロシア人をも含む)西洋人の「日本化」である、と。

コジェーヴがいうスノビズムは、普通にいうそれとはまったく違っていることに注意すべきだろう。たとえば、会社で猛烈に働き、受験勉強や運動の猛練習をやるといった姿にこそむしろスノビズムがある。そこでは、一体何のためにそうするのかという「意味」は問われない。これは労働というよりは形式的なゲームであり、そこに「人間的な内容」は欠落している。しかし、コジェーヴがいう日本的スノビズムが典型的に実現されるのは、日本の経済が絶頂に達する一九八〇年代である。ポストモダニズムとして世界的に語られる現象は、確かに日本において最も顕著にあらわれた。というのも、それはコジェーヴが事実上意味している江戸時代(文化文政)の「生活様式」の再現だからである。

その意味では、アメリカの「ポスト歴史的動物性」も、十九世紀のトランセンデンタリズムの再現だといえなくもない。むろん、アメリカにも「スノビズム」はある。一九七〇年代に村上春樹が導入したのは、そのの部分である。たとえば「動物性」がヘミングウェイに代表されるとしたら、アメリカの「スノビズム」はフィッツジェラルドに代表されるだろう。しかし、本当をいえば、この程度のものなら、日本の根っからのスノビズムにかなわない。ニューヨークのポストモダニズムは所詮「日本化」でしかないように見えてしまう。(実際のところ、アメリカに浸透しているのは、むしろ「限りなく透明に近いブルー」な世界である。)

この意味で、田中康夫の『なんとなく、クリスタル』は、日本的スノビズムを典型的に示しているといってよい。これはいわば「日本回帰」である。というのは、文化文政時代にはこうしたカタログ的なものが無数に書かれており、無意味な記号的差異の戯れのなかで生きる方法はその極点に達していたからである。そうしてみれば、加藤典洋の見方はあべこべであるといわねばならない。江藤淳が、村上龍を嫌い田中康夫を好むのは、後者こそ日本のナショナリズムを暗黙に満たしているからである。

村上龍は日本的スノビズムに敵対している。その種の「洗練」は彼にはまったくない。村上春樹と比べるとそのことははっきりする。村上春樹は川端康成の現代版なのである。それに対して、村上龍はいつまでたっても洗練されない。それは、彼が洗練が成立するような共同体(市民社会)を受け入れないからだ。しかし、「歴史の終焉」において、日本的スノビズムが世界の範例となりうるだろうか。江戸時代のそれは黒船四隻の到来で崩壊した。一九五〇年代の「アメリカ」が没落したように、一九八〇年代の「日本」もまもなく昔語りになるだろう。そもそも「歴史の終焉」などありはしないが、「歴史の終焉」が意識されるときは、必ずそのような「歴史」の外部としての歴史が姿をあらわすはずなのだ。それは、『限りなく透明に近いブルー』でいえば、「黒い巨大な鳥」のようなものだ。それに対する想像力を欠いた者は、九〇年代以降の文学ではありえないだろう。

「想像力」と私はいった。いうまでもなく、想像力と空想は別のものだ。それらを区別するための議論がコールリッジらロマン派の詩人・批評家以来なされている。ここでそれらを復習する気はないが、忘れられていたこの区別をもう一度取り返してもよいと思う。私の考えでは、空想とは構造に従うものである。空想が放恣・奔放なものだというのはまったくの誤解であって、われわれが空想にふけっているとき、それは完全に構造に従っているのだ。SFにしてもまったく構造的であり、フライがいうようにロマンスなのである。そこには、既知の事柄以外は何一つない。そのことに耐え難いのが想像力だといってもよい。

リアリズムであろうと反リアリズムであろうと問題ではない。問題なのは想像力である。想像力は構造が壊れるような場所にのみ発する。世の中には、構造に従属したリアリズムと構造に従属した反リアリズムだけが氾濫している。「想像力」はめったにない。それは矛盾と葛藤が露出する場所にしか生じないからだ。マルクスはかつてそれを階級闘争と呼んだ。いま「階級闘争」というと嘲笑する人々がいるだろうが、それは労働運動とか社会主義運動が階級闘争だと思っている連中と好一対の馬鹿にすぎない。たとえば、マルクスに対してニーチェを持ち上げる者は、ニーチェが道徳や哲学に階級闘争(奴隷の支配)を見たことを忘れているのだ。想像力のベースは、根本的に階級闘争にあると断定していい。日本的スノビズムとは奴隷の支配形態でしかない。

それは今日の作家のなかで「生きている」といえるのが、大江健三郎や中上健次あるいは女性の作家であるということからもはっきりしている。大江や中上は「谷間の村」や「路地」に想像力のベースを持っている。つまり、それは、均質化された中産階級の市民社会に根源的に背立する。そして、他方にそのようなベースを持たない大量の中産階級の作家がいる。この連中はどうあがいても、致命的に「想像力」を欠いている。ただし数が多いから何とか作家として存在しているだけなのだ。同じことが英米の作家についてもいえる。小説家の名に値する者はほとんど外国、あるいは第三世界出身の作家なのである。

村上龍の想像力のベースは文字どおりベース(基地)である。そのために「日米関係」が読みとられてしまったりする。しかし、ベースはもっとbasicなものだ。それは歴史的にもきわめて古い。マルクスがいうように、戦争が交通の一形態であるならば、しかも世界史において最も代表的な交通形態であるならば、交通の原型は、市場や共同体の境界といったところではなく、軍事的なベースに見いだされなければならないだろう。(実際、商船と海賊が区別できないように、軍港と商業的な港は区別できない。)それは、共同体が恐怖し無視し、しかもつねに引きつけられる場所である。

たとえば、株屋は戦争に敏感であるが、基地の街はもっと「動物的」に敏感である。それは戦争を予兆するざわめきのようなものを感じとる。いうまでもなく、村上の『海の向こうで戦争が始まる』にあるのは、その感受性である。村上の「感覚」とは、いわばこの「動物性」である。それは「〈世界〉や自己を理解する」という思弁的なものとは無縁だとしても、「戦争」を感受し得る能力である。むろん、この「戦争」は具体的な戦争のことではない。誤解を避けるためにいえば、それは「闘争」といってもいいし、「精神」といいかえてもよい。

ベースはいつも死と隣合わせの場所であり、しかも死が観念とはならない場所である。風俗の壊乱はいつもベースから起り広がる。これはべつに米軍基地の特徴でもなければ、ヴェトナム戦争に固有のものでもない。それは六〇年代のヒッピーなどより根源的である。坂口安吾の言い方でいえば、ベースとは最も「堕落」した場所だ。ベースは遊廓のように安定した構造を作らない。いいかえれば、スノビズムがけっして生まれない。(安吾が遊廓の作家永井荷風を「通俗作家」と呼んだことを想起せよ。)なぜなら、そこでは、支配者と被支配者の関係がつねに露出するからだ。いいかえれば、他者が露出するということである。さらに注意すべきなのは、ベースは、「谷間の村」や「路地」と違って、構造的な円環への誘惑から絶たれているということである。

ベースは国際的である。しかし、いわゆる国際文化交流などとは最も縁遠い。村上の「国際性」は二重の意味で basic である。彼の作品が国際的なのは、たとえば、先にあげた「ニューヨーク・シティ・マラソン」や「ローマの詐欺師」のような短編で外国人が主人公になったり外国が舞台になったりしているからではない。どこに行こうが、村上はベースしか書いていないからだ。それらの主人公は、圧倒的な「動物性」のなかにあり、且つそこで「精神」の予感に震えている。つまり、『限りなく透明に近いブルー』のリュウと同じ姿勢を保持している。

むろん、私は村上龍が実際に基地のある街に育ったからこういう「感覚」を持ったといいたいのではない。そんな人間はたくさんいるだろうが、村上は一人しかいない。村上龍の想像力のベースというとき、私は実際の基地のことを意味していない。重要なのは、彼が人間の存在形態のベースを基本的にベースに見いだそうとしたという、そのことなのである。彼の小説は、まさにその意味で“basically base novel based upon the base”なのだといってよい。


（一九九〇年九月）

II 村上龍再読

以前村上龍の『69』を読んだとき、一九六〇年代末の雰囲気を定着させた作品として最良のものとなるだろう、と思ったことがある。今のところ、実際そう断定してもよい。村上が捉えたのは、歴史的な事実というよりも、ある気分、自分を構成している殻のようなものが融けて、どんなふうにも再鋳造できるように思われるような状況の気分である。何らかの観念やスローガンがそれをもたらしたのではなく、だからまた意志によって再現することもできない。しかし、この作品では、それが、もはや決してないが、同時に今後にいつどこにでもありうることのように描かれている。

最近、米軍基地のある長崎県佐世保での高校時代を書いた『69』と、上京して、最終的に米軍基地のある横田——それが『限りなく透明に近いブルー』の舞台となる——に行くまでの生活を描いた『映画小説集』を併せて読んで、私は幾つかのことに気づいた。いうまでもなく、この過程は作品が書かれた順序とは別である。村上は『限りなく透明に近いブルー』で作家となり、ずっとのちに『69』を書き、さらに近年に『映画小説集』を書いたのである。したがって、この作家が、『69』に描かれたような高校時代から徐々に成熟していったかのように考えるのはまちがっている。『69』は彼の創作であり、このようなものを書くには、作家として相当な成熟が要るのである。

そのことで私が気づいたのは、意外なことに、『69』と『映画小説集』が、夏目漱石の『坊っちゃん』および『三四郎』に類似しているということであった。それを指摘することは別に困難ではない。ピカレスク、無鉄砲な政治闘争と恋愛、「恐れぬ女と恐れる男」、地方と東京——。だが、何よりも注目すべきなのは小説の結びである。

其後ある人の周旋で街鉄の技手になった。月給は二十五円で、家賃は六円だ。清は玄関付きの家でなくつても至極満足の様子であつたが気の毒な事に今年の二月肺炎に罹つて死んで仕舞つた。死ぬ前日おれを呼んで坊つちやん後生だから清が死んだら、坊つちやんの御寺へ埋めて下さい。御墓のなかで坊つちやんの来るのを楽しみに待つて居りますと言つた。だから清の墓は小日向の養源寺にある。

(『坊っちゃん』)

あの夜、私は非常に興奮していたが、同時にひどく打ちのめされていた。フェリーニは圧倒的で、私は自分の書きかけの作品に絶望したが、誰かに何かを伝える、というようなことに対して生まれて初めて敬意を持ったのだった。誰か、というのはサクライではなく、何か、というのは手紙ではなかった。今でも時々、精神病院に入ったり出たりしているキミコから長い手紙がくることがある。私は返事を書いたことがない。(「甘い生活」『映画小説集』)

これらはたんに結びの言葉ではない。そもそもこのような視点から作品が書かれているのである。彼らのユーモアを可能にしているのは、絶対的な喪失とそれに対してもちうる十分な隔たりである。これらの作品が読む者を明るくするとしても、『行人』や『限りなく透明に近いブルー』の「地獄」と無縁なわけでは決してない。

『69』で、六〇年代の政治闘争は佐世保の高校生の世界において描かれている。だからといって、それが東京の大学に起こったことに比べて、ナイーヴで牧歌的だったということになるのではない。村上はそれから十五年経たなければ、それをこのようなかたちで描くことはできなかったはずなのだ。ここでは、何か深刻な知的な事柄が語られると、ただちに「——というのは嘘で」と逆転される。現実にはそれほど「嘘」

ではなかっただろう、と私は思う。しかし、この「嘘」は何よりも言語の問題にかかわっている。

「オレ達、動機の不純やろ?」
「動機て、バリ封の動機か?」
「バリ封せんば死ぬわけやなかもんね」
「アダマ、アホ、ベトナム人民が毎日何人死んでると思ってるんだ」

そんな台詞になると僕は急に標準語になってしまう。ベ平連が演説しているようなことを方言で言うのは、何かおかしい。どうしてだろうか?

……例えばカミュの『ペスト』について方言で喋るとほとんど冗談になってしまう。『ペスト』はばいね、単なる病気の話やなかわけたい。それはメタファーでほんとはファシズムやら共産主義ば象徴しとるわけやろ……方言は、借りものの言葉だとすぐにばれてしまう。(『69』)

この高校生たちは、自分らの運動はフォニー――「嘘」や「借りもの」――であるが、東京には本物の運動があるかのように思っている。しかし、実はそういうわけではない、ということを暗に示すような視点から、この小説は書かれている。私はこの条りから或る出来事を想いだす。六〇年代のはじめに京都の市電に乗っていたとき、学生が「サルトルがやなあ、――」と大声でしゃべっているのを聞いて噴き出したのである。何がおかしかったのか。私自身その一年前まで関西にいたのだし、京都の大学に行っていればそのようにしゃべっていただろう。にもかかわらず、やはりそれはおかしかった。サルトルを猿取と書くようなおかしさだった。しかし、私はそのときすぐに別のおかしさに気づいた。東京で「サルトルがさあ、——」と言っているのもおかしいのに、それがおかしいと誰も思わないというおかしさである。「方言は、借りものの言葉だとすぐにばれてしまう」ということは、標準語ではたんにそれがすぐにばれないということである。六〇年代の東京の大学で起こっていたことは、『69』と大差がないのだ。ただ、それを今も皆で隠しあっているだけである。

日本の近代文学においては、東京の優位——西洋の優位を背景にする——が確立されている。もちろん、そこから「田舎」が想像され、その「闇」がロマン主義的に価値づけられたりもする。しかし、漱石の二作品が異質なのは、こうした二元性を破ってしまっているからである。たとえば、『坊っちゃん』では確かに松山弁がからかわれているが、この地方都市は、赤シャツや野ダイコなどが住むインテリ的公家的世界であり、〝坊っちゃん〟はそこではむしろ関東の無知な野蛮人として遇されている。彼が松山弁を嘲笑するのは、彼がもっと嘲笑されているからだ。つまり、江戸っ子が地方に行く『坊っちゃん』と田舎者が上京する『三四郎』とは、見かけほど対極的な世界ではない。漱石は、都会人の目で田舎を書いたのではなく、田舎者の目で都会を書いたわけでもない。

漱石がそのような視点をもちえたのは、一つには江戸っ子だったからである。山手を中心とする東京では、江戸っ子は一種の田舎者であり、同時に彼らから見れば山手の東京人は田舎者だった。さらにいえば、封建制(地方分権)がまだ色濃く残っていた時期には、東京と他の都市との間に現在のような二元性がなかった。今なら思いがけないような地域に文化的繁栄がありえたのだ。その証拠に、近代の俳句や短歌は松山における運動からはじまったのである。それは現在の「坊っちゃん文学賞」に示されるような惨めたらしい「村おこし」の運動ではない。しかし、最大の理由は、漱石がロンドンに留学したからである。彼はそこでも、自分を文明社会にやって来た野蛮人であると思うと同時に、野蛮な国に来た文化人であるとも思っていた。

同様に、村上の作品において、中央と地方、中心と周縁、本物と借り物という二項対立を壊しているのは、米軍基地の存在である。六〇年代の都市における若者の風俗やカウンター・カルチャーがアメリカの模倣であるなら、ヴェトナム戦争下の基地の町に住む若者はむしろ時代の先端を行っていることになる。そのことが村上の視点を特異にしている。『映画小説集』で書かれているように、佐世保の高校生たちはブルースのバンドを結成して一旗あげようとこぞって上京する。もちろん、これは典型的に田舎者の振舞いである。しかし、違っているのは次の点である。

……九州の西の端の基地の街のＧＩが集まるバーで演奏していた時には黒人兵が多かったせいもあって世界のすべての音楽の頂点に輝くのはブルースなのだと素直に思うことができた。ジョン・レノンもミック・ジャガーもボブ・ディランもみんなブルースから出発していて、ブルースは世界中で演奏されていて、あらゆるロックとソウル・ミュージックのルーツで、東京に行けばそのことがもっとはっきりするだろう、とみんながそう思っていた。だが東京に出て来てからブルースを聞いたことは一度もなかった。ロック喫茶に行っても本当にたまにレコードがかかるだけで、路上や新宿西口の広場には吐気のするような反戦フォークが流れていた。ブルースなんか東京のどこにもなかったのだ。（「ラスト・ショー」『映画小説集』）

上京した高校生たちは、自分たちがフォニーであると思うが、東京はそれ以下なのに、フォニーであるという自覚さえもない。政治運動もそうである。だが、そこでフォニーを自覚した者は「本物」になろうとして過激化し、いっそうフォニーになる。連合赤軍事件はその頂点である。その方向には向かわなかったが、村上龍がこのあと米軍基地のある横田に引き寄せられて行ったのは、それと無縁ではない。そこに彼が見出したものはやはりフォニーである。だが、彼がフォニーなものの究極に見出したのは、「本物」などではなく、「リアル」である。その時期がほとんど連合赤軍事件と平行していることに注意すべきだろう。いわば、そこから辛うじて帰還した者が『69』のように愉快な作品を書いたのである。

（一九九七年四月二十日）

『堕落論』（新潮文庫解説、２０００年６月刊）

坂口安吾

坂口安吾は日本の古代史家を批判しつつ、自らの方法を「歴史探偵方法論」と呼んでいる。「歴史というものはタンテイの作業と同じものだ」と安吾はいう。《――日本の古代史家は大マジメで記紀の規準を信じこんでいるのだからそのタンテイ力に於てはまさしくゼロである。神話によって史実を立証する不当を知り、記紀の規準を疑うことを知る人にしてはじめて史家でありタンテイであるが、全くそうでない人が、また全くそうでない人に限って古代史をいたずらに弄ぶことに耽溺するのだから、タンテイの方法がトンチンカンで目も当てられないのは当然の話だ》（「歴史探偵方法論」）。

歴史家＝探偵は、たんなるアナロジーではない。たとえば、ポーが「モルグ街の殺人事件」で探偵デュパンを登場させたとき、彼はたんに探偵小説を創始しただけでなく、一つの認識論を語っていた。それは警察―経験的な実証論への批判である。すなわち、われわれが見いだす事実は、すでに一定の理論的枠組によって構成されているということだ。たとえば、犯人を人間と決めてかかっているかぎり、モルグ街の事件の謎は解けない。この意味で、「タンテイ」は本来新たな哲学者――厳密には哲学以後の哲学者としてあらわれたのだ。だから、安吾において、歴史家＝タンテイは、新たな歴史の方法論を意味するのである。

しかし、探偵的方法について語る時、安吾は一つの事実を隠している。それは記紀の「解釈」において精神分析を応用していることである。安吾の考えでは、記紀は次の目的で編纂されている。《だいたい日本神話と上代の天皇紀は、仏教の渡来まで、否《いな》、天智天皇までは古代説話とでも云うべく、その系譜の作者側に有利のように諸国の伝説や各地の土豪の歴史系譜などをとりいれて自家の一族化したものだ。だから全国の豪族はみんな神々となって天皇家やその祖神の一族親類帰投者功臣となっている》(「飛騨・高山の抹殺」『安吾新日本地理』)。しかし、各地の豪族や郷土史が収録されているのに、飛騨に関してはほとんど記述がない。

ところがヒダに至っては古代史上に重大な記事が一ツもない。だから古代史や神話と表向きツジツマの合うところは一ツもないのです。そのくせ、古代史家がヒダの史実を巧妙に隠そうとして隠し得なかったシッポらしきものを発見しうるし、その隠された何かをめぐってヒダとスワに特別なそして重大な関心が払われ、その結果として古代史上にヒダに関する重大な記事が一ツもない、そういう結果が現れたのではないかと疑うことができるのです。それは恐らくヒダの史実があまり重大のせいではないためでしょうか。(同前)

これは推理小説の手法だとはいえる。しかし、むしろ精神分析においては、最もありふれた考え方なのだ。たとえば、患者が分析医の指摘した事柄に抵抗し、ムキになって否定するとき、まさにそれが真実だということを告げているのだ、とフロイトはいっている。さらに、安吾は記紀を次のように読んでいる。

ここで注意すべきは、古事記の景行天皇紀というものは大碓小碓双生児のみならず、主要な登場人物が必ず二人、分身的な兄弟姉妹であることで、日本武尊の退治した熊襲も兄弟、大碓命の愛した娘も姉妹である。そして、日本神話には、兄弟、姉妹、二組ずつの話は甚だしく多いが、特に

この類型の甚しいのは神武天皇紀に見られるのであります。

このように主役がそろって相似の二人であることは二人合せて一人であることを意味する場合もあるだろうと思います。もっともフィクションの作法から云うと、分身の一ツが真実を説く暗示であって、暗示の役割の方は端役的で目立たない。他の一方の、つまり暗示のカギで解かれる人物の方は表向きの主役であるが、これは真実が歪めてあって、その分身の暗示することをカギとして解明しうるものが真相であるらしい。(同前)

これはフロイトが『夢判断』で書いたように、置換や圧縮という「夢の仕事」と同じである。記紀の編纂者たちは、夢の検閲官のように、或る事柄を隠すためにさまざまな偽装を試みたという、安吾の確信は、したがって、推理小説というよりも精神分析から来たといってよい。しかし、このことは何ら奇異なことではない。実際、一九世紀末における探偵小説の発展と精神分析の発展には並行性がある。たとえば、シャーロック・ホームズが活動した時期はフロイトが精神分析を開始した時期である(彼らが出会う小説もある)。また、ちょうど安吾が死んだころだが、ジャック・ラカンがセミナーで、ポーの「盗まれた手紙」をもとにして、精神分析を再構築しようとしたことがある。

ついでにいえば、マルクスは、『資本論』において、産業資本主義を可能にした「原始的蓄積」――イギリスの資本主義的市民社会が隠蔽した歴史的原罪――を明らかにしている。一方、ホームズは、イギリスの市民社会におこった犯罪を究明するとき、きまって、その動機を、過去に海外植民地で犯され且つ隠蔽された原犯罪に見出している。したがって、マルクス的歴史家＝ホームズ的探偵＝フロイト的精神分析家は、たんにほぼ同時代的にあっただけでなく、同じ認識と方法を共有しているのである。
安吾が歴史に関して「探偵」として振舞い始めたのは、一つの歴史的犯罪があったからである。それは天皇制ファシズムである。戦後、安吾ほど執拗に、天皇制の「カラクリ」を追及した者はいない。彼は、天皇制がいかにして存続してきたかを次のように明らかにしている。

いまだに代議士諸公は天皇制について皇室の尊厳などと馬鹿げきったことを言い、大騒ぎをしている。天皇制というものは日本歴史を貫く一つの制度ではあったけれども、天皇の尊厳というものは常に利用者の道具にすぎず、真に実在したためしはなかった。
藤原氏や将軍家にとって何がために天皇制が必要であったか。何が故に彼等自身が最高の主権を握らなかったか。それは彼等が自ら主権を握るよりも、天皇制が都合がよかったからで、彼らは自分自身が天下に号令するよりも、天皇に号令させ、自分が先ずまっさきにその号令に服従してみせることによって号令が更によく行きわたることを心得ていた。（中略）それは遠い歴史の藤原氏や武家のみの物語ではないのだ。見給え。この戦争がそうではないか。（「続堕落論」）

さらに、それにとどまらず、安吾は、天皇制の「カラクリ」を、記紀の中に見ようとした。それがいかなる意図で編集されたか。記紀が隠している事実は何か。何を隠すことで、皇室、あるいは日本の同一性を形成したか。いうまでもなく、朝鮮である。

国史以前に、コクリ、クダラ、シラギ等の三韓や大陸南洋方面から絶え間なく氏族的な移住が行われ、すでに奥州の辺土や伊豆七島に至るまで土着を見、まだ日本という国名も統一もない時だから、何国人でもなくただの部落民もしくは氏族として多くの種族が入りまじって生存していたろうと思う。そのうちに彼らの中から有力な豪族が現れたり、海外から有力な氏族の来着があったりして、次第に中央政権が争わるるに至ったと思うが、特に目と鼻の三韓からの移住土着者が豪族を代表する主要なものであったに相違なく、彼らはコクリ、クダラ、シラギ等の母国と結んだり、または母国の政争の影響をうけて日本に政変があったりしたこともあったであろう。(「道鏡童子」『安吾史譚』)

むろん、こうした視点は、今日においてはありふれている。騎馬民族説以来、古代日本を朝鮮半島との絡みで考えることは、すでに常識でさえある。しかし、安吾がこのように書いた時点では、それはまったくなかった。たとえば、「日本の中の朝鮮文化」を書いた金達寿は、どのような歴史家からでもなく、安吾からそのような視点を学んだと語っている。しかし、われわれが注目すべきなのは、彼が右のように歴史を見たことではなく、あるいは、記紀の編纂者及びそれを命じた当時の朝廷権力を、いわば犯罪を隠蔽しようとした犯人として見たことでもなく、彼が記紀の言語の中にそれを探ろうとしたことである。この点で、彼の仕事は推理小説より、いっそう精神分析に似ている。

ところで、安吾が右のようなことを書いたとき、反論があった。或る人が手紙をよこして、「貴公は記紀の作者が史実を隠すために偽装した史書が記紀だと云うが、文化の低い古代人がそんな複雑なカラクリを巧妙になしうるとは思われない」と反駁したのである(「歴史探偵方法論」)。たとえば、本居宣長は、『日本書紀』には漢意による作為があるが、『古事記』には「古の道」があるがままに書かれていると考えた。また、明治以後のロマン主義的な人たちは、『古事記』に文明状態以前のおおらかな牧歌的状態を見た。だが、記紀の編纂を可能にしたのは、中国・朝鮮から来た文字と歴史意識によってであって、その時代はすでに十分な文明段階に入っていたのである。

『古事記』は『日本書紀』の編纂過程で編集されたものであり、けっしてそれに先行するものではない。そもそも口承によってはあれほどの複雑な構成力をもてるはずがなく、すでに漢文によって構成されたものにもとづくことは自明である。にもかかわらず、古代史家・国文学者がその点でまだ論議を続けているのは馬鹿げている。むしろ、なぜ『古事記』が『日本書紀』と別個に書かれねばならなかったか、その謎を「推理」すべきなのだ。

安吾の記紀解釈が与えた、「文化の低い古代人がそんな複雑なカラクリを巧妙になしうるとは思われない」という反撥は、フロイトが幼児の性欲について書いたとき巻き起こった社会的反撥、あの汚れなき幼子らに大人と同じ性欲などあるはずがない、という反撥と似ている。要するに、古代のテクストに向かった時、安吾の歴史探偵の方法は、探偵小説よりも、精神分析に似てくるのだ。しかし、それは偶然ではない。一九二〇年代から、フロイトは翻訳されていて、安吾はそれをよく読んでいたのである。事実、安吾は、戦後に鬱病で東大病院に入院したことを回想して、つぎのようにいっている。

小林秀雄はフロイドの方法が東大に於て使用されているかどうかをきき、使用していないという僕の返事に、ちょッと意外な顔をした。僕自身発病して入院するまで、フロイドの方法をかなり高く評価していた。然《しか》し、入院して後は、突如として、フロイドの方法はダメだという唐突な確信をいだ

――いた。（「精神病覚え書」『坂口安吾全集』七巻・三六三頁）

僕はその時、思った。精神病の原因の一つは、抑圧された意識などのためよりも、むしろ多く、自我の理想的な構成、その激烈な祈念に対する現実のアムバランスから起るのではないか、と。（同前・三六六頁）――

しかし、このことで、安吾とフロイトの関係を片づけてしまってはならない。安吾が右のように結論したのは、後期フロイト、『快感原則の彼岸』以後のフロイトを読んでいなかったからである。安吾の鬱病の原因は、確かに彼の言うとおりだが、それは別に後期フロイトとは矛盾しない。安吾はフロイトを否定した。しかし、実は、フロイトがたどった道を知らずにたどっていたのである。安吾は、日本の近代文学の中においてみると、きわめて特異的である。そのことを見るために、私はフロイトについて少しばかり言及しておきたい。

前期フロイトの理論は、ある意味でロマン主義的なものである。理性（意識）によって抑圧された感性（無意識）の解放ということは、フロイト独自の考えではない。ユングをはじめ、多くの弟子がフロイトから離反したのは、フロイトの性欲動の理論に対する反発からだとされている。それは、根本的にいえば、子供を性的存在として見る考えに対する反発である。ところが、それをとってしまうと、精神分析はたんにロマン派的な思想になってしまう。たとえば、ユングは精神分析の起源をロマン主義思想家・詩人に求めている。つまり、それは、意識と無意識、平たく言えば、理性と感情の二元論である。無意識とは、理性によって抑圧された欲動であり、それは理性の検閲を通って出てくる。実際に、無意識という概念はロマン主義からあり、また、そのような用語を使わなくても、同じような理論的装置が、今日では文化人類学や記号論のかたちでくりかえされている。

ロマン主義は、しばしば青年的で、主観的・反逆的な態度として受け取られている。しかし、実際は、ロマン主義は、後期のワーズワース(『プレリュード』)やヘーゲル(『精神現象学』)がそうであったように、主観的精神から客観的精神への発展をふくむものである。フロイトのタームでいえば、「快感原則」を自ら抑制して「現実原則」を受け入れて成熟する過程全体なのである。

たとえば、江藤淳は『成熟と喪失』において、「母」との一体性から決別する「喪失」によって、人は「成熟」するのだといっている。しかし、これこそロマン主義的思考の典型である。彼が準拠したエリック・エリクソンの「アイデンティティ」論は、フロイトの性欲動理論を斥けた精神分析の一派である。しかし、それはヘーゲルが『精神哲学』で書いたこととほとんど同じである。ヘーゲルによれば、病とは、精神がその発展を拒んで、低次の段階に固執することだ。だから、幼児の性欲を認めなければ、フロイトの考えは、ロマン主義の中に吸収されるというほかはない。

フロイトは性的リビドーの観念に固執し、また神経生理学的視点に固執することによって、むしろそのようなロマン主義的無意識概念を斥けている。だが、ユングと共存できたということ自体、フロイトの考えもある程度ロマン主義的であったということを示している。たとえば、『夢判断』も、夢の検閲装置における言語的変形の仕事——いいかえれば象徴形式(カッシーラー)——を明らかにしたことを除けば、基本的に、意識(理性)によって抑圧されたものが無意識であるというようなロマン主義的思考に基づいている。

しかし、フロイトの精神分析が決定的にロマン主義から絶縁するのは、性的リビドーの強調によってではなかった。実際、フロイトが真にユングと決別したのは、『快感原則の彼岸』において、ロマン主義的な二元論から決別したときである。第一次大戦後、戦争神経症患者を相手にしたとき、フロイトは彼らが、戦場での不快な体験をくりかえし見るケースに直面した。彼はそれを反復強迫一般と結びつけ、快感原則と現実原則の二元性をこえた何かが根源的にあると推定したのである。そのとき、彼は「死の欲動」という概念を導入した。それは旧来の精神分析の枠組みを根本的に変えるものである。しかし、ある意味で、それは初期からあった問題である。フロイトは『夢判断』において、夢が願望充足であるという原理、いいかえれば、現実原則に抑圧された快感原則が夢において変形された形で実現されるという原理をつらぬこうとしていたが、そのとき、不快な夢をくりかえし見るというケースを説明できないため、不問に付していたのである。

フロイトは死の欲動を、生命の無機質への回帰から説明しようとしたが、もちろん、そのような生物学的な比喩に満足できなかった。彼は、この問題が、メタフィジカルな問題を再導入してしまうことに懸念を抱いていた。だが、「死の欲動」は、経験的に示すことができないものであり、超越論的な想定であるほかない。その意味で、後期フロイトはメタフィジクスに近づいたのである。この観点から見れば、フロイトに先行したのは、美と崇高(サブライム)を区別したカントである。

カントによれば、美は構想力によって対象に合目的なものを見いだすことから得られる快である。ところが、崇高は、どう見ても不快でしかなく構想力の限界を越えた対象に対して、それを乗り越える主観の能動性がもたらす快である。いいかえると、美は「快感原則」に属するが、崇高は「快感原則の彼岸」にある。カントによれば、崇高は、対象にあるのではなく、感性的な有限性を乗り越える理性の無限性にある。《自然の美に対しては、われわれはその根拠をわれわれの外に求めねばならないが、崇高に対しては、その根拠をわれわれのうちに、すなわちわれわれの心に求めねばならない。われわれの心が自然の表象の中に崇高性を持ち込むのである》(『判断力批判』)。

フロイトは、カントのこうした認識のもつ意義にまったく気づかなかったにもかかわらず、「快感原則の彼岸」という論文において、同じ問題に踏み込んでいたのである。安吾に関しても同じことがいえる。彼はつぎのように書いている。


私は山あり渓《たに》ありという山水の風景には心の慰まないたちであった。あるとき北原武夫がどこか風景のよい温泉はないかと訊くので、新鹿沢《しんかざわ》温泉を教えた。ここは浅間高原にあり、ただ広茫たる涯のない草原で、樹木の影もないところだ。私の好きなところであった。ところが北原はここへ行って帰ってきて、あんな風色の悪いところはないと言う。北原があまり本気にその風景の単調さを憎んでいるので、そのとき私は始めてびっくり気がついて、私の好む風景に一般性がないことを疑ぐりだしたのである。(「石の思い」『坂口安吾全集』四巻・二六四頁)

『判断力批判』において、カントは、快・不快は個々人によって異なるが、「趣味判断」は万人に同意を要求するものであり、したがって「普遍性」を要求するものであると述べている。だが、誰も普遍性の基準を定立することはできない。古典主義者のように美の基準を定立することはまちがっている。そこで、カントは「共通感覚」というものを考えた。共通感覚は、生得のものではなく、文化的・歴史的に形成される。それは普遍性の代理をするとしても、普遍的ではない。たんに「一般的」なだけである。

そこから見ると、安吾は、北原武夫がもつような共通感覚をもっていないことが明らかである。そして、この共通感覚はロマン主義的なものである。だが、そのことは、安吾の趣味判断が「普遍性」をはらんでいないということにはならない。たとえば、『日本文化私観』にあるように、彼は現代建築に関する知識なしに、モダニスト建築家が到達したような認識に達していた。たまたま目撃した、小菅刑務所、ドライアイスの工場、さらに駆逐艦に心を惹かれた安吾の「美意識」は、そうと知らずに、モダニズムとつながっていたのである。しかし、彼は共通感覚に異を唱えたのではない。むしろ彼は「私が好む風景に一般性がない」ということに気づかなかったほどなのだ。

安吾がいう美は、一般的には美的ではなく、むしろ不快なものである。すでに明らかなように、それはカントが崇高（サブライム）と呼ぶものと関連している。では、なぜ、安吾はこのような「美意識」を抱くようになったのか。ここで、注目すべきことは、フロイトが「快感原則の彼岸」という論文を、彼の孫娘が母親が不在のときに繰り返しやった遊びの例からはじめていることである。フロイトは、ここに、母の不在という不快な経験を再現することによってそれを快に変える働きを見いだしている。

安吾が、少年期以来、単調で反復的な無機質の風景にどうしようもなく惹かれていたということは、フロイトが最初に与えた「無機物への回帰」という意味での死の欲動を思わせる。しかし、私はむしろフロイトが例にとった孫娘のケースを考えたい。この子供は、母親に置き去りにされた苦痛を能動的に越えようとしたのである。それは少年期の安吾についてもいえるだろう。おそらく安吾にとって、海と空と砂を見てすごすことは、母の不在を克服する「遊び」であったといってよい。そうした風景は彼に快を与える。しかし、それは母の不在という不快さを再喚起することにおいてなされているのである。たとえば、彼にとって、「ふるさと」は「突き放す」ものである（「文学のふるさと」）。つまり、それはまさに不快な経験を反復することである。彼が快を見いだす風景は、大概の人にとっては、不快で不気味でもある。だが、それは彼にとって快である。安吾が好む風景は、美ではなくサブライム、つまり、不快を通して得られる快なのである。

安吾は、風景、ふるさと、童話について頻繁に語っている。それは安吾をロマン派のように見えさせる。しかし、彼はそのような想像物としての「起源」に回帰したのではない。では、何が彼を近代文学＝ロマン主義的な一般性から隔てているのか。それは、彼が理性と感情、現実原則と快感原則といったわかりやすい二元性とは異質なものを見いだしていたことである。それはいわば「死の欲動」である。しかし、安吾はそれを自覚していたのではない。むしろ、その反復強迫にたえず追いつめられたのである。

江藤淳は戦後の作家について次のように書いている。《つけ加えれば、安岡氏をはじめ吉行淳之介、阿川弘之、三浦朱門といったようないわゆる「第三の新人」の諸作家が、もっぱらこの中学生的な感受性を武器にして文壇的出発をとげたのは特筆すべきことだと思われる。つまりそれは「子供」でありつづけることに決めた「大人」の世界であり、どこかに母親との結びつきをかくしている。ある意味では「第一次戦後派」から「第三の新人」への移行は、左翼大学生から不良中学生への移行だといえるかも知れない。もちろんこの左翼大学生である「第一次戦後派」は「父」との関係で自己を規定し、不良中学生たる「第三の新人」は「母」への密着に頼って書いたのである》（『成熟と喪失』講談社文芸文庫、一八頁）。

かりにこのような観点をとると、坂口安吾はどのように見えるだろうか。彼は小学校から中学において半ば学校をサボっていたから、「不良中学生」のように見えるだろう。しかし、彼には「『母』への密着」はまったくない。のみならず、彼はピューリタンのように潔癖であって、「不良」という言葉はふさわしくない。彼は「不良」という、適度な社会的反抗というものと縁がなかった。反抗するほど、何にも権威を感じていなかったからだ。同時に、彼は「左翼大学生」ではない。彼は「左翼大学生」が絶対化した「党」＝

「父」に何の権威も認めなかった。なるほど、彼は落伍者であり無頼であるが、そこに「父」や「母」を裏切った罪の意識はない。ちょっとした違和感や罪意識をうじうじと持ち続けることで、何か自分が特別だと思いこむ太宰治的な態度が「文学的」だとしたら、彼はまったく非文学的であろう。

総じていえるのは、安吾には「超自我」が欠けているということである。しかし、他方で、彼は自己立法(自律)的であり、それに関しては驚くほど峻厳かつ勤勉である。仏教の僧侶になろうとしたことも、そこから生じた神経衰弱を語学の勉強で直そうとしたことも、誰に言われたわけでもない。後年においても、自分の立てた規則や基準をみたそうとして、それをなしえないときに、鬱病におそわれている。それは他人や社会との関係から来たものではない。

フロイトはつぎのようにいっている。《実際には、幼児の中に形成される超自我の峻厳さは、その幼児自身が経験した取扱いの峻厳さの反映ではけっしてないのである。両者のあいだに直接の関係はないらしく、非常に甘やかされて育った幼児が非常に峻厳な良心の持主になることもある。けれども、両者のあいだが無関係であることを誇張するのも、これまた間違いだろう》(『文化への不満』フロイト著作集三巻・四八四頁)。安吾は、おそらくそのようなタイプの子供であっただろう。親や社会の強いる規範はすこしも内面化されていない。その意味で、彼はまったく非道徳的であるが、他方できわめて道徳的である。

安吾の「峻厳な良心」はどこから来るのか。それが両親でないことは明らかである。フロイトは『快感原則の彼岸』のあと、超自我を社会的な規範(現実原則)の内面化に求める考えを修正している。彼は、超自我を、父や社会という外的なものの内面化としてではなく、死の欲動——外的には攻撃欲動としてあらわれる——の内攻化としてみた。つまり、良心(超自我)を形成するのは、峻厳なる優越的な他者(外部)ではなく、自らの攻撃欲動の断念——その心的エネルギーが超自我に引きつがれ自我に振り向けられる——である。これは根本的な変更である。フロイトのエディプス・コンプレクスは、快感原則を断念して現実原則を受け入れる、いいかえれば「母」を断念して「父」と同一化するということだが、これは江藤淳がいう「成熟と喪失」と大して違いはない。アドルノは、したがって、フロイトを保守的な思想家だと批判している(『否定弁証法』)。しかし、後期フロイトは、カントが道徳法則を理性の自律(自己立法——服従)においで見たように、超自我の起源を共同体的な規範とは別のところに見いだしたのである。

先に述べたように、安吾は自らの鬱病の原因を、「自我の理想的な構成、その激烈な祈念」に求めている。それはこうありたいという自我理想とは違っている。それはむしろ、あらゆる自然的・感性的形態を超越しようとする欲動である。しかし、それこそ、フロイトが「死の欲動」と呼んだものである。それが「現実に」果たされないがゆえに、彼自身に内攻してきたとき、鬱病となる。安吾を突き動かしている、「自己の理想的構成」への激しい祈念は、決して止むことはない。この反復強迫にこそ、死の欲動がある。

安吾が最初に重い鬱病になったのは、東洋大学で仏教を専攻し悟りを得ようとしたときである。それから立ち直った時、彼はファルス論を掲げて、文壇に登場した。安吾は、ファルスはすべてを肯定することだ、といっている。これは現状肯定ということとは違う。この肯定は、フロイトが無意識(エス)には否定がない、というのと同じ意味での肯定なのだ。否定は意識(言語)において生じる。だから、そのような否定(抑圧)を否定することが、ファルス的な肯定にほかならないのである。

しかし、安吾はこの時期、まだ「抑圧」の理論にとどまっている。彼はまもなく、このようなファルスではなく、まともな長編小説を書こうとした。それが『吹雪物語』であるが、これを書いているときに、彼は再び鬱病となった。それから放浪して数年後に、彼はそこから回復した。その時彼が書いたのが「イノチガケ」であったことに注意すべきである。

「イノチガケ」前編で、安吾は、キリスト教がいかに到来し、いかに広がったかを政治的背景の中で示す。しかし、彼の筆致が違ってくるのは、後編、すなわち、一六一一年、キリシタンが完全に禁令されたのちである。《ここに切支丹は全く禁令され、これより約三十年、切支丹の最後の一人に至るまで徹底的な探索迫害がくりひらかれ、海外からは之に応じて死を覚悟して潜入する神父達の執拗極まる情熱と、之を迎えて殲滅殺戮最後の一滴の血潮まで飽くことを知らぬ情熱と、遊ぶ子供の情熱に似た単調さで、同じ致命をくりかえす》(「イノチガケ」『坂口安吾全集』三巻・一七九頁)。

そして、この作品の凄みはそのあとから出てくる。安吾は、日本に潜入しては殉教する宣教師たちを次のように記述する。先ず、一六一五年に潜入した者たちについて。

> アダミは潜入後十九年間潜伏布教、一六三三年長崎で穴つるし。コウロスは潜入後二十年潜伏布教、捜査に追われて田舎小屋で行倒れ。パセオは一六二六年長崎で火あぶり。ゾラとガスパル定松は肥前肥後に潜伏布教、一六二六年島原で捕われて長崎で火あぶり。シモン・エンポは一六二三年江戸芝で火あぶり。コスタと山本デオニソは中国に潜伏布教、一六三三年周防で捕われて、コスタは長崎で穴つるし、山本は小倉で火あぶり。バルレトは一六二〇年江戸附近で衰弱の極行き倒れた。(同前・一七九頁)

こうした記述が延々と続く。この無味乾燥な書き方は、逆に「遊ぶ子供に似た単調さ」で潜入・殉教がくりかえされる光景をヴィヴィッドに伝えている。それは浜辺で波の打ち寄せる様を見つづけるのに似ている。そこに、各人の人間的苦悩や逡巡が描かれてはならない。安吾はザビエルら初期の宣教師がもった実践的な道徳性と知性には敬意をいだいている。しかし、予《あらかじ》め死ぬことがわかっている時期に続々とやってきた宣教師たちに同情的ではない。たとえば、ザビエルの幻覚を見て日本にやってきたマストリリという神父について、「日本潜入の観念に憑かれた精神病者ではなかったかと疑うことが出来るのである」とさえ書いている。安吾は、のちに、戦争中にこう書いている。《パジェスの「日本切支丹宗門史」だとか「鮮血遺書」のようなものを読んでいると、切支丹の夥しい殉教に感動せざるを得ないけれども、又、他面に、何か濁ったものを感じ、反撥を覚えずにいられなくなるのである。》(「文学と国民生活」『坂口安吾全集』三巻・四五五頁)。

火あぶりになった信者は、大概は身動きもせず祈りつづけてて堂々と死に、その崇高さに見物人から切支丹になる者が絶えなかったといわれる。だが、この「崇高」は、殉教とは異質である。W・H・オーデンによれば、キリスト教においては、殉教はヒロイックであってはならず、その死は「自尊心がすっかりなくなってしまうような、極度の苦悩と肉体的屈辱の死でなければならない」(『第二の世界』)。「神よ、なぜわれを棄てたまうのか」と嘆くイエスの死に方がその範例である。しかし、あえて雄々しく殉教しようとする熱狂は原始キリスト教のころからあり、そのために、殉教が禁じられたといわれる。殉教への熱狂は感性的有限性を越えて永遠の生命を獲得する「死の欲動＝不死の欲動」にほかならない。確かにそれは天を感動させ熱狂させる。しかし、安吾はそれに「反撥を覚えずにはいられなくなる」。

彼は幕府がそれに対して考案した処刑法に注目している。《結局二〇年目に穴つるしという刑を発明したが、手足を縛《ばく》して穴の中へ逆さに吊すのだそうで、これにかかると必ず異様滑稽なもがき方をするのがきまりで、一週ぐらい生きているから、見物人もウンザリして引上げてしまう。苦心二〇年ようやく切支丹の死の荘厳を封じることが出来、その頃から切支丹がめっきり衰えた》(「文学と国民生活」)。本当は、このような死こそ「自尊心がすっかりなくなってしまうような、極度の苦悩と肉体的屈辱の死」であり、殉教の名に値するというべきであろう。だが、実際は人々を感動させていたのは、感性的な痛苦を超える「崇高さ」なのである。穴つるしの刑以後信者が急激にいなくなってしまったのは、死への恐怖からではなくて、滑稽さが「死の欲動」を抑制したからである。

しかし、「イノチガケ」において、安吾が「成熟」したということはできない。それは、ある意味で「ファルス」の反復なのだ。しかし、「イノチガケ」以後、彼は、初期にファルスを唱えながらなお抱いていた、近代小説の形態へのこだわりをまったく捨てている。以後、彼の作品は、さまざまなジャンルに及ぶ。「イノチガケ」を書く過程で、彼は「日本文化私観」のようなエッセイ、「織田信長」などの歴史小説に広がるきっかけを得た。しかし、この仕事が重要なのはたんに史料の面においてではない。それを通して、彼の中で、近代的小説を優位におくハイアラーキー(位階)が消えてしまったのだ。彼はもはやファルスを唱えない。が、その作品総体がファルス的なのである。

その結果として、近代的小説を中心として見る戦後の文学史家において、安吾は二流の作家と見なされてきた。実際、彼の作品では、エッセイが小説的で、小説がエッセイ的である。どんな作家にもあるような代表作というべきものがない。しかし、安吾が今もわれわれを惹きつけるのは、まさにそのためである。安吾の作品を一冊の本にまとめるとき、このようなジャンル的区別を否定すべきである。そして、それこそが安吾のいう「全的肯定」にほかならない。

『奇妙な廃墟』

福田和也

（ちくま学芸文庫解説、2002年8月刊）

私が『奇妙な廃墟』を著者から寄贈されて読んだのは、一九九〇年ごろであろうか。その当時、私は雑誌「季刊思潮」を編集しており、特に一九三〇年代に焦点を当てていた。そして、その著者はそのことを知っていた。一読して、私はこの著者に原稿を依頼しようと思った。しかし、「季刊思潮」がまもなく終刊になり、ごたごたしている間に、その著者福田和也は保守派の雑誌からデビューしてしまったのである。さらに、彼は私に対して挑発的に敵対してきた。私はそれに答えなかった。小さな行き違いがふくらんでいくことを、残念に思うと同時に、私はそれを楽天的に考えていた。というのは、福田氏が考えていることを理解できるのは私のような人間であって、いわゆる保守派の人たちではないという確信をいだいていたからである。

『奇妙な廃墟』はかつて例のないようなフランス文学研究の書である。私自身、外国文学研究者であったので、そのことが根本的な背理をかかえていることを忘れたことはなかった。趣味判断にかかわる領域で外国のものを研究するのは、はなはだ困難である。われわれはその国の人たちの通念に従うほかない。主体的に判断すれば、締め出されるか、相手にされないだろう。しかし、主体的な判断でないならば、それは趣味判断ではありえない。そこで、多くの場合、人は、他人に追従することをあたかも主体的な判断であるかのように思いなすのである。

そこからみると、夏目漱石がロンドンで英文学を研究しているとき、「自己本位」でやると決意したこと、そしてそれを実行したことは異例である。人は自己本位のつもりで、他人、あるいは他人の欲望に従属しているのだから。しかし、その結果として、漱石は気違いじみた勉強をせざるを得ず、実際「発狂せり」と日本に伝えられたのである。その場合、漱石が「理論」に向かったことに注意すべきだろう。彼は趣味判断そのもので勝負することを避けるほかなかったのである。長い間懸命に努力したとはいえ、彼はこうした理論的な仕事に本当の充足を感じていなかった。かくして、小説家漱石が、突然、爆発的な勢いで出現したのである。

ところで、漱石に「自己本位」の姿勢をもたらしたのは、彼の特異性によるだけでない。一つには、イギリスでは当時、英文学というものが制度的・学問的に確立されていなかったからである。フランスはそうではない。したがって、漱石のような「自己本位」はフランス文学においてはありえなかっただろう。事実上、日本のフランス文学研究者はこれまで、当人がいかに反時代的・反体制的であろうと、フランスの動向に対しては従順であった。しかし、そのことは、日本人の側にだけでなく、フランスの側にも責任があったと私は思う。それに関して、近年あらためて知らされたことがある。余談であるが、『奇妙な廃墟』に関連するので、述べておく。

一九八〇年代前半に、ジェフリー・メールマンというアメリカのフランス文学者が書いた論文が、フランスの雑誌に翻訳され、センセーションを巻き起こした。それは、モーリス・ブランショがアクション・フランセーズにいた当時の反ユダヤ主義的な言説をとりあげたものである。それはメールマンの『フランスにおける反ユダヤ主義の遺産』(邦訳あり)を読めばわかるように、ヴィクトル・ファリアスの『ハイデガーとナチズム』のように単純な暴露・糾弾の書ではない。たしかに意地悪ではあるが、ラカンやデリダの手法をふんだんに使った、精神分析的で脱構築的な本である。しかし、それに対するフランス知識人の反応は異様だった。レヴィナスやデリダにいたるまでこの論文に反撥した。彼らは一斉にメールマンを嘲笑的に否定した。というより、彼らはこぞって「一アメリカ人」を軽侮したのである。メールマンによれば、彼の論文(英語)を党派的な理由から勝手に翻訳(誤訳だらけだったらしい)をさせ騒ぎ立てたのはソレルスであったが、彼自身、「一アメリカ人がこういっている」と論じ、メールマンの名を挙げなかった。アメリカ人など名を挙げるにも値しないということだったらしい。(数年前に、私はこの事実をメールマン自身から聞いた。)

もちろん、このことはフランス人が一般に誇り高く自国中心的であるということから来るだけでなく、このような問題が特殊に、フランス知識人のタブーに触れているからである。実は、『奇妙な廃墟』の仕事がなされたのは、以上のような事件が起こった時期、つまり一九八〇年代後半である。福田氏がフランスでこのような仕事をしていたとき、どんな気持でいただろうか。この本は絶対にフランス人に受け入れられない。フランス語で出版されることもない、「一日本人」の発言として政治的に利用されることがありえたとしても。(とはいえ、私はこの本が英語で出版されるべきであり、また出版する価値があると思う。)のみならず、それは日本の学界でも同様である。具体的にいうと、教職を得られないということを覚悟しなければ、こんな仕事はできないのである。学者としては、それほどにリスキーな仕事である。私はふりかえって、福田氏の向こう見ずな勇気を愛する。と同時に、彼があの若さで、同時代の世界的な問題の核心をつかんでいた鋭敏さに舌を巻くのである。

一九八〇年代は、アメリカでも日本でも、ポスト構造主義とか「現代思想」と呼ばれるものが風靡した時期であった。それは、ラカン、フーコー、ドゥルーズ、デリダなど、もっぱらフランスから来た思想である。しかし、それらが画期的に新しいものであるとはいえない。数学的な体裁や記号論などをのぞけば、それらは戦前の反近代主義(日本でいえば近代の超克)の再版というべきものであった。そのことは、彼らがこぞってハイデガーを重視していたことからも明らかである。

八〇年代後半に、こうした反近代・反ヒューマニズム的な思想に対する巻き返しが起こってきたが、それがハイデガー攻撃というかたちをとったのは、以上の理由からである。その代表的なものが、ハイデガーのナチ参加がたんなる一時的な過ちや戯れではないということを主張するヴィクトル・ファリアスの『ハイデガーとナチズム』である。こうした動向は、フランス現代思想をナチズムにつながる反ヒューマニズムとして一掃しようとするものであった。いいかえると、反近代・反ヒューマニズムをナチズムと結びつけることで、それがもつ近代資本主義や民主主義へのラディカルな批評性をも一緒に洗い流してしまおうとしたのである。その結果、人権やPC(ポリティカル・コレクトネス)を唱える保守的(=進歩的)なヒューマニズムがとってかわった。

この時期、デリダがハイデガーを擁護したのは、ハイデガー個人を守るためではなく、彼を否定するものがたんなるブルジョア的な反動でしかないと考えたからであろう。それにしても、サルトル以後のフランスの思想家たちは、なぜかくもハイデガーを尊重したのだろうか。一つの理由は、彼らがサルトルを否定するために、サルトルの「ヒューマニズム」を批判していたハイデガーが必要だったということである。そういってしまえば、別に謎はないようにみえる。しかし、なぜ誇り高いフランスの思想家が、自国の思想家ではなく、ドイツの、しかもナチスに関係した哲学者を称賛しつづけるのか。それは、ハイデガーが画期的に偉い思想家だからだろうか。福田氏の『奇妙な廃墟』はこの問題を真正面から扱おうとしている。

――しかし、かれらがいまハイデガーに求めるしかない反近代主義は、戦前のフランスでも確固とした伝統として一つのエコールをつくりあげていた。もちろん、ハイデガーの哲学とコラボ作家の思想は同一のものではありえないし、またフランスの反近代主義者は伝統的に文学者であり、また過激な政治活動をおこなっていたので、かれらの近さは現在では感得しがたいものになっている。そのうえフランスにおいてかれらの思想と作品を読みうるものにするのは、彼らのおこなった政治的選択とアンガージュマンののちにはほとんど不可能になってしまった。しかし、もしかれら反近代主義者が戦後に生きのびることができていたなら、フランス思想は現在とは異なった様相になっていたことは確かなように思われる。（一八頁）

福田氏の考察は次のようなことを示唆している。戦後フランスでは、反近代主義・反ヒューマニズムの長い系譜が、コラボ（対独協力）と結びつけられることによって、否定され、忘却された。フランスの「現代思想」の担い手たちは、この抑圧の下にありながら、それを抑圧とは見なしていない。（つまりそのような状態にこそ「抑圧」が働いている。）彼らはセリーヌを評価するようなことはしても、フランスの反近代主義の系譜を総体として検討しようとはしない。そのかわりに、ハイデガーを称賛する。

たとえば、ゴビノーは、ナチズムの人種主義の先駆者と見なされているが、福田氏はゴビノーの作品を実際に読み、反ユダヤ主義と無縁でありナチにとって受け入れがたいものであることを指摘している。ところが、フランスではゴビノーは読まれず、また、ドイツで受け入れられただけの非フランス的な思想家とみなされている。フランスには人種主義などなじまないからである。福田氏はそれについてつぎのようにいっている。

あたかもフランスの知識人たちには、十八世紀以来、ヴォルテール、ミシュレ、サン=シモンにまでおよぶ人種主義の潮流を、忘却してフランス思想史から切り離し、ライン河の彼岸にのみ信奉者をもつフランスの作家、しかしフランス文学史にはどのような跡もとどめていない、私生児であり、流刑に付された一人の作家の名前に集約することで、フランスを人種主義から浄化し、人種主義をフランスとは無縁な、ドイツに固有なものであるかに思わせるような、無意識の作為でも働いているかのように。（八〇頁）

アメリカ人のT・S・エリオットやエズラ・パウンドはアクション・フランセーズのシャルル・モーラスから強い影響を受けたことを隠していない。また、その成果は、戦後の英米文学において高く評価されている。しかるに、フランスでは、モーラスは悪名高いだけでまともに読まれてもいない。先ほど述べたように、ブランショがアクション・フランセーズにいたことは、事実として否定されないが、そこに大した結びつきはなかったと一般に見なされている。そして、ブランショをむしろハイデガーに結びつける傾向がある。それは自らの問題であったものを外において見出す「無意識の作為」ではないだろうか。彼らにとって、ハイデガーはモーラスを忘れるために必要なのだ。

こうした認識は、フランス文学や哲学の研究において不可欠である。しかし、『奇妙な廃墟』は別に、フランスの文化的恥部をあからさまにしてやろうという動機で書かれたのではない。実際、これはフランスにだけある現象ではないし、基本的には、日本においても同じことが起こっている。たとえば、西田幾多郎や京都学派が再評価されたとき、彼らが戦争イデオローグであったことが括弧に入れられた。もちろん、一方では、彼らはあいかわらず戦争イデオローグとして黙殺されてきている。問題は、この二つの立場しか存在しないということである。この二つの側面を認めつつ、さらに、いかにしてそれらがこのようにつながるのかが問われないのである。そして、それを問おうとすると、いずれの立場からも反撥を買うことになる。

本書において、福田氏は、フランスで抑圧されたコラボ作家の問題に、普遍的な意味を見ようとするのである。たとえば、ヒューマニズム(ユマニスム)には、ヒューマニズム(人道主義)という意味と、人文主義という二重の意味がある。福田氏は、ロベール・ブラジャックのようなコラボの作家を見るとき、「ヒューマニズムという概念が内包しているダブルミーニング、人文的=人道的の分裂に立ち会うことになる」と述べ、つぎのようにいう。

(ロベール・ブラジャックは)この二つの事実を同時に実現するような存在、つまり人文的にぬきんでていながら、非人道的な行為を意識的に選択した人物を、ダブルミーニングを内包するヒューマニズムの尺度で捉えることは不可能であり、人文的に評価して肯定するか、人道的に切り捨てて抹殺するかという、いわば二つの側面のあいだでの選択、文芸と倫理のどちらをとるのかという選択を、つねに逃れがたい問いとして強要するような文学者なのである。(三三九頁)

『奇妙な廃墟』には、根本的にこの問題がある。そして、福田氏は、ここで「選択」を拒んでいる、選択を強要するような作家を相手にして。そして、それこそ彼の選択である。それはどういうことか。どちらかを選ぶことは容易であり、実際、人はどちらかを選択している。しかるに、選択を「逃れがたい問い」として問い続けることは、選択しないことであり、同時に、そのような問いを続けることを選択することなのである。それは「文芸」でもあり「倫理」でもある。

あとがき

私は長年、新刊書を出す度に、書評紙「読書人」の明石健五さんからインタビューを受けていた。これらのインタビューにはいつも、私のいいたいことがよく表現されていた。それは、明石さんが周到に準備していたからだと思う。だから、いつか「明石健五編集」と銘打ったインタビュー集を出してもいいと思っていた。が、彼が今度、「読書人」で出版部を作るので刊行したいと申しこんできたのはそれではなく、かつて私が書き散らした書評を集めた本であった。大阪在住の山本均さんがそれらを収集してきたという。私はほとんど覚えていなかったし、読み返すのもおぞましかったが、明石さんのお役に立てばと思って、出版の提案を受け入れた。

本書の第Ⅱ部に入っているのは、一九六〇年代の末から書いた書評や時評である。当初は専攻していた英米文学について論じていたが、群像新人賞を受賞して批評家になってから、書評や時評を依頼されて書き始めた。第Ⅲ部には、全集・文庫などの解説が収録されている。それらを見ると、私は確かに現場にいた文芸批評家であったと思う。しかし、七〇年代後半以後、次第に書評や時評を書かなくなった。特に八〇年代末に季刊誌「批評空間」を始めたあとは、ほとんど書いていない。現場の文学に触れるのも、一九九九年まで続けた新人賞の選考委員としてだけであった。その私が書評を再び書くようになったのは、二〇〇五年以後である。それが第Ⅰ部に入っている。ただし、それはわずかの例外をのぞいて、文学批評ではない。

私が朝日新聞の書評委員になったのは、記者の依田彰さんに四年ほど熱心に口説かれたためである。やむなく引き受けるにいたったが、結果的にはそれでよかったと思う。このような機会と強制がなければ、私は最近の出版物に接することがなかっただろうから。おかげで、実際に書評を書くにいたらなくても、『世界史の構造』その他の著作を書くのに必要な最新の文献に継続的に目を通すことができた。また、さまざまな人たちとの交流を通して、具体的な時代状況に接することができた。無精な私をたえず鼓舞激励してくれた、依田さんと大上朝美さんに感謝する。

二〇一七年夏

初出・出典一覧

第Ⅰ部　書評（『朝日新聞』二〇〇五年四月～二〇一七年五月）

掲載日は、各書評の頁右上に記載

第Ⅱ部　書評・作家論・文芸時評（一九六八年～一九九三年）

「小説家としてのダレル」（『英語研究』一九六九年四月）
「反ロマネスク・ヘミングウェイ」（石一郎編『ヘミングウェイの世界』一九七〇年十二月）
「文芸時評1～4」（『日本読書新聞』　一九七〇年）
書評掲載紙・誌／掲載月・日は文末に記載

第Ⅲ部　文庫・全集解説（一九七一年～二〇〇二年）

武田泰淳　『わが子キリスト』解説　一九七一年十一月、講談社文庫
古山高麗雄　『古山高麗雄集』解説　一九七二年七月、河出書房新社
大岡昇平　『野火』解説　一九七二年十月、講談社文庫
江藤淳　『江藤淳著作集　続3』解説　一九七三年四月、講談社
太宰治　『斜陽』解説　一九七四年二月筆、新潮文庫
後藤明生　『パンのみに非ず』解説　一九七四年八月、角川文庫
坂上弘　『ある秋の出来事』解説　一九七四年九月、旺文社文庫
北原武夫　『北原武夫文学全集　第3巻』解説　一九七五年一月、講談社
ニーチェ　『ニーチェ全集第Ⅰ期　第9巻』月報　一九八〇年一月、白水社
吉本隆明　『改訂新版　言語にとって美とはなにか』解説　一九八二年二月、角川文庫

高橋揆一郎　『伸予』解説　一九八三年六月、文春文庫
安岡章太郎　『日本の文学83　悪い仲間・海辺の光景』解説　一九八五年八月、ほるぷ出版
坂口安吾　『坂口安吾全集1』解説　一九八九年十二月、ちくま文庫
中上健次　『地の果て　至上の時』解説　一九九三年七月、新潮文庫
大岡昇平　『大岡昇平全集2』解説　一九九四年十月、筑摩書房
冥王まさ子　『天馬空を行く』解説　一九九六年五月、河出文庫
村上龍　『村上龍自選小説集1』解説　一九九七年六月、集英社
坂口安吾　『堕落論』解説　二〇〇〇年六月、新潮文庫
福田和也　『奇妙な廃墟』解説　二〇〇二年八月、ちくま学芸文庫

索引

索引は、書名／著者・編者名ともに五十音順とした。書評ならびに作家論、文庫・全集解説、文芸時評で、メインに扱われた作品、作者・編者のみを記した。（編集部）

書名　五十音順

著者・編者名

五十音順

柄谷行人
…からたに・こうじん
1941年兵庫県尼崎市生まれ。東京大学経済学部卒業。英文科修士課程修了。1969年、夏目漱石論により群像新人賞を受賞。以来、文学、哲学、歴史学など幅広い分野をまたぐ著述活動を展開。法政大学教授、近畿大学教授、コロンビア大学客員教授を歴任。90年から2002年まで『批評空間』を編集。2005年より朝日新聞書評委員。著作に、『定本　柄谷行人集』全五巻、『世界史の構造』、『哲学の起源』(岩波書店)他がある。

柄谷行人書評集

発行日……2017年11月15日 第一刷

著者……柄谷行人

発行者……黒木重昭

発行所……株式会社 読書人
〒162-0805
東京都新宿区矢来町109
電話:03-3260-5791　FAX:03-3260-5507
http://dokushojin.com/
email:info@dokushojin.co.jp

編集……明石健五

ブックデザイン……鈴木一誌+下田麻亜也

印刷所……モリモト印刷株式会社

製本所……加藤製本株式会社

ISBN978-4-924671-30-0

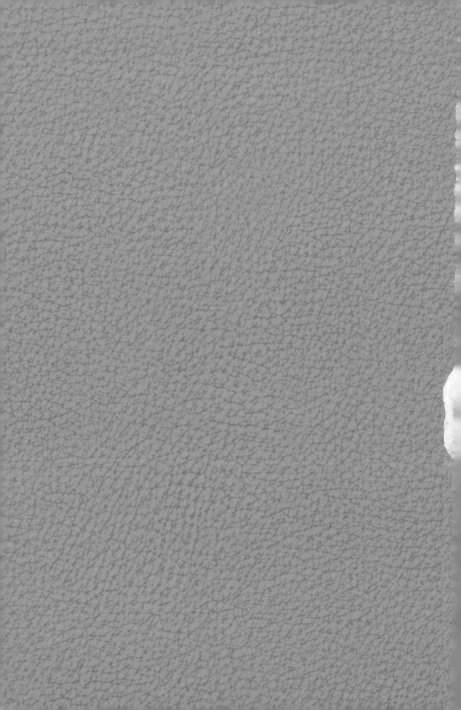

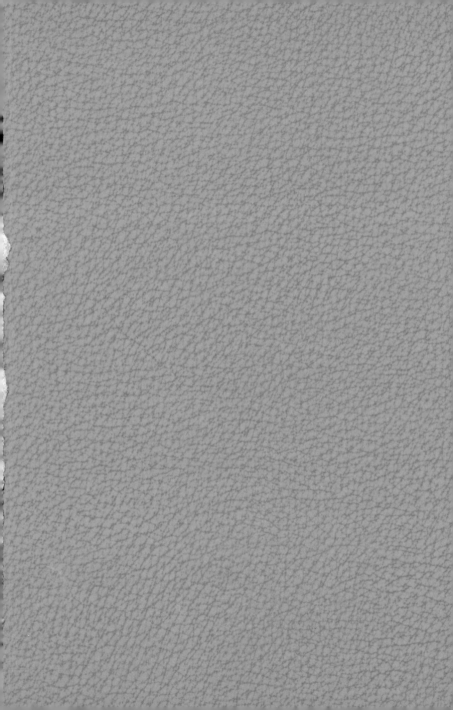